edition
management

Georg Schreyögg, Martina Eberl

Organisationale Kompetenzen

Grundlagen - Modelle - Fallbeispiele

1. Auflage

Verlag W. Kohlhammer

1. Auflage 2015

Alle Rechte vorbehalten
© W. Kohlhammer GmbH, Stuttgart
Gesamtherstellung: W. Kohlhammer GmbH, Stuttgart

Print:
ISBN 978-3-17-022150-5

E-Book-Formate:
epub: ISBN 978-3-17-029044-0
mobi: ISBN 978-3-17-029045-7

Für den Inhalt abgedruckter oder verlinkter Websites ist ausschließlich der jeweilige Betreiber verantwortlich. Die W. Kohlhammer GmbH hat keinen Einfluss auf die verknüpften Seiten und übernimmt hierfür keinerlei Haftung.

Reihenvorwort

Die Reihe »Edition Management« hat zum Ziel, qualitativ hochwertige Lehrbücher zu publizieren, die gut lesbare Einführungen in die klassischen und neueren Gebiete der Managementwissenschaft bieten und sich als unmittelbare Arbeitsgrundlage von thematisch entsprechenden Lehrmodulen im Studium eignen. Hauptzielgruppe sind Studierende der Betriebswirtschaftslehre, aber auch Studierende von Nachbardisziplinen (z.B. Soziologie, Psychologie, Politologie oder Wirtschaftsgeographie) dürften aufgrund des transdisziplinären Charakters von Managementwissen von der Lektüre profitieren.

Die Lehrbücher sind so ausgelegt, dass sie die Darstellung der bewährten theoretischen Grundlagen mit den jüngeren Entwicklungen des jeweiligen Forschungsgebietes integrieren. Beispiele aus vielen Unternehmen und Bereichen (Branchen, Regionen) illustrieren die zentralen Themen und stellen den Bezug zur praktischen Anwendung her. Die thematische Struktur der »Edition Management« orientiert sich an den Managementfunktionen, d.h. an Planung, Organisation, Führung, Human Ressourcen und Kontrolle. Daneben werden Bücher zu Querschnittsthemen aus dem Gebiet des Managements publiziert, wie z.B. interorganisationale Beziehungen und Netzwerke, Ethik und soziale Verantwortung oder Wissensmanagement. Die Bücher sind in Umfang und Struktur direkt auf die Anforderungen der Modulstruktur ausgerichtet, wie sie heute in fast Studiengängen Verwendung findet, und sollen in ihrem Zuschnitt sowohl die Vorlesung als auch die Übung abdecken.

Die »Edition Management« steht in der Tradition des Instituts für Management der Freien Universität Berlin, das mit seinen Publikationen das Gesicht der Managementforschung im deutschsprachigen Raum stark mitgeprägt hat.

Georg Schreyögg und Jörg Sydow

Vorwort

Organisationalen Kompetenzen wird seit geraumer Zeit eine sehr große Aufmerksamkeit in der Betriebswirtschaftslehre und insbesondere im strategischen Management geschenkt. Angestoßen durch die Diskussion um die Triftigkeit marktstruktureller Erklärungen von Wettbewerbsvorteilen erhält die Alternativerklärung über Unternehmensressourcen und hierbei insbesondere die Kompetenzen einen immer zentraleren Platz in der Strategietheorie. Diese Kompetenz-Perspektive wurde im Laufe der Zeit immer weiter verfeinert und in jüngerer Zeit um das Konzept der dynamischen Kompetenzen (»Dynamic Capabilities«) erweitert. Heute kann man bereits von einer Teildisziplin der Managementlehre sprechen.

Vorliegendes Buch versucht, diese noch verhältnismäßig junge, aber schon stark ausdifferenzierte Strömung innerhalb der betriebswirtschaftlichen Organisations- und Strategielehre zu systematisieren und zu einem lehr- und lernbaren Wissensgebiet auszuformen. Konkreter verfolgen wir mit dem Buch, das im Wesentlichen als Lehrbuch verfasst ist, das Ziel, diese neue Strömung in ihren verzweigten Charakteristika, Dimensionen und Bezügen herauszumeißeln, zu konturieren, von Missverständnissen zu befreien und damit besser verständlich zu machen. Dazu gehört auch die Abgrenzung zu verwandten Konzepten, um dort, wo notwendig, eine Schärfung der Kompetenzspezifika zu erzielen. Dabei wird auch zu einem nicht unwesentlichen Maße auf eigene Konzeptualisierungen und kritische Perspektiven aus früheren Publikationen der Autoren[1] zurückgegriffen, und zwar sowohl was das Kompetenzkonstrukt selbst als auch das Management von Kompetenzen einschließlich eines Kompetenzmonitorings anbelangt.

Im Einzelnen werden folgende Gesichtspunkt behandelt: Nach einer Positionierung der Kompetenzidee in der allgemeinen Strategielehre werden die theoretischen Grund-

---

1 Schreyögg, G./Kliesch, M. (2006): Zur Dynamisierung Organisationaler Kompetenzen – »Dynamic Capabilities« als Lösungsansatz?, in: Zeitschrift für betriebswirtschaftliche Forschung, 58. Jg.: 455–476; Schreyögg, G./Kliesch-Eberl, M. (2007): How dynamic can organizational capabilities be? Towards a dual-process model of capability dynamization, in: Strategic Management Journal, 28: 913–933; Schreyögg, G. (2008): Organisation, 5. Aufl., Wiesbaden; Eberl, M. (2009): Die Dynamisierung organisationaler Kompetenzen. Eine kritische Rekonstruktion und Analyse der Dynamic Capability-Debatte, Hamburg; Eberl, M. (2010): Pfadmonitoring: Wie Unternehmen einer Pfadverriegelung vorbeugen können – Konfliktsignale beobachten und Konflikte austragen«, in: Zeitschrift Führung + Organisation, Ausgabe 3: 156–163; Schreyögg, G./Steinmann, H./Koch, J. (2013): Management, 7. Aufl., Wiesbaden.

lagen des Kompetenzkonstrukts aufgezeigt und präzisiert. Kompetenz wird als komplexe Verknüpfungsaktivität herauskristallisiert und nicht selbst als Ressource begriffen. Nach einer Diskussion der zugrundeliegenden Aktivitäten und Muster von Kompetenzen wird auf die Rahmenbedingungen verwiesen, die einer Kompetenzentfaltung förderlich sind.

Die nachfolgenden Kapitel gehen auf die Kernkompetenzen ein und die mit der Kompetenzbildung verbundenen unerwünschten Nebenwirkungen in Form von Rigiditäten und Pfadabhängigkeiten. Als Antwort auf diese Probleme hat die Kompetenzforschung eine kontinuierliche Dynamisierung der Kompetenzen in Form von dynamischen Kompetenzen gefordert. Nach der Klärung der zentralen Basisansätze zur Kompetenzentwicklung, werden die verschiedene Konzeptionen dynamischer Kompetenzen in zwei Kapiteln ausführlich dargelegt und vergleichend gegenübergestellt. Aus der Kritik am Konzept dynamischer Kompetenzen heraus wird abschließend eine alternative Konzeption der Autoren vorgestellt, das duale Konzept des Kompetenzmonitorings. Hier steht die reflexive Beobachtung der Kompetenzentwicklung auf Revisionsbedürftigkeit im Vordergrund.

Im Zentrum dieses Lehrbuchs stehen nicht nur bewährtes Lehrbuchwissen, sondern auch jüngere und jüngste Entwicklungen in der Kompetenzdebatte. Das Buch ist in 12 Kapitel untergliedert und bildet damit die Struktur einer 2- oder auch 4- stündigen Lehrveranstaltung in einem Semester ab. Die Kapitel verstehen sich als »Module« in dem Sinne, dass sie auch einzeln in anderen Spezialveranstaltungen verwendet werden können (etwa Organisation oder Strategisches Management). Dieser modulare Modus macht in einem bestimmten Umfang Wiederholungen unvermeidlich (sonst wären die Kapitel nicht in sich verständlich).

Bei der Verfassung eines solchen Buches sind immer mehrere Personen als nur die sichtbaren Autoren beteiligt. Diesen Unterstützern sei an dieser Stelle herzlich gedankt. Zu nennen sind hier vor allem Herr Arne Keller, Frau Stephanie Häring und Frau Lorat-Nicolaysen. Ein besonderer Dank gilt Herrn Dr. Fliegauf vom Kohlhammer Verlag für fortlaufende Ermutigung und seine »adaptive Rationalität«.

Berlin, im Juni 2014 Georg Schreyögg und Martina Eberl

Inhaltsverzeichnis

Reihenvorwort 5

Vorwort 7

1 **Kompetenzen und strategisches Management** 13
   1.1 Einleitung 13
   1.2 Theoretische Grundlagen der kompetenzorientierten
       Diskussion 13
       1.2.1 Industrieökonomischer Ansatz 14
       1.2.2 Ressourcenbasierter Ansatz 15
   1.3 Merkmale strategischer Ressourcen (VRIO) 19
   1.4 Dynamischer Ressourcenansatz 23
   Diskussionsfragen 25
   Literaturverzeichnis Kapitel 1 26

2 **Individuelle und organisationale Kompetenzen** 28
   2.1 Einleitung 28
   2.2 Individuelle Kompetenzen – »Managerial Competence« 28
       2.2.1 Managementkompetenzen 31
       2.2.2 Charakteristika individueller (Management-)
            Kompetenzen 33
   2.3 Organisationale Kompetenzen als Verknüpfungsleistung 36
       2.3.1 Prozesse der Ressourcenselektion und Verknüpfung . 38
       2.3.2 Ressourcen als Gegenstand organisationaler Kompetenz:
            Eine Spezifizierung 39
   Diskussionsfragen 43
   Literaturverzeichnis Kapitel 2 43

3 **Was genau sind organisationale Kompetenzen?** 46
   3.1 Merkmale organisationaler Kompetenzen 46
       3.1.1 Handlungsgebundenheit und Erfolg 47
       3.1.2 Musterbildung und Reliabilität 47
       3.1.3 Komplexität und das Lösen schwieriger Probleme .. 49
       3.1.4 Alternative Modi des Umgangs mit komplexen
            Probleme 51

3.2 Strukturen und Prozesse organisationaler Kompetenz 54
    3.2.1 Mikroperspektive 54
    3.2.2 Kompetenzentwicklung auf der Basis von Lern- und Wissensprozessen 55
    3.2.3 Kompetenzentwicklung durch Praktiken und Routinisierung 64
    3.2.4 Organisationale Emotionalität und Kreativität 67
Diskussionsfragen 71
Literaturverzeichnis Kapitel 3 72

4 Organisationale Rahmenbedingungen für die Entwicklung organisationaler Kompetenz 76
4.1 Einleitung 76
4.2 Unternehmenskultur 77
4.3 Formale Struktur 81
4.4 Sozialkapital 84
4.5 Mikropolitik 86
4.6 Fazit 90
Diskussionsfragen 91
Literaturverzeichnis Kapitel 4 92

5 Sonderfall: Kernkompetenzen 94
5.1 Einleitung 94
5.2 Entstehungsgründe 94
5.3 Charakteristika von Kernkompetenzen 96
5.4 Funktionsweise 98
5.5 Mangelnde Imitierbarkeit 101
5.6 Erfassung und Gestaltung von Kernkompetenzen 102
Diskussionsfragen 105
Literaturverzeichnis Kapitel 5 106

6 Persistenz organisationaler Kompetenzen: Kognitive und emotionale Ursachen 107
6.1 Einleitung 107
6.2 »Crowding-out« explorativer Lernprozesse als Basisproblem 107
6.3 Eskalierendes Commitment 110
6.4 Selektive Wahrnehmung 112
6.5 Gruppendenken 113
6.6 Starke Unternehmenskultur 116
6.7 Machtpolitische Prozesse 118
Diskussionsfragen 120
Literaturverzeichnis Kapitel 6 120

7	Zur Pfadabhängigkeit organisationaler Kompetenzen	123
	7.1 »Core Rigidities«	123
	7.2 »History matters«	124
	7.3 Wie entsteht Pfadabhängigkeit?	125
	7.4 Entwicklungsphasen der Pfadabhängigkeit	126
	7.5 Das Kompetenzdilemma	131
	7.6 Pfadvermeidung und -brechung	132
	7.7 Pfadvermeidung durch Beobachtung	136
	Diskussionsfragen	136
	Literaturverzeichnis Kapitel 7	137
8	Anpassung von organisationaler Kompetenzen	139
	8.1 Wandeltyp I	140
	8.1.1 Lebenszyklus	140
	8.1.2 Lernzyklus	141
	8.1.3 Dynamische Routinen	143
	8.2 Wandeltyp II	147
	8.3 Wandeltypen III und IV	151
	Diskussionsfragen	153
	Literaturverzeichnis Kapitel 8	154
9	**»Dynamic Capabilities«: Ansätze der permanenten Ressourcen-Rekonfiguration**	156
	9.1 Einleitung	156
	9.2 Integrierte Dynamisierung	158
	9.3 Radikale Dynamisierung organisationaler Kompetenzen	164
	Diskussionsfragen	171
	Literaturverzeichnis Kapitel 9	172
10	**»Dynamic Capabilities« als Metakompetenzen**	174
	10.1 Einleitung	174
	10.2 Innovationsroutinen als Dynamische Kompetenz nach Zollo/Winter	174
	10.3 Unternehmerische Orientierung als Dynamische Kompetenz nach Teece	182
	10.4 »Dynamic Capabilities«-Ansätze im Vergleich	187
	Diskussionsfragen	191
	Literaturverzeichnis Kapitel 10	191
11	**Kompetenzdynamisierung durch systemisches Kompetenzmonitoring**	194
	11.1 Einleitung	194
	11.2 Monitoring als Steigerung von Aufmerksamkeit	195
	11.3 Konzeptionelle Basis des systemischen Monitorings	198

    11.3.1 Kompetenzmonitoring als strategische
        Überwachungsfunktion 199
    11.3.2 Ebene, Subjekt und Objekt des Monitorings 202
  11.4 Informationserzeugung im Monitoringprozess 205
    11.4.1 Beobachtungsfelder des Kompetenzmonitorings 206
    11.4.2 Identifikation kompetenzspezifischer Prozesse 207
Diskussionsfragen 209
Literaturverzeichnis Kapitel 11 209

12 Organisation und Steuerung des Kompetenzmonitorings 211
  12.1 Einleitung 211
  12.2 Organisation des Kompetenzmonitorings 214
  12.3 Organisatorische Einordnung und Zuständigkeit 215
  12.4 Barrieren für das Kompetenzmonitoring 217
    12.4.1 Individuelle Verzerrungseffekte 217
    12.4.2 Organisatorische Verzerrungseffekte 219
  12.5 Die kritikfähige Organisation 223
Diskussionsfragen 227
Literaturverzeichnis Kapitel 12 228

Stichwortverzeichnis **231**

1 Kompetenzen und strategisches Management

1.1 Einleitung

Führende amerikanische Ökonomen des »Council of Competitiveness« prognostizierten in den frühen 2000er Jahren, dass die Entwicklung der Kompetenzen von Arbeitnehmern und Organisationen zum wichtigsten Wettbewerbsfaktor der nächsten Dekade werden würde[2]. Tatsächlich haben sich »Kompetenz«, »kompetentes Handeln« oder auch die »*(in)kompetente Organisation*« zu Begriffen der Alltagssprache entwickelt, die uns allen wohl vertraut und bei der Verständigung behilflich sind. Auch die unternehmerische/betriebswirtschaftliche Praxis findet das Konzept der Kompetenz einen immer breiteren Eingang: Kompetenzchecks sind aus betrieblichen Assessments kaum noch wegzudenken, Kompetenzzentren schießen wie Pilze aus dem Boden und in der unternehmerischen Außendarstellung wird beständig auf die Kompetenz der jeweiligen Anbieter hingewiesen (man gehe hier bloß einmal auf die jeweilige Homepage der TOP-Strategieberatungen – spätestens im zweiten Menüpunkt stößt man auf die Rubrik der Kompetenzen bzw. Expertise). In der Strategie-Debatte gelten Kompetenzen ohnehin schon seit langem als strategisch besonders bedeutsam und werden zur Erklärung der Generierung und Aufrechterhaltung nachhaltiger Wettbewerbsvorteile herangezogen.

Die theoretischen Wurzeln dieser strategischen Perspektive auf Kompetenzen sind insbesondere im Theoriegebäude des Ressourcenbasierten Ansatzes zu finden. Das im Rahmen dieses Ansatzes entwickelte Ressourcenverständnis bildet die Grundlage für die heutige strategische Kompetenzdiskussion, weshalb im Folgenden zunächst die Spezifika von Ressourcen im Ressourcenbasierten Ansatz erläutert werden.

1.2 Theoretische Grundlagen der kompetenzorientierten Diskussion

Das Thema der organisationalen Kompetenzen wurde in der Betriebswirtschaftslehre in besonderem Maße von dem Ressourcenbasierten Ansatz (RBA) aufgegriffen und ist

---

[2] Vgl. http://www.p21.org/storage/documents/21st_century_skills_education_and_competitiveness_guide.pdf, Zugriff am 16.7.2012.

1 Kompetenzen und strategisches Management

mittlerweile zu einem bevorzugten Gegenstand des strategischen Managements geworden. Mit einer Strategie formuliert das Management die in Zukunft angestrebte Positionierung des Unternehmens in einem Markt bzw. in mehreren Märkten. Daraus ergeben sich unternehmensspezifische Anforderungen an die Ressourcenausstattung und ganz generell Aktivitäten zur Umsetzung und Implementierung einer Strategie. Als allgemeines Ziel unternehmerischen Handelns gelten der Aufbau von Erfolgspotenzialen sowie die nachhaltige Sicherung von Wettbewerbsvorteilen. Die Erklärung des Zustandekommens von Wettbewerbsvorteilen ist Gegenstand der strategischen Managementlehre und wird dort vor allem mit Hilfe zweier Sichtweisen erklärt: dem *industrieökonomischen Ansatz* und dem *ressourcenorientierten Ansatz*.

1.2.1 Industrieökonomischer Ansatz

Der maßgeblich durch *Michael Porter (1980; 1985)* geprägte industrieökonomische Strategieansatz zielt zur Erklärung von Wettbewerbsvorteilen in erster Linie auf die Beschaffenheit der externen Unternehmensumwelt ab. Im Mittelpunkt strategischer Überlegungen stehen die Branchenstruktur bzw. Branchencharakteristika. Die Erzielbarkeit nachhaltiger Wettbewerbsvorteile hängt hier im Wesentlichen von der Analyse der branchenspezifischen Wettbewerbsumwelt und einer möglichst optimalen Positionierung in selbiger ab. Die Erklärung dieses Zusammenhangs wird in dem bekannten »Structure-Conduct-Performance-Modell« (kurz: S-C-P-Modell, dargestellt in ▶ Abb. 1-1) zum Ausdruck gebracht.

In diesem Ansatz sind die globalen und wettbewerbsorientierten Bedingungen in der Branche ausschlaggebend für strategische Chancen und Risiken eines Unternehmens (»structure«). Von den spezifischen Entscheidungen über den spezifischen Umgang mit diesen Chancen und Risiken (»conduct«) hängt ab, inwieweit ein Unternehmen Wettbewerbsvor- oder -nachteile generiert («Performance«).

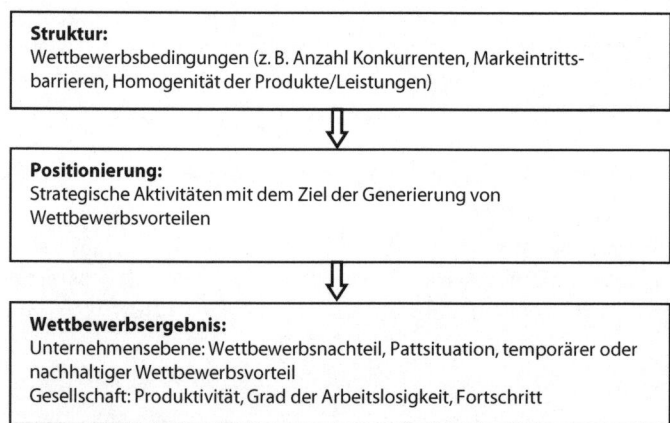

Abb. 1-1: Structure-Conduct-Performance-Modell nach Porter (1980)

Im Rahmen der strategischen Umweltanalyse wird die Branchenstruktur zunächst auf ihre spezifischen globalen sowie wettbewerbsspezifischen Rahmenbedingungen ausgeleuchtet und im Hinblick auf potenzielle *Chancen und Risiken* (›opportunities and threats‹) für das Unternehmen beurteilt. Auf dieser Grundlage erfolgt eine Analyse der *Stärken und Schwächen* des Unternehmens. Mit Blick auf die identifizierten *Chancen und Risiken* wird die unternehmenseigene Ressourcen- und Kompetenzausstattung bewertet (›strength and weaknesses‹), um aus der Gegenüberstellung von Umweltsituation und Unternehmensgegebenheiten eine geeignete Positionierungsstrategie und Schritte zu deren Umsetzung zu definieren. Dieses Vorgehen ist auch als SWOT-Analyse bekannt geworden.

Ressourcen und Kompetenzen spielen somit zwar auch in der industrieökonomischen Schule eine Rolle, allerdings nicht als originäre Quelle nachhaltiger Wettbewerbsvorteile, sondern als unternehmensspezifische Planungsmasse für die Ableitung einer möglichst optimalen Marktpositionierung.

1.2.2 Ressourcenbasierter Ansatz

Anders als in der industrieökonomischen Schule führt der Ressourcenbasierte Ansatz (RBA; im Englischen RBV = Resource Based View) die Wettbewerbsposition primär auf die spezielle Qualität und Ausstattung von Unternehmen mit *firmenspezifischen* Ressourcen und Kompetenzen zurück *(vgl. Wernerfelt 1984; Barney 1991; Amit/Schoemaker 1993; Mahoney/Pandian 1992 Peteraf/Barney 2003)*. Galt der RBV in seiner Anfangsphase zunächst als konzeptionelle Alternative und Gegensatz zum marktbasierten Ansatz, ist die diese Sichtweise mittlerweile zu Gunsten einer integrativen Perspektive gewichen, in der beide Ansätze ineinandergreifen und als komplementär verstanden werden *(etwa Freiling 2001)*. Mittlerweile stellt der Ressourcenbasierte Ansatz ein zentrales und regelmäßig zitiertes Gedankengerüst innerhalb der strategischen Managementliteratur dar, das für die Erklärung von Ursachen für Wettbewerbsvorteile herangezogen wird *(vgl. Hoskisson et al. 1999; Newbert 2007; Lockett et al. 2009)*.

Box 1-1
Unternehmenserfolg, Branchencharakteristika und Firmenspezifika

Seit geraumer Zeit interessieren sich Wissenschaftler für die Beeinflussung des Firmenerfolges durch Merkmale der Industrie, in welcher eine Firma tätig ist sowie durch Eigenschaften der Firma selbst.

Die erste Arbeit auf diesem Gebiet wurde von *Richard Schmalensee* veröffentlicht. Anhand eines Jahressatzes an Daten schätzte *Schmalensee* die Leistungsunterschiede von Firmen, welche auf die Industrie, in welcher die Firma arbeitete, zurückzuführen waren, im Vergleich zu anderen Ursachen von Leistungsabweichungen.

Schmalensee kam zu dem Ergebnis, dass etwa 20 Prozent der Unterschiede in Firmenerfolg durch die Industrie, in welcher das Unternehmen tätig war, bedingt seien.

Eine Schlussfolgerung, die mit dem S-C-P-Modell und dessen Gewichtung der Industrie als primäre Bestimmungsgröße für Firmenerfolg übereinstimmt. Richard *Rumelt* erkannte jedoch einige Schwachstellen in *Schmalensees* Untersuchung.

Die bedeutendste war, dass *Schmalensee* nur einen Jahressatz an Daten verwendete *(wörtl. hatte)*, um den Einfluss von industriespezifischen und firmenspezifischen Eigenschaften auf Unternehmenserfolg zu untersuchen.

Rumelt hingegen war in der Lage, über 4 Jahre gesammelte Datenmengen zu verwenden, welche es ihm ermöglichten, zwischen dauerhaften und flüchtigen Industrie- und Firmeneffekten auf Unternehmenserfolg zu unterscheiden. *Rumelts* Ergebnisse stimmten mit denen *Schmalensees* in einem Punkt überein:

Rumelt beobachtete ebenfalls, dass etwa 16 Prozent der Unterschiede in Firmenerfolg den Industrieeinflüssen zuzuschreiben seien, verglichen mit *Schmalensees* 20 Prozent.

Jedoch sei nur etwa die Hälfte dieser Industrieeffekte stabil. Der Rest stelle jährliche Schwankungen der Geschäftsbedingungen einer Industrie dar. Dieses Ergebnis ist weitgehend unvereinbar mit dem S-C-P-Modell. *Rumelt* untersuchte zudem den Einfluss von firmenspezifischen Eigenschaften auf den Unternehmenserfolg und fand heraus, dass über 80 Prozent der Unterschiede in Unternehmenserfolg auf diesen firmenspezifischen Eigenschaften beruhe, doch dass mehr als die Hälfte dieser 80 Prozent (46,38 Prozent) auf stabile Firmeneffekte zurückzuführen sei.

Die Bedeutung der stabilen Unternehmensmerkmale in Bezug auf Unterschiede in Firmenerfolg widerspricht erneut dem S-C-P-Modell steht jedoch im Einklang mit dem »Resource-Based View«, der über unternehmensspezifische Ressourcen und Kompetenzen nachhaltige Wettbewerbsunterschiede erklärt.

Quellen: Im Einzelnen siehe Schmalensee (1985); Rumelt (1991); Misangyi et al. (2006)

Der Ressourcenbasierte Ansatz basiert auf zwei zentralen Annahmen zu den Ressourcen und Kompetenzen eines Unternehmens *(vgl. Barney 1986; 1991)*.

(1) Annahme 1: Ressourcenheterogenität
Unterschiedliche Firmen besitzen unterschiedliche Ressourcen und Kompetenzen, selbst wenn sie in derselben Branche miteinander konkurrieren. Unternehmerische Entscheidungsträger unterscheiden sich schließlich in ihren Erwartungen bzgl. des zukünftigen Wettbewerbsgeschehens – und treffen folglich unterschiedliche Entscheidungen bzgl. des Aufbaus und Erwerbs organisationaler Ressourcen und Kompetenzen. Die Ressourcenausstattung von Unternehmen ist somit nicht durch Homogenität, sondern durch Heterogenität gekennzeichnet. Die für den Erfolg von Unternehmen kritische Ressourcenheterogenität entsteht in der Gedankenwelt des RBV vor allem dort, wo Faktormärkte versagen, d.h. dort, wo Ressourcen auf den Faktormärkten (z.B. Arbeitsmarkt) nicht verfügbar sind und somit durch die Unternehmen selbst erzeugt werden müssen (vgl. *Barney 1986*).

Die aus der Unvollkommenheit der Faktormärkte resultierende Ressourcenheterogenität bedeutet, dass ein und dieselbe Geschäftsaktivität von Unternehmen zu Unternehmen auf unterschiedliche Art und Weise bewerkstelligt werden kann. Zieht man beispielhaft die Geschäftsaktivität »Produkt Design« in der IT-Branche heran, so scheint Apple diese Aktivität in anderer Weise zu erledigen als z.B. Samsung. In der Motorradbranche hebt sich Harley Davidson über seine spezifisches Image und die damit verbundenen Aktivitäten signifikant von der Konkurrenz ab (vgl. *Barney/ Hesterly 2010*).

Mittlerweile liegen zahlreiche empirische Untersuchungen vor, die einen positiven Zusammenhang zwischen der spezifischen Ressourcenausstattung eines Unternehmens und dem Unternehmenserfolg bestätigen (vgl. *Barney/Arikan 2001; Newbert 2007*). Die hergestellte Verbindung aus Ressourcenausstattung und Erfolg ist dabei selbst nichts Neues. Das Besondere im Kontext des RBV ist eine bestimmte Vorstellung über das Zustandekommen von Unternehmenserfolg. Der RBV ist von der Vorstellung geleitet, dass ein Unternehmen dann einen Wettbewerbsvorteil hat, wenn es in der Lage ist, einen höheren ökonomischen Wert zu generieren als der nächstschwächere Wettbewerber in demselben Markt (vgl. *Peteraf/Barney 2003*). Mit ökonomischem Wert ist hier aber zunächst nicht der direkte monetäre Wert, sondern der vom Kunden wahrgenommene Nutzen gemeint. Der ökonomische Wert entsteht über die unternehmensspezifische Art und Weise der Bereitstellung von Produkten oder Dienstleistungen am Markt. Er ergibt sich als Differenz zwischen dem vom Kunden wahrgenommenen individuellen Nutzen und den für die Bereitstellung verursachten Kosten des Anbieters. Dieser Nutzen kann ideeller und/oder materieller Natur sein, z.B. das positive Empfinden, Besitzer eines High-end-Designernotebooks zu sein. Diese Wahrnehmung des Kunden/des Marktes steht hier im Vordergrund. Dessen subjektive Wahrnehmung und nicht ein absolutes Verständnis von Qualitätsunterschieden bzgl. der Geschäftsaktivitäten ist letztendlich ausschlaggebend für die Generierung von Wettbewerbsvorteilen, die dann in den erzielten Renditen ihren Niederschlag finden.

(2) Annahme 2: Ressourcenimmobilität
Nicht alle Ressourcen und Kompetenzen lassen sich problemlos von einem zum anderen Unternehmen transferieren. Sie stellen auf diese Weise das Potenzial für nachhaltige Unterschiede im Wettbewerbsverhalten derjenigen Firmen dar, die im Besitz dieser Ressourcen und Kompetenzen sind bzw. von diesen kontrolliert werden. Die Annahme der Ressourcenimmobilität beschreibt somit nichts anderes als die Unmöglichkeit, solche Ressourcen auf Märkten zu erwerben.

Die Immobilität von Ressourcen kann rechtlich, ökonomisch oder materiell bedingt sein.

So kann ein Unternehmen Verfügungsrechte mit der Möglichkeit zum Ausschluss Dritter besitzen und auf diese Weise einen Ressourcentransfer unterbinden, beispielsweise in Form von Patenten. Hier bestehen dann rechtliche Zugangsbarrieren (vgl. *Lippman/Rumelt 1982, Rumelt 1984*).

Eine zweite Barriere für den Transfer stellen Schwierigkeiten bei der Bewertung der unternehmensspezifisch erzeugten Ressourcen und Kompetenzen dar (vgl. *Güttel 2006*). Das Argument ist hier, dass die unternehmensinterne Entwicklung von Ressourcen und Kompetenzen zahlreiche, zum Teil auf komplexen und zeitintensiven Prozessen beruhen, die eine Preisfindung erschweren bzw. unmöglich machen (vgl.

Dierickx/Cool 1989). Etwas anders gelagert ist das Argument, wonach der Transfer von Ressourcen und Kompetenzen aus einer Kostenperspektive schlichtweg zu teuer ist, weil die Such-, Bewertungs- und Transferkosten für die Unternehmen zu hoch sind oder sich aufgrund der Knappheit von Ressourcen zu hohe Beschaffungspreise ergeben. Hier wird implizit eine Bewertbarkeit vorausgesetzt, der Transfer scheitert an den zu hohen Kosten.

Das dominierende Argument für die Ressourcenimmobilität ist allerdings ein drittes, welches auf die materiellen Merkmale unternehmensspezifischer Ressourcen und Kompetenzen abstellt. Gemeint ist hier die Tatsache, dass solche Ressourcen und Kompetenzen in einem spezifischen Kontext und im Zuge unternehmensspezifischer Lernprozesse entwickelt werden. So ist die Reputation von BMW oder VW das Ergebnis langjähriger komplexer Aktivitäten dieser Unternehmen, durch die die jeweilige »Reputation« zu einer mit dem spezifischen Unternehmen verbundener Ressource werden. Weder die Reputation noch die Prozesse des Reputationsaufbaus können einfach vom Entstehungskontext abgetrennt und an Dritte transferiert werden (siehe hierzu das Beispiel ▶ Box 1-2).

Box 1-2
Der Transfer von Toyotas Produktionssystem (TPS)

Über die letzten 25 Jahre hat Produktionssystem von Toyota (TPS) einen enormen Einfluss auf die globale Automobilindustrie entfaltet. Im Vergleich zur US-amerikanischen Konkurrenz war und ist Toyota der produktivste Automobilhersteller in Bezug auf die für die Produktion eines Autos benötigte Stundenzahl (im Jahr 2004: 27,9 Stunden im Vergleich zu z. B. Ford und Chrysler mit 37 und 35,9 Stunden pro Fahrzeug). Zahlreiche internationale Konkurrenten haben Anstrengungen unternommen, das Toyota Produktionssystem auf ihr Unternehmen zu transferieren. Zu diesem Zweck führte man die TPS-spezifischen Techniken und Methoden wie z. B. »Lean TQM«, »Just-in-time-Logistik« und »Kaizen« im Produktionsbereich ein. Obwohl der Transfer der Einzeltechniken funktionierte, blieb der große Erfolg in Bezug auf die Produktivitätseffekte im Großen und Ganzen aus. Warum?

Die weitverbreitete Annahme war, TPS als Zusammenstellung eines Werkzeugkastens zu verstehen, den es einfach anzuwenden galt. Der selektive Transfer einzelner Elemente des TPS ignoriert jedoch, dass dahinter eine ganzheitliche, unternehmensweise Managementphilosophie steht. »Instead of embracing TPS as an overarching philosophy [auto-manufactures'] have used it piecemeal as a ToolBox.«

Strukturelle und unternehmenskulturelle Werte, die das Verständnis von effizienter Arbeit in und zwischen allen Unternehmenseinheiten sowie auf allen Hierarchieebenen kennzeichnen, stellen aber die eigentlichen Kräfte hinter TPS dar. Genau diese sind aber nicht transferierbar, sondern müssten von den jeweiligen Konkurrenten selbständig erlernt und gelebt werden.

Das Unternehmen Hyundai hat genau diesen Weg beschritten. Ein Transfer einzelner Elemente von TPS wurde erst gar nicht angestrebt. Stattdessen wurde in einem

zeitintensiven Prozess über viele Jahre ein durch TPS inspiriertes unternehmensspezifisches Produktionssystem erlernt und aufgebaut.
Quellen: Vgl. Lee, B.-H./Jo., H. J. (2007) sowie Teresko, J. (2006).

1.3 Merkmale strategischer Ressourcen (VRIO)

Der Begriff der Ressource ist in der Literatur nicht einheitlich definiert. Stattdessen wird unter dem Begriff ›Ressource‹ typischerweise eine Reihe von Faktoren subsumiert, die einen mehr oder weniger starken unternehmensspezifischen Bezug aufweisen, in der Steuerungssphäre des Unternehmens liegen und einen Einfluss auf die Wertschöpfungsaktivitäten des Unternehmens haben *(vgl. Freiling 2001)*. Diese Faktoren werden dementsprechend auch nicht abschließend und eindeutig, sondern exemplarisch benannt. Häufig erfolgt eine Kategorisierung von Ressourcen in finanzielle Ressourcen, Humanressourcen und physische Ressourcen *(vgl. Barney 1995)*.

Eine zweite gängige Kategorisierung von Ressourcen ist die Unterteilung in *tangible* und *intangible* Ressourcen. Tangible Ressourcen sind dabei solche, die physisch und personenunabhängig in den Kontext der Organisation eingebunden sind. Intangible Ressourcen bezeichnen dagegen nicht unmittelbar sicht- und messbare Ressourcen, die aber gleichwohl für den Leistungsprozess von herausragender Bedeutung sein können. Sie werden typischerweise in personengebundene und personenunabhängige Ressourcen unterschieden. Patente, Lieferverträge, Lizenzen oder die organisatorischen Prozesse der Koordination stellen beispielsweise personenunabhängige intangible Ressourcen dar. Individuelles Wissen, Intelligenz, Erfahrung oder individuelle Netzwerke sind dagegen der Kategorie der personengebundenen intangiblen Ressourcen zuzuordnen.

Das besondere Interesse des RBV gilt nun nicht allen Ressourcen, sondern solchen, die das Potenzial für den Aufbau dauerhafter Wettbewerbsvorteile haben. Diese Ressourcen werden entsprechend als strategische Ressourcen bezeichnet und müssen bestimmte Anforderungen erfüllen.

In diesem Zusammenhang hat sich der von *Barney (1991)* entwickelte »VRIO-Kriterienkatalog« als das bekannteste Instrument zur Überprüfung des strategischen Gehalts von Ressourcen etabliert.

Strategische Ressourcen unterscheiden sich danach von herkömmlichen Ressourcen im Hinblick auf das Potenzial für (1) die Generierung von Wert (»Value«), (2) den Grad der Seltenheit (»Rarity«), (3) den Grad der Imitierbarkeit (»Imitability«) und (4) die Frage der Organisation bzw. der organisationalen Nutzbarmachung (»Organization«). VRIO ist entsprechend ein Akronym, welches für die englischen Begriffe der Kriterien steht.

1. *Wert.* Die betreffenden Ressourcen müssen wertvoll sein in dem Sinne, dass sie der Unternehmung auch tatsächlich die Entwicklung und Umsetzung einer Strategie ermöglichen, die den Kundennutzen steigert und wertschaffend (und nicht wertzer-

störend) für das Unternehmen wirkt (vgl. *Peteraf/Barney 2003*). So wäre z. B. ein flegelhafter Concierge für ein 5-Sterne-Hotel zwar eine Ressource, allerdings mit einem wertzerstörenden Effekt. Für das Verständnis des Potenzials für die Schaffung von Wert ist von Bedeutung, in welchem wettbewerblichen Kontext die jeweiligen Ressourcen wirken. Der flegelhafte Concierge bzw. andersherum ein zuvorkommender und höflicher Concierge ist eben im Kontext eines 5-Sterne-Hotel-Umfeldes in der Tourismusbranche eine potenziell wertschaffende Ressource; und dies auch nur in der aktuellen Zeit und unter den aktuell geltenden, externen Wettbewerbsbedingungen. Es wird allerdings immer wieder kritisiert, dass dieses Kriterium zirkulär in dem Sinne ist, dass häufig erst ex post sichtbar wird, ob eine Ressource wertschaffend ist. Dann ergäbe sich als Zirkelschluss, dass eine Ressource dann wertschaffend ist, wenn mit ihr Wert geschaffen wurde.

Box 1-3
Kontext und Zeitgeist für die Entfaltung von Wert

In einer Studie der zentralen Erfolgshebel der Hollywood-Filmstudios über den Zeitraum 1935 bis 1965 konnte gezeigt werden, dass sog. wissensbasierte Ressourcen (wie beispielsweise die außergewöhnliche Kreativität von Drehbuchschreibern oder die Fähigkeit der Koordination großer Filmbudgets) in den turbulenten Zeiten der 1950er (Fernseher kamen auf den Markt) einen größeren Wertbeitrag für die Hollywood-Filmstudios hatten, als in der relativ stabilen Zeit der späten 1930er Jahre und 1940er Jahre, in der der Besitz von Lizenzen für den Zugang zu Kinonetzwerken oder Exklusivverträge mit Schauspielern den Unterschied im Wettbewerbsergebnis machten. Mit anderen Worten wurden die Mitarbeiter/Humanressourcen mit der Fähigkeit »außerhalb der bestehenden Strukturen« zu denken umso wichtiger, je unsicherer die Bedingungen in der Wettbewerbsumwelt wurden.
Quelle: Vgl. Miller/Shamsie (1996).

---

2. *Seltenheit*. Mit diesem Kriterium wird darauf abgestellt, ob und inwieweit eine Ressource nur bei einem Unternehmen vorfindbar ist oder ob darüber in zumindest ähnlicher Form auch andere Unternehmen verfügen. Mit Seltenheit ist dabei nicht, wie man auf den ersten Blick meinen könnte, nur eine quantitative, sondern auch eine qualitative Knappheit gemeint.
3. *Imitierbarkeit*. Mit dem Kriterium der Imitierbarkeit wird darauf abgezielt, dass eine Ressource dann und nur dann ein strategisches (nachhaltiges) Potenzial aufweist, wenn diese von den Wettbewerbern nur schwer oder im besten Fall gar nicht zu imitieren bzw. durch ein funktionales Äquivalent zu ersetzen ist. Je schwieriger es für den Wettbewerber ist, eine bestimmte Ressource zu imitieren, desto höher ist demzufolge ihr strategisches Potenzial. Der Grad der Nicht-Imitierbarkeit wird dabei wiederum bestimmt von (a) der individuellen historischen Vergangenheit des Unternehmens (»unique historical conditions«), (b) der Undurchschaubarkeit des

Wirkungsgeflechtes, das zur Entwicklung der Ressource führt (»causal ambiguity«) und (c) der Komplexität des Handlungsverbundes, dem die Ressource entstammt (»social complexity«). Kurz gefasst, wird der Grad der Nicht-Imitierbarkeit also durch folgende Kriterien bestimmt:

a) Historizität
b) Kausale Ambiguität
c) Soziale Komplexität

Im Rahmen des RBV wird ebenso der Grad der Nicht-Substituierbarkeit (»non substitutability«) ausschlaggebend für die Identifikation einer strategischen Ressource. Gemeint ist die Frage, inwieweit eine Ressource vor Substituten der Konkurrenz geschützt ist. Faktisch wird damit auf einen im Ergebnis ähnlichen Effekt abgestellt, wie im Kriterium der Imitierbarkeit: In beiden Fällen geht es um die Erosion des Erfolgsbeitrages der Ressource.

4. *Organisationale Nutzung.* Das Kriterium der organisationalen Nutzung stellt die Frage, inwieweit ein Unternehmen aufgrund seiner unternehmensspezifischen Strukturen und Prozesse in der Lage ist, die Ressourcen bzw. deren Potenzial tatsächlich zur Entfaltung zu bringen. Eine zentrale Rolle spielen hier die implementierten Managementsysteme, beispielsweise Anreizsysteme, Reporting-Strukturen oder Führungsstrukturen. Das Kriterium der Organisation stellt dabei das zentrale Kriterium für den nachhaltigen Erfolg dar (▶ **Abb. 1-2**), da nur dann ein nachhaltiger Wettbewerbsvorteil erwartet wird, wenn die Organisation ihre Ressourcen auch tatsächlich zur Entfaltung bringt (vgl. *Barney 1991*).

Ist eine Ressource oder Kompetenz...

Wertschaffend?	Selten?	Imitierbar?	Durch Organisation aktiviert?	Wettbewerbliche Implikation
Nein	------	------	Nein	Wettbewerbsnachteil
Ja	Nein	------		Pattsituation
Ja	Ja	Nein		Temporärer Wettbewerbsvorteil
Ja	Ja	Ja	Ja	Nachhaltiger Wettbewerbsvorteil

Abb. 1-2: Der Zusammenhang von Ressourcenmerkmalen und wettbewerblichen Implikationen nach Barney/Hesterly (2012).

In Hinblick auf Kompetenzen wird nun postuliert, dass sie in besonderem Maße geeignet sind, Wettbewerbsvorteile zu entfalten. Dieses wird begründet mit der zeitintensiven und sozial komplexen Entstehung und Entwicklung von Kompetenzen, für die aufgrund ihres spezifischen Charakters keine oder nur unvollständige Faktormärkte der Beschaffung bestehen *(vgl. Barney 1986; Rasche 1994)*. Dies gilt in besonderem Maße für unternehmensspezifische Kompetenzen – die sog. organisationalen Kompetenzen. Diese zeichnen sich durch einen hohen Anteil impliziter unternehmensspezifischer Komponenten aus, die einen Transfer und/oder eine Imitation erheblich erschweren (▶ **Box 1–2**).

Jenseits dieser besonderen Merkmale unterstreicht ein weiterer Aspekt die besondere Bedeutung von Kompetenzen für den Aufbau nachhaltigen Erfolgs: Nachhaltiger Erfolg erwächst ja – wie schon durch das VRIO-Schema erläutert – aus solchen firmenspezifischen Ressourcen, die in Relation zu den Wettbewerbern überlegen zum Einsatz gebracht (genutzt) werden können *(vgl. Peteraf/Barney 2003)*. Diese Perspektive ist von frühen ökonomischen Theorien beeinflusst. Insbesondere der Arbeit von *Edith Penrose (1959)* ist die Erkenntnis zu verdanken, dass Ressourcen nicht von sich aus erfolgswirksam sind, sondern erst deren *Allokation und Zusammenwirken* den Erfolg von Unternehmen bestimmen. Zentrale Aussage von *Edith Penrose* ist, dass die Einzigartigkeit eines Unternehmens auf die Qualität der unternehmensspezifischen Ressourcen *und* deren Kombination zurückzuführen ist.

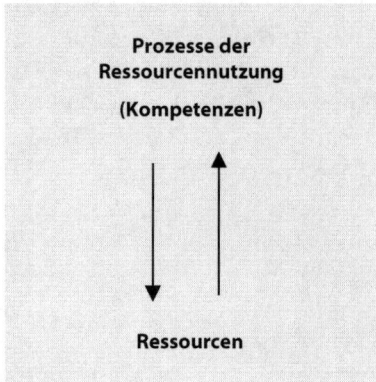

Abb. 1-3: Ressourcen und Ressourcennutzung

Es erfolgt also eine Trennung von Ressourcen und der Ressourcennutzung (▶ **Abb. 1-3**). Zudem ist nicht nur das bloße Vorhandensein von Ressourcen, sondern eben die Kombination und Nutzung der entscheidende Faktor für den Erfolg oder Misserfolg einer Organisation. Gerade dieser Aspekt der Bedeutung der Ressourcennutzung wird in der ressourcenorientierten Literatur über das Konzept der Kompetenzen beschrieben (im Englischen auch »*capabilities*« oder »*competencies*«).

Kompetenzen sind entsprechend diejenigen tangiblen und intangiblen Elemente einer Organisation, die die Nutzung und Entfaltung von Ressourcen überhaupt erst ermöglichen.

Eine in der Grundkonzeption ähnliche Perspektive bildet der klassische betriebswirtschaftliche Faktoransatz *(vgl. Gutenberg 1983)*. Auch dort wird die Unternehmung als Ansammlung von tangiblen und intangiblen Ressourcen (»Elementarfaktoren«) verstanden, die über den sog. dispositiven Faktor (Management) kontinuierlich identifiziert, beschafft und bestmöglich kombiniert werden müssen. Dieser Ansatz stellt die rational geplante Bündelung von Ressourcen (dort: Elementarfaktoren) in den Mittelpunkt der betriebswirtschaftlichen Betrachtung und orientiert sich somit am klassischen Rationalmodell des Managements. Die Existenz einer »irrationalen Schicht« wird konzediert, nicht aber analysiert. Im Gegensatz dazu gründen sich die im Rahmen des Ressourcenbasierten Ansatzes fokussierten Kompetenzen nicht primär auf rationalem Kalkül, sondern entwickeln sich *evolutorisch* und in großen Teilen *implizit*.

Insgesamt zeigt sich, dass für den Erfolg von Unternehmen sowohl Ressourcen als auch Kompetenzen von Bedeutung sind. Kompetenzen stehen jedoch durch ihre spezifische Verknüpfungsleistung von Ressourcen im Zentrum der Wettbewerbsvorteilsbildung. Einige Autoren betrachten deshalb den kompetenzbasierten Ansatz (im Englischen »*Competence Based View*«) als eigenständigen Zweig des RBV *(z. B. von Klein et al. 1991, Foss 1996, Freiling et al. 2008).*

1.4 Dynamischer Ressourcenansatz

In jüngerer Zeit ist der klassische Ressourcenbasierte Ansatz um die Perspektive der Dynamik und Flexibilität erweitert worden (vgl. *Ambrosini/Bowman 2009; Barreto 2010; Di Stefano et. al. 2010; Vogel/Güttel 2013*). Der dynamische Ressourcenbasierte Ansatz (»Dynamic Capability View«) unterscheidet sich in den Basisannahmen zur Bedeutung von strategischen Ressourcen und Kompetenzen nicht vom RBV. Allerdings geht er spezifischer auf die Ausgestaltung von Ressourcen und Kompetenzen in dynamischen Umwelten ein und stellt Bezüge zu der Frage nach der flexiblen Ausstattung von Unternehmen mit Ressourcen und veränderlichen Prozessen der Ressourcenkombination her. Unter der Annahme einer zunehmenden Veränderungsdynamik der Umwelt wird auf das Problem der Veralterung vorhandener Kompetenzen und entsprechend der Notwendigkeit einer permanenten Entwicklung bestehender bzw. vollkommen neuartiger Kompetenzen hingewiesen. In diesem Zusammenhang wurde der Ruf nach dynamischen Kompetenzen in der strategischen Debatte immer lauter. Nicht mehr »nur« einfache Kompetenzen, sondern mehr oder weniger veränderliche organisationale Kompetenzen sollen das neue Fundament für die Generierung von Wettbewerbsvorteilen bilden.

Unter den neueren Ansätzen der strategischen Kompetenzdebatte formiert sich im Anschluss an diese Vorstellung die Idee der Entwicklung von sog. Metakompetenzen (vgl. *Danneels 2002, Bouncken 2003*) wie auch dynamischen Fähigkeiten *(»dynamic capabilities«).* Der damit einhergehende Perspektivenwechsel in der strategischen Kompetenzdebatte wird in Abbildung 1-4 noch einmal verdeutlicht:

1 Kompetenzen und strategisches Management

Fokus strategischer Ressourcen im RBV	Organisationale Kompetenzen	Dynamische Kompetenzen
Dominante Basisorientierung	• Aufbau wertschaffender, schwer imitierbarer und unternehmensspezifischer Muster der Ressourcenverknüpfung • Geschäftsfeldübergreifender Einsatz der organisationalen Kompetenzen	• Flexibilisierung der organisationalen Prozesse der Ressourcenverknüpfung • Veränderung und Neuentwicklung organisationaler Kompetenzen
Zeitliche Einordnung	1980er Jahre	1990er Jahre bis heute

Abb. 1-4: Perspektivenverschiebung zur strategischen Bedeutung organisationaler Kompetenzen

Dynamische Kompetenzen stellen nicht mehr auf Fragen der Entstehung und Etablierung von organisationalen Fähigkeiten ab, stattdessen steht die grundsätzliche Fähigkeit der Veränderbarkeit und Weiterentwicklung von Kompetenzen im Mittelpunkt der Betrachtung. Die hier leitende Idee ist, dass in dynamischen Umwelten Kompetenzen unverzichtbar sind, die in Hinblick auf den Aufbau, die Nutzung sowie den Erhalt bestehender Kompetenzen Flexibilität sicherstellen *(vgl. Eisenhardt/Martin 2000)*. Organisationale Kompetenzen – respektive die Prozesse der Ressourcenkoordination – werden aus der dynamischen Perspektive als Größe verstanden, die sich selbst permanent in einem Veränderungsprozess befindet. Dementsprechend werden unter »Dynamischen Kompetenzen« also Prozesse der Veränderung, Flexibilisierung und Innovation verhandelt. Es wird hierunter die implizite und explizite Verknüpfung organisationaler Prozesse verstanden, derart, dass sich neue Ressourcenkombinationen entwickeln können. Es geht dabei im Wesentlichen um die organisationale Fähigkeit der flexiblen und schnellen Akquisition, Integration und Rekonfiguration von Ressourcen und Kompetenzen: Dynamische Kompetenzen werden als »...*the firm's ability to integrate, build and reconfigure internal and external resources and competencies to address rapidly changing environments...*« verstanden *(Teece et al. 1997, S. 516)*.

Das sichtbare Ergebnis »dynamischer Kompetenz« ist vielfältig. Es zeigt sich z.B. in der schnellen und fortwährenden Erschließung neuer Strategien *(vgl. Bowman/Ambrosini 2003)* oder neuer Produktentwicklungen und Technologien *(vgl. Helfat/Raubitschek 2000; Danneels 2010)*.

Aus strategischer Perspektive kommt in schnell veränderlichen Umwelten hier besonders der Geschwindigkeit, mit der Kompetenzen dynamisiert werden können, eine Schlüsselrolle im strategischen Wettbewerb zu. Hand in Hand mit dieser Vorstellung wird die Relevanz einer nachhaltigen Fundierung von Wettbewerbsvorteilen in Frage gestellt und zu Gunsten eines stark temporären Verständnisses relativiert. Auf diese

Fragestellungen wird ausführlich in den Kapiteln 9 und 10 dieses Buches eingegangen.

Insgesamt zeigt sich, dass den Kompetenzen einer Organisation aus strategischer Perspektive eine sehr bedeutsame Rolle beigemessen wird. Es bedarf einer weiteren und vertiefenden Analyse, um die Struktur und die Logik des komplexen Konzeptes besser verstehen zu können. Dazu ist zunächst einmal das Verhältnis individueller und organisationaler Kompetenzen zu klären.

Diskussionsfragen

1. Worin unterscheidet sich der Stellenwert von Ressourcen und Kompetenzen im Ressourcenbasierten Ansatz vom Industrieökonomischen Ansatz?
2. Welche theoretischen Annahmen liegen dem RBV zu Grunde und weshalb sind sie für die Erklärung nachhaltiger Wettbewerbsunterschiede von Bedeutung?
3. Was versteht man unter einer strategischen Ressource? Finden Sie jeweils zwei Beispiele für eine strategische und eine nicht-strategische Ressource.
4. Erläutern Sie den Unterschied zwischen Ressourcen und Kompetenzen anhand eines Beispiels.
5. Begründen Sie weshalb organisationale Kompetenzen ein höheres strategisches Potenzial haben als Individualkompetenzen bzw. -ressourcen.
6. »Im Kampf um Wettbewerbsvorteile hat die Bedeutung von wissensbasierten Ressourcen in den letzten 20 Jahren extrem zugenommen«!
   Diskutieren Sie diese Aussage mit Blick auf organisationale Kompetenzen.
7. *Über die letzten 25 Jahre hat das Produktionssystem von Toyota (TPS) einen enormen Einfluss auf die globale Automobilindustrie entfaltet. Im Vergleich zur US-amerikanischen Konkurrenz war und ist Toyota der produktivste Automobilhersteller in Bezug auf die für die Produktion eines Autos benötigte Stundenzahl (im Jahr 2004: 27,9 Stunden im Vergleich zu z. B. Ford und Chrysler mit 37 und 35,9 Stunden pro Fahrzeug). Zahlreiche internationale Konkurrenten haben Anstrengungen unternommen, das Toyota Produktionssystem auf ihr Unternehmen zu transferieren. Zu diesem Zweck führte man die TPS-spezifischen Techniken und Methoden wie z. B. »Lean TQM«, »Just-in-time-Logistik« und »Kaizen« im Produktionsbereich ein. Obwohl der Transfer der Einzeltechniken funktionierte, blieb der große Erfolg in Bezug auf die Produktivitätseffekte im Großen und Ganzen aus.*
   Wo könnten die Ursachen für das Scheitern liegen?
8. Welche Rolle spielt das Management bei der Entfaltung organisationaler Kompetenzen?
9. Eine Managerin äußert: »*Wir haben kein Kompetenzproblem. Sobald wir im Rahmen unserer internen Analysen einen Bedarf an Kompetenzen feststellen, beschaffen oder entwickeln wir diese zeitnah*«!
   Diskutieren Sie diese Aussage!
10. Worin unterscheiden sich organisationaler Kompetenzen von dynamischen Kompetenzen?

Literaturverzeichnis Kapitel 1

Ambrosini, V./Bowman, C. (2009). What are dynamic capabilities and are they a useful construct in strategic management? International Journal of Management Reviews, 11: 29–49.

Amit, R./Schoemaker, P.J.H. (1993). Strategic assets and organizational rent, in: Strategic Management Journal, 14: 33–46.

Barney, J.B. (1986). Strategic factor markets: Expectations, luck and business strategy, in: Management Science, 32: 1231–1241

Barney, J.B. (1991). Firm resources and sustained competitive advantage, in: Journal of Management, 17 (1): 99–120.

Barney, J.B. (1995). Looking inside for competitive advantage, in: Academy of Management Executive, 9 (4), 49–61.

Barney, J.B./Arikan, A.M. (2001). The resource-based view: Origins and implications, in: Hitt, M.A./Freeman, E./Harrison, J. (Hrsg.): The Blackwell Handbook of Strategic Management, Oxford: 124–188.

Barney, J.B./Hesterly, W.S. (2010). Strategic management and competitive advantage, Upper Saddle River, NJ.

Barreto, I. (2010). Dynamic capabilities: A review of past research and an agenda for the future, in: Journal of Management, 36: 256–28.

Bouncken, R.B. (2003). Organisationale Metakompetenzen: Theorie, Wirkungszusammenhänge, Ausprägungsformen und Identifikation, Wiesbaden.

Bowman, C./Ambrosini, V. (2003). How the resource-based and the dynamic capability views of the firm informs corporate-level strategy, in: British Journal of Management, 14: 289–303.

Danneels, E. (2002). The dynamics of product innovation and firm competences, in: Strategic Management journal, *23:* 1095–1121.

Danneels, E. (2011). Trying to become a different type of company: Dynamic capability at Smith Corona, in: Strategic Management Journal, 32: 1–31.

Dierickx, I./Cool, K. (1989). Asset stock accumulation and sustainability of competitive advantage, in: Management Science, 35: 1504–1510.

Di Stefano, G./Peteraf, M./Verona, G. (2010). Dynamic capabilities deconstructed: A bibliographic investigation into the origins, development, and future directions of the research domain, in: Industrial and Corporate Change, 19: 1187–1204.

Eisenhardt, K.M./Martin, J.A. (2000). Dynamic capabilities: what are they?, in: Strategic Management Journal, 21: 1105–1121.

Foss, N.J. (1996). Introduction: The emerging competence perspective, in: Foss, N.J./Knudsen, C. (Hrsg.). Towards a competence theory of the firm, London: 1–12.

Freiling, J. (2001). Resource-based View und ökonomische Theorie: Grundlagen und Positionierung des Ressourcenansatzes, Wiesbaden.

Freiling, J./Gersch, M./Goeke, C. (2008): On the path towards a competence-based theory of the firm, in: Organization Studies, 29: 1143–1164

Güttel, W.H. (2006). Methoden der Identifikation organisationaler Kompetenzen: Mapping vs. Interpretation, in: Burmann, C./Freiling, J./Hülsmann, M. (Hrsg). Neue Perspektiven des Strategischen Kompetenz-Managements, Wiesbaden: 411–435.

Gutenberg, E. (1983). Grundlagen der Betriebswirtschaftslehre Band 1: Die Produktion, Berlin.

Helfat, C.E./Raubitschek, R. S. (2000). Product sequencing: co-evolution of knowledge, capabilities and products, in: Strategic Management Journal, 21: 961–979.

Hoskisson, R.E./Hitt, M.A./Wan, W. P./Yiu, D. (1999). Theory and research in strategic management: Swings of a pendulum, in: Journal of Management, 25: 417–456.

Klein, J.A./Edge, G.M./Kass, T. (1991). Skill-based competition, in: Journal of General Management, 16 (4): 1–15.

Lee, B.-H./Jo, H.J. (2007). The mutation of the TPS: adapting the TPS at Hyundai Motor Company, in: International Journal of Production Research, 45: 3665–3679.

Lippman, S.A./Rumelt, R.P. (1982). Uncertain imitability: an analysis of interfirm differences in efficiency under competition, in: The Bell Journal of Economics, 13: 418–438.

Lockett, A./Thompson, S./Morgenstern, A. (2009). The development of the resource-based view of the firm: A critical appraisal, in: International Journal of Management Reviews, 11: 9–28.

Mahoney, J.T./Pandian, J.R. (1992). The resource-based view within the conversation of strategic management, in: Strategic Management Journal, 13: 363–380.

Miller, D./Shamsie, J. (1996). The resource-based view of the firm in two environments: the Hollywood film studios from 1936 to 1965, in: Academy of Management Journal, 39: 519–543.

Misangyi, V.F./Elms, H./Greckhamer, T./Lepine, J.A (2006). A new perspective on a fundamental debate: a multi-level approach to industry, corporate, and business unit effects, in: Strategic Management Journal, 27: 571–590.

Newbert, S.L. (2007). Empirical research on the resource-based view of the firm: An assessment and suggestions for future research, in: Strategic Management Journal, 28: 121–146.

Penrose, E. (1959). The theory of the growth of the firm, New York.

Peteraf, M.A./Barney, J.B. (2003). Unraveling the resource-based tangle, in: Managerial and Decision Economics, 24: 309–323.

Porter, M. (1980). Competitive strategy, New York.

Porter, M. (1985). Competitive advantage, New York.

Rasche, C. (1994). Wettbewerbsvorteile durch Kernkompetenzen: Ein ressourcenorientierter Ansatz, Wiesbaden.

Rumelt, R.P. (1991). How much does industry matter?, in: Strategic Management Journal, 12: 167–185.

Schmalensee, R. (1985). Do markets differ much?, in: American Economic Review, 75: 341–351.

Teece, D.J./Pisano, G./Shuen, A. (1997). Dynamic capabilities and strategic management, in: Strategic Management Journal, 18: 509–533.

Teresko, J. (2006). Learning from Toyota – again, IndustryWeek.com, http://www.industry¬week.com/lean-six-sigma/learning-toyota-again, Zugriff am 22.7.2014.Vogel, R./ Güttel, W.H. (2013). The dynamic capability view in strategic management: a bibliometric review, in: International Journal of Management Reviews, 1: 426–446.

Wernerfelt, B. (1984). A Resource-based view of the firm, in: Strategic Management Journal, 5: 171–180.

2 Individuelle und organisationale Kompetenzen

2.1 Einleitung

Die Verortung von für den unternehmerischen Erfolg relevanten Kompetenzen erfolgt auf unterschiedlichen Ebenen. So lassen sich im Wesentlichen zwei Kompetenzebenen unterscheiden: die Ebene der individuellen Kompetenzen und die Ebene der organisationalen Kompetenzen. Stand lange Zeit die individuelle Kompetenzforschung im Vordergrund, so erfolgte in der jüngeren Managementlehre – wie in Kapitel 1 ausführlich dargestellt – eine Perspektivenverschiebung von einer rein individuumszentrierten hin zu einer stärker organisationalen Kompetenzsicht. Im Folgenden wird zunächst erläutert, was unter individuellen Kompetenzen verstanden wird, da sich dort wesentliche Konzeptbausteine von Kompetenz erkennen lassen. Anschließend wird die Perspektivenverschiebung von individueller zu organisationaler Kompetenz verdeutlicht.

2.2 Individuelle Kompetenzen – »Managerial Competence«

Auf einer allgemeinen Ebene werden Kompetenzen beschrieben als »alle Fähigkeiten, Wissensbestände und Denkmethoden, die ein Mensch in seinem Leben erwirbt und betätigt« (*Weinberg 1996, S. 3 f.*).

Das theoretische Fundament für die individuelle Kompetenzforschung liefern insbesondere die Erkenntnisse aus der Psychologie und Pädagogik. Dort wurde der von *White 1959* in die Motivationspsychologie eingeführte Kompetenzbegriff zunächst einmal ganz allgemein als individuelle Fähigkeit verstanden, effektiv mit der Umwelt zu interagieren. Die Wirksamkeit des eigenen Handelns (Effektivität) wird von *White* als zentraler Mechanismus für die Herausbildung individueller Interaktionsmuster mit der Umwelt ausgemacht. Diese Interaktionsmuster wiederum sind Ausdruck des »individuellen Selbst« oder anders ausgedrückt: der Identität eines jeden Menschen.

Kompetenzen werden dementsprechend als relativ stabile Sets charakteristischer Merkmale von Individuen verstanden. Der kompetente Mitarbeiter ist in der Lage, sich in seinem Umfeld zu orientieren und die durch die Umwelt an ihn herangetragenen Probleme erfolgreich zu lösen, d.h. Ziele zu erfüllen oder diese gar zu übertreffen. Mit dem Kompetenzkonstrukt werden somit all diejenigen Fähigkeiten bezeichnet, welche ein Individuum in vertrauten, besonders aber auch in neuartigen Situationen erfolgreich handeln lassen. Kompetenzen des Individuums beschreiben dabei nicht nur die Fähigkeit zur erfolgreichen Anpassung (Adaption) an neuartige Situationen, sondern auch den Willen und die Fähigkeit zur aktiven Gestaltung neuartiger Situationen.

Auch der erste wirtschaftswissenschaftliche Zugriff auf das Kompetenzkonstrukt erfolgte auf einer individuellen Ebene. Der Unternehmenserfolg wurde (und wird zum Teil bis heute) an den individuellen Kompetenzen vor allem der Führungskräfte festgemacht. Die historische Wurzel dieser Perspektive kann in den Arbeiten von *Selznick* gefunden werden, der bereits 1957 mit Nachdruck auf die besondere Bedeutung sog. »*distinctive competencies*« und der strategischen Bedeutung individueller Kompetenzen verwiesen hat. Demnach übernehmen die Führungspersonen (genauer das Top-Management) in Organisationen mehr als nur die klassischen Managementaufgaben. Vielmehr kreieren und definieren sie »*an organization's purpose or mission*« (Selznick 1957, S.2) und unterstützen die Entwicklung einer für die Organisationsmitglieder orientierungsstiftenden Vision (▶ **Box 2-1**). Entsprechend strukturieren sie die Organisation so, dass diese Vision auch verwirklicht werden kann. Diese Vision, kombiniert mit den entsprechenden organisationalen Strukturen ist die Basis für die distinkten Kompetenzen einer Unternehmung, also für solche Aktivitäten, die eine Unternehmung besser ausführen kann als ihre Konkurrenz. Die Managementkompetenz ist in dieser Vorstellung somit die Grundlage für den nachhaltigen Erfolg der Unternehmung.

Box 2-1
Unternehmerkompetenz und Visionen – Steve Jobs

Es gibt wenige Manager, die das Konzept der Unternehmerkompetenz besser verkörpern als Steve Jobs. Das Exempel des klassischen amerikanischen Unternehmers, der die Schule schmiss, 1976 in der elterlichen Garage seine Firma »*Apple*« gründete, aus der er 1985 verdrängt wurde und welche er durch seine Rückkehr 1996 vor der Insolvenz rettete, vereint ein großes Potential an Humankapital auf sich. Jobs besaß das Geschick, Managementfähigkeiten mit Innovation und Kreativität zu verknüpfen. Essentiell hierfür ist sicherlich die Tatsache, dass seine Persönlichkeit zum wesentlichen Bestandteil seines Geschäftsmodells wurde, indem er seine außergewöhnliche Leidenschaft und Emotionen auf die Produkte übertrug. Ganz nach dem Prinzip »*only do what you love*«.

Ein weiterer Grundsatz Jobs' zielt auf die Kreation von Visionen ab, auf die Vorstellung und Verfolgung des scheinbar Unmöglichen. Oftmals sei die Gefahr nicht, das Ziel zu hoch anzusetzen und es nicht zu erreichen, sondern das Ziel zu niedrig anzusetzen und es zu erreichen. Sicherlich können Vorstellungskraft und Visionarismus oftmals die Quelle von Innovationen sein, dennoch sind diese im Unternehmensumfeld häufig schwer umzusetzen. Im Falle von Steve Jobs, der seinen Mitarbeitern bei der Entwicklung des Macintosh sagte: »*Don't worry about price, just specify the computer's abilities*« endete dies in einem internen Machtkampf zwischen Jobs und dem verkaufsorientierten Geschäftsführer John Sculley, der zum vorläufigen Bruch zwischen *Apple* und Jobs führte.

> Doch auch die bahnbrechendste Idee der Welt kann – selbst wenn Sie von der Firma getragen wird – daran zerbrechen, dass sich die Kunden nicht dafür begeistern. Neben jeder erfolgreichen Idee stehen tausende, die keinen Fuß fassen konnten, da die Köpfe dahinter daran scheiterten, eine mitreißende Geschichte zu erzählen. Im Laufe seiner Karriere entwickelte sich Steve Jobs zum wohl größten unternehmerischen Geschichtenerzähler der Welt, der Produkteinführungen zu einer Kunst für sich machte.
> *Quellen: Vgl. Burrows (2004) sowie Isaacson (2012).*

Auch *Penrose* betonte in ihrer legendären 1959 publizierten Arbeit »*Theory of the Growth of the Firm*« die besondere Relevanz sowohl des unternehmerischen Geistes sowie der Kompetenz des Top-Managements. Vor dem Hintergrund, dass die Einzigartigkeit eines Unternehmens auf die Qualität der systemimmanenten Ressourcen, besonders aber deren Anwendung zurückzuführen sei, wird auch von *Penrose* die Managementkompetenz als erfolgskritische Variable hervorgehoben. Das Management, gedacht als Individuum oder Gruppe von Individuen, übernimmt die Entscheidungen bezüglich der erfolgskritischen Ressourcenallokation und ist insofern die für die Generierung von Unternehmenswachstum kritische Instanz. Die Qualität dieser Entscheidung ist in der Welt von *Penrose* abhängig von der Managementkompetenz respektive Unternehmerkompetenz. Gemeint ist hier eine grundsätzliche Fähigkeit des Planens, Organisierens und Führens gekoppelt mit Kreativität und Fantasie. Mit Letzterem wird zum einen auf eine emotionale Komponente abgestellt, die für die vorteilhafte Ressourcennutzung von großer Bedeutung ist, zum anderen wird deutlich, dass diese Kompetenzen auch jenseits expliziten Wissens verortet werden. Die so verstandene Management- bzw. Unternehmerkompetenz fungiert im Modell von *E. Penrose*, weil *nicht beliebig replizierbar*, als eigentliche Wachstumsbremse (Flaschenhals) und wird damit zum kritischen Erfolgsfaktor für Unternehmen.

Der Fokus auf die individuelle Kompetenz von Top-Managern und Unternehmern hat in weiten Teilen der Literatur bis heute Bestand *(vgl. Weinert 2001)* und kann mit den Besonderheiten der Managementaufgabe erklärt werden. *Whitley (1989)* unterscheidet Managementaufgaben von anderen Aufgaben anhand von fünf Merkmalen:

1. Die Anforderungen zeichnen sich durch ein hohes Maß an *Interdependenz* sowie *Kontextspezifität* aus und haben zudem einen systemischen Charakter.
2. Die Anforderungen sind überwiegend *nicht standardisiert*.
3. Die Anforderungen sind in einem permanenten *Wandel- und Entwicklungsprozess* begriffen (Aspekt der Dynamik).
4. Die Anforderungen sind insofern *paradox*, als sie gleichzeitig nach einem Erhalt bestehender Strukturen rufen und gleichzeitig verändert werden sollen bzw. werden.
5. Durch die spezifische Managementtätigkeit entstehen keine direkt zurechenbaren, sondern *kausal uneindeutige* Outputs.

Die Bewältigung dieser besonderen Aufgabenstellungen erfordert eine besondere Kompetenz, die in der Regel in verschiedene Kompetenzarten differenziert wird.

2.2.1 Managementkompetenzen

In der Managementlehre wurde schon früh zwischen fachlich-methodischer, sozial-kommunikativer und konzeptioneller Kompetenz unterschieden *(vgl. Katz 1974)*. Diese exklusiv auf das Management bezogene Betrachtung von Kompetenzen lässt sich in Teilen auch auf weitere Mitarbeitergruppen des Unternehmens ausweiten. Wie auch immer definiert, stehen Kompetenzen heute auch im Zentrum der Mitarbeiterauswahl und -entwicklung *(vgl. Boxall/Purcell 2011)*.

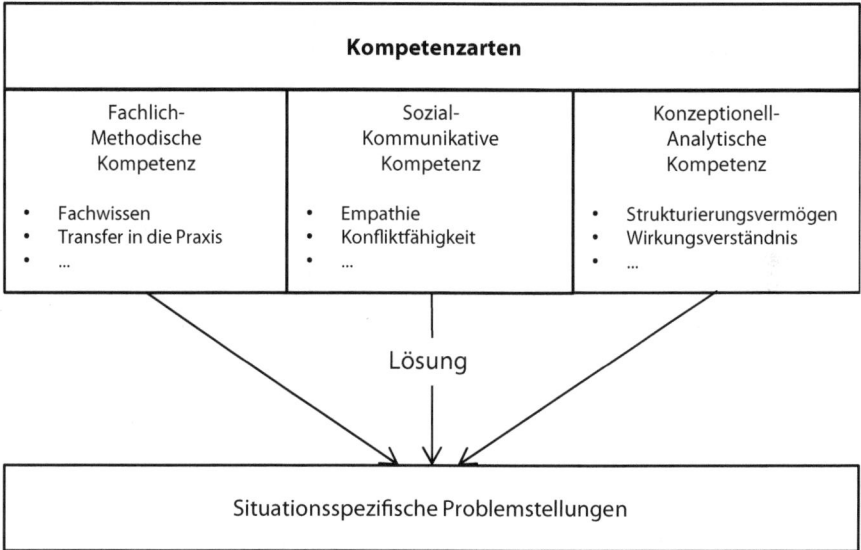

Abb. 2-1: Managementkompetenzen

Was verbirgt sich hinter den unterschiedlichen Managementkompetenzen?

1. *Fachlich-methodische Kompetenz:* Hierunter versteht man fachliches und instrumentelles Wissen sowie die Fähigkeit diese auf den konkreten Einzelfall anzuwenden und zur Problemlösung einzusetzen. Diese Kompetenzart umschließt die Einordnung und Bewertung des erworbenen Wissens ebenso wie die Anwendung von Methoden und durch Erfahrung erworbenes Know-how mit dem Ergebnis, dass adäquate Problemlösungen für das jeweilige Problem entwickelt werden können *(vgl. Katz 1974, Erpenbeck/Heyse 2007)*.
2. *Sozial-kommunikative Kompetenz:* Zu dieser Kompetenzart gehören ein grundsätzliches Kooperations- und Kommunikationsvermögen sowie auch die Fähigkeit, das Handeln anderer Menschen emotional zu verstehen und sich in sie hineinzuversetzen (Empathie). Regelmäßig wird zur sozial-kommunikative Kompetenz auch emo-

tionale Intelligenz (vgl. *Goleman 1997*) und Team- und Konfliktfähigkeit gezählt (vgl. *Kanning 2002*). Im Zuge der Internationalisierungstendenzen wird die interkulturelle Kompetenz zunehmend als »Unterart« sozial-kommunikativer Kompetenz verhandelt. Gemeint ist damit die Fähigkeit, über kulturelle Grenzen hinweg zu kommunizieren, sich kultursensibel zu verhalten und zu handeln (vgl. *Lustig/Koester 2012*).

3. *Konzeptionell-analytische Kompetenz:* Diese Dimension der Kompetenz beschreibt die Fähigkeit, unübersichtliche komplexe Problemfelder zu strukturieren und sinnvoll in ein handhabbares Handlungskonzept umzuformen. Zur erfolgreichen Bewältigung dieser Aufgabe ist ein grundsätzliches Strukturierungsvermögen erforderlich. Ebenso setzt die konzeptionelle Kompetenz ein grundsätzliches Verständnis für die Zusammenhänge und Bewegungskräfte (Wirkungen) in Leistungsprozessen voraus. Konzeptionell-analytische Kompetenz verlangt aber auch die Fähigkeit, ein Problem aus verschiedenen Perspektiven betrachten zu können oder allgemein in verschiedenen Kategorien denken zu können. Der Begriff des »*sensemaking*« beschreibt am besten, was mit dieser Kompetenz gemeint ist (vgl. *Weick 1995, Steinmann et al. 2013*).

Alle Kompetenzarten gemeinsam beschreiben das Kompetenzprofil eines Managers. Je nach Problemsituation können die verschiedenen Kompetenzarten individuell unterschiedlich stark ausgeprägt sein oder aber in unterschiedlicher Intensität und Ausprägung zum Tragen kommen, um das Problem zu lösen. Interessanterweise wird den sozial-kommunikativen Fähigkeiten in der Unternehmenspraxis eine immer höhere Bedeutung beigemessen. Gaben in einer Umfrage bei IHK Betrieben aus dem Jahre 2004 noch 85 % der Unternehmen an, das größte Gewicht bei der Auswahl ihrer neuen Führungskräfte auf fachliche und Methodenkompetenz zu legen (vgl. *DIHK 2004*), erwarten Firmen im Jahr 2011 neben diesen fachlichen Kompetenzen insbesondere auch soziale Kompetenzen von ihren zukünftigen Führungskräften (▶ Box 2-2).

Box 2-2
Relevante Kompetenzen aus Unternehmenssicht im Jahr 2011

Neben fachlichen Kompetenzen erwarten Firmen heutzutage auch soziale Kompetenzen von ihren Führungskräften. In einer 2011 in mehr als 1.500 Unternehmen durchgeführten Studie bewerteten diese die Bedeutung von Fach- und Sozialkompetenzen in ihrem Geschäftsumfeld sowie deren Ausprägung bei kürzlich eingestellten Hochschulabsolventen.

Auf einer Skala von 1 (»sehr wichtig«) bis 4 (»unwichtig«) sollten die Teilnehmer jeweils den Stellenwert von Einzelkompetenzen bewerten.

Von besonderer Bedeutung bewerteten die Befragten hierbei die Fähigkeiten, sich in neue Fachgebiete einzuarbeiten sowie vorhandenes Wissen auf neue Probleme anzuwenden. Etwa die Hälfte der Unternehmen legt zudem großen Wert auf die Fähigkeit, Wissenslücken zu erkennen und zu schließen sowie auf analytische Fähigkeiten und ein breites Grundlagenwissen der Absolventen. Auch die praktische Umsetzung wissenschaftlicher Konzepte wurde mehrheitlich als »sehr wichtig« eingestuft, während spezielles Fachwissen sowie die Kenntnis wissenschaftlicher Methoden als weniger bedeutend eingeschätzt wurden. Letzteres wurde von 8,5 Prozent als »unwichtig« erachtet.

Offensichtlich scheinen jedoch die Sozialkompetenzen der Absolventen bedeutungsvoller zu sein, als deren Fachkompetenzen:

Mit Ausnahme des Zeitmanagements, welches 45,5 Prozent als »sehr wichtig« einstufen, wurden alle zur Auswahl stehenden Indikatoren für Sozialkompetenzen zu gut zwei Dritteln und mehr als besonders bedeutsam bewertet. Angeführt wird die Gruppe von der Fähigkeit, selbständig zu arbeiten, gefolgt von Kommunikationsfähigkeit, der Fähigkeit zu kooperieren, Probleme zu lösen sowie der Eigenschaft, sich auf veränderte Umstände einzustellen.

Jedoch sahen die befragten Unternehmen bei der Gegenüberstellung von Relevanz und Ausprägung einer Kompetenz eine große Diskrepanz. In jeder Kategorie, sowohl im fachlichen als auch im sozialen Bereich, bewerten mehr als die Hälfte der Unternehmen die Ausprägung einer Kompetenz schlechter als deren Wichtigkeit. Einzige Ausnahme bildet die Kenntnis wissenschaftlicher Methoden, welche im Vergleich jedoch als am Unbedeutendsten zu sein scheint.

Quelle: Vgl. Konegen-Grenier et al. (2011).

Die Unterscheidung in die drei vorgestellten Kompetenzarten ist, wenn auch mit variierenden Bezeichnungen, weit verbreitet und spiegelt sich auch in den unterschiedlichen Methoden der Kompetenzmessung/-Diagnose wider. Unterschiede können sich bei der Konkretisierung der einzelnen Kompetenzarten ergeben oder im Zuge einer branchen-/berufsspezifischen Klassifizierung.

Nachdem nun ein Gefühl für unterschiedliche Kompetenzarten und -zuordnungen gewonnen wurde, soll es im nächsten Schritt darum gehen, allgemeingültige Merkmale individueller Kompetenzen herauszuschälen; was macht also eine Kompetenz zu einer Kompetenz?

2.2.2 Charakteristika individueller (Management-) Kompetenzen

Zur Spezifizierung von Kompetenzen finden sich in der individuellen Kompetenzforschung zwar Ansätze mit unterschiedlichen Akzentuierungen, insgesamt zeichnet sich die aktuelle Debatte allerdings durch ein relativ homogenes Kompetenzverständnis aus. Als verbindende Klammer lassen sich drei Kernelemente herauskristallisieren: (1) die Betonung des Handlungsvollzugs (Tätigkeitsbezogenheit), (2) der Selbstorganisations-Gedanke und (3) die Relevanz von Lernen.

(1) Die Betonung des Handlungsvollzugs

Kompetenz wird durchgängig als handlungsbezogene Kategorie verstanden, die sich nur durch die Realisierung von Problemlösungen nachweisen lässt. Kompetenzen zeigen sich im (beruflichen) Alltag im Tätigkeitsvollzug in Form von beobachtbarer, situationsgebundener Verhaltensweisen. Ob und in welcher Art und Weise Kompetenzen gezeigt werden, ist abhängig von den individuellen Bedingungen. Dieses führt uns zu dem zweiten zentralen Aspekt von individuellen Kompetenzen.

(2) Der Selbstorganisations-Gedanke

Kompetenz wird als (Selbstorganisations-)Dispositionsbegriff gefasst. Im Zentrum stehen hier zunächst individuelle Dispositionen. Darunter werden die individuellen, verhaltensbestimmenden Faktoren verstanden, die das Handeln des Einzelnen beeinflussen. Hierzu zählen beispielsweise individuelle Fertigkeiten, Wissen, Bedürfnisse, Ziele und Motive, Normen und Einstellungen (vgl. *Frei et al. 1984, S. 31f.*). Dieses Konglomerat von Dispositionen lässt sich im Wesentlichen unter zwei Kategorien fassen. Zum einen geht es um qualifikatorische Faktoren, worunter Fertigkeiten und Wissen verstanden werden. Hierzu zählen alle Qualifikationen, die nach Aneignung vorgegebener Inhalte über formalisierte Prüfungen dokumentiert und nachgewiesen werden können. Zum anderen geht es um motivationale Faktoren, worunter Bedürfnisse, Ziele, Motive, Normen und Einstellungen des Individuums gefasst werden.

Das allgemeine Grundverständnis ist, dass sich in der Realisierung konkreter Tätigkeiten und Lösung spezifischer Problemkonstellationen jeweils unterschiedliche Elemente der oben genannten Faktoren zur kompetenten Gesamthandlung (Handlungskompetenz) verbinden. Der kompetente Umgang mit den Anforderungen der Umwelt wird also nicht als stabile und bloße Addition dieser Dispositionen verstanden, sondern als ein jeweils situationsspezifischer, dennoch aber mustergesteuerter Selbstorganisationsprozess. Hiermit ist gemeint, dass das kompetente Individuum nach bewährtem Muster selbst Lösungspläne und -strategien entwickelt und deren Wirksamkeit erprobt.

In Ergänzung wird postuliert, dass Kompetenzen nicht nur das Resultat individueller Dispositionen sind, sondern dass im kompetenten Handlungsvollzug auch der jeweilige Kontext eine wesentliche Rolle spielt. Der Kontext bzw. die Situation wird als handlungstheoretische Kategorie verstanden, in die ein Individuum eingebettet ist oder anders ausgedrückt: Es geht um die Frage der Rahmenbedingungen für die Entfaltung individueller Kompetenz. So kann ein Projektleiter individuell über Methodenkompetenz auf dem Gebiet des Projektmanagements verfügen, in vergangenen Projekten sozialkompetent sein Team geführt haben und die projektspezifischen Probleme analytisch kompetent gelöst haben, im aktuellen Kontext jedoch mit der Steuerung eines Projektes scheitern, weil die Rahmenbedingungen für die Projektsteuerung andere sind (vgl. *Eberl et al. 2012*).

Kompetenzen sind immer kontextgebunden, sie entwickeln sich in spezifischen Feldern und sind durch diese Entwicklung an die Grundstrukturen dieses Feldes gebunden. Kompetenzen sind deshalb niemals universal.

(3) Die Relevanz von Lernen

Durch den Lernaspekt werden der Aufbau und die Entwicklung von individuellen Kompetenzen erklärbar. Der kompetente Umgang mit komplexen Situationen erfordert auf Seiten der Individuen Lernprozesse. Dabei wird in der individuellen Kompetenzforschung wesentlich auf Erkenntnisse der Kognitionspsychologie zurückgegriffen. Innerhalb der Kognitionspsychologie (etwa *Sternberg 1985*) und der kognitiv orientierten Lerntheorie hat insbesondere die Schematheorie (zuerst *Piaget 1983*, mit seiner »Theorie der geistigen Entwicklung«) erhebliche Bedeutung für die Erklärung kognitiver Prozesse und Strukturen erlangt.

Schemata lenken und strukturieren den individuellen Wissenserwerb und die Speicherung von Wissen. Mit Hilfe von Schemata werden wahrgenommene Umweltreize in eine zeitliche und logische Struktur gebracht, auf deren Grundlage dann gehandelt werden kann. Durch Schemata wird ein *kognitiver Bezugsrahmen* für das Handeln gebildet. Schemata strukturieren und ermöglichen durch ihre eingrenzende Funktionslogik überhaupt erst Wahrnehmungsaktivitäten; sie leiten die Realitätserkundung, indem sie selektiv Ausschnitte aus der Realität als relevant auswählen (und andere Ausschnitte dadurch ausblenden). Neue Informationen über Realitätsausschnitte (Objekte) verändern ihrerseits Schemastrukturen, so dass neue Wahrnehmungsaktivitäten von modifizierten Schemata eingeleitet werden. *Piaget* verwendet für solche Prozesse der Wahrnehmungsaktivitäten, die zu einer Modifikation der Schemata führen, den Begriff der *Akkomodation*. Im Unterschied dazu werden bei der *Assimilation* neue Umweltinformationen unter bestehende Schemata subsumiert bzw. in die vorhandenen Wahrnehmungsstrukturen eingeordnet. Diese sequenzielle Abfolge wird von *Neisser (1979)* als Wahrnehmungszirkel bezeichnet (▶ **Abb. 2-2**).

Mit Blick auf die hieraus resultierende Erkenntnis der Entwicklungsfähigkeit von individuellen Kompetenzen hat sich insbesondere die pädagogisch ausgerichtete Kompetenzforschung mit der Ergründung von lernförderlichen Bedingungen beschäftigt (vgl. *Elbers 1991*).

In diesem Zusammenhang wird unmittelbar einsichtig, dass sich Kompetenz nicht einfach kognitiv »vermitteln« lässt, sondern sich erst im tatsächlichen »Tun« und dem Sammeln von Erfahrungen herausformt. Das populäre »*Learning by doing*« (*Levitt/ March 1988, S. 321 ff.*) wird unter dieses Etikett ebenso subsumiert wie das Lernen als Resultat von Experiment und Zufall.

Insofern ist es nicht überraschend, dass für kompetenzgerichtete Personalentwicklungsmaßnahmen insbesondere solchen Methoden Bedeutung beigemessen wird, die dem Ansatz des erfahrungsbasierten, sozialen Lernens folgen (Trainings). Erfahrungsbasierte Lernansätze sind insbesondere dann geeignet, wenn der Umgang mit komplexen und durch Unsicherheit geprägten Situationen trainiert werden soll. Diese Situationen sind nicht ausschließlich mit Rezeptwissen handhabbar, sondern erfordern darüber hinaus eben weitere Fähigkeiten, eben Kompetenzen.

Diese reine individuumszentrierte Kompetenzperspektive wurde nun in jüngerer Zeit auf Organisationen übertragen, wie das ja auch in der Theorie des organisationalen Lernens schon der Fall war. Aus dieser Perspektive wird der Organisation als selbständiger Handlungseinheit ein eigenständiger Kompetenzerwerb zugesprochen

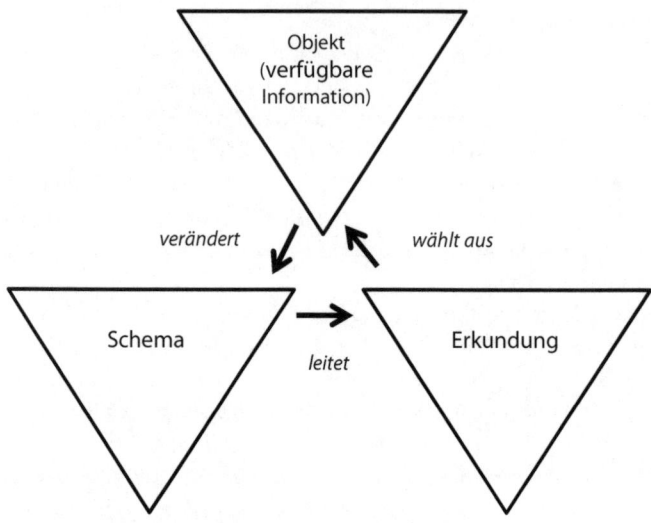

Abb. 2-2: Wahrnehmungszirkel nach Neisser (1979).

(vgl. *Miller/Pentland 2012*). Zwar sind individuelle Kompetenzen auch in der Welt organisationaler Kompetenzen relevant bzw. werden für die Entfaltung organisationaler Kompetenzen benötigt, jedoch beruht organisationale Kompetenz insgesamt auf komplexeren Zusammenhängen und ist weit mehr als nur die Summe individueller Kompetenzen. Gerade im Rahmen des strategischen Managements sind es diese auf der organisationalen Ebene angesiedelten Kompetenzen, die intensiv diskutiert und für den nachhaltigen Erfolg einer Organisation verantwortlich gemacht werden (im Detail ► Kap. 1).

2.3 Organisationale Kompetenzen als Verknüpfungsleistung

In der Literatur sind heute verschiedene Begriffsdefinitionen von organisationaler Kompetenz im Gebrauch. Die nachstehende Tabelle soll einen ersten Eindruck über das facettenreiche Verständnis organisationaler Kompetenz vermitteln (die Hervorhebungen wurden durch die Verfasser vorgenommen).

Tab. 2-1: Prominente Begriffsdefinitionen organisationaler Kompetenz im Überblick

Hofer/Schendel (1978), S.25	Competence: »(...) the patterns of organization's past and present resource and skill deployment that will help it [the firm, d.Verf.] achieve its goals and objectives
Klein et al. (1991), S.2	»...[A] corporate skill is a systemic property, a property of the organisation as a whole«

Tab. 2-1: Prominente Begriffsdefinitionen organisationaler Kompetenz im Überblick – Fortsetzung

Grant (1991), S. 122	»A capability is, in essence, a routine, or a number of interacting routines.«
Dosi et al. (1992), S. 197 f.	A firm's competence is a set of differentiated technological skills, complementary assets, and organizational routines and capacities that provide the basis for firm's competitive capacities in a particular business. (…) In essence, competence is a measure of a firm's ability to solve both technical and organizational problems.«
Amit/Schoemaker (1993), S. 35	They [organizational capabilities, Anm.d.Verf.] are (…) information-based, tangible and intangible processes that are firm-specific and are developed over time through complex interactions among firm's resources«
Dosi/Teece (1993), S. 6	»By organizational capabilities we mean the capabilities of an enterprise to organize, manage, coordinate, or govern specific sets of activities.«
Day (1994), S. 38 f.	»Capabilities are complex bundles of skills and collective learning, exercised through organizational processes that ensure superior coordination of functional activities.«
Rasche (1994), S. 91 f.	»Bei einer Kompetenz handelt es sich im Allgemeinen um eine nicht-tangible, wissensbasierte Ressource, für die aufgrund ihres einzigartigen Charakters keine oder nur sehr unvollständige Märkte bestehen. Kompetenzen erweisen sich als komplexe, auf Lernprozessen basierende, speziale Interaktionsmuster, die sich nur schwer imitieren, transferieren und handeln lassen.«
Sanchez et al. (1996), S. 7 f.	»Capabilities [im Original fett] are repeatable patterns of action in the use of assets to create, produce, and/or offer products to a market. (…) capabilities are intangible assets (…).«
Dosi et al. (2000), S. 2	»To be capable of something is to have a generally reliable capacity to bring that thing about as a result of intended action«
Helfat/Peteraf (2003), S. 999	»An organizational capability refers to an organizational ability to perform a coordinated task, utilizing organizational resources, for the purpose of achieving a particular result«
Winter (2003), S. 277	»An organizational capability is a high-level routine (or collection of routines) that, together with its implementing input flows, confers upon an organization´s management a set of decision options for producing significant outputs of a particular type«
Danneels (2008), S. 520	»A competence is a configuration of resources that enables the firm to accomplish a particular task.«

Übergreifend lässt sich erkennen, dass organisationale Kompetenz als genuin kollektives Konstrukt begriffen wird, welches sich nicht nur aus der Summe individueller Kompetenzen zusammensetzt. Betont wird in besonderer Weise die Kollektivität des Problemlösens bzw. der Zielerreichung. Begrifflich wird deshalb auch von kollektiven Fähigkeiten oder kollektivem Vermögen gesprochen, d. h. einem Vermögen, welches sozial vernetzt und durch Organisationen wirkt *(vgl. Bouncken 2003)*. Im Zentrum steht die kompetente Nutzung von Ressourcen zur Erreichung der Unternehmensziele.

2.3.1 Prozesse der Ressourcenselektion und Verknüpfung

Aus den bisherigen Überlegungen ist klar geworden, dass Kompetenz keine Einzelressource darstellt, sondern eine gekonnte Nutzung oder Verknüpfung von unterschiedlichen Ressourcen zur Lösung bestimmter organisatorischer Probleme *(vgl. Dosi et al. 2000)*. Geht es speziell um die Kompetenz einer Organisation, muss dem Faktum der Arbeitsteilung in der Ressourcenkombination Rechnung getragen werden. Wie aber hat man sich die Binnenstruktur einer solchen organisationalen Kompetenz vorzustellen, was ist ihre handlungsleitende Logik?

Zur Beantwortung dieser für das Verständnis des Kompetenzkonzeptes zentralen Frage kann an dem Vorschlag von *Henderson/Cockburn (1994)* angeschlossen werden, organisatorische Kompetenzen an der Fähigkeit einer Organisation festzumachen, von ihren tangiblen und intangiblen Ressourcen in solcher Weise Gebrauch zu machen, dass sie den Anforderungen der internen und externen Umwelt gerecht werden kann, ggf. besser als Konkurrenten. Mit dem Konstrukt organisationaler Kompetenz wird dementsprechend eine Verbindung zwischen den Ressourcen einer Unternehmung (Innenperspektive) und den zu lösenden marktlichen Aufgaben (Außenperspektive) hergestellt. Organisationale Kompetenz steht also im Kontext organisationalen Problemlösungsverhaltens. Unternehmen werden – allgemein gesprochen – als komplexe Probleme handhabende Einheiten verstanden *(vgl. March/Simon 1958; Cyert/March 1963; Dosi/Hobday/Marengo 2003)*. Das Problemlösen selbst kann als eine komplexe Kombination elementarer kognitiver und habitueller Akte begriffen werden.

Komplexität wird somit in Bezug auf Kompetenz in doppelter Weise spezifiziert. Zum einen wird Kompetenz selbst als eine *komplexe Verknüpfungsaktivität* bestimmt *(vgl. Grant 1996)*, und zum anderen werden die zu lösenden *Probleme als komplex* begriffen. Die Komplexität der zu lösenden Probleme kann an der Ungewissheit festgemacht werden bzw. den nicht-linearen und nicht eindeutig erklärbaren Kausalzusammenhängen *(vgl. Lippman/Rumelt 1982)*, die in der Regel das Problemlösungsgeschehen prägen. Kompetenz wird dann verstanden als ein Potential, das es erlaubt, solche komplexen Probleme zu lösen. Zur Notwendigkeit hoher Binnenkomplexität von Kompetenz lässt sich an die Kybernetik anschließen; sie lehrt mit dem »*law of requisite variety*« *(Ashby 1965: 206 ff.)*, dass komplexe Probleme nur mit komplexen Binnenstrukturen erfolgreich bearbeitet werden können.

Die Komplexität der organisationalen Kompetenz bezieht sich in erster Linie auf die Selektions- und Verknüpfungsprozesse, die erforderlich sind, um vorhandene Ressourcen zu einer erfolgreichen Problemlösung zusammenführen. Übertragen auf Organisationen heißt dies: Eine Organisation ist auf einem bestimmten Gebiet bzw. in einer spezifischen Situation kompetent, wenn es ihr möglich ist, nachhaltig mit den komplexen Herausforderungen dieser Situationen umzugehen, also für die jeweils spezifische Situation entsprechende Ressourcen auszuwählen und zu einer (erfolgreichen) Handlung zu verknüpfen. Je besser die situationsspezifische Auswahl und Verknüpfung der Ressourcen gelingt, z.B. im Hinblick auf die Befriedigung spezifischer Kundenbedürfnisse, desto höher ist die Chance, dass die Organisation situationsspezifische Kompetenz ausbildet.

Im Folgenden soll geklärt werden, auf welche Ressourcen die situationsspezifische Auswahl und Verknüpfung genau gerichtet ist.

2.3.2 Ressourcen als Gegenstand organisationaler Kompetenz: Eine Spezifizierung

Wie bereits in Kapitel 1 erläutert, gibt es unterschiedliche Klassifizierungen von Ressourcen, z.B. nach dem Kriterium der Beschaffenheit in tangible und intangible Ressourcen. Zwar wird den intangiblen Ressourcen im Vergleich zu den tangiblen Ressorucen eine immer stärker Bedeutung zugesprochen, weil diese – im Unterschied zu tangiblen Ressourcen – in der Regel nicht über Faktormärkte zu Verfügung stehen *(vgl. Hall 1993)*. Nichtsdestotrotz sind für die Generierung nachhaltiger Wettbewerbsvorteile grundsätzlich alle Ressourcen von potenzieller Bedeutung.

Es werden deshalb im Folgenden vier gängige Ressourcentypen – tangible wie auch intangible – vorgestellt, die über organisationale Kompetenz in spezifischer Art und Weise ausgewählt und verknüpft werden:

(1) **Finanzielle Ressourcen**
Diese umfassen das gesamte finanzielle Vermögen des Unternehmens unabhängig von dessen Herkunft, also unterschiedliche Formen von sowohl Eigen- als auch Fremdkapital.

Die Ausstattung mit finanziellen Mitteln darf dabei keineswegs unterschätzt werden. Wie das aktuelle Beispiel der Firma Leica zeigt, ist ohne die ausreichende Ausstattung mit finanziellen Mitteln der Aufbau bzw. die Entwicklung organisationaler Kompetenzen kaum möglich (▶ Box 2-3).

Box 2-3
Leica

Im Jahre 2004 ging es mit dem Traditionsunternehmen Leica steil bergab. Umsatzeinbrüche und Verluste brachten das Unternehmen an den Rand der Insolvenz.

> In dieser Situation übernimmt der Investor Andreas Kaufmann erst 27,3 % und zwei Jahre später mehr als 90 % der Aktienanteile des angeschlagenen Unternehmens und verschafft Leica auf diese Weise eine Atempause zur Neuausrichtung. Seit Kaufmann bei Leica die Tür ins digitale Zeitalter aufgestoßen hat, ist der Umsatz wieder nach gegangen: von 159 Mio. Euro im Geschäftsjahr 2009/2010 auf 300 Mio. Euro im Geschäftsjahr 2012/2013; angepeilt werden 500 Mio. Euro und mehr.
>
> *Quelle: Vgl. Süddeutsche Zeitung Nr. 101 vom 3./4. Mai 2014, S. 34.*

(2) **Physische Ressourcen**
Diese umfassen sämtliches physisches Vermögen eines Unternehmens, die im Prozess der Wertschöpfung nutzbar gemacht werden können. Hierzu zählen z. B. das Gebäude mit seiner spezifischen Ausstattung und Architektur, die Produktionstechnologien, die Informations- und Kommunikationstechnologien oder Designtechnologien, aber auch die geografische Lage des Unternehmens oder eines Betriebes.

(3) **Humanressourcen**
Diese beziehen sich auf die Qualifikation, Erfahrung, Kompetenzen und soziale Beziehungen individueller Manager und Mitarbeiter. Die Bedeutung von Humanressourcen ist dabei nicht bloß auf Visionäre/Entrepreneure bzw. auf das TOP-Management oder erfahrene Leistungsträger begrenzt, sondern jeder Mitarbeiter und dessen individuelle Qualifikation und Kompetenzen stellen prinzipiell eine Ressource für das Unternehmen dar.

(4) **Organisationale Ressourcen**
Während Humanressourcen ein Attribut von Individuen sind, stellen organisationale Ressourcen auf die Ebene des Kollektivs ab. Organisationale Ressourcen beziehen sich dementsprechend auf Gruppen, Abteilungen oder ganze Organisationen. Organisationale Ressourcen umfassen die formalen Strukturen und Prozesse ebenso wie informelle Strukturen. Zu den formalen Strukturen zählen beispielsweise die offiziellen Planungs- und Koordinationsprozesse, Anreiz- und Controllingsysteme. Zu den informellen Ressourcen zählt die Reputation oder die Marke des jeweiligen Unternehmens.

> **Box 2-4**
> **Unternehmensspezifische Ressourcen von Google**
>
> Das Unternehmen Google wurde 1996 von Sergey Brin und Larry Page gegründet und steht heute für die weltweit bekannteste Suchmaschine. Zwei Drittel aller weltweiten Onlinesuchen werden über Google vorgenommen.
>
> Das Besondere an Google ist dabei weniger ihr internetzentriertes Geschäftsmodell, sondern ihr unternehmensspezifisches Managementmodell, welches die Firma

zu einem strategischen Vorreiter in der dynamischen und unter Innovationsdruck stehenden Internetbranche werden lässt. Dreh- und Angelpunkt dieses Modells ist die Google-Philosophie, dass gute Ideen potenziell von überall herkommen können und sollen. Diese Philosophie wird von Google stringent umgesetzt, welches sich eben auch in der spezifischen Ressourcenausstattung des Unternehmens widerspiegelt. So ist Google im Besitz architektonisch speziell auf die Google-Philosophie zugeschnittene Gebäude (physische Ressourcen). Offene Plätze der Kommunikation, Entspannungsräume, Sportangebote sowie ansprechende Restaurants regen den Austausch und das den Prozess der Ideengenerierung an. Darüber hinaus ist Google im Besitz von substantiellen finanziellen Mitteln (finanzielle Ressourcen), die im Falle von Google in eine Vielzahl von Projekten/Projektideen investiert wird. Talentierte und innovative Mitarbeiter sind essentiell für die Umsetzung der Google-Philosophie (Humanressourcen) ebenso wie unbürokratische Prozesse bei der Genehmigung von Pilotprojekten, offene Arbeitszeitregelungen für das Ausprobieren von und Nachdenken über neue Produkte und ein Anreizsystem, welches sowohl erfolgreiche Projekte als auch »intelligente Misserfolge« belohnt, sind Google-spezifische organisationale Ressourcen.
Quelle: Vgl. Hamel/Breen (2007).

Zusammenfassend lässt sich feststellen, dass alle hier kurz skizzierten Ressourcentypen zum Gegenstand organisationaler Kompetenzausbildung werden können. Sie sind als eine Art Basisfaktoren in einem Modell organisationaler Kompetenz anzusehen. Alle vier Kategorien stellen den potenziellen Ressourcenpool dar, aus dem die Organisation situationsspezifisch auswählt und zu Handlungsmustern verknüpft (▶ **Abb. 2-3**). Durch organisationale Kompetenz werden die Ressourcen problembezogen verbunden, wobei für jeweils unterschiedliche – aber immer komplexe – Anforderungen bzw. Probleme aus der Vielfalt der Ressourcen ausgewählt (nach Art, Umfang und Zusammensetzung) und somit zunächst selektiert werden muss. Die Entwicklung eines neuen und erfolgsträchtigen Autos ist beispielsweise auf die Kombination von Design- und Produktionstechnologien genauso angewiesen wie auf das Design-Know-how und die Qualifikation der Mitarbeiter und entsprechend budgetierte Projekte.

Es sei an dieser Stelle noch einmal hervorgehoben, dass zum einen die Selektion und Verknüpfung nicht die Ressourcenkategorie als Ganzes umfassen muss und zweitens auch nicht immer alle Ressourcenkategorien Eingang in den organisationalen Verknüpfungsprozess finden müssen, um die Problemsituation kompetent zu handhaben. Vielmehr verlangen die Verknüpfungen situations- bzw. aufgabenspezifische Selektionen und generieren somit in ihrer Art und dem Umfang nach (inhaltlich) sehr unterschiedliche Ressourcenverknüpfungen. Stellt man sich z.B. die Designkompetenz eines Unternehmens im Vergleich zur Vertriebskompetenz eines Automobilherstellers vor, so entsteht die Designkompetenz sehr wahrscheinlich über die verstärkte Kombination von Qualifikationen und Kompetenzen der entsprechenden Designer/Ingenieure sowie Technologien, während für die Vertriebskompetenz unter Umständen der Standort und die Reputation eine verhältnismäßig stärkere Rolle spielen.

2 Individuelle und organisationale Kompetenzen

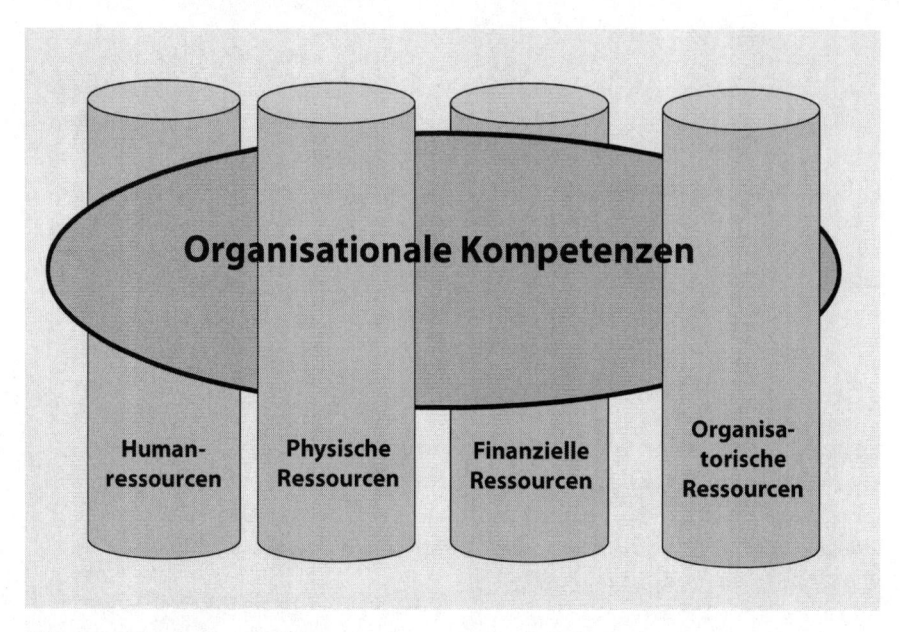

Abb. 2-3: Organisationale Kompetenz als situationsspezifische Ressourcenauswahl und -verknüpfung

Mit der Trennung zwischen den Verknüpfungsprozessen auf der einen Seite und den Ressourcen als Gegenstand der Verknüpfung auf der anderen Seite grenzt sich das hier vorgestellte Kompetenzkonzept vom überwiegenden Teil der Publikationen zu Kompetenz ab. Dort wird üblicherweise Kompetenz als ein Amalgam aus verschiedenen Ressourcen und inklusive der Ressourcenkombinationsaktivität konzipiert: »*Corporate competence consists of a combination of corporate characteristics, skills, (…) and knowledge (…)*«(Turner/Crawford 1994, S.242). Die verfügbaren organisatorischen Ressourcen werden also vollständig zum Bestandteil von Kompetenz erklärt. Verfolgte man diesen Weg zu Ende, so würde Kompetenz schnell zu einem allumfassenden und damit wenig trennscharfen Konstrukt, eines, mit dem sich letzten Endes alles und (damit) nichts erklären ließe (vgl. *auch Moldaschl 2006*). Anders in dem hier vorgestellten Trennungsansatz. Durch die konzeptionelle Trennung von Ressourcen als Faktoren einerseits und den Prozessen der Ressourcenauswahl und -verknüpfung andererseits wird die Möglichkeit einer differenzierteren Analyse des Konstrukts »Organisationale Kompetenz« eröffnet.

Im Anschluss an diese Überlegungen stellt sich die Frage, ob und ggf. welche spezifischen Dimensionen die Qualität und damit auch den Unterschied zwischen erfolgreichen und weniger erfolgreichen Verknüpfungen respektive Verknüpfungsmustern bestimmen. Welche Voraussetzungen auf organisationaler Ebene müssen erfüllt sein, um die als Bestand vorliegenden Ressourcen kompetent zu verknüpfen? Oder anders gefragt: Wie entwickelt sich organisationale Kompetenz und lassen sich Rahmenbedingungen für die Entstehung organisationaler Kompetenzen identifizieren? Diese Fragen bilden den Gegenstand der anschließenden Kapitel 3 und 4.

Diskussionsfragen

1. Managementaufgaben lassen sich anhand von fünf Merkmalen kategorisieren. Finden Sie für jedes Merkmal zwei Beispiele.
2. Erläutern Sie, weshalb Kompetenzen niemals universaler Natur sind!
3. Erklären Sie in eigenen Worten den Selbstorganisations-Dispositionsgedanken.
4. »*Können Kompetenzen nicht gezeigt werden, wird langfristig ein Kompetenzabbau die Folge sein.*« Diskutieren Sie diese Aussage!
5. Eine Manager äußert: »*Wir stellen die Kompetenzentwicklung unseres Unternehmens sicher, indem wir unsere Mitarbeiter regelmäßig zu Schulungen schicken.*« Diskutieren Sie diese Aussage!
6. Inwiefern kann die Managementkompetenz eine Wachstumsbremse darstellen?
7. Diskutieren Sie den Stellenwert individueller und organisationaler Kompetenzen für den Unternehmenserfolg.
8. Weshalb ist die analytische Trennung von Ressourcen und Prozessen der Ressourcenverknüpfung für das Management von Kompetenzen relevant?
9. »*Leica ist eine Ikone der deutschen Industrie. Was dieses Unternehmen immer ausgezeichnet hat, ist eine Riesenkompetenz im Optischen*« (*Süddeutsche Zeitung Nr. 101 vom 3./4. Mai 2014, S. 34*).
   Diskutieren Sie dieses Zitat mit Blick auf den Stellenwert von tangiblen und intangiblen Ressourcen für den Aufbau organisationaler Kompetenzen!
10. Überlegen Sie sich ein Unternehmen, das im besonderen Maße auf Humanressourcen angewiesen ist. Wodurch könnte sich die organisationale Kompetenz dieses Unternehmens auszeichnen?

Literaturverzeichnis Kapitel 2

Amit, R./Schoemaker, P.J.H. (1993). Strategic assets and organizational rent, in: Strategic Management Journal, 14: 33–46.
Ashby, W.R. (1965). An introduction to cybernetics, London.
Boxall, P./Purcell, J. (2011). Strategy and human resource management, 3. Aufl., Houndsmills/New York.
Bouncken, R.B. (2003). Organisationale Metakompetenzen: Theorie, Wirkungszusammenhänge, Ausprägungsformen und Identifikation, Wiesbaden.
Burrows, P. (2004). The seed of Apple's innovation. Businesssweek.com, 12.10.2004. http://www. businessweek.com/print/bwdaily/dnflash/oct2004/nf20041012_4018_db083.htm?chan=gl (Zugriff am 29.5.2014).
Cyert, R.M./March, J.G. (1963). A behavioral theory of the firm, Englewood Cliffs, NJ.
Danneels, E. (2008). Organizational antecedents of second-order competencies, in: Strategic Management Journal, 29: 519–543.
Day, D. (1994). The capabilities of market-driven organizations, in: Journal of Marketing, 58 (4): 37–52.
DIHK (2004). Fachliches Können und Persönlichkeit ist gefragt – Ergebnisse einer Umfrage bei IHK Betrieben zu Erwartungen der Wirtschaft an Hochschulabsolventen, Studie der DIHK.

Dosi, G./Teece, D.J./Winter, S. (1992). Toward a theory of corporate coherence: Preliminary remarks, in: Dosi, G./Gianetti, R./Toninellli, P.A. (Hrsg.). Technology and enterprise in historical perspective: 185–211.

Dosi, G./Teece, D.J. (1993): Organizational competence and the boundaries of the firm, University of California at Berkeley, Consortium on Competitiveness and Cooperation, Working Paper: 93–111.

Dosi, G./Nelson, R.R./Winter, S.G. (2000). Introduction: The nature and dynamics of organizational capabilities, in: Dosi, G./Nelson, R.R./Winter, S.G. (Hrsg.). The nature and dynamics of organizational capabilities, Oxford: 1–22.

Dosi, G./Hobday, M./Marengo, L. (2003). Problem-solving behavior, organizational forms, and the complexity of tasks, in: Helfat, C.E. (Hrsg.). The SMS Blackwell Handbook of organizational capabilities, Malden: 167–192.

Eberl, M./Volkenandt, G./Görlich, M. (2012): Management strategischer Projekte und Initiativen, Berlin.

Elbers, E. (1991). The development of competence and its social context, in: Educational Psychology Review, 3: 73–94.

Erpenbeck, J./Heyse, V. (2007). Die Kompetenzbiographie, 2. Aufl., Münster.

Frei, F./Duell, W./Baitsch, C. (1984). Arbeit und Kompetenzentwicklung. Theoretische Konzepte zur Psychologie arbeitsimmanenter Qualifizierung, Bern et al.

Goleman, D. (1997). Emotionale Intelligenz, München.

Grant, R.M. (1991). The Resource-based theory of competitive advantage: Implications for strategy formulation, in: California Management Review, 33 (3): 114–135.

Grant, R.M. (1996). Prospering in dynamically-competitive environments: Organizational capability as knowledge integration, in: Organization Science 8: 375–387.

Hall, R. (1993). A framework linking intangible resources and capabilities to sustainable competitive advantage, in: Strategic Management Journal, 14: 607–618.

Hamel, G./Breen, B. (2007). The future of management, Boston, Mass.

Helfat, C.E./Peteraf, M.A. (2003): The dynamic resource-based view: Capability lifecycles, in: Strategic Management Journal, 24: 997–1010.

Henderson, R.M./Cockburn, I.M. (1994). Measuring competence? Exploring firm effects in pharmaceutical research, in: Strategic Management Journal, 15: 63–84.

Hofer, C.W./Schendel, D. (1978). Strategy formulation: Analytical concepts, St. Paul.

Isaacson, W. (2012). The leadership lessons from Steve Jobs, in: Harvard Business Review, 90 (4): 92–102.

Kanning, U. P. (2002). Soziale Kompetenz – Definition, Strukturen und Prozesse, in: Zeitschrift für Psychologie, 210 (4): 154–163.

Katz, R.L. (1974). Skills of an effective administrator, in: Harvard Business Review, 52 (5): 90–102.

Klein, J.A./Edge, G.M./Kass, T. (1991): Skill-based competition, in: Journal of General Management, 16 (4): 1–15.

Konegen-Grenier, C./Placke, B./Stettes, O. (2011). Bewertung der Kompetenzen von Bachelorabsolventen und personalwirtschaftliche Konsequenzen der Unternehmen, in: IW-Trends – Vierteljahresschrift zur empirischen Wirtschaftsforschung aus dem Institut der deutschen Wirtschaft Köln, 38 (3), 1–16.

Levitt, B./March, J.G. (1988). Organizational learning, in: Annual Review of Sociology, 14: 319–340.

Lippman, S.A./Rumelt, R.P. (1982). Uncertain imitability: An analysis of interfirm differences in efficiency under competition, in: The Bell Journal of Economics, 13: 418–438.

Lustig, M.W./Koester, J. (2012). Intercultural competence, 7. Aufl., New Jersey.

March, J.G./Simon, H.A. (1958). Organizations, New York.

Miller, K.D./Pentland, B.T. (2012). Dynamics of performing and remembering organizational routines, in: Journal of Management Studies, 49: 1536–1558.

Moldaschl, M. (2006). Innovationsfähigkeit, Zukunftsfähigkeit, Dynamic Capabilities – Moderne Fähigkeitsmystik und eine Alternative, in: Schreyögg, G./Conrad, P. (Hrsg.): Managementforschung 16, Wiesbaden: 1–36.
Neisser, U (1979). Kognition und Wirklichkeit (Übersetzung aus dem Englischen), Stuttgart.
Penrose, E. (1959). The theory of the growth of the firm, New York.
Piaget, J. (1983). Meine Theorie der geistigen Entwicklung, Frankfurt am Main.
Rasche, C. (1994): Wettbewerbsvorteile durch Kernkompetenzen: Ein ressourcenorientierter Ansatz, Wiesbaden.
Sanchez, R./Heene, A./Thomas, H. (1996). Introduction: Towards the theory and practice of competence-based competition, in: Sanchez, R./Heene, A./Thomas, H. (Hrsg.). Dynamics of competence-based competition: Theory and practice in new strategic management, Oxford et al.: 1–35.
Selznick, P. (1957). Leadership in administration: A sociological interpretation, Evanston.
Steinmann, H./Schreyögg, G. /Koch, J.(2013). Management, 7. Aufl., Wiesbaden.
Sternberg, R.J. (1985). Human abilities – An information-processing approach, New York.
Turner, D./Crawford, M. (1994). Managing current and future competitive performance: The role of competence, in: Hamel, G./Heene, A. (Hrsg.). Competence-based competition, New York et al.: 241–263.
Verlander, E.G. (2012). The practice of professional consulting, San Francisco.
Weinberg, J. (1996). Kompetenzlernen, in: QUEM-Bulletin, Heft 3: 3–6.
Weinert, F.E. (2001). Concept of competence: A conceptual clarification, in: Rychen, D.S./Salganik, L.H.(Hrsg.). Defining and selecting key competencies, Seattle: 45–65.
Weick, K.E. (1995). Sensemaking in organisations, Thousand Oaks, CA.
White, R.W. (1959). Motivation reconsidered: The concept of competence, in: Psychological Review, 66: 297–333.
Whitley, R. (1989). On the nature of managerial tasks and skills, in: Journal of Management Studies, 26: 209–224.
Winter, S.G. (2003): Understanding dynamic capabilities, in: Strategic Management Journal, 24: 991–995.

3 Was genau sind organisationale Kompetenzen?

Nachdem bis hierher die Bedeutung von Kompetenzen für den strategischen Erfolg im Allgemeinen herausgearbeitet und auf das wechselseitige Verhältnis von individueller und organisationaler Kompetenz gezeigt wurde (▶ **Kap. 2**), geht es im nächsten Schritt darum, die Binnenstruktur organisationaler Kompetenzen verständlich zu machen. Im Zentrum stehen Fragen nach den spezifischen Merkmalen von organisationaler Kompetenz sowie nach spezifischen Dimensionen organisationaler Kompetenz. Die Gewinnung eines solchen Verständnisses der »Binnenlogik« organisationaler Kompetenzen ist theoretisch und praktisch dringend erforderlich, da sonst nicht nur die analytische Erklärung des Geschehens fehlte, sondern auch praktisch keine Basis für Steuerungsaktivitäten geschaffen werden könnte.

3.1 Merkmale organisationaler Kompetenzen

Wie in Kapitel 2 schon gezeigt, gibt es bislang noch kein einheitliches Verständnis des organisationalen Kompetenzbegriffs. Die Rede ist gar vom »Elend des Kompetenzbegriffs« (*Moldaschl 2010, S. 1*). Trotz zahlreicher Unterschiede im Detail, lassen sich dennoch einheitliche Strukturen erkennen, die für die Mehrzahl der Definitionen gelten. Es sind im Wesentlichen drei Elemente, die sich hier herauskristallisieren lassen: (1) Handlungsgebundenheit und Erfolg, (2) Mustercharakter und (3) Komplexität (▶ **Abb. 3-1**).

| Handlungsgegebenheit und Erfolg | Mustercharakter | Komplexität |

Abb. 3-1: Merkmale organisationaler Kompetenz

3.1.1 Handlungsgebundenheit und Erfolg

Kompetenz beschreibt eine besondere Fähigkeit. Sie ist nicht – wie bei vielen anderen ähnlich gelagerten Konzepten der Fall – prinzipiengebunden und gesteuert. Es liegt keine »Blaupause« vor, der entnommen werden könnte, wie zu verfahren ist. Organisationale Kompetenz ist vielmehr im Handeln der Organisationsmitglieder verankert und wird deshalb auch nur im Handeln »erinnert«. Organisationale Kompetenzen sind das Ergebnis vielschichtiger sozialer Interaktionsprozesse, die sich zu kollektiven Handlungsmustern im Sinne von Prozeduren verdichten (vgl. *Cyert/March 1963*; *March/Olsen 1979*). Sie entstehen in der permanenten täglichen Auseinandersetzung mit Entwicklungen der internen und externen Umwelt (vgl. *Marengo 1992*). Obwohl das Management gezielt auf die Koordinationsprozesse einwirkt, entwickeln sich erfolgreiche Problemlösungsmuster im Sinne organisatorischer Kompetenz in aller Regel emergent, d.h. ohne ein zentrales Verständnis darüber entwickelt zu haben, wie und warum genau dieses Koordination so gut funktioniert (vgl. *Dosi et al. 2000*). Insofern kann Kompetenz vom Handeln nicht abgelöst werden.

Darüber hinaus ist organisationale Kompetenz ist ein erfolgsgebundenes Konzept (vgl. *Gherardi/Nicolini 2002*). Das Konzept »Kompetenz« beinhaltet inhärent eine Erfolgskomponente insoweit, als eine Organisation nur dann als kompetent gilt oder wahrgenommen wird, wenn sie mit ihren Handlungsweisen auch tatsächlich Erfolg erzielen kann. Die bloße Anwendung von Verknüpfungsmustern ohne entsprechenden Erfolg würde man nicht als Kompetenz ansehen. Organisationale Kompetenz ist also mit dem Kontext erfolgreichen organisationalen Problemlösungsverhaltens eng verschmolzen. Kompetenz ist folglich nicht primär als ein Potenzial zu verstehen, sondern als ein Handlungskomplex, mit dem tatsächlich Erfolg erzielt wird und wurde.

Organisationale Kompetenz ist allerdings nur auf den Erfolg einer bestimmten Problemdomäne bzw. einen diesbezüglichen Aufgabenkanon gebunden, sie ist nie generell erfolgreich, d.h. für alle Problemkonstellationen in gleichem Maße effektiv.

3.1.2 Musterbildung und Reliabilität

»At a minimum, in order to qualify as a capabilitiy, it must work in a reliable manner« (*Helfat/Peteraf 2003: S. 999*).

Das Zitat macht deutlich, dass »Verlässlichkeit« in der Problemlösungsfähigkeit als eine Mindestanforderung an organisationale Kompetenz definiert wird. Ähnlich betonen auch *Hannan/Freeman (1984)* in ihrem evolutionstheoretischen Erklärungsansatz, dass nur diejenigen Unternehmen überleben können, denen der Aufbau verfestigter, wiederholbarer und verlässlicher Handlungsmuster zur Bewältigung von Problemen gelingt. Der musterbestimmte Charakter von Kompetenz wird besonders von der Neoevolutionstheoretischen Ökonomie betont, wobei dort Routinen als Ausdruck für verlässliches organisationalen Verhalten verstanden werden. Hiernach sind organisationale Kompetenzen als Komposition eines Sets bewährter Verknüpfungsroutinen zu verstehen, die sich zu einem brauchbaren, replizierbaren Handlungsmuster verdichten (vgl. *Nelson/Winter 1982; Winter 2012*).

Dieses Handlungsmuster stellt eine gewachsene, in ihrem Zustandekommen jedoch nicht vollständig erschließbare Umgangsform mit spezifischen Anforderungen und Zielen der Organisation dar (vgl. *Dosi et al. 2003; Levinthal 2000*). Den unbewussten Prozessen kommt bei der Erklärung der Entstehung von Kompetenzen eine Schlüsselrolle zu, gemeint sind die zeitintensiven und sozial-komplexen Prozesse des Kompetenzaufbaus, die dann später auch die besondere (einzigartige) Wettbewerbsposition von Unternehmen begründen. Handlungsmuster, die Erfolg haben, werden »erinnert«, andere ausprobierte Handlungsmuster werden wegen Erfolglosigkeit wieder verworfen (► **Kap. 3.2.1** beschreibt die »Erfolgskomponente«).

Mit Erfolg vollzogene Verknüpfungsakte generieren positives Feedback, das wiederum Veranlassung gibt zur Wiederholung (vgl. *Miller/Pentland 2012*). Im Fortlauf kommt es schließlich auf diese Art und Weise zur Herausbildung von stabilisierten Verknüpfungsmustern an. Einmal erfolgreiche Ressourcen-Verknüpfungen beeinflussen bewusst oder unbewusst – ganz im Sinne von »history matters« – die zukünftigen Verknüpfungen und verstärken sich so über die Zeit positiv (vgl. *David 1985*). In einem unumgehbar zeitaufwändigen Prozess, d.h. es gibt keine »time compression economies« (vgl. *Dierickx/Cool 1989*), entsteht eine reliable Verknüpfungsleistung, die allerdings auf eine bestimmte Konstellation (Branche, Technologie etc.) bezogen ist. Die Entstehung von organisationaler Kompetenz ist insoweit eng mit der Vorstellung verknüpft, dass sich über die Zeit erfolgserprobte Muster der Ressourcenauswahl und -verknüpfung herausbilden (► **Abb. 3-2**):

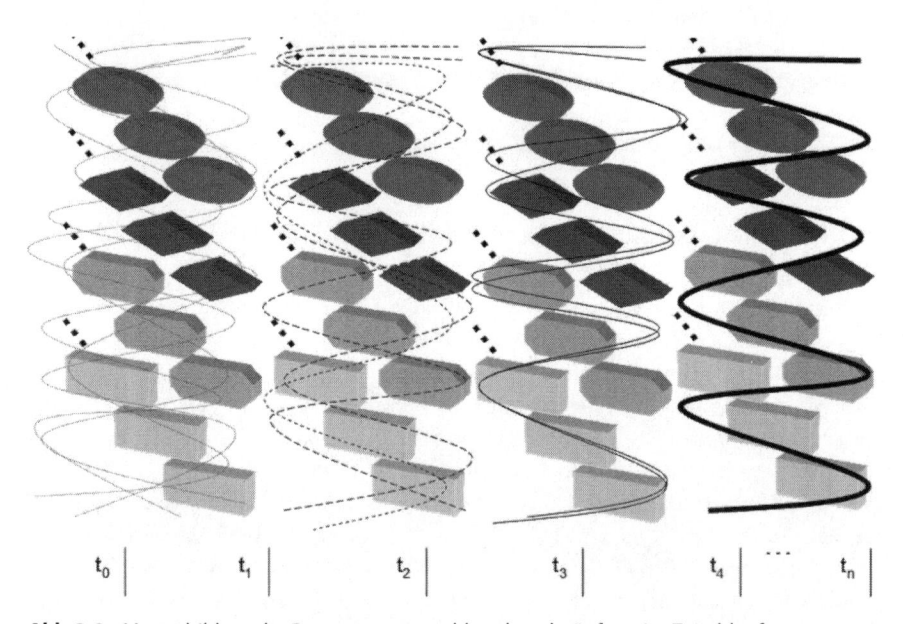

Abb. 3-2: Musterbildung der Ressourcenauswahl und -verknüpfung im Zeitablauf

Anders ausgedrückt, es entstehen mit einer gewissen Wahrscheinlichkeit über einen Zeitraum hinweg zuverlässig aktualisierbare kollektive Verhaltensmuster, die eine Organisation immer wieder in die Lage versetzen, erfolgreiche Problemlösungen hervorzubringen. Die in der Form verlässliche Verknüpfungsleistung kann somit als Kernelement jeder organisationalen Kompetenz begriffen werden.

Winter (2003) betont, dass mit Kompetenzen nur *wiederholungsfähige* Verhaltensmuster in Organisationen bezeichnet sind. Brillante *Improvisation* in Reaktion auf eine komplexe, neuartige Aufgabenstellung oder spontan erfolgreiche »*Ad-hoc«-Problemlösungen*« sind deshalb konsequenterweise gerade nicht als Kompetenz zu begreifen (▶ **Kap. 3.1.4**). Einmalige und zufällige Verknüpfungen können zwar den Anfang für die Herausbildung organisationaler Kompetenz und den Startpunkt eines Kompetenzentwicklungspfades markieren, sind jedoch für sich gesehen, da musterlos, keine organisationale Kompetenz. Diese Unterscheidung ist sehr wichtig, weil sie nicht nur hilft, den Kern des Kompetenzkonstrukts klarer zu konturieren, sondern weil damit zugleich der *stabile Charakter von Kompetenzen* betont wird. Wie streng man auch immer den Musterbegriff im Einzelnen zu fassen gewillt ist, eines macht diese kurze Erörterung deutlich, nämlich, dass für das Entstehen und die Entwicklung einer organisationalen Kompetenz ein hinreichendes Maß an Wiederholbarkeit und erfolgreicher Wiederholung konstitutiv ist. Das entwickelte Problemlösungsset repräsentiert die internalisierten Erfahrungen der Organisation, die in der jeweils spezifischen Auseinandersetzung mit einer komplexen Problemstellung zu einem robusten und reliablen Muster verdichtet wurden.

3.1.3 Komplexität und das Lösen schwieriger Probleme

Organisationale Kompetenzen werden durchgängig als ein besonderes Leistungsvermögen begriffen, das es erlaubt schwierige oder in anderer Weise herausfordernde Aufgaben zu bewältigen. Ganz ähnlich wird auch Kompetenz in der pädagogischen Psychologie, der Ausgangsdisziplin für die Kompetenzforschung, gefasst, nämlich als das besondere Potential von Individuen, komplexen Anforderungen gerecht zu werden bzw. komplexe Aufgaben erfolgreich zu lösen (vgl. *Weinert 2001*). Es geht also nicht um die Beherrschung von Standardlösungen, die allseits praktiziert werden, sondern um spezifische, nur von wenigen beherrschte Lösungen. Dem Kompetenzkonstrukt ist also auch das Merkmal »*Seltenheit*« oder – wenn man so will – ein gewisser elitärer »Touch« zu eigen. Die Schwierigkeit steht in einem engen Zusammenhang mit Komplexität.

Komplexität als drittes Strukturmerkmal der Kompetenz bezieht sich – wie oben schon dargelegt – sowohl auf die Art der Aufgabenstellung als auch auf den Charakter der Problemlösungsarchitektur. Eine Organisation ist zum Einen kompetent, wenn es ihr möglich ist, nachhaltig mit den komplexen Herausforderungen der internen und externen Umwelt umzugehen. Die Aufgabenkomplexität resultiert in der Regel aus unüberschaubaren Problemstrukturen (»schlecht strukturierte Probleme«) oder ungeklärten Kausalzusammenhängen (vgl. *Lippman/Rumelt 1982*), das bedeutet zugleich

Offenheit und Ungewissheit in der Lösung. Zur Verdeutlichung sei auf das Firmenbeispiel COMPCO verwiesen (▶ **Box 3-1**).

Box 3-1
Organisationale Kompetenz der Firma COMPCO

Die Firma COMPCO ist ein US-amerikanisches Unternehmen, welches sich auf die Produktion und den Vertrieb von Aufbewahrungseinheiten für chemische Substanzen spezialisiert hat. Aus einer empirischen Studie von Dougherty aus dem Jahr 1995 geht hervor, dass COMPCO über eine besondere Kompetenz in der Produktentwicklung verfügt, mit der das Unternehmen die Wünsche und Vorstellungen der Kunden besonders gut und schnell in entsprechende Produkte und Produktanwendungen umsetzen kann.

Diese besondere Fähigkeit von COMPCO hat dabei nicht nur einen singulären und zufälligen Charakter, sondern lässt sich als ein erwartbares Handlungsmuster beschreiben:

Bei COMPCO wird davon ausgegangen, dass Ideen für neue Produkte in aller Regel von den Mitarbeitern des Direktvertriebs eingebracht werden, und dass diese Ideen bereits in spezifischen Kundenbedürfnissen ihre Wurzel haben. Die so generierten spezifischen Ideen werden von den Ingenieuren der Firma COMPCO aufgenommen und in Produktlösungen umgesetzt. Dabei stützen sich die Ingenieure auf den von der Firma entsprechend entwickelten Pool und Module und verknüpfen diese auf Basis ihres Wissens immer wieder neu. Dieses gekonnte und durch ein Grundmuster geprägte Zusammenspiel von Ideengenerierung durch den Vertrieb einerseits und der Überführung in eine marktfähige Konstruktion andererseits kennzeichnet die Organisationale Kompetenz der Firma COMPCO, auf welche sich die Firma verlassen kann bzw. verlässt. Entsprechend sind die Prozesse der Personalentwicklung und des F&E auf die Nutzung bzw. Realisierung dieses Erfolgsrezeptes ausgerichtet.
Quelle: In Anlehnung an Dougherty, D. (1995).

Zum anderen ist Komplexität im Hinblick auf die Binnenstruktur, die »Architektur« der Kompetenz und ihre inhärenten Problembearbeitungsmuster selbst relevant (sog. »*law of requisite variety*«). Organisationale Kompetenz bedarf deshalb der Komplexität, weil im Problemlösungsprozess aus einer Fülle von nicht endgültig bestimmbarer Ressourcen ausgewählt, und zu dem eine Vielzahl von Aktionselementen mit einer unüberschaubar großen Zahl an Anschlussmöglichkeiten aufeinander abgestimmt werden muss (vgl. *Kogut/Zander 1992*). Mit der Zahl sog. Komplementär-Aktivitäten, die miteinander abgestimmt werden müssen (z. B. IT-, Design- und Marketingaktivitäten), potenziert sich das zu lösende Koordinationsproblem und unterstreicht damit nachhaltig die Notwendigkeit einer komplexen Problemlösungsarchitektur.

Im Ergebnis stellt sich organisationale Kompetenz als ein im Zuge von Lernprozessen entstehendes komplexes Problemlösungsverfahren einer Organisation dar. Dieses

Verfahren repräsentiert ein gewachsenes, in seinem Zustandekommen nicht vollständig erschließbares Muster des Umgangs mit komplexen Anforderungen und Zielen dar, das im Ergebnis reliable Problemlösungen zu erbringen vermag (vgl. auch *March/Simon 1958; Dosi/Marengo, 1994*).

Zur Verdeutlichung des Gemeinten erscheint es zweckmäßig, die angrenzenden, aber konkurrierenden Problemlösungsmodi der Improvisation und der Ad-hoc-Problemlösung vergleichend gegenüberzustellen.

3.1.4 Alternative Modi des Umgangs mit komplexen Probleme

(1) **Ad-hoc-Problemlösung**
Die Prozesse der Ressourcenauswahl und -verknüpfung sind in diesem Modus vollständig variabel gedacht. Sie können heute so und morgen wieder ganz anders bewerkstelligt werden; ein Muster im Problemlösungsverhalten wird nicht herausgebildet. In Abhängigkeit von den jeweiligen Problemsituationen werden Ressourcenverknüpfungen spontan immer wieder neu hergestellt. Ad-hoc-Problemlösung ist deshalb strukturell ahistorisch (weil nicht auf vergangene Erfahrungen bauend), iterativ und experimentell angelegt (vgl. *Eisenhardt/Martin 2000*).

Dieser Modus der Problemlösung liegt auch dem von *Mintzberg (1979)* erstmals so benannten Modell der Adhokratie zugrunde, das sich eben dadurch auszeichnet, dass es kein dominierendes Organisationsmuster gibt. Die Adhokratie wird als Konfiguration beschrieben, die auf regelbasierte Koordination und Standardisierung, also auf Muster jedweder Art, weitestgehend verzichtet und durch den damit gewonnenen Freiraum besonders geeignet ist, innovative Problemlösungen hervorzubringen (vgl. *Mintzberg 1993*). Der Problemlösungsprozess ist getragen von situativer und spontaner Abstimmung und Kommunikation. Das organisationale Moment in diesem Modus sind die rahmengebenden *Bedingungen* und das Merkmal der *Kollektivität* des Problemlösens. Genau wie im Falle organisationaler Kompetenzen sind die Anschlüsse zwar sozial komplex und schwer bis gar nicht durchschaubar, allerdings geht der Modus der Ad-hoc Problemlösung mit der Vorstellung einher, dass die komplexen Anschlüsse nach erfolgter Problemlösung immer wieder zerfallen (vgl. *Orlikowski 2002*). Ad-hoc-Problemlösen stellt also als eine Art *Einmallösung* dar. Die Kreation der Problemlösung folgt – im Unterschied zur organisationalen Kompetenz – keinem Muster, sondern wird aus dem Augenblick heraus geschaffen. Dieser Problemlösungsmodus zielt ganz offensichtlich auf Konstellationen mit hoher Änderungsfrequenz oder aber er spiegelt eine strukturelle Schwäche der Organisation wieder, Lernerfolge zu bewahren (Retention) und zu verbessern (»Organisationsversagen«). Überall dort, wo *Reliabilität* Leistungsmerkmal ist, kommt die Ad-hoc-Lösung als Alternative nicht in Frage. Ad-hoc-Problemlösen steht also in gewissen Situationen der organisationalen Kompetenz durchaus als Funktionsäquivalent gegenüber (oder ist ihr sogar überlegen) – in anderen verspricht dieses alternative Problemlösungsverhalten jedoch keine erfolgreiche Verknüpfungsleistung (vgl. *Winter 2003*).

(2) Improvisation

In eine im Bezug auf die Momenthaftigkeit der Problemlösung ähnliche Richtung weist der Modus der Improvisation, welcher für das Lösen ergebnisoffener Probleme neben dem Aspekt der *Intuition* ebenso den Aspekt der situativen *Spontaneität* betont (vgl. *Cunha et al. 2002*). Improvisation beschreibt ein nicht antizipierbares Problemlösungsverhalten, in welchem die zeitliche Abfolge von Problemanalyse und Problemlösung aufgehoben wird. Beide Ereignisse laufen zeitgleich bzw. simultan ab (vgl. *Moorman/Miner 1998*). Es handelt sich um ein komplexes und schnelles wechselseitiges, rhythmisches Zusammenspiel zwischen improvisierenden Einheiten und der Orientierung an anderen Einheiten in der improvisierten Situation. Box 3-2 stellt beispielhaft zwei Settings vor:

Box 3-2
Improvisation und Zusammenspiel

Story 1: Gorillaz in the House

Der Schauplatz: Berlin. Etwa 80 Leute haben sich in einem Jazz Club eingefunden, um die Drei-Mann-Improvisationstheatergruppe »The Gorillaz« zu sehen. Sich der Unsicherheit, die sie umgibt, bewusst, beginnt die Gruppe sofort das Publikum mit einzubeziehen, indem sie es auffordert, an einem Brainstorming zum Thema »Eis« teilzunehmen. Innerhalb weniger Sekunden hat einer der Künstler ein Wort, das in den Raum gerufen wurde – Bahnhof – aufgenommen und beginnt mit seiner Interpretation von »Eis« und »Bahnhof«. Er erlaubt den anderen auf »seine« Geschichte zu reagieren und sich einzubringen, womit die Geschichte in den nächsten 30 Minuten von allen drei Künstlern entwickelt wird. Jeder einzelne von ihnen übernimmt dabei für eine bestimmte Zeit die Führungsrolle – und nicht zu vergessen: Ganz am Anfang war auch das Publikum in einer richtungsgebenden Position. Während der 90 Minuten auf der Bühne stehen die »Gorillaz« ununterbrochen in Kontakt miteinander und mit dem Publikum. Dabei entfachen sie eine große Menge an Energie und Kreativität. Indem sie die »Kontrolle« in einem Moment weggeben und im nächsten zurücknehmen, wird schließlich fast jeder in dem Raum in die Performance miteinbezogen.

Story 2: Ein führungsloses Orchester?!

Stellen Sie sich (z.B.) New Yorks junges Orpheus Kammerorchester vor. Oberflächlich betrachtet scheint dieses Orchester führungslos zu sein. Es gibt keinen Dirigent, der mit seinem Taktstock das Tempo vorgibt und Crescendos der Streicher oder Decrescendos der Blechbläser anzeigt. Dennoch ist das Orchester weit davon entfernt, steuerlos zu sein, wie Wissenschaftler herausgefunden haben, indem sie analysierten, wie jedes Mitglied Verantwortung dafür übernimmt, dass die Abschnitte bündig sind und keine musikalische Abteilung die andere übertönt. Die Führung wird dabei nicht einer Person überlassen. Vielmehr übernimmt die Gruppe als Kollektiv die Leitung, wobei an einer Stelle die Streicher die Führung übernehmen (und

> die anderen ihnen folgen) und an einer anderen Stelle sind die Blechbläser die Anführer sind (und die anderen, einschließlich der Streicher, folgen).
> *Quelle: Vgl. Eberl, M. (2013).*

Beide Settings beschreiben Improvisationsverhalten von kollektiven Einheiten – einmal improvisieren »Die Gorillaz«, einmal das New York Jungendkammerorchester. In beiden Fällen beziehen sich die Mitglieder dieser kollektiven Einheiten bewusst aufeinander und wechseln sich in ihren Rollen zur Lösung des Problems ab. Im Unterschied zum reinen Modus der Ad-hoc-Problemlösung ist für improvisierendes Problemlösen zentral, dass sich die jeweils beteiligten Mitglieder darauf verlassen können, dass die anderen mit bestimmten Verhaltensmustern vertraut sind und somit eine bewusste und reflektierte Wahrnehmung bestimmter Verhaltensweisen erfolgt. So gibt es bei den Mitgliedern des Improvisationstheaters (für den Zuschauer nicht erkennbare) Zeichen, die ein Ablösen bzw. die Übergabe einer Improvisationsepisode in eine nächste anstoßen. Anders als in der Ad-hoc-Problemlösung gibt es hier also eine Form von allgemein gültigen *Minimalregeln*, die das improvisierende Problemlösungsverhalten durchziehen. Hatch (1998) beobachtet dementsprechend, dass versierte Improvisierer oft existierende, in der Vergangenheit gelernte Handlungswege (Teile des »organisatorischen Gedächtnisses«) auf ungewöhnliche rekombinieren, um neue Problemlösungen zu schaffen.

Vergleicht man die alternativen Problemlösungsformen mit dem Modus der organisationalen Kompetenz, so lassen sich die Unterschiede insbesondere anhand der Dimension »Ausmaß des regelgebundenen Charakters« festmachen (▶ **Abb. 3-3**).

Ad-hoc Problemlösung	Improvisation	Organisationale Kompetenz
gar nicht	mittel/gering	hoch

Ausmaß der Regelgebundenheit der Problemlösung

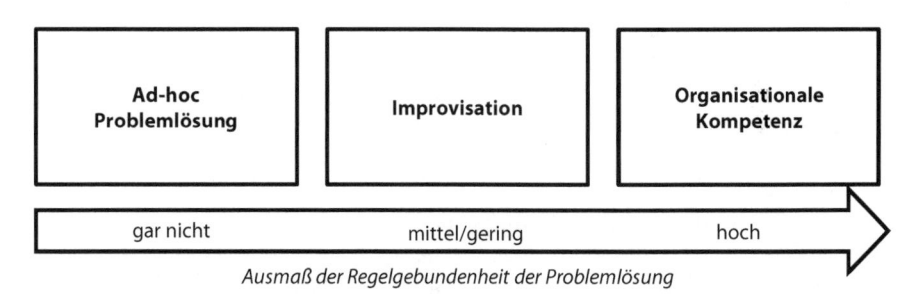

Abb. 3-3: Alternative Formen der Problemlösung im Vergleich

Während im Ad-hoc-Modus die spezifischen Problemstellungen ohne ein spezifisches Muster und der Ressourcenverknüpfung auskommen, mischt sich im Improvisationsmodus regelgebundenes und regelunabhängiges Problemlösungsverhalten in der Bearbeitung der Aufgabe. Im Falle der organisationalen Kompetenzen ist das Ausmaß der strukturgebenden Muster am relativ stärksten ausgeprägt, wenngleich auch hier keinesfalls – schon allein wegen der Komplexität – ein voll regelgebundenes Verhalten unterstellt werden darf.

3.2 Strukturen und Prozesse organisationaler Kompetenz

3.2.1 Mikroperspektive

Das Konzept organisationaler Kompetenz adressiert – wie eben gezeigt – eine sehr spezifische und seltene Fähigkeit von Organisationen. Wie schon verdeutlicht wurde, ist sie selbst *keine Ressource*, sondern ihre Besonderheit besteht in der erfolgreichen Verknüpfung von Ressourcen (man könnte diese Verknüpfungsfähigkeit selbst wieder als Ressource begreifen, dann allerdings als eine *indirekte* Ressource, d.h. als eine Ressource zweiter Ordnung oder als Metaressource; aber hier bestünde zu sehr die Gefahr, dass man begriffliche Verwirrung stiftet). Für ein besseres Verständnis und eine Konkretisierung dieser Verknüpfungsaktivität sind Fragen zu beantworten nach der Ausprägung dieser Fähigkeit und vor allem wie sich ein erfolgreicher Verknüpfungsprozess entwickelt. Diese Fragen zielen auf die *Mikroperspektive*, d.h. auf die einzelnen Prozesse und Strukturen. Insgesamt lassen sich hier drei inhärente Prozessstränge von Kompetenz erkennen:

1. Als erstes sind hier Prozesse des *organisatorischen Lernens* und des *Wissenserwerbs* zu nennen. Die Ressourcenverknüpfung muss in verschiedenen Schritten erlernt, es müssen neue Wege ausprobiert, wenig ergiebige Ansätze wieder verlassen werden usw. Lernen ist mit Wissen eng verknüpft. Ohne Wissen kann nicht gelernt werden, und das Lernen verändert die Wissensbasis; es ist ein rekursiver Prozess, der auch Motor für die Kompetenzentwicklung ist.
2. Der zweite Strang fokussiert die *Praktiken,* also eingeübte Handlungsweisen, die sich als zielführend erweisen, so z.B. Praktiken der Zusammenarbeit zwischen Abteilungen, der Kooperation mit Externen, der Teamarbeit usw. Es sind Praktiken, die sich schließlich in *Routinen* stabilisieren und eine Replikation der Verknüpfungserfolge erlauben. Hier ist der Kern für die mustergesteuerte Reproduktion zu suchen.
3. Der dritte Strang verweist auf die emotionale Seite des Verknüpfungsgeschehens. Ressourcen werden nicht nur nach festem Muster verknüpft, sondern Sympathie, Kreativität, Begeisterung und Kohäsion überlagern und unterstützen diesen Prozess. So kommt z.B. eine erfolgreiche Zusammenarbeit zwischen Abteilungen (etwa Konstruktion und Design) nicht auf Befehl zustande, sondern bedarf des Interesses, der Motivation und der Inspiration wie auch der Ermutigung. Schon hier zeigt sich, dass Kompetenz über den strukturellen Routinen- und Regelbegriff weit hinaus weist.

Diese drei Prozessstränge: Lernen und Wissen, Praktiken und Routinen sowie Emotion und Inspiration sollen in ihrer Entstehung und ihren Wirkungsweisen in den nachfolgenden Abschnitten genauer beleuchtet werden.

3.2.2 Kompetenzentwicklung auf der Basis von Lern- und Wissensprozessen

Im Unterschied zum psychologischen Verständnis von individuellem Lernen basiert der organisatorische Kompetenzerwerb primär auf *kollektivem* Lernen. Zwar sind Individuen die Agenten, durch die gelernt wird, dennoch prägen die Systeme, in die sie eingebunden sind, Muster aus, die den Lernanlass, die Lernform und den Lernmodus bestimmen. Kompetenzen kann man aus dieser Perspektive auch als Wissensreservoir auffassen, das über Lernprozesse neues Wissen akquiriert und speichert (»*organizational memory*«, siehe dazu etwa *Walsh/Ungson 1991*). Hier geht es also um Verknüpfungswissen, das dann nach Voraussetzung nicht selbst als Ressource gesehen werden kann, sondern als Basis der Verknüpfungsaktivität.

Lernen wird heute nicht mehr länger als bloßer extern stimulierter Erwerb von neuen Reiz-Reaktions-Ketten konzipiert, sondern als Erwerb und Weiterentwicklung von kognitiven Strukturen (vgl. *Reed 1982, Akgün et al. 2003*). Lernen ist konzeptionell auch nicht mehr länger an Versuch und Irrtum gebunden, sondern Einsichtsprozesse werden ebenso einbezogen wie aktives Suchen. Dem kognitiven Ansatz gemäß entwickeln Organisationen kognitive Muster/Schemata oder »shared cognitive maps« (vgl. *Eden 1992*), die eine Verbindung zwischen der Umwelt und den eigenen Handlungen herstellen (▶ **Kap. 2**). Kognitive Muster bilden sich im Zuge von gemachten Erfahrungen, gefundenen Einsichten, erprobten Verknüpfungen mit bestehenden Kognitionen usw. Diese mentalen Muster oder Schemata stellen dann auch in der Kompetenzbildung Strukturierungshilfen dar, indem sie neue Ereignisse verstehbar machen (»sensemaking«, siehe *Weick 1995*), Zusammenhänge herstellen usw. Sie bilden den Nährboden für neue Lernerfahrungen, weil sie ein Vorverständnis für das Begreifen neuer Zusammenhänge vermitteln. Sie stoßen aber auch neue Lernprozesse an, weil über sie Erwartungen gebildet werden, die bei Enttäuschung Veranlassung geben, nach einer Erklärung nicht eingetroffener Erwartungen zu suchen (vgl. *Luhmann 1984, Weick/Sutcliffe 2007*).

Kompetenzen werden aus dieser Perspektive als Prozesse aufgefasst, die über Lernen neues Wissen akquirieren oder auch selbst generieren und speichern. *Argote (2013)* weist darauf hin, dass dieser Prozess um die Funktion des Transferierens zu erweitern ist, also die Übertragung und Anwendung des Wissens. Der Wissenstransfer spielt bei der Herausbildung organisatorischer Kompetenzen eine zentrale Rolle, weil es sich ja in der Regel um abteilungsübergreifende Aktivitäten handelt. Organisatorisches Lernen ist dann definiert als der Prozess, in dem Wissen erworben und gespeichert wird, um es so für zukünftige Problemlösungserfordernisse zugänglich zu machen. So wird die Vorstellung, dass Organisationen durch ihre Schemata ein spezifisches Wissen aufbauen, zu einem entscheidenden Fixpunkt für ein Verständnis organisatorischen Lernens und die Fähigkeit einer Organisation, mit diesem Wissen erfolgreich umzugehen, zu einer der Leitideen für den Begriff der organisationalen Kompetenz. Genauer: Die Fähigkeit zu lernen, Wissen zu bilden und zu transferieren, ist essentieller Bestandteil des Vermögens, organisatorische Kompetenzen entwickeln zu können.

3 Was genau sind organisationale Kompetenzen?

Es gibt verschiedene Vorstellungen darüber, welche Elemente im Einzelnen zum organisatorischen Wissen zu zählen und welche davon für die Entwicklung einer organisatorischen Kompetenz von besonderer Bedeutung sind. Die bekannteste Unterscheidung gliedert nach Fakten *(Know That)* und Anwendungsvermögen *(Know How)*, wobei unter Anwendungsvermögen zusammengefasst sind: Problemstrukturierung im Sinne von Ursache-Wirkungs-Beziehungen, Heuristiken, Rezepten, Standards usw. (vgl. *Kogut/Zander 1992*). Diese Unterscheidung führt schon sehr nahe an die Ebene des Handelns und der Praktiken, die uns im nächsten Abschnitt genauer beschäftigen wird.

Eine herausragende Bedeutung wird in diesem Zusammenhang auch der Unterscheidung von *explizitem Wissen* einerseits und *Tacit Knowing* andererseits zuerkannt. Unter explizitem Wissen wird nach *Polanyi (1966)* artikuliertes, systematisch transferierbares und archivierbares Wissen verstanden; es ist gewissermaßen abstrahiertes Wissen. *Tacit Knowing* rekurriert dagegen auf die Einsicht, dass zahlreiche Aspekte des Verstehens und Könnens nicht in Worte gefasst sind und von ihrer Qualität her auch gar nicht – oder jedenfalls nur sehr unvollständig – in Worte gefasst werden können. *Polanyi (1966, S. 4)* fasst dieses Verständnis in dem viel zitierten Satz zusammen: »*We know more than we can tell*«. Knowing (bisweilen auch irreführend »implizites Wissen« genannt, zur Kritik vgl. *Schreyögg/Geiger 2007*) ist Teil des Handlungsprozesses. In einem ersten Zugriff kann man solches »Wissen« als *Können* oder Fähigkeit begreifen. Es ist wichtig, darauf aufmerksam zu machen, dass *Tacit Knowing* nichts mit zufälligem Gelingen oder Improvisationstalent zu tun hat, es ist ein Können, auf das man sich, obwohl eigentlich nicht bekannt, dennoch im täglichen Leistungsprozess und damit auch in kompetenzbasierten Handlungsvollzügen mit gutem Recht verlassen kann. Mit anderen Worten, es ist als Muster im Handeln so verankert, dass eine Replikation möglich wird.

Die unmittelbare und ausschließliche Verankerung des *Tacit Knowing* in der praktischen Handlung bedeutet zugleich, dass es nur im Handlungskontext selbst erworben werden kann. Organisationsmitglieder können es demnach auch nur durch Übungs- und Imitationsvorgänge erwerben, nicht aber durch abstrakte Instruktion: »*An art, which cannot be specified in detail cannot be transmitted by prescription, since no prescribtion for it exists.*« (Polanyi 1958, S. 53). Der Transfer von Tacit Knowing ist demzufolge auf nicht-sprachliche Sozialisationsprozesse beschränkt (vgl. *Polanyi 1969*), wie sie dann ja auch in Konsequenz für die Entwicklung und Weitergabe organisatorischer Kompetenzen so wichtig sind.

Man sollte aber die beiden Kategorien nicht als sich ausschließende begreifen (vgl. *Tsoukas 2005*). Jede implizite Handlungspraxis enthält in der Regel auch bestimmte Anteile expliziten Wissens (man denke etwa an das Klavierspielen oder die Formgestaltung von Produkten). Der Umfang, in dem explizites Wissen in eine implizite Handlungspraxis, wie das Verknüpfen von Ressourcen im Falle der Kompetenz, einfließt, hängt im Wesentlichen von dem Aufgabenkontext ab, in dem diese Praxis vollzogen wird. Um eine erfolgreiche Handlung hervorbringen zu können, muss man allerdings nicht notwendigerweise über explizites Wissen verfügen. Wichtiger ist das Verständnis für den umgekehrten Fall. Jedes praktische Handeln, auch wenn es noch so sehr auf explizites Wissen rekurriert (z.B. Motorentwicklung oder Röntgendiagnostik), kann niemals ganz ohne implizites Wissen auskommen (vgl. *Polanyi 1966*). Um erfolgreich handeln zu können, bedarf es selbst dort, wo explizites Wissen im Vordergrund steht, immer auch einer impliziten Komponente, eben eines *Know-hows*. Folgt man den späteren Schriften Polanyis (etwa *Polanyi/Prosch 1975*), so könnte man hier umfassender auch von einer erfolgreichen *Praxis* sprechen, die implizite und explizite Komponenten enthält. Genau diese Vorstellung einer gemischten Praxis wird in der jüngeren Debatte auch sehr häufig als *Practice* bezeichnet und von »Wissen« abgesetzt, das aus dieser Sicht einen abstrakten Bestand außerhalb des Handelns insinuiert (vgl. *Cook/Brown 1999, Gherardi 2006*). Auf diese neue Perspektive wird unten noch einmal einzugehen sein, weil sie für das Verständnis der Entwicklung organisatorischer Kompetenz von enormer Bedeutung ist.

»*Implizites Wissen*« wurde ursprünglich als persönliches Wissen bestimmt, das konzeptionell an individuelle Handlungen gebunden ist (vgl. *Polanyi/Prosch 1975, S. 44*). Ein verkörperlichtes Wissen lässt sich – wie oben bereits angesprochen –, wenn überhaupt, so durch Übungs- und Imitationsvorgänge (zumeist in Lehrer-Schüler-Beziehungen) erlernen. Damit kann es zwar prinzipiell von anderen Personen erworben werden, es bleibt vom Charakter her aber individuelles, verkörperlichtes Können und somit nach wie vor eine personengebundene Kategorie. Bei der Entwicklung organisationaler Kompetenz steht aber – wie schon ausführlich dargelegt – das *kollektive* Lernen und Wissen im Vordergrund. Eine einfache Übertragung des *Tacit Knowing* auf Organisationen ist deshalb nicht ohne weiteres möglich. Dennoch ist aus vielen Untersuchungen bekannt, dass implizite *organisatorische Praktiken* von hoher Bedeutung für das organisatorische Handeln und damit auch die Kompetenzbildung sind. Es sind typischerweise Praktiken, die auf emergentem Wege in der Konfrontation mit neuen Problemstellungen entstanden sind. Es handelt sich dabei zwar nicht um körperliches Können einer Organisation, dennoch sind sie untrennbar mit dem organisatorischen Handeln verbunden. Es geht hier in erster Linie um Kooperationswissen, also darum, wie man etwa eine unkomplizierte Zusammenarbeit zwischen Abteilungen organisieren und rasch Teams bilden kann (vgl. *Edmondson 2012*) oder wie man trotz mangelhafter Information dennoch rasch zu vernünftigen Entscheidungen findet (vgl. *Eisenhardt/Bourgeois 1988; Brown/Eisenhardt 1998*). Hierzu ist auch das kollektive Erfahrungswissen zu zählen, also wie Organisationen in der Vergangenheit mit Misserfolgen umgehen oder Konflikte bekämpfen konnten. Hier ist denn auch die Schnittstelle zu den »Rahmenbedingungen« für die Kompetenzentwicklung, wie wir sie im 4. Kapitel näher beleuchten.

Neben den beiden genannten Wissenstypen (explizites Wissen und Tacit Knowing) wird im Anschluss an *Lyotard (1999)* als dritter Typ das *narrative Wissen* unterschieden, der, weil grundsätzlich interaktiver Natur, für die Entwicklung von kollektiven, interaktiv erworbenen Kompetenzen von großer Bedeutung ist. Fokussiert werden »Erzählungen« in Organisationen; Inhalt der Geschichten sind Berichte über bestimmte Erfolge und Misserfolge, etwa über Katastrophen und wie man ihnen entkommen ist, über Ungerechtigkeiten und wie man sich dagegen gewehrt hat usw. Die Erzählenden vermitteln auf diese Weise dem Zuhörer indirekt bestimmte Interpretationsmuster oder auch Problemlösungsfiguren, die sich in der Geschichte der Organisation manifestieren. Sie geben Auskunft über erfolgreiche und nicht erfolgreiche Problemlösungsmuster und wirken auf diese Weise prägend auf den Kompetenzbildungsprozess. Die Geschichten werden immer wieder erzählt und weiter getragen, ohne dabei in Zweifel gezogen zu werden (vgl. *Geiger 2005*). Auf diese Weise finden Geschichten und die darin zum Ausdruck kommenden kompetenzrelevanten Praktiken und Deutungen eine Art selbstverständliche Akzeptanz. Im Unterschied zu implizitem Können (*Tacit Knowing*) handelt es sich bei narrativem Wissen um artikuliertes Wissen und dies ist insoweit für eine Steuerung leichter zugänglich. Überhaupt darf narratives Wissen nicht mit Tacit Knowing verwechselt werden. Der Unterschied kann an folgenden drei Dimensionen verdeutlicht werden:

1. Das in den Narrationen mitgeteilte Wissen liegt von vornherein als verbales Wissen vor. Es bedarf deshalb auch keiner besonderen Anstrengung, es zu verbalisieren. Aus Erfahrungen und Vorstellungen heraus werden Geschichten gebildet, und es bedarf nur einer Gelegenheit, sie zu erzählen.
2. Narrationen fehlt es ebenso wie dem *Tacit Knowing* an klarer Kausalität, Erzählungen sind komplex, es handelt sich um »thick descriptions«, die einer Erzählstruktur folgen. Allerdings muss gesehen werden, dass Narrationen im Unterschied zu *Tacit Knowing* immer auch erklärende Elemente enthalten, die die Interpretation erleichtern (vgl. *Czarniawska 1997*).
3. Narrationen entstehen, um erzählt zu werden, d. h. sie zielen von vornherein auf eine Loslösung von dem spezifischen Handlungskontext ab; narratives Wissen ist verflüssigt und gerade nicht »verkörperlicht«. Diese Feststellung hilft zugleich zu verstehen, weshalb *Tacit Knowing* seinem Charakter nach nicht in Form von Geschichten repräsentiert und transferiert werden kann.

Die Übermittlung narrativen Wissens erfolgt in Form von Sprache; es ist deshalb »verflüssigt«, aber dennoch ist es häufig an einen Kontext gebunden. Nur die Insider können die Geschichten etwa über den Gründer oder die Pionierkrise und die darin enthaltenen Anspielungen wirklich verstehen (▶ **Box 3-3**).

Box 3-3
Geschichten als Wissensspeicher: Bertha Benz

»Das Jahr 1888 geht in die deutsche Geschichte ein als das »Drei-Kaiser-Jahr«. Heinrich Hertz gelingt die Erzeugung und der Nachweis elektromagnetischer Wellen, Fridtjof Nansen durchquert Grönland auf Skiern, die Europäische Bahnverbindung nach Konstantinopel wird vollendet, und in Barcelona, Melbourne, Moskau und Sydney finden Weltausstellungen statt.

Benz zeigt sich in diesem Jahr zusehends mutlos, denn ein kommerzieller Erfolg mit seinen Motorwagen will sich nicht einstellen. Bertha Benz richtet auch in dieser neuerlich schwierigen Phase ihres Lebens den Blick nach vorn. Sie bestärkt ihren Mann, unterstützt von Freunden, sich mit dem neuesten Gefährt, dem Patent-Motorwagen Modell 3, an der »Kraft- und Arbeitsmaschinenausstellung« in München zu beteiligen....

Bertha will also mit einem Wagen gleichen Typs – es gab schon mehrere Exemplare – eine ausgedehnte Probefahrt absolvieren, um ihrem Mann Mut zu machen, ihm die Tauglichkeit und Zukunftsfähigkeit seiner Erfindung zu beweisen – allerdings ohne ihn vorher darüber zu informieren.

Das Ziel der Fahrt hat sie auch schon im Visier: Nach Pforzheim, zu ihrer Mutter, der sie schon seit längerem einen Besuch versprochen hat....

Anfang August, mit Beginn der Schulferien, ist es soweit. Da Bertha keine Ahnung vom Lenken und Fahren des Motorwagens hat, weiht sie ihre Söhne Eugen und Richard – 15 und 14 Jahre alt – in den Plan ein, denn die Buben können mit dem Wagen umgehen. Mutter und Söhne gehen vorsichtig zu Werke. Das Gefährt wird leise aus der Werkstatt geschoben und erst in sicherer Entfernung vom Haus angelassen – durch Drehen der waagerecht liegenden Schwungscheibe.

Auf dem Küchentisch im Haus liegt ein Zettel für den noch schlafenden Karl mit dem knappen Hinweis »Wir sind zur Oma nach Pforzheim gefahren«....

Eugen lenkt mit fester Hand. In Weinheim wendet sich die Fahrt nach Süden, nach Wiesloch. Große Sorge bereitet der Vorrat an »Ligroin«, wie Benzin seinerzeit hieß, denn die 4,5 Liter im Vergaser gehen bedenklich zur Neige – einen Tank gibt es noch nicht. »Lieferanten« für Ligroin sind Apotheken. In Wiesloch ist es die Stadt-Apotheke, die übrigens noch heute existiert und nicht ohne Stolz darauf hinweist, »Erste Tankstelle der Welt« gewesen zu sein. In Langenbrücken und Bruchsal kaufen sie vorsichtshalber weitere Vorräte Ligroin....

Von Wiesloch geht es weiter über Bruchsal und nach Durlach, wo sich die Richtung gen Osten wendet, aus der Rheinebene hinauf in die »Berge« ... Geht es bergauf schweißtreibend, führen die Abfahrten zu erhöhtem Adrenalinspiegel. Die einzige Klotzbremse, über einen Hebel an der Lenkkurbel von Hand bedient und auf ein Hinterrad wirkend, kann das immerhin rund 360 Kilogramm wiegende Gefährt nur mit äußerster Mühe verzögern. Der Lederbeschlag des Bremsklotzes verschleißt ungemein schnell und muss daher des Öfteren bei einem Schuster erneuert werden.

Außerdem muss so manche »Kleinigkeit« von Frau Bertha mit dem ihr eigenen Geschick wieder in Ordnung gebracht werden. Sei es die Reinigung der verstopften Benzinleitung mit der Hutnadel, oder die Isolierung des durchgescheuerten Zündkabels mit Hilfe eines Strumpfbandes. Sie lässt sich durch die kleinen Misshelligkeiten einfach nicht von ihrem Ziel abbringen....

Weil es schon spät ist, und außerdem der Wagen kein Licht hat, mochten Bertha und die Jungen nicht mehr bei der Oma auftreten, verstaubt und derangiert wie sie sind, und steigen im Hotel »Zur Post« ab. An den Vater freilich geht noch ein Telegramm ab, mit dem beruhigenden Hinweis: »Sind glücklich und ohne Schaden angekommen.« Über die Reaktion von Karl Benz auf die geglückte erste Fernfahrt der Automobilgeschichte ist nichts überliefert. Es steht zu vermuten, dass er erleichtert war.

Seine drängende Sorge gilt nämlich den auf dem »Ferngefährt« montierten Ketten, die eigentlich für den Münchner Ausstellungswagen vorgesehen sind. Ber-

> tha lässt sie demontieren und schickt sie umgehend nach Mannheim. Mit einem Paar Ersatzketten treten die Drei wenige Tage später frohgemut die Rückfahrt nach Mannheim an, im Gepäck die Zeitungen mit dem Bericht ihrer Pioniertat. Der Weg ist diesmal kürzer und führt in fast gerader Linie über Bretten, Bruchsal, Hockenheim und Schwetzingen heim nach Mannheim. Auch diese Fahrt verläuft für die mittlerweile routinierten Automobilisten ohne Schaden an Leib, Seele und Fahrzeug...«.
> *Quelle: Auszug aus: Bertha Benz – Heimliche Fahrt, in: AutoWallpaper. http://www.¬auto-wallpaper.de/Wallpaper/Mercedes/Bertha_Benz_fernfahrt/Bertha_Benz_¬fernfahrt.htm, Zugriff am 30.09.2013, S.1f.*

Geschichten und Stories sind dementsprechend bei der Entstehung und Einübung in organisatorische Kompetenzen ein zentraler Faktor. Als häufig genutztes Medium gelten heute Erfahrungskreise unterschiedlichster Art im Sinne von Communities of Practice (vgl. *Wenger 2000, Zboralski 2012*), in denen Experten einer gemeinsam geteilten Praxis Problemlösungen erzählen und austauschen. Durch Geschichten werden auch neue Mitglieder anschaulich in die Funktionsweise einer Kompetenz eingewiesen, ohne dass dies einer expliziten Schulung bedürfte. Narratives Wissen stützt die Entwicklung organisationaler Kompetenz und wird aber auch durch die Kompetenzbildung wieder angereichert.

Zusammenfassend lässt sich feststellen, dass in das Prozessieren organisationaler Kompetenz alle drei Wissensarten eingewoben sind. Da ist zum einen das explizite Wissen, d.h. das technologisch-methodische Wissen, das mehr oder weniger exzellent sein kann. Da ist zum anderen das narrative Wissen, das in einer Organisation im Zusammenhang mit bestimmten Ereignissen, zum Teil auch als Folge von Fehlschlägen entsteht und handlungsbezogen die Kompetenzentwicklung mit beeinflusst. Im Unterschied zum expliziten Wissen ist das narrative Wissen stärker kontextabhängig (es gilt in erster Linie für eine bestimmte Gemeinschaft) und trägt auf diese Weise schon wesentlich zu dem bei, was zur »Nicht-Imitierbarkeit« von Kompetenzen im Sinne des Ressourcenbasierten Ansatz führt. Die dritte Wissenskategorie, die man eigentlich besser als Können bezeichnet, reflektiert die Prozeduren und spezifische Fertigkeiten, die in der im Laufe der Kompetenzentwicklung ausgebildet wurden. Sie sind an das geübte Verknüpfungshandeln gebunden. Wie aber wird das Wissen erworben, das für die Kompetenzentwicklung so zentral ist, und welche Lernprozesse sind dabei von zentraler Bedeutung?

(1) Lernebenen
Um zu einem besseren Verständnis des Zusammenhangs von Kompetenz, Wissen und Lernen zu kommen, ist es wichtig, die Lernebene zu unterscheiden, auf der sich die Kompetenzentwicklung entfaltet. Die geläufigste Differenzierung verschiedener Lernebenen haben *Argyris/Schön (1978, S. 18 ff.)* eingeführt. Sie unterscheiden zwischen den Ebenen »Single-loop«- und »Double-loop-Learning« und fügen diesen schließlich das »Deutero-Learning« als eine Art Metaebene des Lernens hinzu.

1. Das *Single-loop-Learning* (»Einkreislernen«) zielt auf die Vervollkommnung operationaler Abläufe und die rasche Beseitigung von Störungen. Die zugrundeliegende Funktionslogik ist die des Regelkreises. Innerhalb eines Bezugsrahmens, der vor allem die Definition des »richtigen« Systemzustandes (Sollzustand), aber auch die Messgrößen und die Messmethode enthält, werden allfällige Abweichungen registriert und Maßnahmen in Gang gesetzt, die den ursprünglich gewollten Zustand wiederherstellen sollen. Auf einer abstrakteren Ebene betrachtet zielt das Einkreislernen darauf ab, in einer sich ständig verändernden Umwelt einen definierten Sollzustand durch operative Anpassungen aufrechtzuerhalten. Angestrebt wird eine Erhöhung der Effizienz: *Doing things right*.
2. Der organisatorische Lernprozess gelingt allerdings nur, wenn das System zur Fehlerentdeckung bereit ist und eine Korrektur zulässt. Oft genug werden Fehlerdiagnosen verleugnet, schöngeredet, durch Schuldzuweisungen verdeckt oder unterdrückt (etwa aus Furcht vor Sanktionen), dann können auch keine Maßnahmen erörtert und getroffen werden, die den Fehler beheben sollen. Eine derartige Lernkorrektur und eine entsprechende fortlaufende Veränderung sind für die Entstehung und Perfektionierung einer Kompetenz von großer Bedeutung. Das Einkreislernen stabilisiert die einmal erworbene Fähigkeit und hält sie geschmeidig, d.h. offen für kleinere Anpassungen. Dennoch gilt es zu sehen, dass sich dieses Lernen nur innerhalb eines definierten Rahmens vollzieht, der nicht weiter hinterfragt wird. Innovative Verknüpfungsleistungen sind hier nicht zu erwarten.
3. Das *Double-loop-Learning* (»Zweikreislernen«) macht im Gegensatz zum Einkreislernen die Steuerungsgröße zum Gegenstand des Lernens und damit ihrer Revision. Es geht um die Frage der Effektivität: *Doing the right things*. Mit anderen Worten, hier steht die Grundausrichtung einer Handlungsarchitektur auf dem Prüfstand; sie wird – falls erforderlich – in einem Lernprozess modifiziert oder substituiert. Eine Kernvoraussetzung für erfolgreiches Double-loop-Learning sind Offenheit und Unvoreingenommenheit, sollen doch gegebenenfalls fest gefügte Zielsysteme einer Revision unterworfen werden. Zu diesem Zweck ist es häufig notwendig, erst einmal ein *Verlernen* zu ermöglichen, damit – bildlich gesprochen – Raum für neue Perzeptionen und Konzepte geschaffen wird (vgl. *Hedberg 1981*). Die Widerstände gegen eine solche Neuorientierung sind bisweilen erheblich ausgeprägt (vgl. *Argyris 1993*).
4. *Deutero-Learning* wird als dritte Lernebene unterschieden. In Anlehnung an *Bateson (1972)* kann es als »*Lernen des Lernens*« charakterisiert werden, indem innerhalb dieser Prozesse aus einer Beobachterperspektive vergangene Lernprozesse (Single- und Double-loop) im Hinblick auf Erfolg und Misserfolg Lernverhalten reflektiert werden, es wird deshalb auch als Metaebene des organisatorischen Lernens bezeichnet. Deutero-Lernen soll sicherstellen, dass sich Organisationen und Prozesse des Kompetenzerwerbs in ihrem Lernverhalten kontinuierlich verbessern. Abbildung 3–5 zeigt die drei Lernebenen im Überblick.

In den letzten Jahren schiebt sich eine verwandte, im Kern aber doch andere Unterscheidung stärker in den Vordergrund, die nach *March (1991) exploitatives* Lernen ex-

3 Was genau sind organisationale Kompetenzen?

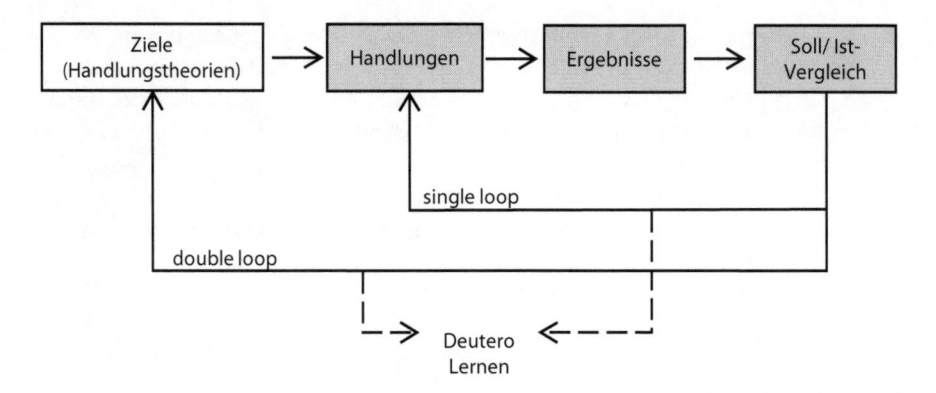

Abb. 3-4: Lernebenen nach Argyris/Schön (1978)

plorativem Lernen gegenübergestellt. Während ersteres auf die Verfeinerung des einmal Erlernten abzielt, erstrebt die Exploration die neugierige Erkundung von neuem, das Experimentieren mit dem Ungewohnten, die Erprobung risikoreicher Alternativen, die kreative Entwicklung ungewöhnlicher Lösungen usw. Diese beiden Typen werden nun allerdings nicht – wie sonst üblich – additiv begriffen, in dem Sinne, dass Organisationen möglichst viel von beiden betreiben sollen, sondern dass im Sinne eines Trade-offs, d.h. die Verfolgung des einen führt zu negativen Folgen für die Verfolgung des anderen und umgekehrt (▶ Kap. 6).

Neben der Frage der Lernebenen sind für ein gutes Verständnis des organisatorischen Kompetenzerwerbs auch die Formen des Lernens von hoher Bedeutung, also die Frage auf welchen Wegen gelernt wird und wie dieses Lernen im Rahmen des Kompetenzerwerbs zusammengeführt wird.

(2) **Lernformen**
Hinsichtlich verschiedener Formen des organisatorischen Lernens lassen sich im Kern vier Grundformen unterscheiden: 1. Lernen aus Erfahrung, 2. Vermitteltes Lernen, 3. Lernen durch Inkorporation neuer Wissensbestände sowie 4. Eigengenerierung neuen Wissens.

1. Der häufigste Weg ist das *Erfahrungslernen*, d.h. die Organisation ergreift bestimmte Handlungen zur Lösung eines Problems und beobachtet die darauf folgenden Konsequenzen. Das weithin populäre »Learning by doing« (*Levitt/March 1988, S. 321 ff.*) kann stellvertretend für diese Form des Lernens genannt werden. Sie gilt auch als entscheidender Prozess im Kompetenzerwerb, denn Kompetenzen entwickeln sich immer im Zusammenhang mit Erfahrung. Voraussetzung für den Erfolg dieses Lernens ist, dass die gemachten Erfahrungen tatsächlich auch Eingang in das organisatorische Verhaltensrepertoire finden, d.h. die gemachten Erfahrungen müssen auch verankert werden *(»retention«, siehe hierzu Argote 2013)*. Trotz aller Popularität darf nicht übersehen werden, dass Erfahrungslernen »teuer« in dem Sinne ist, als ja alle

Erfahrung und damit auch alle Irrwege selbst gemacht werden müssen. Genau diese Problematik adressiert das Vermittelte Lernen.

2. *Vermitteltes Lernen* wird ermöglicht, wenn eine Organisation die Erfahrungen und das daraus gebildete Wissen anderer Organisationen und Personen übernehmen und für seinen Kompetenzausbau verwenden kann (vgl. *Huber 1991, S. 96*). Ein derartiger Wissenstransfer kann auf vielfältigen Wegen stattfinden: z. B. durch den Besuch von Tagungen, Messen etc. oder über Kontakte zu Lieferanten, Beratern, Händlern etc. Ferner gehört dazu die systematische Auswertung von Pressemitteilungen, Patenten oder wissenschaftlichen Veröffentlichungen. Ebenso zählt hierzu das Benchmarking, d. h. das systematische Vergleichen (»Benchmarking«) mit anderen Organisationen (Was machen sie besser als wir?). Eine andere Form vermittelten Lernens stellt auf die unbeabsichtigte Wissensdiffusion und »Spill-overs« ab, die innerhalb gemeinsamer Projekte und Allianzen stattfinden, aber auch in regionalen Netzwerken oder Clusters durch die vielfältigen Verknüpfungen und Interaktionen (vgl. etwa *Owen-Smith/Powell 2004*).

3. Ein weiterer Weg des organisatorischen Lernens ist die *Inkorporation externer Wissensbestände*. Dies kann beispielsweise durch die Einstellung von Experten oder in einem größeren Kontext durch die Akquisition oder die Allianz mit einer anderen (mit spezifischem Wissen ausgestatteten) Organisation erfolgen (vgl. *Inkpen 2000*). Dem zuletzt angesprochenen interorganisationalen Lernen wird dabei eine immer größere Bedeutung zuerkannt, wobei die Bedingungen, unter denen das interorganisationale Lernen stattfindet, immer eine zentrale Rolle für den Lernerfolg spielt (z. B. *Greve 2005*). Viele Störfaktoren können den Prozess überlagern wie Demütigung, Enttäuschung oder Verteidigung der eingespielten Routinen. Auf Kompetenzen bezogen würde man hier prüfen, inwieweit durch Hereinnahme von Experten anderer Organisationen die eigene Kompetenzbasis gestärkt oder ggf. der Aufbau neuer Kompetenzen inspiriert werden kann.

4. Schließlich ist als vierter Weg auf die originäre *Generierung neuen Wissens* durch Lernprozesse zu verweisen. Dies geschieht in erster Linie dadurch, dass vorhandene und neu aufgenommene Wissenselemente im Wege der internen Kommunikation mit vorhandenem Wissen verknüpft und zu einer neuen Idee oder Einsicht entwickelt werden (vgl. *Smith et al. 2005*). Dieser Lerntyp basiert auf der systemtheoretischen Grundvorstellung, dass die Systemelemente (also auch die Wissenselemente) in vielfacher Weise anschlussfähig sind und damit untereinander eine unüberschaubare Fülle von Anschlussmöglichkeiten besitzen (vgl. *Luhmann 1984*). Innovative Neuanschlüsse sind daher jederzeit möglich; es ist eine Frage der Empirie, ob sich diese sich dann beim Aufbau einer Kompetenz als tragfähig erweisen. *Nonaka (1994)* kommt in seiner Studie zu dem Ergebnis, dass sich der Erfolg vieler japanischer Unternehmen in signifikantem Maße dadurch erklären lässt, dass sie mehr als die Unternehmen anderer Industrienationen in der Lage sind, den Prozess der Wissensgenerierung zu stimulieren und aktiv zu steuern. Er vertritt dabei die (umstrittene) Auffassung, dass sich dieser Kreationsprozess in einem ständigen Wechselspiel zwischen der Explikation impliziter und der Verschmelzung mit expliziten Wissensbestandteilen vollziehe (»Wissensspirale«).

3.2.3 Kompetenzentwicklung durch Praktiken und Routinisierung

Im Zuge obiger Diskussion der »*tacit dimension*« hat sich bereits gezeigt, dass neben dem kognitiven Wissen das praktische Tun für die Kompetenzentwicklung von herausragender Bedeutung ist. Aus der Einsicht heraus, dass Kompetenzen durch (explizites) Wissen allein nur begrenzt erklärt werden können, sind Konzepte wie *Können* oder *Fähigkeiten* in den Vordergrund gerückt. Um den Kompetenzerwerb besser verstehen zu können, erhielt das Konzept der *Praktik* einen zentralen Stellenwert. Eine Praktik ist ein komplexer Handlungsablauf, der einem Muster folgt und bei Erfolg reproduziert wird. Bekannt geworden ist in diesem Zusammenhang der Begriff der »best practice«, wo es ja auch um die Identifikation und ggf. Imitation bewährter Praktiken geht, wie etwa bestimmte Verfahrensweisen bei Auswahlinterviews, die fortlaufende Abstimmung zwischen Design und Konstruktion im Automobilbau oder die Führung von Kundengesprächen (z.B. *Hiebeler et al. 2011*).

Eine Kompetenz beinhaltet Praktiken, die es ermöglichen, aus der Fülle von nicht endgültig definierbaren Ressourcen (Forschungs-Know-How, Marketing-Kreativiät, Konstruktions-Expertise usw.) auszuwählen und die große Zahl der daraus fließenden Aktivitäten geschickt aufeinander abzustimmen. Diese Praktiken, die dazu anleiten, in diesem vielfältigen Anforderungsgeflecht immer wieder eine effektive Lösung des Koordinationsproblems zu bewerkstelligen, gehören zum Rückgrat einer jeden organisationalen Kompetenz. Praktiken bilden sich in einem langwierigen Prozess heraus, der sich auf die Kompetenz verschmilzt.

Ein der Praktik verwandtes Konzept ist die Routine, die ebenfalls in vielen Studien als grundlegendes Element im Sinne von »*standard operating procedures*« *(Cyert/March 1963)* in Kompetenzerwerb und -entwicklung begriffen wird. Wurden Routinen früher primär als formale Regeln im Organisationsgestaltungsprozess verstanden, so ist der neuere Routinenbegriff, wie er zunächst von *Nelson/Winter (1982)* geprägt wurde, wesentlich evolutionärer ausgelegt, Routinen entwickeln sich im Laufe des Handlungsprozesses auf welchem Wege auch immer zu einem Mittel der Steuerung organisatorischen Handelns. Routinen werden hier sogar etwas überspitzt als die »Gene« einer Organisation begriffen, die im Verbund mit den anderen Prozessen zu einer kollektiven Kompetenz verschmelzen. Funktional gesehen fungieren Routinen als Wissensspeicher, als organisatorisches Gedächtnis, das (nur) durch organisatorisches Handeln aktiviert wird (»organizations remember by doing«, *Nelson/Winter 1982, S. 99*).

Obwohl *Nelson/Winter* immer auch den Begriff des *Tacit Knowing* in diesem Zusammenhang bemühen (S. 76f.), stellt sich die Frage, ob hier tatsächlich »Können« im oben genannten Sinne gemeint ist. Im Kern zielt das Konzept dort mehr auf die Habitualisierung und unbewusste Reproduktion einmal erfolgreicher Handlungsmuster ab und betont damit den repetitiven Charakter von Routinen. Routinen werden zu »Habits«. Routinen wurden diesem Denken entsprechend lange Zeit als eine Art Automatismus gesehen, als Garant für unkomplizierte Replikation und Vorhersehbarkeit des Verhaltens von Organisationen und Organisationsmitgliedern mit dem Leitbild der *reliablen* Organisation (siehe oben). Abgesehen von der Erfüllung von Kundenerwartungen

(Qualität, Terminverlässlichkeit usw.) wird im internen Geschehen der Vorteil dieser Routinisierung im »*Koordinationseffekt*« gesehen: Dadurch, dass Routinen das Verhalten vorhersehbar machen, ist die Verknüpfung der Leistungsbeiträge zu einem synthetischen Leistungsprozess vereinfacht, was schlussendlich die Effizienz der Organisation und der Kompetenzentfaltung wesentlich befördert.

Dieses Verständnis einer stabilen, quasi-automatischen Replikation durch Routinen wird heute allerdings deutlich differenzierter gesehen. Die Kritik entzündete sich an der *Hyperstabilität*, die sich ergibt, wenn man Routinen nur als fixiertes Verhaltensrepertoire begreift, Anpassungsfähigkeit und Flexibilität als notwendige Funktionselemente bleiben dabei unberücksichtigt. Dieser Kritik folgend, gibt es in jüngerer Zeit Vorschläge, Routinen als dynamische Funktionseinheiten zu begreifen. Am prägnantesten tritt dieses dynamische Verständnis in dem Konzept von *Feldman/Pentland (2003)* hervor, das in Anlehnung an *B. Latour* Routinen in zwei Sphären untergliedert, in die *ostensive* und die *performative Sphäre*.

Der *ostensive* Aspekt bezieht sich auf die Regeln und Prozeduren, die einer Routine wie eine Art Grammatik zugrunde liege, der performative auf die tatsächliche Praxis. Die ostensiven Regeln sind aber nicht derart, dass sie eins zu eins umgesetzt würden. Bei der Umsetzung spielt eine Reihe weiterer Aspekte eine große Rolle, wie z.B. die Perzeption der Regeln durch die verschiedenen Organisationsmitglieder, situative Aspekte, die eine Anpassung verlangen usw. Mit anderen Worten, dem ostensiven, regelbestimmten Teil von Routinen stellen *Feldman/Pentland (2003)* den performativen Aspekt schräg verschoben gegenüber und verweisen damit auf die Ebene des tatsächlichen Handelns, das sich je nach Situation deutlich von der Vor-Regelung unterscheiden kann. Im Endergebnis kann das Routineverhalten, also die performative Dimension, ganz andere Formen annehmen als von den Regeln vorgezeichnet. Routinen kann man folglich – und das gilt dann eben auch gleichermaßen auch für Kompetenzen – nicht mehr länger als bloßen Automatismus begreifen, sondern als ein Muster, das es immer wieder neu in der Praxis umzusetzen gilt. Kompetenzen bleiben in diesem Modus anpassungsfähiger als im Modus automatischer Routinen.

Absorptive Capacity

Das Zusammenwirken des Wissens- und Lernprozesses mit Praktiken und Routinen bei der Entwicklung und Entfaltung organisationaler Kompetenzen lässt sich am Konzept der Absorptive Capacity verdeutlichen, das primär das Vermögen von Organisationen thematisiert, neue Informationen aufzunehmen und in erfolgreiches Handeln umzusetzen. Die Schöpfer des Konzeptes *Cohen/Levinthal (1990)* begreifen die Absorptionskapazität selbst als eine organisationale Kompetenz, die das Innovationsvermögen einer Organisation bezeichnen soll. Vor dem Hintergrund unserer oben vorgestellten Kompetenzdefinition ist das Konstrukt allerdings zu wenig auf einen bestimmten Kontext und Aufgabentyp bezogen, also zu universell ausgelegt, als dass man es direkt als Kompetenz begreifen könnte.

Der Idee nach gilt: Je mehr *Absorptive Capacity* eine Organisation ausbildet, umso höher ist ihr Innovationspotenzial und ihr Anpassungsvermögen an neue Konstellationen. Die Kapazität setzt sich aus drei Fähigkeiten zusammen:

1. der Fähigkeit, fortlaufend neue externe Informationen zu identifizieren (*Akquisition*),
2. der Fähigkeit, kontinuierlich dieses neuartige und als nützlich bewertete Wissen zu assimilieren *(Assimilation)* und
3. der Fähigkeit, das assimilierte Wissen wertschaffend einzusetzen *(Exploitation)*.

Die Entwicklung einer hohen Absorptionsfähigkeit hängt – wie generell beim Lernen – zu guten Teilen von den in der Vergangenheit erworbenen Erfahrungen mit dem Erkennen und der Verarbeitung neuen Wissens ab. So gesehen ist die Absorptionsfähigkeit eines Unternehmens auch ein Spiegel der speziellen organisationalen Lerngeschichte. Die in der Vergangenheit gebildeten Kategoriensysteme (»Kognitive Landkarten«) eines Unternehmens bilden den Humus, aber auch die Pfade, auf denen sich die Absorption neuen Wissens entfaltet. Je differenzierter das Wahrnehmungssystem, umso breiter gerät die Perzeptionspalette.

Die Dimensionen und Kernannahmen des ursprünglichen Konzepts wurden im Zuge der weiteren Diskussion modifiziert. In einem viel beachteten Vorschlag (vgl. *Zahra/George 2002*) wird vor allem zwischen potenzieller und realisierter Absorptive Capacity unterschieden. Dabei wird auf den Umstand verwiesen, dass die Aufnahme neuen Wissens noch keine Differenz im Handeln macht, dazu bedarf es weiterer Umsetzungsschritte. Diese Unterscheidung verweist – wie bei der Kompetenz auch – die Handlungsgebundenheit des Konstrukts.

Das Konzept der Absorptive Capacity wird häufig primär auf das Forschungs- und Entwicklungsressort eines Unternehmens bezogen. Dementsprechend operationalisieren viele das Konstrukt als F&E-Intensität, als Verhältnis der F&E-Ausgaben zum Umsatz oder als Anteil hochqualifizierter F&E-Mitarbeiter an der gesamten Belegschaft. Indessen, ein exklusiver Fokus auf den F&E-Bereich greift für das Verständnis einer organisatorischen Kompetenz viel zu kurz. Es ist – wie nun schon mehrfach dargelegt – ganzheitlich oder zumindest abteilungsübergreifend ausgelegt. Neue Informationen treffen an nicht vorhersehbarer Stelle im Unternehmen ein (im Vertrieb, im Einkauf, in der Konstruktion usw.) und müssen vor Ort in ihrer Bedeutung erkannt werden. Auch sind die Anschlüsse an vorhandenes Wissen keineswegs nur in der F&E-Abteilung herzustellen. Innovationen können überall entstehen: in der Logistik, im Verkauf, in der Fertigung, in der Interaktion mit Kunden usw. (vgl. *Reichwald/Piller 2009*).

Insgesamt kann die Absorptionskapazität einer Organisation als Prozessfähigkeit verstanden werden, die es immer wieder erlaubt, neues Wissen aufzunehmen und zu verarbeiten. Unterstützend für die Absorptionskompetenz sind *Verarbeitungsroutinen und Praktiken*, die eine Sicherung des neuen Wissens und seiner Verknüpfung mit dem vorhandenen Wissen sicherstellen sollen. Für die Konkretisierung der Absorptive Capacity liefert der Fokus auf Praktiken – wie er oben für Kompetenzen dargestellt wurde – interessante Anknüpfungspunkte (vgl. *Schreyögg/Schmidt 2010, Lewin et al. 2011*).

Praktiken entwickeln sich für alle drei Elemente der Absorptive Capacity: (1) Akquisition, (2) Assimilation/Integration und (3) Nutzung/Exploitation:

1. *Wissensakquisition.* Praktiken der Wissensakquisition beziehen sich z. B. auf den Einsatz von formellen und informellen »Boundary Spanners«, die eine fortlaufende Verbindung zwischen externer Umwelt und der Organisation sicherstellen sollen. »Boundary Spanner« sind in der Lage, relevantes Wissen in der Unternehmensumwelt zu erkennen, auch wenn es nicht in direkter Verbindung zur bisherigen Wissensbasis steht. Somit kann deren Einsatz als Ausdruck der erweiterten Fähigkeit zur Identifizierung neuen Wissens verstanden werden. Ferner, die Fähigkeit zum Lernen von Partnern wird insbesondere durch Kooperationspraktiken mit externen Partnern unterstützt. *Von Hippel (1986)* beschreibt z. B. die Praktik des frühzeitigen Einbezugs von »Lead Usern« in den Entwicklungsprozess und weist dieser Interaktion eine hohes Potenzial zu, neue Informationen aufzunehmen und die Entwicklung neuer Kompetenzen anzustoßen.
2. *Assimilation/Integration.* Nach erfolgreicher Aufnahme neuen Wissens ins Unternehmen werden Praktiken der Wissensintegration bedeutsam. Als Beispiel für Praktiken der Wissensintegration innerhalb eines Unternehmens sind regelmäßige Kontakte mit anderen Unternehmensbereichen zu nennen. Mit Hilfe dieser Praktiken gelangt das Wissen leichter an die Stellen im Unternehmen, die eine effiziente Analyse und Verarbeitung des neuen Wissens zu leisten vermögen. Für eine erfolgreiche Verknüpfung neuartigen Wissens mit dem existierenden Wissen ist z. B. die Arbeit in funktionsübergreifenden Projektteams bekannt.
3. *Nutzung/Exploitation.* Zu Praktiken der Exploitation, also der Fähigkeit, immer wieder neues Wissen in konkrete Produkte und Leistungen umzusetzen, gehört z. B. der Einsatz von »Change Agents« oder »Promotoren« *(vgl. Hauschildt/Salomo 2011)*, die geschickt die Hürden des Wandels zu überwinden wissen und sich auf die interne Legitimierung neuer Projekte und unkonventioneller Kompetenzentwicklungen verstehen. Diese Fähigkeit wird häufig durch spezielle Reflexionspraktiken unterstützt, wie Feedbacksitzungen, Konfrontationstreffen oder Manöverkritik *(vgl. Schreyögg/Schmidt 2010).*

So wichtig eine hohe Absorptive Capacity für den Kompetenzentwicklungsprozess auch ist, so darf nicht übersehen werden, dass sich dieser keinesfalls ausschließlich auf die Verarbeitung externen Wissens beschränkt. Wie oben beschrieben, kommt der internen Entwicklung neuen Wissens eine mindestens ebenso große Bedeutung zu; freilich sollte man diese nicht als isoliertes Manöver begreifen, auch sie wird immer wieder auf neue externe Informationen angewiesen sein.

3.2.4 Organisationale Emotionalität und Kreativität

Der dritte Strom in der Kompetenzentwicklung sind neben dem Wissen und Lernen, den Praktiken und der Routinisierung die *Emotionen* bzw. die *affektive Seite* einer Organisation (vgl. *Fineman 2003).* These ist, dass die erfolgreiche Entwicklung von Kompetenz nur möglich ist, wenn emotionale Kräfte in den Verknüpfungsprozess eingebunden bzw. ihre Dynamik für die Ressourcenverknüpfung genutzt werden. Emotionen bezeichnen in erster Linie affektive Prozesse, die z. B. in Gefühlen und Gefühlsäußerungen wie Angst, Mut, Humor, Enthusiasmus oder Hoffnung zum Ausdruck kommen (vgl. *Barbalet 2001*). Emotionen verleihen also z. B. Mut zum Handeln oder Begeisterung im Problemlösungsprozess und ermöglichen dadurch erst aufgabenbezogene Vernetzungen, die für die erfolgreiche Ressourcenauswahl und -verknüpfung notwendig sind.

Die Bedeutung bzw. Wirkung von Emotionen wird in der Organisationstheorie sehr unterschiedlich gesehen. In traditioneller Sichtweise stellen Emotionen »Sand im Getriebe« ökonomischen Handelns dar. Emotionen führen danach im Ergebnis zur Auswahl suboptimaler Lösungen und zum Einsatz irrationaler Kalküle. Die Qualität organisationaler Handlungsweisen ist hier eine Funktion der Fähigkeit, Emotionalität zu *unterdrücken*, um ausschließlich nach sachlogischen (emotionsfreien) Gesichtspunkten entscheiden zu können. Spontane, von starken Emotionen begleitete Entscheidungen führen notwendigerweise zu Rationalitätsverzerrungen, die für den Entscheidungsträger und noch mehr für das Entscheidungssystem negative Wirkungen haben (vgl. *Elster 1998*).

Diese These der »negativen Verzerrung« rationalen Handelns durch Emotionen hat sich in der empirischen Forschung und insbesondere in der Analyse von Kompetenzen als irreführend erwiesen (z. B. *Damasio 1999*). Emotionen können demnach die Kompetenzentwicklung signifikant fördern; sie können diese allerdings auch stark behindern (durch Neid, Antipathie usw.). Emotionen erweisen sich also in der Verknüpfung organisationaler Ressourcen von hoher Relevanz und müssen deshalb theoretisch und praktisch beim Verstehen der Kompetenzentwicklung eine angemessene Berücksichtigung finden. Das sei anhand einiger zentraler Befunde der organisatorischen Emotionsforschung gezeigt.

So ist beispielsweise aus verschiedenen Studien bekannt (vgl. *etwa Huy 1999, Edmondson 2012*), dass die für die Kompetenzentwicklung so wichtige Bereitschaft, ungewöhnliche Formen der organisatorischen Zusammenarbeit zu explorieren oder auch spontane Teambildung zu betreiben, ganz wesentlich davon abhängt, dass die Organisationsmitglieder eine *positive Einstellung* zur Organisation und ihrer Arbeit haben. Dies darf in unserem Kontext nicht nur als eine individuelle Einstellung gesehen werden, sondern auch als ein generalisiertes organisatorisches Muster; die Kompetenzbildung wurde ja oben als ein essentiell personenübergreifender Handlungskomplex bestimmt. Die gemeinte positive Einstellung zur Arbeit muss deshalb als generalisiertes Muster in der Organisation verfügbar sein, so dass spontane Kooperation ohne großes Risiko gewagt werden kann. Abteilungsübergreifende Zusammenarbeit in der Entwicklung neuer Kompetenzen kann emotional belastend sein: der ständige Umgang mit verschiedenen Perspektiven, praktizierte Handlungsmuster werden in Frage gestellt, Schnittstellen mit unvorhergesehen Reibungsverlusten usw. – die Überwindung solcher Probleme ist für den Kompetenzerwerb entscheidend und bedarf der emotionalen Stützung. Dabei spielen neben der positiven Einstellung zur Arbeit auch die nachfolgenden emotionalen Dimensionen eine wichtige Rolle.

1. *Humor und Empathie.* Humor entspannt und erleichtert dadurch organisatorisches Lernen und Experimentieren. *Weick/Westley (1996)* verweisen in diesem Zusammenhang auf die Bedeutung von »Playfulness«, die eine spielerische Einlagerung von Unordnung in die formale Ordnung bedeute und auf diesem Wege geeignet ist, festgefahrene Situationen zu öffnen. Kooperationspartner sind mehr geneigt, zu experimentieren und neue Teams zusammenzustellen (vgl. *Edmondson 2012*), wenn sie das Gefühl haben, man versteht sich untereinander und man zeigt Empathie, also die Bereitschaft, die Gedankenwelt und die Einstellungen einer anderen Person zu erkennen und zu verstehen. Und auch einen Schritt weiter: Man teilt gemeinsame Gefühle wie Angst vor dem Versagen oder unfairer Behandlung. Wiederum geht es nicht nur um die individuelle, sondern hier vor allem um die organisatorische Emotionalität – und entlastet sich dadurch. Organisationen können auf diese für die Kooperation so wichtige Gefühlslage einwirken, in dem sie z. B. *Angst reduzierende Mechanismen* etablieren (Schützen vor Gesichtsverlust, Pufferung usw.) oder auch konsensfördernde Dialogformen praktizieren (vgl. *Huy 1999*).
2. *Hoffnung.* Ein anderer ebenso bedeutsamer Aspekt organisationaler Emotionalität ist die *Hoffnung*. Der Mut, Neues auszuprobieren, wächst vor dem Hintergrund der Hoffnung, dass das Vorhaben auch gelingt (und nicht vor dem Hintergrund der Hoffnungslosigkeit und Resignation). *Optimismus* inspiriert zu neuen Wegen und zu dem Willen, das Risiko des Aufbruchs zu wagen (vgl. *Staw et al. 1994*). *Pessimisten* befürchten, dass sie von Fehlern ein Leben lang verfolgt werden und alle weiteren Vorhaben unterminieren. *Optimisten* dagegen nehmen an, dass Fehler temporär nur dieser einen Situation zugrechnet werden, sehen Fehler eher als ein Missgeschick an, das jedem passieren kann (vgl. *Seligman 2011*). Auch hier kann diese zunächst individuelle Disposition wieder auf die gesamte Organisation übertragen werden, *Seligman (2011)* spricht deshalb folgegerecht von einer »optimistischen Organisation« oder eben einer »pessimistischen Organisation«, die eine solche Einstellung generalisiert.
3. *Authentizität.* Als weitere wichtige Faktoren organisationaler Emotionalität sind *Authentizität* und *Vertrauen* zu nennen (vgl. *Peterson 2005*). Das Praktizieren neuer Formen der Zusammenarbeit und ungewöhnliche Ressourcenverknüpfungen werden erleichtert, wenn die Organisationsmitglieder sich so zeigen können, wie es ihrem Charakter entspricht. Um dies zu ermöglichen, muss auf organisatorischer Ebene Vertrauen gefördert und ein Interaktionsklima geschaffen werden, das Authentizität *legitimiert* und so in den kompetenzorientierten Verknüpfungsprozess Eingang finden lässt. Organisationen, die zu sehr unauthentisches Verhalten fordern und/oder authentische Expression zu unterdrücken suchen, erweisen sich in empirischen Studien als wenig innovativ und kreativ (vgl. etwa *Hochschild 1983*).

Schon diese wenigen Beispiele lassen erkennen, dass Kompetenzentwicklung keinesfalls nur auf der kognitiven Ebene der Wissensbildung oder der Routinisierung angesiedelt werden kann. Die emotionalen Prozesse sind tief in den Kompetenzentstehungsprozess eingebunden und sind als dritter Prozessstrang konstitutiv im Kompetenzerwerb.

3 Was genau sind organisationale Kompetenzen?

Ähnlich wie auch schon beim Lernen und Wissen ergibt sich bei der Emotionalität eine Doppelung der Perspektive insofern, als *individuelle* Emotion und *organisatorische* Emotionalität eng beieinander liegen, wie etwa bei Optimismus oder Authentizität. Dennoch ist es für ein gutes Verständnis organisatorischen Kompetenzerwerbs erforderlich, beide Perspektiven zu *trennen*. In Kapitel 2 wurde bereits gezeigt, dass *individuelle Faktoren* (»Human Ressourcen«) am besten als *Ressource* begriffen werden, die im Rahmen der Kompetenzentwicklung mit anderen Ressourcen wie Technologien oder Vertrieb verknüpft und zu einem sehr speziellen Handlungskomplex verflochten werden. Die Kompetenz legt sich gewissermaßen wie ein Netz über die Ressourcen einschließlich der Human Ressourcen und kombiniert sie – im besten Falle – zu einer einzigartigen Handlungsarchitektur.

Eine gewisse Überlappung des Prozessfaktors organisatorische Emotionalität ergibt sich auch mit anderen Variablen im Kompetenzentstehungsprozess, so vor allem mit der *Organisationskultur* und dem *Sozialkapital*. Werte, Überzeugungen, Einstellungen werden in Organisationen wesentlich von der Kultur geprägt, Beziehungsgrößen und Verbindungen sind Gegenstand des Sozialkapitals. Wenn etwa von Vertrauen gesprochen wird, so kann dies einmal als feststehende *Bestandsgröße* begriffen werden, auf der anderen Seite kann man es als *Flussgröße* verstehen mit der gearbeitet wird, um beispielsweise ungewöhnliche Kooperationen zu fördern. Als Bestandsgröße würde man es zu der Organisationskultur zählen, als Arbeit mit dem Vertrauen wird es Teil des Verknüpfungsprozesses. Ebenso wie im Fall individueller Merkmale wurde in Kapitel 2 geklärt, dass diese zuletzt genannten Bestandsgrößen aufgrund ihrer strukturellen Eigenschaften nicht als Prozessfaktoren begriffen werden, sondern als *Rahmenbedingungen*, die auf die Kompetenzentwicklung einwirken; eine detaillierte Darstellung erfolgt in Kapitel 4. Sie wirken gewissermaßen von außen in die Kompetenzentwicklung hinein, sind aber nicht selbst Prozesselement.

Mit der Darlegung der emotionalen Prozesse ist der Aufriss einer Anatomie organisatorischer Kompetenz, ihrer konstitutiven Strukturen und Prozesse abgeschlossen. Organisatorische Kompetenzen wurden als mustergesteuerter Handlungskomplex begriffen, der die Verknüpfung spezieller organisatorischer Ressourcen zum Gegenstand hat. Die Verknüpfungsaktivität selbst haben wir durch drei *einander überlagernde* Prozesse charakterisiert: Lernen und Wissen, Praktiken und Routinen sowie Emotionen und Kreativität. Abbildung 3-6 stellt die bezeichneten Zusammenhänge noch einmal zusammenfassend dar.

In der Summe ist schnell zu sehen, dass eine Vielzahl von Faktoren bei der Kompetenzentwicklung potenzielle Relevanz hat. Bei aller Differenzierung darf dennoch nicht vergessen werden, dass Kompetenzen in der Praxis *robuste* Handlungskomplexe sind, die einmal eingeübt zuverlässige Problemlösungen zu erbringen vermögen. In erfolgreichen Organisationen sind die Kompetenzen gewissermaßen feste Bestandteile der täglichen Arbeitsprozesse und keine fragilen Komplexe, die unter jeder Störung auseinanderbrechen zu drohen. Organisationen bauen im wahrsten Sinne des Wortes auf sie. Die nächsten Kapitel werden die Rahmenbedingungen und die Dynamiken organisatorischer Kompetenzen genauer beleuchten.

Abb. 3-5: Die Selektions- und Verknüpfungsprozesse organisationaler Kompetenzen

Diskussionsfragen

1. *»Jede Routine in meinem Unternehmen trägt zu unserer Unternehmenskompetenz bei!«* Diskutieren Sie diese Aussage.
2. Welche Bedingungen muss eine Problemlösungsarchitektur erfüllen, um als Organisationale Kompetenz zu gelten?
3. *»Jede Kompetenz baut auf Improvisation!«* Kommentieren Sie diese Aussage.
4. Diskutieren Sie die Bedeutung von Verlässlichkeit für Organisationale Kompetenz!
5. Was kennzeichnet Ad-hoc-Lösungsansätze in Unternehmen und worin unterscheiden sie sich von kompetenzbasierten Ansätzen?
6. Welche Bedeutung haben individuelle Kompetenzen im Rahmen organisatorischer Kompetenz.
7. Inwieweit ist die These richtig, dass sich organisatorische Kompetenzen so speziell ausprägen können, dass sie schwer imitierbar werden?
8. Worin besteht der Unterschied zwischen Know-that und Know-how? Geben Sie zwei praktische Beispiele.
9. Welche Bedeutung kann dem Tacit Knowing bei der Entwicklung von Kompetenzen zugewiesen werden?
10. Welche Bedeutung hat die emotionale Seite von Organisationen bei der Kompetenzentwicklung? Erläutern sie den Zusammenhang anhand von zwei Beispielen.

Literaturverzeichnis Kapitel 3

Akgün, A.E./Lynn, G.S./Byrne, J.C. (2003). Organizational learning: A socio-cognitive framework, in: Human Relations, 56: 839–868.
Argote, L. (2013). Organizational learning: Creating, retaining and transferring knowledge, Berlin.
Argyris, C. (1993). Knowledge for action: A guide to overcoming barriers to organizational change, San Francisco/Calif.
Argyris, C./Schön, D.A. (1978). Organizational learning. A theory of action perspective, Reading/Mass.
Barbalet, J.M. (2001). Emotion, social theory, and social structure: A macrosociological approach. Cambridge.
Bateson, G. (1972). Steps to an ecology of mind, N.Y.
Brown, S.L./Eisenhardt, K.M. (1998). Competing on the edge: Strategy as structured chaos. Cambridge/Mass.
Cohen, W.M./Levinthal, D.A. (1990). Absorptive capacity: A new perspective on learning and innovation, in: Administrative Science Quarterly, 35: 128–152.
Cook, S.D.N./Brown, J.S. (1999). Bridging epistemologies: The generative dance between organizational knowledge and organizational knowing, in: Organization Science, 10: 381–400.
Cunha, M.P./Cunha, J.V./Kamoche, K.N. (2002). Organizational improvisation: What, when, how and why, in: Kamoche, K.N./Cunha, M.P./Cunha, J.V. (Hrsg.). Organizational improvisation, London: 96–137.
Cyert, R.M./March, J.G. (1963). A behavioral theory of the firm, Englewood Cliffs, NJ.
Czarniawska, B. (1997). Narrating the organization: Dramas of institutional identity, Chicago/Ill.
Damasio, A.R. (1999). The feeling of what happens: Body and emotion in the making of consciousness, Harcourt
David, P.A. (1985). Clio and the economics of QWERTY, in: The American Economic Review, 75: 332–337.
Dierickx, I./Cool, K. (1989). Asset stock accumulation and sustainability of competitive advantage, in: Management Science, 35: 1504–1510.
Dosi, G./Hobday, M./Marengo, L. (2003). Problem-solving behavior, organizational forms, and the complexity of tasks, in: Helfat, C.E. (Hrsg.). The SMS Blackwell Handbook of Organizational Capabilities, Malden: 167–192.
Dosi, G./Marengo, L. (1994). Towards a theory of organizational competencies, in: England, R. W. (Hrsg.). Evolutionary concepts in contemporary economics, Ann Arbor, MI: 157–178.
Dosi, G./Nelson, R.R./Winter, S.G. (2000). Introduction: The nature and dynamics of organizational capabilities, in: Dosi, G./Nelson, R.R./Winter, S.G. (Hrsg.). The nature and dynamics of organizational capabilities, New York: 1–22.
Dougherty, D. (1995). Managing your core incompetencies for corporate venturing, in: Entrepreneurship Theory and Practice, 19: 113–135.
Eberl, M. (2013): Neue Formen der Führung, in: Jironet, K./Starren, H. (Hrsg.). Leadership – Inspirationen zur Weiterentwicklung des eigenen Führungsstils, Berlin: 36–41.
Eden, D. (1992). Leadership and expectations: Pygmalion effects and other self-fulfilling prophecies in organizations, in: The Leadership Quarterly, 3: 271–305.
Edmondson, A.C. (2012). Teaming: how organizations learn, innovate, and compete in the knowledge economy. John Wiley & Sons.
Eisenhardt, K.M./ Bourgeois, L.J. (1988). Politics of strategic decision making in high-velocity environments: Toward a midrange theory, in: Academy of Management Journal, 31: 737–770.
Eisenhardt, K.M./Martin, J.A. (2000). Dynamic capabilities: What are they?, in: Strategic Management Journal, 21: 1105–1121.

Elster, J. (1998). Emotions and economic theory, in: Journal of Economic Literature, 36: 47–74.
Feldman, M.S./Pentland, B.T. (2003). Reconceptualizing organizational routines as a source of flexibility and change, in: Administrative Science Quarterly, 48: 94–118.
Fineman, S. (2003). Understanding emotion at work. London.
Geiger, D. (2005). Wissen und Narration. Der Kern des Wissensmanagements, Berlin.
Gherardi, S. (2006). Organizational knowledge: The texture of workplace learning, Malden/Mass.
Gherardi, S./Nicolini, D. (2002). Learning in a constellation of interconnected practices: Canon or dissonance?, in: Journal of Management Studies, 39: 419–436.
Greve, H.R. (2005). Interorganizational learning and heterogeneous social structure, in: Organization Studies, 26: 1025–1047.
Hannan, M.T./Freeman, J. (1984). Structural inertia and organizational change, in: American Sociological Review, 49: 149–164.
Hatch, M.J. (1998). Jazz as a metaphor for organizing in the 21st century, in: Organization Science, 9: 556–568.
Hauschildt, J./Salomo, S. (2011). Innovationsmanagement, 5. Aufl., München.
Hedberg, B. (1981). How organizations learn and unlearn, in: Nystrom, P.C./Starbuck, W.H. (Hrsg.). Handbook of organizational design, Oxford: 3–28.
Helfat, C.E./Peteraf, M. A. (2003). The dynamic resource-based view: Capability lifecycles, in: Strategic Management Journal, 24: 997–1010.
Hiebeler, R./Kelly, T.B./Ketteman, C. (2011). Best practices. Von den Besten lernen. Was Unternehmen wirklich erfolgreich macht, St. Gallen/Zürich.
Hochschild, A.R.(1983): The managed heart: Commercialization of human feeling, Berkeley.
Huber, G.P. (1991). Organizational learning: The contributing processes and the literature, in: Organization Science, 2: 88–115.
Huy, Q.N. (1999). Emotional capability, emotional intelligence, and radical change, in: Academy of Management Review, 24: 325–345.
Inkpen, A.C. (2000). A note on the dynamics of learning alliances: Competition, cooperation, and relative scope, in: Strategic Management Journal, 21: 775–779.
Kogut, B./Zander, U. (1992). Knowledge of the firm, combinative capabilities, and the replication of technology, in: Organization Science, 3: 383–397.
Levinthal, D. (2000). Organizational capabilities in complex worlds, in: Dosi, G./Nelson, R.R./Winter, S.G. (Hrsg.). The nature and dynamics of organizational capabilities, Oxford: 363–379.
Levitt, B./March, J.G. (1988). Organizational learning, in: Annual Review of Sociology, 14: 319–340.
Lewin, A.Y./Massini, S./Peeters, C. (2011). Microfoundations of internal and external absorptive capacity routines, in: Organization Science, 22: 81–98.
Lippman, S.A./Rumelt, R.P. (1982). Uncertain imitability: An analysis of interfirm differences in efficiency under competition, in: The Bell Journal of Economics, 13: 418–438.
Luhmann, N. (1984). Soziale Systeme. Grundriss einer allgemeinen Theorie, Frankfurt a.M.
Lyotard, J.F. (1999). Das postmoderne Wissen. Ein Bericht, Wien.
March, J.G. (1991). Exploration and exploitation in organizational learning, in: Organization Science, 2: 71–87.
March, J.G./Olsen, J.P.(1979). Ambiguity and choice in organizations, Bergen.
March, J.G./Simon, H.A. (1958). Organizations, New York.
Marengo, L. (1992). Coordination and organizational learning in the firm, in: Journal of Evolutionary Economics, 2: 313–326.
Miller, K.D./Pentland, B.T. (2012). Dynamics of performing and remembering organizational routines, in: Journal of Management Studies, 49: 1536–1558.
Mintzberg, H. (1979). The structuring of organizations, Englewood Cliffs, N.J.
Mintzberg, H. (1993). Structuring in fives – Designing effective organizations, New York.

Moldaschl, M. (2010). Das Elend des Kompetenzbegriffs: Kompetenzkonstrukte in der aktuellen Unternehmenstheorie, Arbeitspapier No. 3/2010, Chemnitz.
Moorman, C./Miner, A.S. (1998). Organizational improvisation and organizational memory, in: Academy of Management Review, 23: 698–723.
Nelson, R.R./Winter, S.G. (1982). An evolutionary theory of economic change, Cambridge, Mass.
Nonaka, I. (1994). A dynamic theory of organizational knowledge creation, in: Organization Science, 5: 14–37.
Ortmann, G. (2002). Regel und Ausnahme. Paradoxien soziologischer Organisationen, Berlin.
Orlikowski, W. J. (2002). Knowing in practice: Enacting a collective capability in distributed organizing, in: Organization Science, 13: 249–273.
Owen-Smith, J./Powell, W.W. (2004). Knowledge networks as channels and conduits: The effects of spillovers in the Boston biotechnology community, in: Organization Science, 15: 5–21.
Peterson, R. A. (2005). In search of authenticity, in: Journal of Management Studies, 42: 1083–1098.
Polanyi, M. (1958). Personal knowledge. Towards a post-critical philosophy, Chicago.
Polanyi, M. (1966). The tacit dimension, London.
Polanyi, M. (1969). Knowing and being, Chicago.
Polanyi, M./Prosch, H. (1975). Meaning, Chicago.
Reed, E.S. (1982). An outline of a theory of action systems, in: Journal of Motor Behavior, 14: 98–134.
Reichwald, R./Piller, F. (2009). Interaktive Wertschöpfung: Open Innovation, Individualisierung und neue Formen der Arbeitsteilung, Berlin.
Schreyögg, G./Geiger, D. (2007). The significance of distinctiveness: A proposal for rethinking organizational knowledge, in: Organization, 14: 77–100.
Schreyögg, G./Schmidt, S. (2010). Absorptive capacity - Schlüsselpraktiken für die Innovationsfähigkeit, in: Wirtschaftswissenschaftliches Studium, 39: 474–479.
Seligman, M.E. (2011). Learned optimism: How to change your mind and your life. Random House (Neudruck).
Smith, K.G./Collins, C.J./Clark, K.D. (2005). Existing knowledge, knowledge creation capability, and the rate of new product introduction in high-technology firms, in: Academy of Management Journal, 48: 346–357.
Staw, B.M./ Sutton, R.I./ Pelled, L.H. (1994). Employee positive emotion and favorable outcomes at the workplace, in: Organization Science, 5: 51–71.
Tsoukas, H. (2005). Do we really understand tacit knowledge?, in: Little, S./Ray, T. (Hrsg.). Managing Knowledge, 2. Aufl., London: 107–127.
Von Hippel, E. (1986). Lead users: A source of novel product concepts, in: Management Science, 32: 791–805.
Walsh, J.P./Ungson, G.R. (1991). Organizational memory, in: Academy of Management Review, 16: 57–91.
Weick, K.E. (1995). Sensemaking in organizations, New York.
Weick, K.E./Sutcliffe, K.M. (2007). Managing the unexpected: Resilient performance in an age of uncertainty, 2. Aufl., Hoboken/New Jersey.
Weick, K. /Westley, E.F. (1996). Organizational learning: Affirming and oxymoron. in: Clegg, S.R./ Hardy, C./ Nord, W.R. (Hrsg.). Handbook of Organization Studies. London: 440–458.
Weinert, F.E. (2001). Concept of competence: A conceptual clarification, in: Rychen, D.S./Salganik, L.H.(Hrsg.). Defining and Selecting Key Competencies, Seattle: 45–65.
Wenger, E.C. (2000). Communities of practice and social learning systems, in: Organization, 7: 225–246.
Winter, S.G. (2003). Understanding dynamic capabilities, in: Strategic Management Journal, 24: 991–995.
Winter, S.G. (2012). Capabilities: Their origins and ancestry, in: Journal of Management Studies, Special Issue, 49: 1402–1406.

Zahra, S.A./George, G. (2002). Absorptive capacity: A review, reconceptualization, and extension, in: Academy of Management Review, 27: 185–203.

Zboralski, K. (2012). Wissensmanagement durch Communities of Practice: Eine empirische Untersuchung von Wissensnetzwerken, Wiesbaden.

4 Organisationale Rahmenbedingungen für die Entwicklung organisationaler Kompetenz

4.1 Einleitung

Nachdem das Konstrukt organisationaler Kompetenz etwas genauer gefasst und in seinen Dimensionen beschrieben ist, sollen nun die Rahmenbedingungen beleuchtet werden, die den Kompetenzerwerb begleiten und fördern oder eben auch behindern. Die Frage nach den Rahmenbedingungen ist aber auch in anderer Hinsicht von zentraler Bedeutung: Der komplexe Charakter der organisationalen Kompetenz lässt – wie mehrfach betont – eine *direkte* und vollständige Planbarkeit nicht zu (vgl. *Aguilar, 1967; Collis, 1994*). Die gestalterische Frage richtet infolgedessen ihr Augenmerk auf *indirekte* Einflussmöglichkeiten; das sind vor allem die organisationalen Rahmenbedingungen, die auf die Entwicklung organisationaler Kompetenz einwirken.

Leitende Idee dabei ist, dass die Selektions- und Verknüpfungsleistung »Organisationale Kompetenz« durch organisationale Vorentscheidungen bis zu einem gewissen Grade »vorprogrammiert« wird.

Organisationale Kompetenzen entstehen über die Verknüpfung von Ressourcen auf der Basis sozialer Prozesse, d.h. sie beziehen sich auf eine Organisation als soziales System. Im vorherigen Kapitel 3 wurde erläutert, dass die kompetenzbezogene Ressourcenauswahl und -verknüpfung durch Lern- und Wissensprozesse, Prozesse der Routinisierung sowie emotionale und kreative Prozesse bewirkt wird. Diese Prozesse laufen nun aber nicht in einem neutralen Raum, in einer Art Vakuum ab, sondern sie sind eingebettet in den unternehmensspezifischen Kontext, d.h. sie werden damit auch durch die der jeweiligen Organisation eigenen formalen und informalen Charakteristika beeinflusst. Hier ist eine fast unüberschaubare Reihe von Faktoren potenziell relevant. Wir beschränken uns hier auf vier Rahmenfaktoren, die in der Literatur zur Kompetenzbildung besonders häufig genannt werden:

1. Die Unternehmenskultur als allumfassende Rahmenbedingung.
2. Das spezielle organisationsstrukturelle Design (Aufbau- und Ablauforganisation usw.)
3. Das Sozialkapital der Organisation, also das Beziehungs- und Kooperationsnetzwerk über die Organisationsgrenzen hinweg.
4. Das unternehmensspezifische Set der Mikropolitik (informelles Machtgefüge, Interessenkonflikte usw.)

4.2 Unternehmenskultur

In der Kompetenzliteratur wird sehr häufig die Relevanz einer gemeinsam geteilten Identität für die Entwicklung spezifischer Kompetenzen hervorgehoben (vgl. *Orlikowski, 2002; Marino 1996*). Hält man sich vor Augen, dass Unternehmenskultur als kollektiv wirksamer Orientierungsrahmen die Wahrnehmung und Aktivitäten von Unternehmen und ihren Mitgliedern in eine bestimmte Richtung lenkt, so wird ihre Bedeutung für die Entwicklung organisationaler Kompetenz schnell klar. Als sinn- und orientierungsstiftende Kraft bildet die Kultur eines Unternehmens den größtenteils unsichtbaren Hintergrund für kollektives Handeln und ist deshalb für die Ausprägung des konkreten Selektions- und Verknüpfungsgeschehens in einer Unternehmung von großer Bedeutung.

Wegen ihres indirekten Charakters gilt Unternehmenskultur als schwer definierbares Phänomen. Unabhängig von den einzelnen Strömungen innerhalb der Unternehmenskulturforschung gibt es aber einige zentrale Elemente, die heute allgemein mit dem Begriff der Unternehmenskultur verbunden werden:

1. Unternehmenskultur bezieht sich auf gemeinsame Annahmen, Orientierungen und Werte in einer Organisation. Kultur wirkt strukturierend und vereinheitlicht deshalb zu einem gewissen Grade das Handeln von Organisationsmitgliedern.
2. Unternehmenskultur wird gelebt, die geteilten Annahmen, Orientierungen und Werte sind selbstverständlich im täglichen Handeln und liegen dem Führungs- und Mitarbeiterverhalten überwiegend unreflektiert zu Grunde.
3. Unternehmenskulturen fungiert zu wesentlichen Teilen als unsichtbare Steuerungsgröße, die sichtbaren Elemente bilden nur einen kleinen Teil.
4. Unternehmenskultur ist das Ergebnis von historischen Lernprozessen im Umgang mit Problemen bzw. Anforderungen aus der Umwelt und deren Bewältigung. Zug und Zug bilden sich in Unternehmen Erfahrungen darüber, was als »gut« und was als »schlecht« gelten soll und »wie man die Dinge hier tut«.
5. Unternehmenskulturen werden in einem Sozialisationsprozess vermittelt, d.h. sie werden für gewöhnlich im Miterleben und »Dabeisein« aufgenommen und verinnerlicht, weniger in Form von expliziten Schulungen.
6. Unternehmenskultur bildet zwar einen festen Orientierungsrahmen, sie ist aber nicht völlig statisch, sondern verändert sich auch im Zeitablauf.

Die Kultur eines Unternehmens fungiert quasi als kollektives *Sinnmodell*. Unternehmensspezifische Sinnmodelle beeinflussen in besonderem Maße kognitive Aspekte der Problemwahrnehmung und der Problemlösung (vgl. *Gioia 1986*). Sinnmodelle stellen »geistige Landkarten« dar, selbst geschaffen von Organisationen, um sich in einer komplexen Welt zu orientieren. Sie kategorisieren Informationen bzw. Signale nach relevanten und nicht-relevanten Sachverhalten und bilden auf diese Weise den Horizont für das, was wahrgenommen wird und was nicht (vgl. *Schein 1991*). In dieses Weltbild oder eben diese geistige Landkarte eingelassen sind *Basisannahmen* einer Organisation über die Umwelt, Natur des Menschen, soziale Beziehungen, der Erkenntnisgewinnung und Zeit. In Bezug auf organisationale Kompetenzen ist dabei der Aspekt der interpretatorischen Komplexitätsverarbeitung von besonderer Bedeutung. Da es sich bei der organisationalen Kompetenz um das Vermögen im Umgang mit komplexen Anforderungen handelt, strukturieren die Wahrnehmungs- und Interpretationsmuster einer Organisationskultur diesen Umgang entsprechend vor.

Unternehmenskulturen prägen jedoch nicht nur die Kognitionen, sondern auch *Emotionen*. Kulturen normieren, was gehasst und was geliebt wird, was mit Geduld ertragen und was aggressiv zurückgewiesen wird, was angenehm und was unangenehm ist (vgl. *Trice/Beyer, 1993*). Insofern hat dieser Aspekt der Unternehmenskultur zum einen unmittelbaren Einfluss auf die Ausprägung organisationaler Emotionen und auch darauf, mit welcher emotionalen Tönung die Selektions- und Verknüpfungsleistung erbracht werden.

Die Facetten der Unternehmenskultur lassen sich gut herausschälen, wenn man eine Differenzierung nach drei Ebenen im Anschluss an das Modell von *Schein (1985)* vornimmt (▶ Abb. 4-1).

3-Ebenen-Modell von E. Schein (1985)

Symbolsystem
Sprache, Rituale, Kleidung, Umgangsformen
— **sichtbar**, aber interpretationsbedürftig

Normen/ Standards
Maxime, Richtlinien, Verbote
— **teils sichtbar**, teils unbewusst

Basisannahmen
Über: Umweltbezug
Wahrheit, Zeit
Menschen
Handeln
Soziale Beziehungen
— **unsichtbar**, meist unbewusst

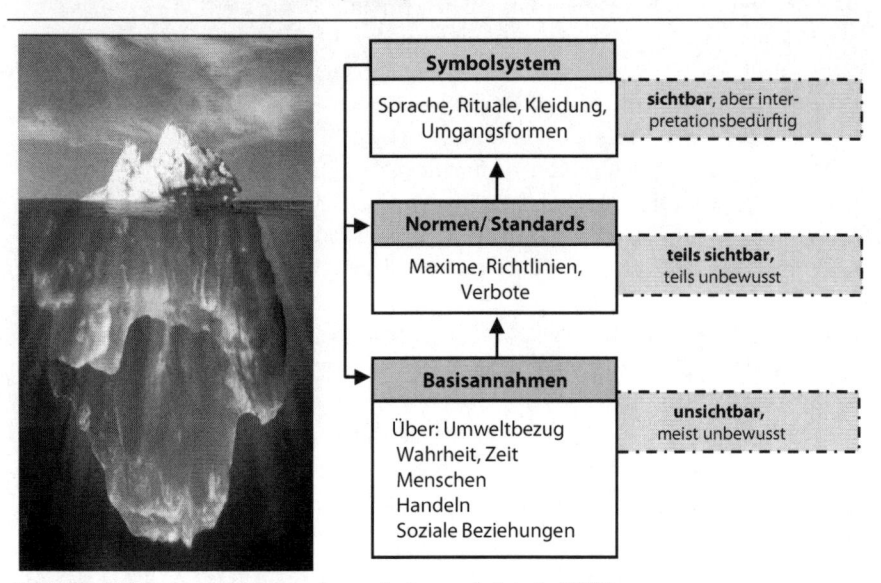

Abb. 4-1: Die Ebenen der Unternehmenskultur nach Schein (1985)

Mit der *Symbol- und Verhaltensebene* wird auf die sicht- und direkt erlebbare Ebene der Unternehmenskultur abgestellt. Verhaltensweisen der Mitarbeiter, z. B. deren Umgangsformen untereinander, deren Kundenorientierung aber auch die Form des Gemeinschaftslebens (Feiern, Riten, Geschichten etc.) können herangezogen werden, um die Unternehmenskultur in einem ersten Schritt zu erschließen. Die Hintergründe des Verhaltens bleiben auf dieser Ebene jedoch noch verborgen und bilden insofern keinen geeigneten Zugang für die Analyse der Wirkung von Unternehmenskultur auf die Entwicklung organisationaler Kompetenz.

Der verborgene Hintergrund der Unternehmenskultur wird von Schein in Form zweier weiterer Ebenen veranschaulicht. Teilweise sichtbar ist die Schicht der *Normen und Standards*: Verhaltensregeln, wie Maximen, Verboten etc. sind hierunter zu verstehen. Durch sie können – in den Strukturen organisationaler Kompetenz gedacht – Aufforderungen in Bezug auf die Verknüpfungsleistung liegen (*Sei Innovativ! Geh kein Risiko ein! Nutze Beziehungen!*). Die allgemeine Stoßrichtung der Normen und Standards wird nach Schein wiederum durch die noch fundamentalere Ebene, die Basisannahmen einer Unternehmung, geprägt, die Orientierung geben über den Umweltbezug des Systems, die Wahrheitsfindung, die Natur des Menschen im Allgemeinen sowie deren Verhalten und zwischenmenschliche Beziehungen (vgl. *Schein 1985*).

Die überwiegend unbewussten, impliziten und auch nicht geplant hergestellten *Basisannahmen* einer Unternehmung stehen nun allerdings nicht isoliert nebeneinander, sondern korrespondieren teilweise miteinander (z.B. Umwelt- und Menschbild). Die Ausdifferenzierung der Basisannahmen ermöglicht eine genauere Analyse der Wirkung der Unternehmenskultur auf die kompetenzspezifischen Prozesse der Ressourcenauswahl und -verknüpfung.

Mit der ersten Basisannahme »Umwelt« wird auf den nach außen gerichteten Wahrnehmungsmodus abgestellt. Als vorherrschendes Umweltbild bestimmt sie die Aufnahmefähigkeit und -bereitschaft von Impulsen/Signalen. Das Umweltbild kann ganz unterschiedlich ausgeprägt sein. Als Kernorientierung ist es wichtig, zu sehen, ob ein Unternehmen die Umwelt als gewissermaßen schicksalhafte Kraft, als Widerfahrnis ansieht, oder ob man sie eher als Herausforderung versteht, die zu bewältigen ist, wenn man sich nur hinreichend anstrengt. Insofern haben die Annahmen über die Umwelt einen großen Einfluss auf die Prozesse und die Art der Kompetenzentwicklung. Geht man grundsätzlich von komplexen und unüberschaubaren Umwelten aus, kann aus der Tatsache, dass eine Unternehmung z.B. ihre Umwelt als übermächtig ansieht, folgen, dass dadurch der emotionale Prozess der Ressourcenauswahl und -verknüpfung limitiert wird (da die Umwelt ja schicksalhafte Begebenheit ist). Eine Unternehmung dagegen, die die Umwelt als voller Chancen ansieht, wird sehr wahrscheinlich überproportional viele Ressourcen in der *»intelligence gathering function«* ansiedeln und entsprechende Prozesse und Praktiken der Informationsgenerierung aufsetzen (vgl. *Wilensky 1967; Quinn 1992*).

Die *Annahmen über Wahrheit* bestimmen, wann in einer Unternehmung etwas als wahr oder unwahr betrachtet wird. Mit der Vorstellung über Wahrheit verfügt jedes Unternehmen über einen Selektionsmechanismus, der zur Unterscheidung zwischen wahrem und nicht-wahrem Wissen führt. Sind es die Fakten oder sind es die Autoritäten, auf die man dabei vertraut? Orientiert man sich an der Wissenschaft oder nimmt man eine pragmatische Haltung ein und werden die Entscheidungen über richtig und falsch von den Ergebnissen eines Versuchs abhängig gemacht (»Lasst es uns probieren und sehen, was dabei herauskommt!«)? *Auch die Basisannahme Wahrheit* strukturiert Prozesse der Ressourcenauswahl und -verknüpfung vor, da die Interpretation kompetent zu handhabender Anforderungen und die damit einhergehende notwendige Auswahl von Ressourcenbestandteilen zum einen auf der Frage beruht, welche Ressourceneinschätzungen man überhaupt als »wahr« klassifiziert. Die Wahrheitsorientierung hat allerdings ebenso Einfluss auf die Entwicklungsmöglichkeit der Verknüpfungsleistung. Eine auf die Entwicklung organisationaler Kompetenz ausgerichtete »Ausgestaltung« dieser Basisannahme müsste die Fähigkeit einschließen, einmal als wahr selektierte Ressourcenbestände und deren Verknüpfung immer wieder als potenziell unwahr in Frage zu stellen, um damit die (neuartige) Wiederverknüpfung von Ressourcenbestandteilen zu ermöglichen (▶ Kap. 12).

Die Entwicklung organisationaler Kompetenz ist ohne Rekurs auf Individuen und deren Kompetenz (individuelles Wissen, individuelles Können, individuelle Beziehungen und Emotionen) nicht sinnvoll vorstellbar. Dementsprechend ist die Basisannahme über das *Menschenbild* als eine auf die Individuen fokussierte Vororientierung von Relevanz. Die Annahmen über die Natur des Menschen prägen die Vorstellung einer Organisation über die menschlichen Wesenszüge: Sind Menschen tendenziell arbeitsscheu oder übernehmen sie gerne Verantwortung? Sind Menschen und damit auch deren individuelle Kompetenzen grundsätzlich entwicklungsfähig oder sind sie durch Veranlagung festgelegt? Die auf Lern- und Wissensprozessen sowie emotionalen und kreativen Prozessen fußende Entwicklung organisationaler Kompetenz wird insoweit von einer Unternehmenskultur gefördert (oder im umgekehrten Falle auch gehemmt), die die entsprechenden Merkmale wie Entwicklungsfähigkeit, Lernbereitschaft, Kreativität und Aktivität von Menschen als Orientierungsmuster unterstellt.

Die Annahmen über die *Natur menschlichen Handelns* prägen die organisatorischen Vorstellungen über Aktivität und Arbeit. Kommt es darauf an, aktiv zu sein, die Dinge selbst in die Hand zu nehmen oder ist es wichtiger sich anzupassen und abzuwarten? Auch hier ist der Einfluss auf die kompetenzspezifischen Lern- und Wissensprozesse erkennbar, da eine auf Anpassung abzielende Basisannahme in der Tendenz eher angepasste und weniger kreative Lern- und Wissensprozesse fördert

Schließlich wirkt auch die Basisannahme über die *»zwischenmenschlichen Beziehungen«* mittelbar als Rahmenbedingung auf die Entwicklung organisationaler Kompetenz. Bei den Annahmen über das Wesen zwischenmenschlicher Beziehungen geht es schließlich um die Frage, durch welche Grundprinzipien das Verhalten untereinander geprägt wird. Hierzu gehören Regeln über die richtige Ordnung sozialer Beziehungen. Liegt der Schwerpunkt eher auf egalitären oder eher hierarchischen Beziehungen, sind Beziehungen eher fluktuierend oder auf Dauer angelegt? Ebenso sind das Kommunikations- und Wettbewerbsverhalten und Aspekte wie Vertrauen und Misstrauen und der Umgang mit Emotionen hier zu verortende Orientierungen für das organisatorische Handeln. Dass diese Basisannahme die spezifische Entwicklung organisationaler Kompetenzen beeinflusst, liegt auf der Hand:

Erstens fußt die organisationale Kompetenz als Verknüpfungsleistung ja auf Modi wie Integration und Kooperation und benötigt dafür ein entsprechend unterstützendes Klima zwischenmenschlicher Beziehungen. Vor dem Hintergrund der starken Fokussierung auf den Ressourcenkombinationsprozess muss diese Kooperation auch spontane und informelle Absprachen zulassen. Dementsprechend wären Kulturen, die auf die

Einhaltung von Regeln und Hierarchie sehr großen Wert legen, in dynamischen Umwelten eher hinderlich. Die Basisannahme über die »*zwischenmenschlichen Beziehungen*« wirkt darüber auf die Prozesse organisationaler Kompetenzen, da ja durch sie bestimmt wird, ob, welche und in welcher Form soziale und emotionale Anschlüsse mit anderen Ressourcen überhaupt herstellbar sind. Schließlich prägen die Vorstellungen über die zwischenmenschlichen Beziehungen auch den kompetenzspezifischen Umgang mit »Emotionen«. Ist das Zeigen von Emotionen zugelassen? In welchem Maße ist authentisches Verhalten möglich? (▶ **Kap. 3**).

Zusammenfassend kann festgestellt werden, dass die Unternehmenskultur im Allgemeinen Einfluss auf die spezifischen Prozesse der Kompetenzentwicklung hat. Sowohl die kompetenzspezifischen Lern- als auch Wissensprozesse als auch Emotionalität und Kreativität sowie die Richtung der Routinisierung werden durch die Unternehmenskultur geprägt.

4.3 Formale Struktur

Mit der zweiten Rahmenbedingung wird auf die formale Struktur von Organisationen abgestellt. Formale Strukturen sind explizite und damit verbindliche Regeln, die Erwartungen an das Verhalten der Organisationsmitglieder definieren und koordinieren (im Gegensatz dazu werden über die Unternehmenskultur vor allem informale Erwartungen kommuniziert und kontrolliert). Sie regeln Arbeitsabläufe, Kommunikations- und Entscheidungswege sowie den Fluss von offiziellen Informationen. Durch Strukturen werden die Aufgaben und Zuständigkeiten verteilt sowie zu deren Zusammenführung Koordinations- und Interaktionsbeziehungen festgelegt. Aus diesem Grund strukturieren sie die potenziellen Anschlussmöglichkeiten in Unternehmen vor. Strukturen haben – genau wie die Unternehmenskultur auch – selektiven Charakter. Sie reduzieren die unüberschaubare Zahl möglicher Beziehungen unter den Organisationsmitgliedern auf ein für die Organisation handhabbares Maß *(vgl. Luhmann 1973)*. Bezogen auf die Kompetenz bestimmen sie auf diese Art und Weise z. B. welche Abteilungen miteinander verbunden und welche getrennt agieren, welche Anschlüsse untereinander erforderlich sind usw.

Mit der Gestaltung der Aufbauorganisation eines Unternehmens wird festgelegt, ob und ggf. wer für die Wahrnehmung spezifischer Aufgaben zuständig ist und wie die Kommunikationswege strukturiert sind. Die Gestaltung von Abläufen führt dagegen zur Definition von (Geschäfts-)Prozessen. Die Ablauforganisation ist damit von unmittelbarer Bedeutung für die Kompetenzentwicklung, wird doch durch die Ablauforganisation festgelegt, wie einzelne Ressourcenbestände (zeitlogisch) miteinander verknüpft werden.

Die Entwicklung organisationaler Kompetenz zielt auf die erfolgreiche Lösung aktueller und zukünftiger Probleme. Zukünftige neue Anforderungen können jedoch bei der Gestaltung einer Aufbau- und Ablauforganisation nur schwer antizipiert werden, Strukturen sind immer auf Stabilität angewiesen. Es ergibt sich daraus das Problem, dass Strukturen potenziell immer ein retardierendes Element im Kompetenzerwerb darstellen. So sind beispielsweise Strukturen, die sich z. B. in exakten Stellenbeschreibungen, hoch spezifizierten Arbeitsanweisungen und detaillierten Verhaltensvorschriften niederschlagen, nicht geeignet widersprüchliche, erwartungsfremde Impulse aufzunehmen oder neuartige Anschlussmöglichkeiten zwischen den Ressourcenbestandteilen zu selektieren und diese entsprechend (neu) zu verknüpfen.

Die für den Kompetenzerwerb so zentrale Frage nach der Art und Weise der Ermöglichung neuer und unerwarteter *Anschlussmöglichkeiten* wird klassischerweise im Rahmen der Modelle der organisatorischen *Integration* abgehandelt. Aufgrund der organisatorischen Ausdifferenzierung werden von verschiedenen Personen, an verschiedenen Orten und zu unterschiedlichen Zeiten Aufgabenteile erledigt (Ressourcen sind lokal verteilt und spezialisiert), die durch organisationale Kompetenz situationsbezogen auf eine spezifische Art und Weise selektiert und verknüpft werden sollen. Die Ausgestaltung der organisatorischen Integration spielt in diesem Zusammenhang eine maßgebliche Rolle:

Bei der Organisationsgestaltung stehen zur Bewältigung dieser Aufgabe drei Ansatzpunkte zur Verfügung. Die (1) *vertikale*, die (2) *horizontale* und die (3) *laterale Verknüpfung*. Die vertikale Verknüpfung ist der klassische hierarchische Weg. Horizontale Verknüpfung wird durch verschiedene Formen der Selbstabstimmung institutionalisiert. Die laterale Verknüpfung spiegelt sich in Vorschlägen zur Ausgestaltung einer internen Netzwerkorganisation wieder.

(1) Vertikale Abstimmung durch Hierarchie

Das klassische Integrations- und Koordinationsinstrument ist die Hierarchie. Sie schafft in einem System von Zuständigkeiten Vorsorge für die Sicherstellung der Integration. Ein eindeutiges System von Über- und Unterordnung ist das Ergebnis. Für jede auftauchende Abstimmungsschwierigkeit – in oder zwischen Abteilungen – liegt eine formale Lösungsprozedur vor: Der jeweils untergeordnete Mitarbeiter bzw. die untergeordnete Abteilung reicht ein Abstimmungsproblem solange nach »oben« weiter, bis ein Vorgesetzter gefunden ist, der die Kompetenz (i. S. v. Zuständigkeit) hat, die Abstimmungsfragen durch Anweisung zu lösen. Mit diesem System der aufsteigenden Regelungskompetenz ist dabei die Vorstellung verbunden, dass mit steigender Höhe auch die fachliche Breite zunimmt und die Anforderungen dementsprechend sachgerecht gelöst werden. Für die Entwicklung organisationaler Kompetenz kann postuliert werden, dass die Hierarchie für die Entwicklung dieser Dimensionen eher nicht förderlich ist. Eine Abstimmung über Hierarchie führt nämlich sehr leicht zu einer Überlastung der Instanzen, da diese häufig nicht über die notwendigen Informationen verfügen (können), die für eine sachgerechte Interpretations- und Handhabung von Problemen notwendig sind.

(2) Horizontale Integration

Diese Form der Integration läuft der traditionell hierarchischen Ordnungswelt zuwider. Horizontale Integrationsmechanismen sind ihrem Wesen nach eine Form der Selbstabstimmung, d. h. es findet eine direkte Abstimmung organisatorischer Aktivitäten nach eigenem Ermessen der jeweils betroffenen Aufgabenträger selbst statt. Die Initiative zur

Koordination und Abstimmung geht von den Aufgabenträgern selbst aus. Dabei hat man vor allem solche Verknüpfungsprobleme im Auge, die zeitlich und/oder sachlich nicht vorhersehbar sind (sonst ließen sie sich durch Ablaufprogramme vorab lösen). Diese Aufgaben weisen Anforderungen auf, die offensichtlich eng mit denen organisationaler Kompetenz korrespondieren!

Das folgende Beispiel in *Box 4-1* soll die Idee der horizontalen Integration in ihrer Bedeutung für die Entwicklung organisationaler Kompetenz veranschaulichen:

Box 4-1
3M

»Unsere Freunde bei *3M* hatten gegen den Besuch nichts einzuwenden, und wir hatten Gelegenheit, eine Reihe befremdlicher Vorgänge zu beobachten. Dutzende von zwanglosen Gesprächsrunden waren im Gange; Verkäufer, Marketingleute; Experten aus der Fertigung, Techniker, F&E-Leute, ja sogar einige aus dem Rechnungswesen, saßen herum und sprachen über Probleme mit neuen Produkten. Einmal platzten wir in eine Sitzung hinein, in der ein *3M*-Kunde sich ganz formlos mit vielleicht 15 Leuten aus vier Unternehmensbereichen über einen besseren Service für seine Firma unterhalten wollte. Nichts wirkte geprobt. Wir erlebten keinen einzigen förmlichen Vortrag...«
Quelle: Peters/Watermann (1984), S. 150.

Es wird hier gleichzeitig die große Bedeutung und Verknüpfung zu der bereits ausführlich diskutierten Relevanz der unternehmenskulturellen Prägung eines Unternehmens deutlich. Auch die Struktur – hier jetzt im Fokus die organisatorische Integration – ist nicht unabhängig von der Kultur eines Unternehmens zu denken (und umgekehrt).

Das Prinzip der lateralen Integration fügt die Idee der multiplen Überlappung hinzu und beschränkt die Kooperation nicht nur auf eine hierarchische Ebene. Von der Grundidee her kann hier an die sog. »*Netzwerkmodelle*« wie etwa die Spinnennetzorganisation (vgl. *Quinn 1992*) angeschlossen werden. Diese Modelle vertrauen im Wesentlichen auf informelle Kommunikation und Spontankoordination. Der organisierten Koordination im Sinne einer generellen Vorregelung von Anschlüssen kommt in diesen Ansätzen so gut wie keine Bedeutung mehr zu. Formale organisatorische Regelungen schaffen als Minimalrahmen nur noch die Voraussetzung, damit sich die Prozesse der Netzwerkabstimmung entfalten können (vgl. *Hedberg et al. 1976*).

Die horizontalen Integrationsmechanismen, also Selbstabstimmung sowie die Netzwerkorganisation bieten aufgrund ihrer auf Kooperation und Kommunikation angelegten Logik ein hohes Potenzial für die Ausweitung des potenziellen Raumes für die Auswahl und Verknüpfung von Ressourcen.

4.4 Sozialkapital

Als dritte wichtige Einflussgröße organisationaler Kompetenzen kann das Sozialkapital gelten. Es adressiert das kollektive Beziehungskapital und dessen Verknüpfungspotenzial (vgl. *Dyer/Singh 1998; Duschek 2002*). Das zentrale Argument ist hier, dass der Umfang des verfügbaren Sozialkapitals die Entwicklung organisationaler Kompetenz beeinflusst.

Wie dargelegt, gehen organisationale Kompetenzen vor allem mit der Herstellung von Ressourcenverknüpfungen einher. Organisationale Kompetenzen »leben« quasi durch und in der Ressourcenauswahl und -verknüpfung. Dementsprechend basieren organisationale Kompetenzen auf Anschlüssen und sind insofern von der Ausprägung der organisationalen sozialen Beziehungen stark beeinflusst. Die Erklärung der Entstehung bzw. des Vorhandenseins solcher Beziehungen und deren Wurzeln sind ursprünglicher Gegenstand der in der Soziologie verwurzelten Sozialkapital-Theorie (z. B. *Bourdieu 1982*).

Im Laufe der Zeit wurde die Bedeutung von Sozialkapital unter anderem von der strategischen Forschung aufgegriffen und auf die Ebene der Organisation übertragen. Mit Sozialkapital wird damit auf den Bestand und das Potenzial individueller und kollektiver Beziehungen und Beziehungsnetze von Organisationen rekurriert, es wird umrissen als »(...) *the sum of the actual and potential resources embedded within, available through, and derived from the network of relationsships possessed by an individual or social unit*« *(Nahapiet/Goshal 1998, S. 243.)* Diese Beziehungen können grundsätzlich sowohl auf vertraglichen als auch persönlichen Verhältnissen beruhen (*vgl. Belliveau et al. 1996*). Während in vertraglich fundierten sozialen Beziehungen die Rechte und Pflichten der beteiligten Parteien mehr oder weniger klar umrissen bzw. kodifiziert sind (z. B. Lieferanten/Abnehmerbeziehung oder Arbeitgeber/Arbeitnehmerbeziehung), basieren persönliche Beziehungen auf Freiwilligkeit und Vertrauen. Letzteren wird bei der Erklärung nachhaltiger Wettbewerbsvorteile eine relativ größere Bedeutung beigemessen und auch als das soziale Kapital der Organisation bezeichnet (vgl. *Nahapiet/Goshal 1998; Fukuyama 1997; Baker 2000*)

Soziales Kapital repräsentiert die Summe an sozialen Beziehungen und Verbindungen, die Mitglieder einer Organisation informell und/oder freiwillig geknüpft haben, und zwar innerhalb und außerhalb der Organisation (vgl. *Anand et al. 2002*). Soziales Kapital schafft eine soziale und emotionale Plattform für Kommunikation und Interaktion. Je ausgeprägter diese Plattform ist, je mehr (freiwillige) Partnerschaften und Netzwerke (intra- und interorganisational) also bestehen, umso höher sind die über diese Kanäle erschließbaren Informationen und Kapazitäten, die im Zuge der erfolgreichen Problembewältigung zum Einsatz kommen können (vgl. *Badaracco 1991*). Über Sozialkapital wird die Zusammenarbeit zwischen unabhängigen Einheiten ermöglicht und die Anzahl potenzieller (Neu-)Anschlüsse erhöht. Auf diese Weise können die für die Herstellung einzigartiger Problemlösungen notwendigen Anschlüsse leichter oder überhaupt erst zustande kommen und organisationale Kompetenzen begründen (vgl. *Liedtka 1996*). Die formalen Verträge und die damit einhergehenden zeitaufwendigen Anreiz- und Kontrollmechanismen werden durch einen wesentlich flexibleren und umfassenderen Koordinationsmechanismus ersetzt (vgl. *Leana/van Burren 1999*). Durch die Ermöglichung und Nutzung von guten (möglicherweise exklusiven) Kontakten der Mitarbeiter zu Akteuren in anderen Funktionsfeldern oder Marktbereichen können z.B. frühzeitig Informationen über Trends aufgenommen werden. Gleichermaßen kann Fach- bzw. Faktenwissen einfacher und schneller importiert und anschlussfähig gemacht werden (vgl. *Anand et al. 2002*), Auf diese Weise können gute und privilegierte soziale Beziehungen den kollektiven Umgang mit komplexen Problemen erleichtern, effektiveren und die organisationalen Handlungsoptionen im Sinne von Wettbewerbsvorteilen erhöhen. Über die Plattform der sozialen Beziehungen wird also das Potenzial möglicher sozialer Anschlüsse und Kooperation abgesteckt und der »Rahmen« für interpretatorische, praktische und emotionale Prozesse markiert.

Im Falle organisationaler Kompetenzen gilt es zu beachten, dass es sich um ein zeitraumbezogenes und musterbasiertes Konstrukt handelt. In der spezifischen Problemsituation sind zunächst bestimmte Personengruppen auf spezifische Weise an der problemspezifische Aufgabenbewältigung beteiligt (*»In-Group«*), und andere nicht (*»Out-Groups«*). Bewährte Anschlüsse werden wiederholt hergestellt und es entsteht auf diese Weise über die Zeit hinweg ein exklusives, von der Konkurrenz kaum imitierbares Beziehungsnetzwerk (vgl. *Nahapiet/Goshal 1998*). Aus der Forschung zu sozialen Netzwerken ist bekannt, dass durch langfristige Beziehungen im Laufe der Zeit sog. »strong ties«, also starke Bindungen entstehen, die durch emotionale Bindungen in Form gegenseitigen Verständnisses und Vertrauen geprägt sind (zum Zusammenhang von Emotionen und Vertrauen vgl. *Eberl 2003*). Damit geht auch die Vorstellung eines relativ kohäsiven Beziehungsgeflechtes mit einer ausgeprägten Identität einher (vgl. *Uslander/Dekker 2001*). Aus der Gruppenforschung ist darüber hinaus bekannt, dass mit steigender Interaktionshäufigkeit die Tendenz besteht, dass sich die Aktivitäten und Gefühle der interagierenden Personen angleichen und sich eine relativ homogene emotionale Basis entwickelt (vgl. *Homans 1978*); hochkohäsive Gruppen können geradezu enthusiastisch bei der Erreichung bzw. Umsetzung gemeinsamer Ziele werden können (sog. *»Hot-Groups«*, vgl. *Lipman/Leavitt 1999*).

Im Falle organisationaler Kompetenzen ist nun einerseits vorstellbar, dass es eben genau solcher kohäsiver und enthusiastischer sozialer Beziehungsnetze bedarf, um organisationale Kompetenzen zu entfalten. Man versteht sich blind und jeder weiß, worauf es ankommt. Andererseits ist angesichts einer hohen Komplexität und Unsicherheitsbewältigung davon auszugehen, dass die hierfür erforderliche Kreativität gerade durch Heterogenität, eine Vielfalt in der emotionalen Basis und durchaus auch Konflikte gekennzeichnet ist. Diese Aspekte sind aber gerade nicht Merkmal kohäsiver sozialer Beziehungsnetzwerke. Dass sich organisationale Kompetenzen (als komplexe Muster!) dennoch entfalten, legt die Vermutung nahe, dass die kompetente Organisation geeignete Mechanismen im Umgang mit diesen potenziellen »kreativen« Konflikten des sozialen Beziehungsnetzes gefunden hat, z.B. in Form eines Konfliktmanagementsystems, welche eine konstruktive, effektive Kanalisierung verschiedener Auffassungen bewirkt.

4.5 Mikropolitik

Mikropolitik ist die vierte Einflussgröße, die hier für die Entwicklung organisationaler Kompetenzen näher beleuchtet wird. Um den Zusammenhang besser verstehen zu können, wird zunächst der hierfür relevante politische Prozessansatz erläutert.

Der politische Prozessansatz erklärt organisatorische Entscheidungen als Resultat einer spezifischen, in ihrer Ausprägung schwer vorhersagbaren Dynamik zwischen Personen und/oder Gruppen, wie sie in jeder Organisation auftritt (vgl. *Pettigrew 1973*; *Küpper/Ortmann 1986*; *Neuberger 2006*). Politische Prozesse in Organisationen werden auch *Mikropolitik* genannt (so schon *Burns 1961*),»Mikro« steht hier nicht als Gegenpol zu »Makro«, sondern damit soll auf die im kleinteilig Unsichtbaren wirkenden Kräfte verwiesen werden.

In der Auffassung der politischen Prozessansätze sind Entscheidungen – also auch Entscheidungen, die mit organisationalen Kompetenzen einhergehen – das Resultat komplexer Machtspiele. Die Machtentfaltung ist dabei daran gebunden, dass Menschen in soziale Beziehung treten, um die in der Organisation bestehende Handlungs- und Entscheidungsspielräume zu nutzen, um den Ablauf und Ausgang von Entscheidungsprozessen zu Gunsten der Durchsetzung eigener Interessen zu beeinflussen. Im Zentrum steht das Ringen um Macht und die Akkumulation von Macht mit dem Ziel, Einfluss auf die Allokation der (stets knappen) Ressourcen zu erlangen und den einmal errungenen Einfluss zu verteidigen. Die Möglichkeit des Machteinflusses steigt dabei in dem Maße, wie die Uneindeutigkeit in sozialen Systemen zunimmt. Dieser Aspekt ist auch im Kontext organisationaler Kompetenzen von Relevanz, entfaltet diese sich doch gerade in der (sozialen) Auseinandersetzung mit komplexen und ergebnisunsicheren Anforderungen.

Politische Prozesse haben in divergierenden *Interessen* und allzeit knappen Ressourcen ihren Ursprung. Theorien politischer Prozesse thematisieren, wie sich diese verschiedenen Interessen bilden, wie Organisationsmitglieder versuchen, diese – auch gegen Widerstreben – durchzusetzen, zu welchen Koalitionen es dabei kommt, welche Konflikte entstehen, welche Verhandlungsstrategien gewählt werden usw. Die *Hintergrundmotive* für politische Prozesse sind vielfältig: Karrieremotive, Machtstreben, Prestigestreben und die Förderung eigener Ideen sind nur einige Beispiele. Der entscheidende Punkt ist, dass diese individuellen Motive von Organisationsmitgliedern letztlich als bewegende Kraft angesehen werden, die politische Prozesse in Gang setzt und in Bewegung hält. Alle anderen Erscheinungsformen politischer Prozesse wie Verhandlungen, Gruppenbildungen, taktische Manöver, Reziprokgeschäfte usw. sind Begleiterscheinungen und Mittel, um individuelle Motive durchzusetzen und politische Prozesse zu steuern. Alle diese Fäden, Intrigen und Verbindungen werden »hinter den Kulissen« gezogen, sind also nicht offen sichtbar und entfalten sich jenseits aller formalen Strukturen. Wie schon die im ersten Abschnitt behandelten Phänomene stellen auch die politischen Prozesse eine zweite Sphäre in Organisationen dar, die immer auch eine Herausforderung der formalen Welt bedeutet.

Aus dem eben Gesagten erschließt sich bereits, dass für die Analyse des Einflusses politischer Prozesse auf Organisationale Kompetenzen drei Konzepte von herausragender Bedeutung sind, nämlich *Interessen*, *Konflikt* und *Macht*.

Der politische Prozessablauf wird dementsprechend beschrieben als *Anspruchsentstehung* (Interessen) bei verschiedenen Organisationsmitgliedern, als *Konfliktbildung*, resultierend aus zu knappen Ressourcen, um alle Ansprüche erfüllen zu können, und schließlich als Mobilisierung von Unterstützung und den Aufbau von *Macht* zur Durchsetzung der erhobenen Ansprüche (vgl. *Burns 1961; Pettigrew 1973*). Wesentliche Voraussetzung dafür, dass Entscheidungen politisch werden, ist die Offenheit der Situation bzw. ein nicht-determinierter Entscheidungsverlauf. Es ist die Idee dieses Ansatzes, dass alle Beteiligten eine gewisse Chance sehen, ihre Ansprüche (jedenfalls teilweise) realisieren zu können. Das Konzept des politischen Entscheidungsprozesses schiebt deshalb die hierarchisch-formale Entscheidungsfindung zur Seite; dort ist ja entweder das Ergebnis der Entscheidung schon festgeschrieben (so z. B. im Falle der konditionalen Programmierung), oder aber eine Stelle/Gremium hat die unstrittige Befugnis, die fragliche Entscheidung zu treffen (▶ Box 4-2).

Box 4-2
Facheinheit 1

An der wirtschaftswissenschaftlichen Fakultät einer deutschen Hochschule gibt es seit Jahren ein Ringen um den Aufbau eines Kompetenzprofils. Die Facheinheit für Unternehmensführung besteht aus rund 17 Professoren und Professorinnen. Diese repräsentieren das Fachgebiet mit jeweils unterschiedlichen Schwerpunkten und sind naturgemäß an der Stärkung des jeweils eigenen Forschungs- und Lehrprofils interessiert.

Im Zuge des seit Jahren überwiegend informell ausgetragenen Streites um ein Kompetenzprofil der Facheinheit haben sich im Verlaufe der Zeit zwei Lager herausgebildet. Da gibt es diejenigen, die das Kompetenzprofil und die damit einhergehende Facheinheitskompetenz in Richtung einer extrem internationalisierten Forschung und Lehre ausrichten wollen und diejenigen, die an einem an den regionalen Anforderungen orientierten Kompetenzaufbau in der Forschung und Lehre interessiert sind.

Regelmäßig entzündet sich deshalb ein politisches Spiel, wenn durch das Dekanat die Möglichkeit für die Ausschreibung neuer Stellen in die »Arena« geworfen wird. Die Bekanntmachung dieser Möglichkeit erfolgt häufig auf dem Gang, in der Mensa oder durch Ad-hoc-Kontakte zwischen der Dekanin und dem jeweiligen Vorsitzenden der *Facheinheit 1* (dieser hat offiziell keinerlei Entscheidungsbefugnis, sondern fungiert lediglich als Schnittstelle zum Dekanat). Bis auf die Minimalregel, dass sich die Facheinheit darauf einigen soll, für welche Gebiete Professoren- und Mitarbeiterstellen ausgeschrieben werden sollen, gibt es keine formale Vorgehensweise für diesen strategisch wichtigen Entscheidungsprozess. Es kommt vor allem darauf an, »*sich im Vorfeld irgendwie zu einigen*«. Eine ungeschriebene Spielregel lautet: »*Wer die meisten Stimmen zur offiziellen Abstimmung mobilisieren kann, gewinnt.*« Da der Facheinheitsvorsitz regelmäßig als erste Instanz informell in die anstehende Entscheidung einer neuen Stellenbesetzung eingeweiht ist, hat dieser einen

> nicht zu unterschätzenden Informationsvorsprung, den er regelmäßig zu Gunsten der Durchsetzung eigener Interessen nutzt.
>
> Diejenigen Gremiumsmitglieder, die hinter »seiner« Internationalisierungsidee stehen werden schnellstens informiert, die Terminabstimmung für die offiziellen Sitzungen wird im Vorfeld durch die terminlichen Möglichkeiten der Koalitionspartner gesteuert, so dass sich in der Folge häufig – oh Wunder – nur die Befürworter der Stärkung des internationalen Kompetenzprofils zur offiziellen Sitzung einfinden (können). Das Spiel geht soweit, dass Gerüchte über die Aufsplitterung der Facheinheit gestreut werden, um von der »lästigen Clique« loszukommen. Eine zweite ungeschriebene Regel lautet deshalb, »*das Lager, das den Facheinheitsvorsitz stellt, bestimmt für diese Zeit die weitere Entwicklung des Kompetenzprofils der Facheinheit*«. Allerdings ist auch der Prozess über die Entscheidung des Facheinheitsvorsitzes an keinerlei Regeln gebunden.... .
> *Quelle: Eigener Fall.*

Es ist just dieses Element der Ungewissheit über den Ausgang, in gewissem Sinne auch des »Kitzels«, ob es gelingt, genug Macht zu mobilisieren, die viele Autoren bei politischen Prozessen von »*Spielen*« reden lässt (vgl. *Allison 1971; Crozier/Friedberg 1979*). Dabei kommt es keinesfalls auf die Konnotation »spielerisch« im Sinne von »unernst« an; politische Spiele können sogar todernst im wahrsten Sinne des Wortes sein. Mit dem Begriff »Spiel« soll vielmehr auf zweierlei verwiesen werden; zum einen darauf, dass politische Prozesse Akteure voraussetzen, die einen gewissen *Handlungsspielraum* haben (um eigene Ansprüche zu formulieren und eine Durchsetzungsstrategie wählen zu können). Insgesamt gilt die These: Je größer die Spielräume in einer Entscheidungssituation, umso »politischer« werden (unter sonst gleichen Umständen) die Entscheidungsprozesse. Der Umfang der Handlungsspielräume hängt von vielerlei *Faktoren* ab, nicht zuletzt von der Ambiguität der Entscheidungssituation, von der Toleranz gegenüber Regelabweichungen usw.

Politische Prozesse werden zu wesentlichen Teilen über die Möglichkeit entschieden, Macht zu akkumulieren. Der Machtaspekt ist deshalb ein Kernbestandteil des »Politischen«, genauer die Möglichkeit, den eigenen Anliegen in politischen Prozessen Gehör zu verschaffen und Nachdruck zu verleihen (vgl. *Pettigrew 1973; Morgan 2006*). Macht verschafft Zugang zu den »Spielen«, Macht eröffnet Gewinnchancen, Macht dehnt den Manövrierspielraum politischer Arenen aus usw. Bei dem Verweis auf die Bedeutung des Machterwerbs ist weniger an die formal-legitime Autorität in Unternehmen (Direktionsbefugnis) zu denken – sie soll ja eigentlich in der Lage sein, politische Prozesse zu erübrigen –, sondern an inoffizielle (nicht bürokratisch legitimierte) Macht; wobei für politische Entscheidungen *horizontalen Machtbeziehungen* zwischen Subsystemen (z.B. zwischen Stab und Linie oder zwischen Produktion und Vertrieb) häufig eine Schlüsselrolle zukommt.

Unter Macht wird dabei zumeist im Anschluss an *Max Weber (1972)* die Möglichkeit verstanden, in den Handlungsraum anderer, auch gegen deren Widerstreben, zur Erreichung eigener Ziele einzugreifen. Macht setzt logisch zunächst einmal Handlungsspielräume auf beiden Seiten voraus, durch den Einsatz von Macht wird der Spielraum eines Akteurs dann drastisch begrenzt (Fremdselektion) und bestimmte Wirkungen dadurch wahrscheinlicher. Macht ist jedoch nicht deterministisch, sondern immer nur stochastisch. *Politisches Handeln* umgreift die *gezielte Mobilisierung* und den *kalkulierten Einsatz* von (Verhandlungs-)Macht zur Durchsetzung eigener Interessen. Die potenzielle Durchsetzbarkeit von Ansprüchen in politischen Prozessen gründet sich auf verschiedene Machtquellen (Expertenmacht, Informationskontrolle, Beziehungen etc.).

Für das Management von Kompetenzen ist dieses machtpolitische Geschehen insofern bedeutsam, als die Herausbildung organisationaler Kompetenzen immer auch machtbestimmt ist. Je nachdem, wie zu einem bestimmten Zeitpunkt die Machtverhältnisse in Bezug auf aktuelle und zukünftige organisationale Kompetenzen ausgestaltet sind, wird die Ausbildung bestimmter Kompetenzen, die Selektion und ihre Verknüpfung, in eine bestimmte Richtung gedrängt (▶ **Box 4-2**).

Da beispielsweise die Neuentwicklung von Kompetenzen in der Regel mit einer Umverteilung von Ressourcen und einer Veränderung von Unsicherheitszonen verbunden ist (vgl. *Pettigrew 1973*), führt dies bisweilen zur Ablehnung oder gar Unterdrückung durch das Machtgeschehen. In Abhängigkeit des organisationalen Handlungsspielraumes formieren sich politische Aktivitäten rund um die potenziellen »Kompetenzarenen« und beeinflussen auf diese Weise die Richtung, in die sich organisationale Kompetenzen entwickeln können – und in welche Richtung nicht. Die »mächtigen« Akteure tendieren dazu, den Status quo zu wahren und die bestehenden Machtverhältnisse zu reproduzieren *(vgl. Kisfalvi 2000)*.

Ein weiterer zentraler Aspekt politischer Prozesse ist die *Legitimität* (vgl. *Pettigrew 1973; Neuberger 2006*). Für solche Fragen, wie etwa welches Problem überhaupt zu einem relevanten Entscheidungsproblem wird und ob eine Problemlösung grundsätzlich als tragbar gelten kann, spielt die zugeordnete oder zuordenbare Legitimität eine nicht unerhebliche Rolle. Politische Prozesse stellen daher auch darauf ab, Legitimität für bestimmte Ideen, Werte und Lösungen zu schaffen. Im Kontext organisationaler Kompetenzen bedeutet dies z.B. die Legitimität für neue Erkenntnisse (Wissen) oder Praktiken herzustellen. Von wesentlicher Bedeutung für diesen Prozess ist die Frage, wie das vorgetragene Anliegen von den anderen Mitspielern wahrgenommen und empfunden wird (vgl. *Beyer 1981*). Obgleich für das Legitimationsverständnis in Organisationen das Normensystem der Umwelt das Gerüst abgibt, entwickeln sich doch innerhalb der Organisationen und dort wieder innerhalb spezifischer Organisationseinheiten eigene Interpretations- und Wertesysteme, wie in den vorangegangen Ausführungen zur Unternehmenskultur deutlich geworden ist.

Im Resultat sind die politischen Prozesse und die durch sie entstehende mikropolitische Struktur für das organisatorische Leben – und damit auch für organisationale Kompetenzen – von nicht unerheblicher Bedeutung. Viele Entscheidungsprozesse, wenn auch von Organisation zu Organisation variierend, sind durch sie nachhaltig in einer bestimmten Richtung geprägt und deshalb für das Verstehen des Kompetenzerwerbs unverzichtbar.

4.6 Fazit

Fasst man die konzeptionellen Basiselemente der Kapitel 2, 3 und 4 zusammen, so ergibt sich ein Gesamtkonzept organisationaler Kompetenzen, welches unterscheidet zwischen a) Ressourcen, b) der Kompetenz selbst sowie c) den Rahmenbedingungen für die Kompetenzentwicklung (▶ Abb. 4-2).

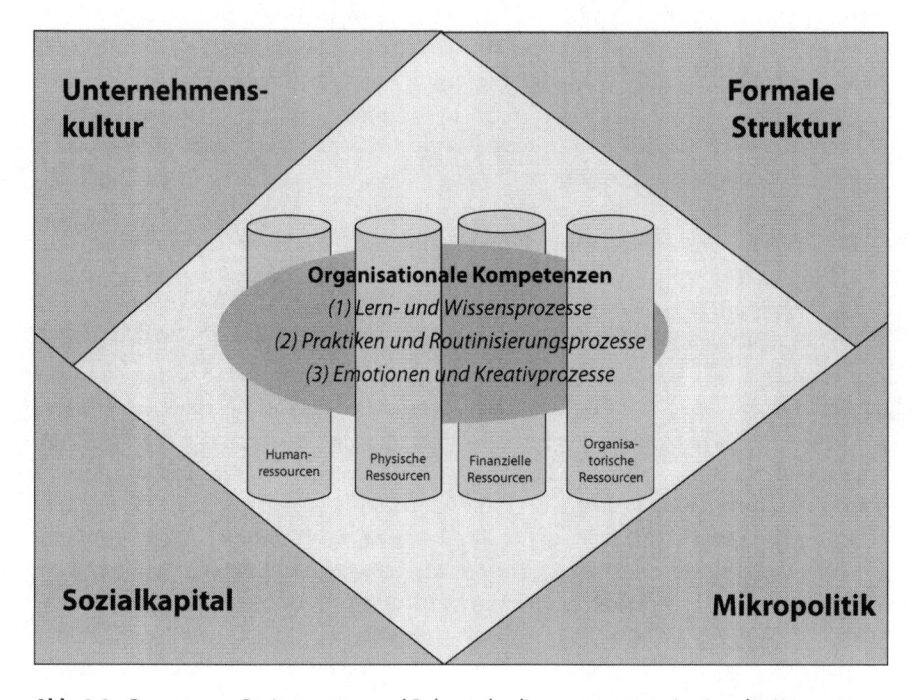

Abb. 4-2: Ressourcen, Basisprozesse und Rahmenbedingungen organisationaler Kompetenz

Es sei an dieser Stelle noch einmal in Erinnerung gerufen, dass als Verknüpfungsgegenstand organisationaler Kompetenz Humanressourcen, physische Ressourcen, finanzielle Ressourcen und organisatorische Ressourcen definiert wurden (▶ Kap. 2). Diese Ressourcen werden durch Kompetenzen in unterschiedlichem Umfang und in verschiedener Qualität situativ selektiert und verknüpft. Hierin wird die eigentliche Leistung der organisationalen Kompetenz ausgemacht. Zur Feinanalyse des Konstruktes der organisationalen Kompetenz wurde in Kapitel 3 der Frage nach den kompetenzspezifischen Aktivitätsprozessen auf den Grund gegangen mit dem Ergebnis, dass drei Prozesse zentral an der Entwicklung organisationaler Kompetenzen beteiligt sind: (1) Lern- und Wissensprozesse, (2) Praktiken und Routinisierungsprozesse sowie (2) Emotions- und Kreativprozesse.

Da die Kompetenzausbildung immer im Kontext einer Organisation erfolgt, wurde in diesem Kapitel den dafür maßgeblichen Rahmenbedingungen nachgegangen; es wurden insgesamt vier bedeutsame Faktoren des »*Organisiertseins*« erläutert und deren Einfluss auf Organisationale Kompetenzen aufgezeigt: (1) Unternehmenskultur, (2) formale Struktur, (3) Sozialkapital und (4) Mikropolitik. Sie stecken das Handlungsfeld für den Kompetenzerwerb ab (▶ **Abb. 4-2**).

Die getrennte Darstellung der Rahmenbedingungen organisationaler Kompetenzen soll nicht darüber hinwegtäuschen, dass eine trennscharfe Abgrenzung zwischen den beeinflussenden Rahmenbedingungen und den Aktivitätsprozessen der Entwicklung und des Praktizierens von Kompetenzen nicht immer möglich ist. Dies liegt an der Interdependenz der maßgeblichen Zusammenhänge, z. B. zwischen kreativen Prozessen und einer spezifisch ausgestalteten Unternehmenskultur. Gleichwohl bietet die getrennte Diskussion der organisationalen Rahmenbedingungen den Vorteil, dass sich daraus für die Steuerung organisationaler Kompetenzen differenziertere Schlussfolgerungen ziehen lassen.

Nachdem nun das Gesamtkonzept organisationaler Kompetenz erläutert ist, geht es im nächsten Kapitel um einen ganz spezifischen Kompetenztypus: Die Kernkompetenz von Unternehmen.

Diskussionsfragen

1. Erläutern Sie Unterschiede und Gemeinsamkeiten informaler und formaler Rahmenbedingungen!
2. Inwieweit tragen Sinnmodelle zur spezifischen Entwicklung von organisationaler Kompetenz bei?
3. Weshalb ist das Verständnis der Umwelt (als der Teil der Unternehmenskultur) für die Entwicklung organisationaler Kompetenzen relevant?
4. Diskutieren Sie die Bedeutung von Sozialkapital für die Entwicklung organisationaler Kompetenz! Wo ist der Unterschied zur Unternehmenskultur?
5. Inwiefern fördern laterale Organisationsmodelle die Entwicklung neuer organisationaler Kompetenzen?
6. Donald Z., der Inhaber eines Mediendienstleistungsunternehmens äußert: »*In unserem Unternehmen gibt es so gut wie keine formalen Kriterien, wenn es um die Budgetierung von Pilotprojekten geht! Wenn sich für mich etwas interessant anhört, dann gibt es dafür auch Geld!*«. Diskutieren Sie diese Aussage in Hinblick auf die Entwicklung organisationaler Kompetenzen. Wie beurteilen Sie das Vorgehen von Donald Z.?
7. Welche Implikationen für die Entwicklung neuer organisationaler Kompetenzen ergeben sich aus dem politischen Prozessansatz?
8. Inwieweit wird die Auswahl der zu verknüpfenden Ressourcen von den organisatorischen Rahmenbedingungen beeinflusst?
9. »*Die formale Aufbau- und Ablauforganisation ist für den Aufbau organisationaler Kompetenz – wenn überhaupt – von nachrangiger Bedeutung!*« Wie beurteilen Sie diese Aussage des Leiters »Konzernstrategie« eines internationalen Textilherstellers?
10. Welche der vier Rahmenbedingungen organisationaler Kompetenzen lässt sich am ehesten steuern?

Literaturverzeichnis Kapitel 4

Aguilar, F. (1967). Scanning the business environment, New York: Macmillan.
Allison, G.T.(1971). Essence of decision: Explaining the Cuban missile crisis, Boston.
Anand, V./Glick, W.H./Manz, C. (2002). Thriving on the knowledge of outsiders: Tapping organizational social capital, in: Academy of Management Executive, 16 (1): 87–101.
Badaracco, J.L. (1991). The knowledge link: How firms compete through strategic alliances, Boston: Harvard Business School Press.
Baker, W. (2000) (Hrsg.). Achieving success through social capital. Tapping the hidden resources in your personel and business networks, San Francisco.
Belliveau, M.A./O'Reilly, C.A./Wade, J.B. (1996). Social capital at the top: Effects of social similarity and status on CEO compensation, in: Academy of Management Journal, 39: 1568–1593.
Beyer, J.M. (1981): Ideologies, values, and decision making in organizations, in: Nystrom, P./Starbuck, W.H. (Hrsg.). Handbook of organizational design, Vol. 2, Oxford: 166–202.
Bourdieu, P. (1982). Die feinen Unterschiede, Fankfurt a.M.
Burns, T. (1961). Micropolitics: Mechanism of institutional change, in: Administrative Science Quarterly, 6: 257–281.
Collis, D.J. (1994). Research note: How valuable are organizational capabilities, in: Strategic Management Journal, 15: 143–152.
Crozier, M./Friedberg, E. (1979): Macht und Organisation, Königstein/Ts.
Duschek, S. (2002). Innovation in Netzwerken: Renten-Relationen-Regeln, Wiesbaden.
Dyer, J./Singh, H. (1998). The relational view: Cooperative strategy and sources of interorganizational competitive advantage, in: Academy of Management Review, 23: 660–679.
Fukuyama, F. (1997): Social capital and the modern capitalist economy: Creating a high trust workplace, New York: Stern Business.
Gioia, D.A. (1986). Symbols, scripts, and sensemaking – Creating meaning in the organizational experience, in: Sims, H P./Gioia, D.A. (Hrsg.). The thinking organization, San Francisco et al.: 49–74.
Hedberg, B./Nystrom, P.C./Starbuck, W. (1976): Camping on seesaws: Prescriptions for a self-designing organization, in: Administrative Science Quarterly, 21: 41–65.
Homans, G.C. (1978). Theorie der sozialen Gruppe, 7. Aufl., Opladen.
Kisfalvi, V. (2000). The threat of failure, the perils of success and CEO character: Sources of strategic persistence, in: Organization Studies, 21: 611–639.
Kliesch M. (2003). Bestimmungsgründe für die organisatorische Gestaltung einer Management-Holding, in: WiSt, Heft 12: 721–727 (zusammen mit G. Schreyögg und T. Lührmann).
Küpper, W./Ortmann, G. (1986): Mikropolitik in Organisationen, in: Die Betriebswirtschaft, 46: 590–602.
Luhmann, N. (1973). Zweckbegriff und Systemrationalität: über die Funktion von Zwecken in sozialen Systemen, Frankfurt a.M.
Leana, C.R./van Burren, H.J. (1999). Organizational capital and employment practices, in: Academy of Management Review, 24: 538–555.
Liedtka, J.M. (1996): Collaborating across lines of business for competitive advantage, in: Academy of Management Executive, 10 (2): 20–34.
Lipman, J./Leavitt, H.J. (1999). Hot groups: Seeding them, feeding them, and using them to ignite your organization, New York.
Marino, K.E. (1996). Developing consensus on firm competencies and capabilities, in: The Academy of Management Executive, 10 (3): 40–51.
Morgan, G. (2006). Images of organization, Thousand Oaks et al.
Neuberger, O. (2006). Mikropolitik und Moral in Organisationen, 2. Aufl., Stuttgart.
Nahapiet, J./Goshal, S. (1998). Social capital, intellectual capital and the organizational advantage, in: Academy of Management Review, 23: 242–266.

Orlikowski, W.J. (2002). Knowing in practice: Enacting a collective capability in distributed organizing, in: Organization Science, 13: 249–273.
Peters, T.J./Waterman, R.H. (1984). Auf der Suche nach Spitzenleistungen, Landsberg am Lech.
Pettigrew, A.M. (1979): On studying organizational cultures, in: Administrative Science Quarterly, 24: 570–581.
Pettigrew, A.M. (1973): The politics of organizational decision-making, London.
Quinn, J.B. (1992): Intelligent enterprise. A knowledge and service based paradigm for industry, New York.
Schein, E.H. (1985): Organizational culture and leadership: A dynamic view, San Francisco et al.
Schein, E.H. (1991): What is culture?, in: Frost, P.J./Moore, L.F. (Hrsg.): Reframing organizational culture, Newbury Park: 243–253.
Trice, H.M./Beyer, J.M. (1993): The cultures of work organizations, Englewood Cliffs, N.J.
Uslaner, E.M./Dekker, P. (2001): The social in the social capital, in: Dekker, P./Uslaner, E.M. (Hrsg.): Social capital and participation, London: 176–184.
Weber, M. (1972): Wirtschaft und Gesellschaft, 5. Aufl., Tübingen.
Wilensky, H.L. (1967): Organizational intelligence, New York.

5 Sonderfall: Kernkompetenzen

5.1 Einleitung

Neben dem Konzept der organisationalen Kompetenz spielt in der strategischen Literatur das Konzept der Kernkompetenzen eine große Rolle. Im nachfolgenden Kapitel soll geklärt werden, wie sich die beiden Konzepte voneinander unterscheiden und welche Besonderheiten eine Kernkompetenz aufweist. Wann wird eine organisationale Kompetenz zur Kernkompetenz? Wie so häufig, wenn ein Konzept sehr populär wird, verschwimmen die Ränder und das Konzept gerät in den Sog der Beliebigkeit. Dies ist auch mit dem Konzept der Kernkompetenzen in den letzten Jahren geschehen. Heute lässt sich kaum mehr ein Geschäftsbericht finden, in dem nicht in der einen oder anderen Weise auf Kernkompetenzen Bezug genommen würde. Die Bedeutungen driften allerdings weit auseinander, manche wollen damit eine Superkompetenz bezeichnen (z.B. »Unser Riesling hat zum zweiten Mal eine Goldmedaille gewonnen« bei einem Winzer), andere verweisen mit dem Begriff auf das Stamm- bzw. Kerngeschäft, das von dem Unternehmen traditionell betrieben wird (z.B. »Unsere Kernkompetenz ist der Strom« bei einem Stromversorger) und wieder andere stellen den technologischen Kern des Produktes ins Zentrum (z.B. »Unsere Kernkompetenz ist der Motor« bei einem Automobilunternehmen). So eingängig diese Verwendungsweisen auch sein mögen, sie entsprechen in keiner Weise dem, was die Erfinder des Konzeptes (vgl. *Prahalad/Hamel 1990*) vor Augen hatten. Diese gehen von der Beobachtung aus, dass es manchen Unternehmen gelingt, ein Bündel von Fähigkeiten zu entwickeln, das gewinnbringend in verschiedenen Geschäftsfeldern zum Einsatz gebracht werden kann. Es ist also ein ganzheitlicher, sowohl abteilungsübergreifender als auch geschäftsfeldübergreifender strategischer Denkansatz, der auf dem allgemeinen Konzept der organisationalen Kompetenz aufbaut. Das enorme Interesse, das diesem Ansatz seit seiner Erstpublikation in der Harvard Business Review 1990 entgegengebracht wurde (laut Google Scholar wurde er bis heute (2014) mehr als 21.000 Mal in anderen Publikationen zitiert), verweist darauf, dass das Konzept ein wichtiges Problem aufgreift, das viele Theoretiker und Praktiker beschäftigt. Worum geht es im Einzelnen?

5.2 Entstehungsgründe

Die besondere Relevanz des Kernkompetenzansatzes erwächst auch aus der Tatsache, dass viele Märkte heute einem raschen, mitunter sogar turbulenten Wandel unterworfen sind und mithin laufend neue Anforderungen an die Unternehmen stellen. Die zunehmende Dynamisierung der Märkte in vielen Bereichen – manche sprechen sogar von einem »Hyperwettbewerb« (vgl. *D'Áveni 1994*) – hat die drängende Frage entstehen lassen, ob die bisherigen Methoden und bewährten Techniken der Strategieformulierung nicht zu sehr auf stabile Marktstrukturen und Wettbewerbsbedingungen vertrauen (»*Market-based View*«).

Neue Wettbewerber kommen in den Markt (man denke nur an die vielen neuen Internetfirmen), Substitutionsprodukte werden in immer rascherer Folge entwickelt, selbst junge Geschäftsfelder wie der Halbleiter- oder Drucker-Markt unterliegen einem enorm schnellen Reifungsprozess. Dies hat zur Folge, dass der klassische Strategieansatz, Unternehmen in attraktiven Geschäftsfeldern optimal zu positionieren (»Positioning School«), an seine immanenten Grenzen stößt (▶ **Kap. 1**). Es ist schwierig, Strategien auf vorhandene Wettbewerbsstrukturen auszurichten, wenn die Strukturen selbst immer häufiger einem Wandel unterliegen. Letzteres gilt, wenn schon nicht für alle Industrien, so doch für eine beträchtliche Zahl und ganz gewiss mit steigender Tendenz.

D'Áveni (1994) kennzeichnet die Situation des Hyperwettbewerbs durch folgende Faktoren:

- Tendenz zu eskalierenden Wettbewerbskämpfen (z. B. auf der Ebene von Preis und Konditionen) zwischen den großen Anbietern (Beispiel: Mobilfunkmarkt).
- Wettbewerbsvorteile, sei es auf der Basis von Kosten oder von Differenzierung, erodieren schnell (»unsustainable advantages«).
- Rasche Abfolge von immer wieder neuen Strategien.
- Eintrittsbarrieren verlieren ihre Abschreckungskraft (d. h. wer will, findet einen Weg, sie zu überwinden).

Als Konsequenz aus dem eben Gesagten müsste die strategische Planung immer kurzfristiger werden und damit ihren eigentlichen Zweck, die strukturelle Vorsteuerung der Unternehmensaktivitäten, immer mehr verlieren.

Das strategische Management hat auf diese veränderten Bedingungen mit neuen Ansätzen reagiert, vor allem mit dem Ressourcenbasierten Ansatz, der die internen Ressourcen in den Vordergrund der Strategiebildung stellt (etwa *Grant 1991, Freiling et al. 2006*). Wie schon in Kapitel 1 dargelegt, sollen hier Wettbewerbsvorteile primär auf der Basis besonderer interner Ressourcen gebildet werden, die eine stabilere Planungsbasis versprechen als die turbulenten Märkte (vgl. *Grant 1996; Stalk et al. 1992*). Ausgangspunkt der Überlegungen ist also die *Heterogenität* in der Ressourcenausstattung zwischen Unternehmen und die Möglichkeit des strategischen Managements, diese Heterogenität über einen längeren Zeitraum aufrechtzuerhalten und wertschaffend einzusetzen (vgl. *Peteraf 1993*). In diesem Zusammenhang hat – wie schon dargelegt – das Konzept der organisationalen Kompetenzen und hierbei wiederum der Kernkompetenzen eine besondere Prominenz erlangt. Ausgangspunkt ist die Beobachtung, dass vor allem diejenigen Unternehmen dauerhaft wettbewerbsfähig sind, die über spezielle Grund- oder eben Kernkompetenzen verfügen. Kernkompetenzen sind nicht nur auf nur ein Geschäftsfeld bezogene Kompetenzen, sondern – wie gleich genauer zu zeigen sein wird – übergreifender Natur. Sie können in verschiedenen Geschäftsfeldern erfolgsträchtig zum Einsatz gebracht werden. Nicht zuletzt auch in zukünftigen Märkten, die heute noch gar nicht bestehen.

Man kann den strategischen Kompetenzansatz somit als Versuch verstehen, den Aufbau erfolgreicher Unternehmensstrategien von den fragilen Marktstrukturen jedenfalls teilweise abzulösen und auf eine grundsätzlichere, wenn man so will, tiefer liegende Ebene zu stellen: nämlich auf unternehmensspezifische Fähigkeiten mit generellem Charakter, die sich dafür eignen in unterschiedlichen Märkten mit derselben Substanz Wettbewerbsvorteile aufzubauen (vgl. *Hamel /Heene 1994*).

5.3 Charakteristika von Kernkompetenzen

Mit dem Konzept der Kernkompetenzen wird auf eine besondere Art von Kompetenzen abgestellt, nämlich über eine kollektive Basisfähigkeit, die über verschiedene (bestehende und zukünftige) Märkte hinweg als Wettbewerbsvorteil ausgeformt werden kann (vgl. *Helfat/Raubitschek 2000*). So hat beispielsweise Amazon seine im elektronischen Buchhandel erworbene Fähigkeit, Güter kundengerecht im Versandhandel anzubieten, mit informationstechnologischen Dienstleistungen und einer zügigen Logistik zu verknüpfen, vom Buchhandel auf zahlreiche andere Märkte (Bekleidung, Lebensmittel, Sportartikel usw.) mit Erfolg übertragen. Dabei wurde die Kompetenz kontinuierlich in Richtung Netzwerkkompetenz durch die Integration von Verkaufsplattformen für andere Unternehmen ausgedehnt. Ähnlich hat der US-amerikanische Computerkonzern *Apple* seine ursprüngliche PC-Kompetenz der Entwicklung benutzerfreundlicher Bedienungssysteme in der Verbindung mit ungewöhnlichem Design zu einer allgemeinen Kompetenz ausgebaut, die als Basis für die Entwicklung von Wettbewerbsvorteilen in ganz verschiedenen Geschäftsfeldern (MP3 Player: iPod, Intelligente Mobiltelefone: iPhone, Internethandel: iTunes oder Tablets: iPad) verwendet wird. Als weiteres Beispiel lässt sich der *Google*-Konzern ansprechen. Auch wurde die mit dem Aufbau einer Suchmaschine erworbene Kompetenz systematisch und sehr erfolgreich auf andere Geschäftsfelder übertragen, die zum Teil erst von Google entwickelt wurden (*Google Scholar, Google Maps, Google Play, Google Mail* usw.).

Zu beachten ist: Nicht jede organisationale Kompetenz ist zugleich auch schon eine Kernkompetenz. Es gibt viele organisationale Kompetenzen, die so speziell ausgerichtet sind, dass sie nur innerhalb eines Geschäftsfeldes bzw. nur innerhalb ihrer angestammten strategischen Geschäftseinheit einsetzbar sind. Es galt ja auch lange Zeit als Erfolgskonzept, Unternehmen in strategische Geschäftseinheiten (entsprechend des Portfoliomanagements strategischer Geschäftsfelder) aufzuteilen und diese strategisch separat zu führen. Es galt, feldspezifische Kompetenzen im Sinne strategischer Stärken herauszubilden. Dementsprechend kann man hier von *Spezialkompetenzen* oder *Geschäftsfeldkompetenzen* sprechen. Im Unterschied dazu sind die Kernkompetenzen zu sehen, die sich von ihrer Substanz her zum Transfer in andere Geschäftsfelder eignen und darin auch ihre strategische Bedeutsamkeit im Rahmen von Gesamtunternehmensstrategien erhalten (▶ **Abb. 5-1**).

5.3 Charakteristika von Kernkompetenzen

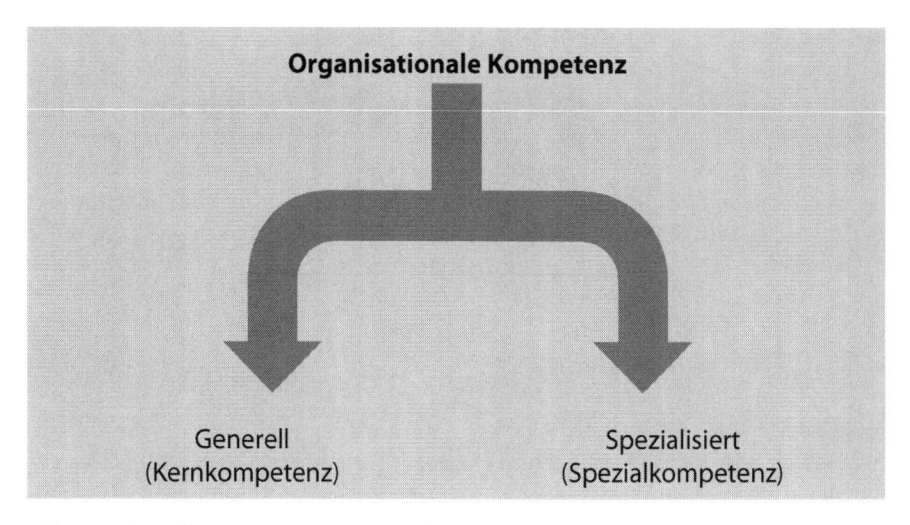

Abb. 5-1: Spezialkompetenzen versus Kernkompetenzen

Kernkompetenzen bezeichnen also ein Fähigkeitspotential, das in verschiedenen Geschäftsfeldern den Aufbau von Wettbewerbsvorteilen ermöglicht. Daraus folgt, wie Abbildung 5–2 zeigt, dass die Kernkompetenzen den Geschäftsfeldern logisch *vorgeordnet* sind bzw. deren zugrundeliegende Substanz darstellen. Kernkompetenzen werden in den sich meist rasch verändernden Geschäftsfeldern immer wieder neu in jeweils spezifischer Weise zur Geltung gebracht (im Sinne einer »verwandten« Diversifikation). Sie bilden eine Art Rohmasse, die es dann je spezifisch auszuformen gilt – ausgerichtet auf die Anforderungen der jeweiligen sich in rascher Folge verändernden Geschäftsfelder im In- und Ausland. Das gilt ebenso für zukünftige Märkte; freilich nur dann, wenn dort die Kernkompetenz tatsächlich zur Geltung gebracht werden kann. So gesehen, bedeu-

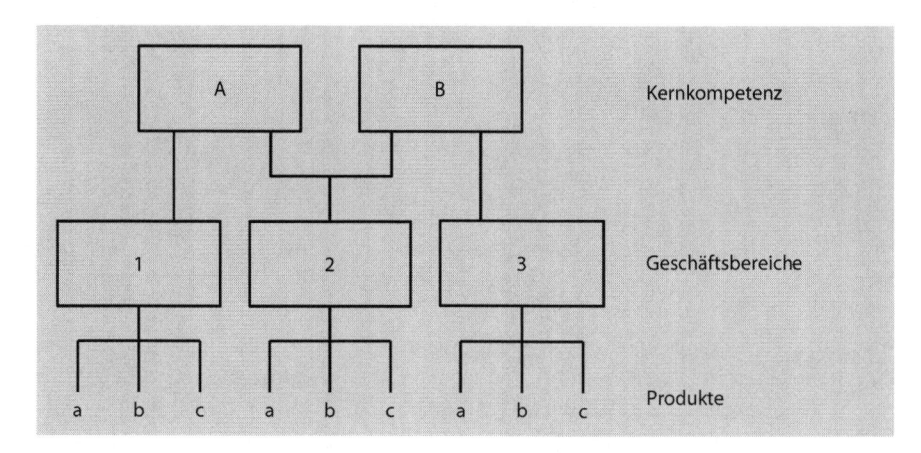

Abb. 5-2: Kernkompetenzen als vorgeordneter Faktor (Quelle: Prahalad/Hamel 1990, S. 87)

tet das Konzept der Kernkompetenz Ausdehnung im Sinne eines allgemeinen marktübergreifenden Fähigkeitspotentials und Einschränkung zugleich, weil ja eine Konzentration auf ganz bestimmte Fähigkeiten erfolgt und damit viele andere Möglichkeiten und Marktchancen ausgeschlossen werden (etwa im Vergleich zu einer konglomeraten Diversifikation, bei der unabhängig vom Kompetenzbezug attraktive neue Geschäftsfelder akquiriert oder eröffnet werden; als Beispiel hierfür darf der *Oetker*-Konzern gelten). In der strategischen Diskussion wird bisweilen der Einschränkungsaspekt im Sinne der Konzentration viel zu sehr und der Ausdehnungsaspekt viel zu wenig betont.

5.4 Funktionsweise

Kernkompetenzen entstehen meist auf der Basis abteilungsübergreifender Kooperationen und sind das Ergebnis kollektiver Lernprozesse. Aus anfänglich spontanen Kooperationen werden bewährte Formen der Zusammenarbeit (z.B. zwischen der Produktentwicklung und dem Vertrieb), die dann eine Vertiefung und Differenzierung erfahren. Erst im Laufe der Zeit erweist es sich, dass diese Muster erfolgsträchtig sind und sich auch für den Einsatz in anderen Geschäftsfeldern eignen. Kernkompetenzen sind das Ergebnis betrieblicher Evolution. Sie entwickeln sich aus Projekten, aus speziellen Formen der Zusammenarbeit, der Personalauswahl, der Arbeitsgestaltung usw. Kernkompetenzen basieren deshalb zu wesentlichen Teilen auf gelingender Kommunikation, auf grenzüberschreitender Neugierde und auf der Bereitschaft zur ungewöhnlichen Kooperation (einschließlich Sympathie). Zu technologischen Fähigkeiten tritt Koordinationsfähigkeit oder auch Designerfahrung, es sind immer Bündel von Fähigkeiten. Ihre Entstehung ist nicht transparent (*»causal ambigiuity«: Barney 1991*). Es ist deshalb auch sehr schwierig, Kernkompetenzen bewusst zu konstruieren, sie lassen sich nicht durch Anweisung erzwingen, sie müssen entstehen. Dann erst können sie aufgegriffen und systematisch weiterentwickelt werden. Dieser evolutionäre Charakter von Kernkompetenzen macht es einerseits schwer, sie zu planen, bringt aber auf der anderen Seite den großen Vorteil, dass Wettbewerber sie nur schwer imitieren können. Letzteres gilt – wie in den ersten Kapiteln ausführlich dargelegt – auch für Organisationale Kompetenzen generell.

Die Funktionsweise von Kernkompetenzen sei anhand von zwei Beispielen genauer erläutert:

Der japanische *Sony*-Konzern ist mit Erfolg in zahlreichen Märkten der Unterhaltungselektronik tätig. Eine Analyse der Wettbewerbsstruktur und Positionierung in den einzelnen Märkten zeigt unterschiedliche Profile. Versucht man, die Hintergrundstruktur des Geschäftserfolgs zu verstehen, stößt man auf eine übergreifende, in fast allen Geschäftsfeldern zur Geltung gebrachte Fähigkeit, nämlich die Fähigkeit zu einer kundengerechten Miniaturisierung von Produkten der Unterhaltungselektronik. Der Konzern hat konsequent in diese besondere Kompetenz investiert und verfügt damit über eine Stärke, die in den verschiedensten Märkten als Wettbewerbsvorteil zur Geltung gebracht werden konnte (z.B. Walkman, Fernsehgeräte, CD-Spieler, Empfänger, Verstärker, Camcorder). Derzeit ist der Konzern dabei, Kompetenzen im »Content«-Bereich aufzubauen, also nicht die Abspielgeräte, sondern die Unterhaltung selbst zum Kern des

Geschäfts zu machen. Ob sich daraus eine neue Kernkompetenz entwickeln lässt, muss sich allerdings erst noch erweisen.

Das zweite bereits zitierte Beispiel ist *Apple*. Dieses Unternehmen ist ähnlich wie Sony in vielen unterschiedlichen Märkten tätig. Eine genauere Analyse der scheinbar heterogenen Diversifikationsfelder (PC, MP3-Player inkl. Internet-Musikgeschäft, Smartphone, iPad) enthüllt auch hier eine übergreifende Kompetenz, die die Basis für den Aufbau von Wettbewerbsvorteilen in den verschiedensten Geschäftsfeldern bildet. Der Kern der Apple-Geschäfte ist die kombinative Kompetenz von benutzerfreundlicher Softwareentwicklung, Internetschnittstellen und Design, sowie die Fähigkeit diese Grundkompetenz in unterschiedlichen Märkten kundengerecht umzusetzen (▶ **Box 5-1**). Ebenso wie Sony hat Apple einen Großteil seiner Anstrengungen auf diese Kernkompetenz gebündelt und nicht nur die technologische Exzellenz gefördert, sondern sie zu einer breiten die betrieblichen Funktionen überlappenden Kompetenz ausgebaut.

Box 5-1
Apple: Der Kern des Erfolges

»Als der Hightech-Guru Nicholas Negroponte vor 15 Jahren vorhersagte, Informationstechnik, Unterhaltungselektronik und Medien würden durch die Digitalisierung zusammenfinden, sie würden nicht zu einem Markt, aber doch zu eng miteinander verbundenen Märkten, da hätte niemand gedacht, dass ausgerechnet Apple diese Vorhersage erfüllen würde.

Diese Stärke zeigt sich besonders beim iPod, dem finanziell größten Apple-Erfolg des vergangenen Jahrzehnts. Im Jahr 2000 traf Steve Jobs die Entscheidung, einen tragbaren digitalen Musikspieler zu entwickeln. Zufällig war damals ein ehemaliger Philips-Ingenieur, Tony Fadell, mit einem Prototypen des Wegs gekommen. Fadell war überzeugt, man müsse einen Musikspieler, dessen Software und eine zugehörige digitale Musikbibliothek aufeinander abstimmen, dann werde sich ein legaler Musikmarkt entwickeln. Damals dominierten Raubkopierer um die Tauschbörsen Napster und Kazaa die Szene.

Jobs griff zu und ließ die erste Version des iPod mit der Technik eines kalifornischen Start-ups namens PortalPlayer entwickeln, und so gelang es, den iPod nach nur zwölf Monaten auf den Markt zu bringen.

Im gleichen Jahr war auch iTunes, die Musikverwaltung für den Computer, fertig; der Onlineshop folgte, sobald Steve Jobs die Manager der großen Musikkonzerne persönlich davon überzeugt hatte, Verträge mit Apple zu schließen. Er war für sie Segen und Fluch zugleich, denn schnell eroberte der branchenfremde Eindringling rund 80 Prozent des digitalen Musikhandels. Die Einheit von Onlineshop, Software und (elegantem) Musikspieler erklärt letztlich auch die Absatzzahlen des iPod: Bis zum Ende des Geschäftsjahres 2009 wurden 230 Millionen Stück verkauft……

Es hat damit zu tun, dass die meisten Bauteile, aus denen Apple-Geräte gemacht werden, nichts Besonderes sind. Jeder könnte sie auf dem Weltmarkt kaufen. Die Zulieferer des iPod sitzen beispielsweise in Taiwan, China und Deutschland. Was

> auch bedeutet: Letztlich stammen vornehmlich die Hülle und die Benutzerführung originär von Apple, von seinem Chef Steve Jobs und den führenden Designern um Jonathan Ive.......
> (Steve Jobs) hat Apple 1976 mitgegründet, doch neun Jahre später wurde er hinausgedrängt. Die von ihm als Verbannung empfundene Zeit sollte bis 1997 dauern. Erst als der Konzern fast pleite war, bekam Jobs eine zweite Chance....
> Sobald Jobs wieder bei Apple war, ließ er sich jedes Gerät und jedes Programm vorführen und strich zunächst die Entwicklungsprojekte von 350 auf rund zehn zusammen. Eines davon war der iMac, ein farbenfroher, preiswerter Computer, der nur aus einem bauchigen Bildschirmgehäuse bestand. Alle Bauteile passten dort hinein, und auf dieses Gerät konzentrierte sich Jobs.
> Er rettete Apple......
> (Das jüngste Geschäftsfeld ist der iPad, der Tablet-PC.) In der Time-Gruppe (Sports Illustrated, Fortune und Time), bei Condé Nast (Vanity Fair, Wired, The New Yorker) und der New York Times arbeiten sie bereits daran, ihren Journalismus für Tablet-Computer neu zu gestalten. Sie alle hoffen, dass sie endlich ein solides Geschäftsmodell fürs digitale Zeitalter bekommen, weil der Tablet in der Größe fast einer Magazinseite gleicht und sie auf ihm ihre bisherigen optischen Stärken ausspielen könnten«.
> *Quelle: Auszüge aus Die Zeit Nr. 3, 14.01.2010 (Autor: Götz Hamann).*

In beiden Fällen zeigt sich einerseits, dass eine organisationale Kompetenz sehr viel mehr ist als neues technisches Wissen und patentierungsfähige Erfindungen. Das sind *Ressourcen*, die es von der Kernkompetenz zu *verknüpfen* gilt. Die Fähigkeit zur Umsetzung neuer Ideen in konkrete Anwendungen gehört daher ebenso dazu wie die organisatorische Fähigkeit, die Energien auf diese Faktoren zu bündeln und sie zu verknüpfen. Wie oben bereits dargestellt, kann sich eine (Kern-)Kompetenz erst entwickeln, wenn verschiedene Ressourcen zusammengeführt und gebündelt werden. Zum anderen wird aus einer Kompetenz erst dann eine Kernkompetenz, wenn sie in verschiedenen Geschäftsfeldern mit Erfolg eingesetzt werden kann. Es gibt viele großartige Unternehmenskompetenzen, die aber eben keine Kernkompetenzen sind, weil sie sich nicht zum Transfer eignen.

Zusammenfassend lässt sich das strategische Konzept der Kernkompetenzen durch die folgenden fünf Hauptkomponenten kennzeichnen:

1. *Geschäftsfeldübergreifender Anwendungsbereich:* Kernkompetenzen bilden potenziell die Grundlage für eine profitable Anwendung in verschiedenen Geschäftsfeldern in Gegenwart und Zukunft.
2. *Wachstumsphilosophie:* Kernkompetenzen beschreiben Entwicklungspfade eines Unternehmens, sie zeigen Wege der Expansion (verwandte Diversifikation) auf. In Ausnahmefällen können Kernkompetenzen auch dazu benutzt werden eine Re-Fokussierung im Rahmen einer Schrumpfungspolitik zu planen.

3. *Dauerhafter Nährboden:* Kernkompetenzen haben einen längeren Lebenszyklus als einzelne Produkte/Dienstleistungen, sie sind abstrakter und eignen sich daher immer wieder, neue Leistungsangebote/Produkte oder auch ganze Geschäftsfelder zu entwickeln.
4. *Historisch entwickelt:* Kernkompetenzen entwickeln sich in Unternehmen abteilungsübergreifend über die Zeit hinweg. Man sollte sie aber nicht mit dem Stammgeschäft oder dem Ursprungsgeschäft eines Unternehmens verwechseln. Es können auch Kompetenzen sein, die sich viel später und gerade außerhalb des alten Stammgeschäfts entwickelt haben.
5. *Schwer imitierbar:* Kernkompetenzen sind aufgrund ihrer Entwicklungsgeschichte und ihrer verzweigten Wirkungsweise nicht nur schwer beobacht- und entschlüsselbar, sondern eben auch schwer imitierbar.

5.5 Mangelnde Imitierbarkeit

Gerade dem letzten Punkt, der mangelnden Imitierbarkeit, gilt das besondere Interesse des strategischen Managements, weil sie – wie dargelegt – Wettbewerbsvorteilen trotz hoher Marktdynamik eine gewisse Stabilität verleiht. Unter den Faktoren, die einen Imitationswettbewerb ver- oder zumindest behindern, steht die »*kausale Ambiguität*« an erster Stelle (vgl. *Reed/DeFillippi, 1990; Ryall 2009*). Imitation setzt einen klaren und verstehbaren Leistungs- und Wirkungsprozess voraus, der von Konkurrenten beobachtet und anschließend zur Steigerung der eigenen Leistung lernend erworben werden kann. Imitation zielt auf den Abbau von Heterogenität und eine Angleichung der Renditen ab. In einer Wettbewerbswirtschaft ist es aber das genuine Interesse des Wettbewerbers, erzielte Vorsprünge zu halten und nicht abzugeben. Deshalb gilt das besondere Interesse den Faktoren, die eine solche Imitation verhindern können. Neben »positionalen« Faktoren (wie Eigentumsrechte, natürliche physische Barrieren usw.) sind es vor allem die kompetenzbasierten Faktoren, die für eine Imitationsbeschränkung und damit für eine *dauerhafte Heterogenität* zwischen Unternehmen von Bedeutung sind. Bei letzteren spielen im Besonderen solche Umstände eine Rolle, die externes Beobachtungslernen behindern. Dies ist vor allem dann der Fall, wenn Unsicherheit über eine Zuordnung von Ursache und Wirkung besteht, ja mehr noch, wenn der Beobachtende gar nicht in der Lage ist, triftige Ursachen zu spezifizieren, die den außergewöhnlichen Erfolg des Unternehmens erklären könnten. Aus strategischer Perspektive ist es wichtig, dass dieses mangelnde Verstehen der kausalen Wirkungszusammenhänge nicht bloß eine Anfangsverwirrung darstellt, sondern auch durch intensiveres Beobachten nicht so einfach aufgelöst werden kann. Es geht ja um einen dauerhaften Imitationsschutz. Eine solche Situation ist vor allem dann gegeben, wenn die Verursachungszusammenhänge so komplex sind, dass eine Aufschlüsselung in klare Kausalbeziehungen schwierig wird. Die Imitatoren wissen nicht genau, was sie imitieren sollen.

Aber selbst dann, wenn die Verursachungskonstellation einigermaßen geklärt ist, bieten kompetenzbasierte Wirkfaktoren einen Imitationsschutz. Kompetenzen werden – wie bereits dargelegt – in einem Entwicklungsprozess erworben, wer sie imitieren möchte, muss erst einmal einen ähnlichen Lernprozess durchlaufen. Eine Abkürzung durch schlichte Übernahme der Verhaltensweise ist ohne das dazu erforderliche Umfeld, nur selten möglich. *Dierickx/Cool* (1989) sprechen in diesem Zusammenhang von »time compression diseconomies«, d.h. Kompetenzerwerb braucht Zeit, muss sich entwickeln.

5.6 Erfassung und Gestaltung von Kernkompetenzen

Wie dargelegt, besitzt nicht jedes Unternehmen automatisch eine oder mehrere Kernkompetenzen. Es gibt viele Unternehmen, die keine Kernkompetenz besitzen. Strebt ein Unternehmen eine Kernkompetenzstrategie an, so ist es die Aufgabe des strategischen Managements, Ansatzpunkte für mögliche Kernkompetenzen aufzuspüren und diese auszubauen. Kernkompetenzen sind keine offensichtlichen Gegebenheiten, sie liegen vielmehr im Verborgenen und bedürfen erst einer sorgfältigen Rekonstruktion. Eine Standardmethodik zur Identifikation und zur planerischen Entwicklung von Kernkompetenzen liegt bislang noch nicht vor – und ist wohl auch aufgrund der spezifischen Charakteristika (kausale Ambiguität) ohnehin nicht vollends möglich. Es gibt jedoch einige vielversprechende Ansätze. In Anlehnung an *Marino* (1996) könnte man ein stufenweises Vorgehen vorsehen (hier in modifizierter Form wiedergegeben):

1. Genaue Beschreibung der Geschäftsfelder, in denen ein Unternehmen tätig ist.
2. Beschreibung der Wettbewerbsvorteile (oder -nachteile), die das fokale Unternehmen besitzt (Warum kaufen die Abnehmer bei uns?)
3. Im Falle der Existenz von Wettbewerbsvorteilen: Wie werden diese Vorteile in den einzelnen Geschäftsfeldern erzielt? Technologischer Vorsprung? Vertriebsorganisation/Logistik? Design? etc. und welche Fähigkeiten stehen hinter diesen Faktoren? Das Ergebnis ist eine Liste von Fähigkeiten, die im nächsten Schritt zu prüfen und zu reduzieren ist.
4. Welche unter den in (3) identifizierten Fähigkeiten sind die wichtigsten? Werden sie auch in Zukunft relevante Ergebnisse erzielen können?
5. Lassen die in den verschiedenen Geschäftsfeldern aufgespürten kritischen Fähigkeiten einen gemeinsamen Kern erkennen? Ist es also im Grunde ein übergreifender Satz von Fähigkeiten, der in den verschiedenen Geschäftsfeldern zum Einsatz kommt und wesentlichen Anteil am Erfolg bzw. der Erzielung von Wettbewerbsvorteilen hat? Wenn ja, so liegen Kernkompetenzen vor.
6. Gibt es neue attraktive Geschäftsfelder (bestehende oder zukünftige) und lassen sich die unter (5) identifizierten Kernkompetenzen dort gewinnbringend einsetzen? Müssen die vorhandenen Kernkompetenzen erweitert und ergänzt werden, um in den neuen Geschäftsfeldern erfolgreich zu sein (wie etwa bei Apple die Hinzufügung des Internet-Musikgeschäfts)? Die Prüfung, ob eine identifizierte oder ggf. erst zu entwickelnde Kernkompetenz ein Erfolgspotenzial für neue Geschäftsfelder bietet, ist nicht ohne ein gewisses Maß an plausibler Spekulation möglich; eine exakte Prognose gibt es hier nicht. Zukunftsweisende Strategien auf der Basis von Kernkompe-

tenzen können nur solche Unternehmen entwickeln, die eine Vorstellung von dem haben, was sie werden wollen.

Diese Arbeiten können von einer internen Projektgruppe unter Einbezug des oberen Managements geleistet werden, nicht selten werden allerdings auch externe Experten mit der Identifikation der Kernkompetenzen beauftragt, um einen neutralen Blick zu gewährleisten. Dies wird häufig schon deshalb gewünscht, weil die Kernkompetenzanalyse leicht in die Sphäre des »Politischen« gerät.

Nicht zuletzt wegen der inhärenten Brisanz wird immer wieder betont, wie wichtig es ist, bei der Identifikation und Weiterentwicklung von Kernkompetenzen einen *Konsens* innerhalb des Managements darüber zu erzielen, ob das Ergebnis der Kompetenzexploration tatsächlich zutreffend ist. Diesen Prozess darf man sich nicht zu einfach vorstellen, die Identifikation von Kernkompetenzen bedeutet ja immer auch eine Hervorhebung bestimmter Kompetenzen und gleichlaufend damit eine Hintanstellung anderer Kompetenzen bei der Erklärung des Betriebserfolges. Eine solche Reihung von Kompetenzen trifft deshalb nicht selten auf energische Widerstände, bestimmte Abteilungen fühlen sich im Vergleich zu den Kernkompetenzabteilungen nicht genug gewürdigt in ihrem Leistungsbeitrag. Und manchmal ist es auch so, dass die Kernkompetenzanalyse Kompetenzprofile herauskristallisiert, die in dem Unternehmen so bislang noch gar nicht gesehen und deshalb mit großer Skepsis betrachtet werden. Unternehmen haben häufig ein über die Zeit hinweg gewachsenes Selbstverständnis (Unternehmensidentität), das erklärt, was sie sind, und welchen Abteilungen eine Vorrangstellung einzuräumen ist (z.B. die Antriebsentwicklung oder die Fertigungsplanung bei einem Automobilhersteller). Andere Interpretationen (z.B. der Verweis auf die herausragende Bedeutung des Designs in einem Automobilunternehmen) werden schnell als Angriff auf die angestammte Position und die etablierten Deutungsmuster erlebt.

Nachdem die Identifikation von zugrundliegenden Kernkompetenzen in der Regel mit der Einführung einer neuen ungewohnten Perspektive einhergeht, kommt der Konsensbildung über die eigenen Kernkompetenzen eine Schlüsselrolle zu. Dieser Einigungsprozess wird dadurch erschwert, dass Kernkompetenzen ja grundsätzlich geschäftsfeldübergreifend ermittelt und gefördert werden. Diese ganzheitliche Perspektive trifft dann häufig auf ein Klima der Rivalitäten unter den strategische Geschäftsbereichen/Divisionen, die erzielte Leistung wird nicht mehr primär der eigenen Anstrengung zugerechnet, sondern auf einem *übergreifenden Kompetenzmuster*, das gar nicht unter der Kontrolle des einzelnen Geschäftsbereichs steht. Häufig sind es auch Bonuspläne für die Managemententlohnung, die der Kernkompetenzperspektive zuwiderlaufen, denn diese setzen primär an der separierbaren (und damit individuell zurechenbaren) Divisionsleistung, nicht aber an der Förderung übergreifender Kompetenzen an.

Das Konzept der Kernkompetenzen lenkt – wie bereits dargestellt – die Aufmerksamkeit der Unternehmensführung auf eine neue Planungs- und Steuerungsebene. Es betont nicht nur die ganzheitliche Seite diversifizierter Unternehmen, sondern fordert auch dazu auf, das Zusammenwirken der verschiedenen betrieblichen Ressourcen unter strategischer Perspektive zu reflektieren. Das Kernkompetenz-Konzept verlangt daher nach einer übergreifenden Denkweise, sowohl was die Märkte als auch was die betrieblichen Funktionsbereiche und Sparten anbelangt. Erst die Überwindung dieser herkömmlichen Grenzen verschafft diesem Strategieansatz den Raum, den er zu seiner Gestaltung braucht. Insgesamt ersetzt die Kernkompetenz-Planung also nicht die herkömmliche Planung von Wettbewerbsstrategien, aber sie relativiert diese; sie weist ihr einen eher kurzfristigen Horizont zu und reserviert für sich den langfristigen.

Strategische Planer stoßen mit diesem Konzept allerdings auf ein Paradox: Kernkompetenzen sind das Ergebnis kollektiver Lernprozesse, die in ihrem Wirkungsgeschehen schwer entschlüsselbar sind. Dies schützt sie einerseits vor Imitation, auf der anderen Seite erschwert dies aber auch ihre Planbarkeit und die gezielte Herstellung. Die Herstellung völlig neuer Kernkompetenzen – gewissermaßen vom Reißbrett weg – ist so gut wie unmöglich. Die Planungsbemühungen sind auf die Pflege und systematische Fortentwicklung vorhandener Kompetenzen zu richten, in der Hoffnung, dass sich daraus Kernkompetenzen entwickeln.

Eine gewisse Neubewertung erfährt die konglomerate Diversifikation durch die Kernkompetenzstrategie, die ja explizit die Empfehlung formuliert, ausgehend von den Kernfähigkeiten des Unternehmens in den verschiedensten geeigneten Märkten tätig zu werden. Infolgedessen kann sich ein Unternehmen vom Markt her gesehen durchaus als Konglomerat diversifiziert darstellen, obwohl seine Aktivitäten de facto auf einem recht begrenzten Pool von Ressourcen und Fähigkeiten beruhen. Dies ist etwa bei *Apple* der Fall. Den Kern der *Apple*-Produkte bildet dabei stets die vielseitig nutzbar gemachte kombinative Fähigkeit von benutzerfreundlicher Softwareentwicklung mit Design. Zu dieser Kompetenz ist in den letzten Jahren die Medienverknüpfung getreten. Insgesamt rät also die Kernkompetenzstrategie zu einer »verwandten« Diversifikation, d.h. den Eintritt in Märkte, in denen die eigenen Kernkompetenzen wertstiftend eingesetzt werden können. Ein Beispiel dafür ist die jüngst von der irischen Fluggesellschaft *Ryanair* verkündete Absicht, einen Flughafen zu erwerben. Auf den ersten Blick könnte man eine konglomerater Diversifikation vermuten, das Betreiben eines Flughafens erfordert andere Technologien, andere Qualifikationen des Personals usw. Wie Box 5-2 zeigt, steht dahinter aber eine andere Absicht, nämlich die im Ursprungsgeschäft erworbene Kompetenz der Entwicklung kostenbasierter Wettbewerbsstrategien auf ein neues Geschäftsfeld zu übertragen.

Box 5-2
Flughäfen nach dem Ryanair-Prinzip

Der Chef der irischen Billigfluglinie Ryanair, Michael O'Leary, gab in einem Interview mit dem Handelsblatt an, den Kauf des Flughafens London Stansted zu erwägen. Das Ziel hierbei sei es, einen Flughafen mit möglichst niedrigen Kosten zu schaffen: »Flughäfen sollten so sein wie Aldi und Lidl, sich auf das Wesentliche konzentrieren«, sagte O'Leary. »Wir sind daran interessiert, dass Flughäfen möglichst effizient geführt werden und wollen wegkommen von der alten Idee, dass man einen prunkvollen Glas- und Marmorpalast baut.«

Wohin das führe, sei derzeit an dem stockenden Großflughafenprojekt in Berlin zu sehen. »Das ist ein einziger Scherbenhaufen, der da entstanden ist – ein großartiges Beispiel für Missmanagement der öffentlichen Hand«, sagte O'Leary. Nach der Übernahme kann sich der Chef der Fluglinie vorstellen, dass Fluggäste vermehrt ihr Gepäck selbst zum Flieger bringen. Auch mit längeren Wartezeiten müssen Kunden rechnen, da weniger Service- und Sicherheits-Mitarbeiter zur Verfügung stehen würden, so dass sich lange Schlangen an den Security-Bereichen ergeben könnten.
Quelle: Handelsblatt vom 06.09.2012

In jüngerer Zeit wird – wie später in Kapitel 7 genauer dargelegt – auf das Problem verwiesen, dass Kernkompetenzen neben ihrem Erfolgspotenzial auch Gefahren in sich bergen, und zwar insofern als sie eine Unternehmung zu sehr durch ein ganz bestimmtes Kompetenzmuster prägen und zur fortlaufenden Reproduktion dieses Musters nicht nur in einem, sondern allen Geschäftsfeldern anregen. Die Gefahr besteht darin, dass neue Marktentwicklungen möglicherweise nach ganz anderen Kompetenzen verlangen und die bewährten organisationalen Fähigkeiten gewissermaßen unter der Hand an Wert verlieren. Als Beispiel für einen solchen Veralterungsprozess kann auf das Versandunternehmen *Quelle* hingewiesen werden, das jahrzehntelang seine Kompetenzen im Versandgeschäft gebündelt und auf immer neue Geschäftsfelder übertragen hat. Der Strukturwandel hin zum Internethandel konnte aber von dem vorhandenen Kompetenzgefüge nicht in hinreichendem Maße aufgenommen werden, aus der Kernkompetenz wurde eine Last (vgl. *Leonard-Barton 1992*).

Dieses Festgebundensein auf ein ganz bestimmtes Kompetenzmuster, das in der Regel durch den vergangenen Erfolg eine weitere Bekräftigung erfährt, wird heute meist als *Pfadabhängigkeit* bezeichnet. Damit wird zugleich auf die Schwierigkeit verwiesen, den einmal eingeschlagenen Pfad einer Kernkompetenzbildung und später auch der Kernkompetenzstrategie wieder zu verlassen (vgl. hierzu ausführlich ▶ **Kap. 7**). In jüngster Zeit versucht man – wie in den Kapiteln 8 und 9 im Einzelnen dargelegt – dieser drohenden Veralterung und Verfestigung von Kompetenzen und ihrer Pfadabhängigkeit durch die Entwicklung sog. Dynamischen Kernkompetenzen (»dynamic capabilities«) entgegenzuwirken. Auf die Möglichkeiten eines dieses Risiko abmildernden Kompetenzmonitorings wird in Kapitel 10 verwiesen.

Diskussionsfragen

1. Ein Unternehmen äußert: »*Unsere Kernkompetenz ist der Strom*«. Diskutieren sie diesen Satz.
2. Wann ist eine organisatorische Kompetenz eine Kernkompetenz?
3. Inwiefern kann man Kernkompetenzen als Antwort auf eine Intensivierung des Wettbewerbs auf den Gütermärkten verstehen?
4. Warum ist es schwer, Kernkompetenzen auf dem Reißbrett zu entwerfen?

5. Kernkompetenzen gelten als schwer imitierbar. Was sind dafür die maßgeblichen Gründe?
6. Wie kann man die Kernkompetenz eines diversifizierten Unternehmens erschließen?
7. Weshalb kann die Analyse von Kernkompetenzen im eigenen Unternehmen auf Widerstand stoßen?
8. Eine Managerin äußert: »*Kernkompetenzen zu erfassen, ist wie einen Pudding an die Wand zu nageln.*« Stimmen Sie zu?
9. Erläutern sie den Satz: »*Kernkompetenzen erfordern eine ganzheitliche Sichtweise des Unternehmensgeschehens*«.
10. Verfolgt der Google-Konzern eine Kernkompetenzstrategie? Recherchieren Sie im Internet und begründen Sie Ihre Antwort.

Literaturverzeichnis Kapitel 5

Barney, J.B. (1991): Firm resources and sustained competitive advantage, in: Journal of Management, 17: 99–120.
D'Áveni, R.A. (1994). Hypercompetition: Managing the dynamics of strategic maneuvering, New York.
Dierickx, I./Cool, K. (1989). Asset stock accumulation and sustainability of competitive advantage, in: Management Science, 35: 1504–1511.
Freiling, J./Gersch, M./Goeke, C. (2006). Eine »Competence-based Theory of the Firm «als marktprozesstheoretischer Ansatz, in: Managementforschung, 16: 37–82.
Hamel, G./Heene, A. (1994). Competence-based competition, Chichester.
Grant, R.M. (1991). The Resource-based theory of competitive advantage: Implications for strategy formulation, in: California Management Review, 33(3): 114–135.
Grant, R.M. (1996). Prospering in dynamically-competitive environments: Organizational capability as knowledge integration, in: Organization Science, 7: 375–387.
Helfat, C.E./Raubitschek, R.S. (2000). Product sequencing: Co-evolution of knowledge, capabilities and products, in: Strategic Management Journal, 21: 961–979.
Marino, K.E. (1996). Developing consensus on firm competencies and capabilities, in: Academy of Management Executive, 10(3): 40–51.
Peteraf, M.A. (1993). The cornerstones of competitive advantage: A resource-based view, in: Strategic Management Journal, 14: 179–191.
Prahalad, C.K./Hamel G. (1990). The core competence of the corporation, in: Harvard Business Review, 68(3): 79–91.
Reed, R./DeFillipi, R.J. (1990): Causal ambiguity, barriers to imitation, and sustainable competitive advantage, in: Academy of Management Review, 15: 88–102.
Ryall, M.D. (2009). Causal ambiguity as a source of sustained capability-based advantages, in: Management Science, 55: 389–403.
Stalk, G./Evans, P./Shulman, L.E. (1992). Competing on capabilities: The new rules of corporate strategy, in: Harvard Business Review, 70(2): 57–69.

6 Persistenz organisationaler Kompetenzen: Kognitive und emotionale Ursachen

6.1 Einleitung

Die Persistenz – oder auch Verharrungstendenz – organisationaler Kompetenzen wird in der Kompetenzliteratur sehr plastisch als mögliche Kompetenzfalle bezeichnet, wonach sich eine Kompetenz im schlimmsten Fall in eine Inkompetenz verkehren kann. Als Erklärung dafür dient der allgemeine Befund, dass Organisationen dazu neigen, bereits entwickelte und erfolgserprobte Kompetenzen immer weiter zu verbessern. Die im Zuge positiver Feedbacks gewonnenen Erfahrungen werden von der Organisation aufgenommen und bilden (unbewusst) die Legitimation für die Verbesserung und Perfektionierung der bereits wirksamen organisationalen Kompetenzen. Gelernt wird im nahen Umfeld der (etablierten) Kompetenzen bzw. von aktuellen Kompetenzfeldern. Kompetenzorientierte Unternehmen fördern danach tendenziell immer nur solche Projekte und erschließen nur solche Märkte, die auf dem Pfad der einmal entwickelten und positiv verstärkten Kompetenzen liegen (vgl. *Leonard-Barton 1992*; *Styles/Goddard 2004*). Es stellt sich in der Folge der Effekt ein, dass die existierenden Kompetenzen aufgrund vielfältiger Mechanismen immer weiter verbessert werden, während gleichzeitig das Experimentieren mit Ressourcen zur Entwicklung alternativer Lösungsansätze kontinuierlich an Attraktivität verliert (vgl. *Repenning/Sternmann 2002*). Im Gegensatz dazu werden solche Projekte mit geringen oder gar keinen Ähnlichkeiten zu bestehenden Kompetenzen tendenziell abgelehnt bzw. nicht gefördert.

Vom Grundsatz her wird zur Erklärung dieses Phänomens auf einen lerntheoretischen Zusammenhang des schwierigen Zusammenspiels von explorativem und exploitativem Lernens abgestellt (vgl. *Levinthal/March* 1993). Dass nun ausgerechnet ein lerntheoretisches Argument die Verharrung organisationaler Kompetenzen erklären soll, mag auf den ersten Blick irritieren bzw. unlogisch erscheinen. Wie die folgenden Ausführungen aber zeigen, ist es ein für Kompetenzen typischer »Crowding-out«-Prozess, der als eine lerntheoretische Ursache für die Verfestigung organisationaler Kompetenzen gelten kann.

6.2 »Crowding-out« explorativer Lernprozesse als Basisproblem

Das prominente »Zwillingskonzept« exploitativer und explorativer Lernprozesse von *March* (1991) findet zunehmend Eingang in die organisationstheoretische Analyse organisationaler Anpassung und Innovation und der damit einhergehenden Frage des Überlebens und Wettbewerbserfolgs von Organisationen (▶ Kap. 3).

Gemeinsam ist den Lernmodi, dass sie beide eine strategische Bedeutung haben. Für den nachhaltigen Erfolg einer Organisation muss sowohl auf Effizienzeffekte geachtet als auch Flexibilität für den Umgang mit den zukünftigen Herausforderungen sichergestellt werden. Letzteres gilt insbesondere in dynamischen Umwelten, in denen die aktuelle Wettbewerbsposition einer schnelleren Erosion ausgesetzt ist. Dennoch stehen sie auch im Widerspruch zueinander.

Während exploitatives Lernen auf die Verbesserung vorhandener Prozesse entlang etablierter Handlungsmuster abstellt, geht es bei explorativen Lernprozessen um die Veränderung der etablierten Muster:

»*Exploration includes things captured by terms such as search, variation, risk taking, experimentation, (...), flexibility, (...), innovation. Exploitation includes such things as refinement, (...), efficiency, (...), implementation, execution.*« (*March 1991, S. 71*).

Man kann leicht erkennen, dass beide Lernmodi auf Anforderungen basieren bzw. durch Merkmale geprägt sind, die im Grunde genommen unvereinbar sind: So ist die Vorstellung über exploitative Lernfähigkeit z. B. mit einem ausgeprägten Spezialistentum, einer hohen Identifikation mit der Aufgabe und dem Aufgabenkontext sowie routinisierten Abläufen verbunden, während die explorative Lernfähigkeit gerade darauf beruht, sich von Aufgabenstellungen und -kontexten zu distanzieren, um über neue Wege nachzudenken. Explorative Lernfähigkeit braucht Generalistentum und ist in hohem Maße auf nicht-routinisierte Abläufe, d. h. auf ein Ausbrechen aus bekannten Bahnen angewiesen (vgl. *March 2006*). Auch in ihrer Zielsetzung laufen beide Lernmodi konträr zueinander. Exploitatives Lernen geht mit der kurzfristigen Steigerung von Effizienz einher, exploratives Lernen geht mit einer langfristig angelegten Steigerung von Flexibilität einher. Exploitatives Lernen ist mit kleinschrittigen, d. h. inkrementellen Veränderungen verbunden, die eine Verfeinerung und Verbesserung bestehenden Wissens sowie vorhandener Praktiken und Routinen nach sich ziehen. Exploratives Lernen führt zu radikalen Veränderungen (Innovation) z. B. im Umgang mit Problemen.

Dieses rivalisierende Verhältnis von exploitativem und explorativem Lernen wird in der Lern- und Kompetenzliteratur auch als »Trade-off« bezeichnet, weil die Konzentration auf explorative Lernprozesse automatisch Ressourcen für exploitative Bemühungen verknappt und umgekehrt.

Im Kontext organisationaler Kompetenzen stellt sich dieses Trade-off-Problem nun noch einmal drastischer dar. Dort leiten die sozialen, komplexen Muster des Interpretierens, Praktizierens sowie affektive Prozesse die Problemlösungsaktivitäten und begünstigen die lokale Suche und Auswahl von Ressourcen (sog. »Local-search« Syndrom, vgl. *Cyert/March 1963*). In der Folge werden immer wieder ähnliche (z. T. gleiche) Wissens- und Kreativprozesse sowie Praktiken im Prozess der Problemlösung aktiviert. Diese in ihrer Basisstruktur musterbasierte Verknüpfungsleistung bildet dann wieder den Ausgangspunkt für weitere Problemlösungen. Weiter interpretiert ist also die Tendenz zu beobachten, dass die Etablierung und Perfektionierung von Kompetenzen in erster Linie durch exploitative Lernprozesse getrieben wird, und dass im Zuge dessen zugleich explorative Prozesse immer weiter zurückgedrängt werden.

Organisationale Kompetenzen gehen so gesehen in der Tendenz mit einem »Crowding-out«-Prozess einher, in welchem mit der Zeit exploitative Aktivitäten ihre dominante Wirkung zu Lasten explorativer und kreativer Aktivitäten entfalten (vgl. *Markides/Geroski 2003*). Auf einer grundsätzlichen Ebene finden sich organisationale Kompetenzen somit in dem oben beschriebenen Trade-off zwischen explorativen und exploitativen Lernprozessen wieder, wobei die genauere Hinsicht eher darauf hindeutet, dass das Trade-off-Problem im Kontext organisationaler Kompetenzen mit der Zeit einseitig zu Ungunsten explorativer Lernprozesse kippt.

Sofern die kompetenzwirksamen Lernprozesse tatsächlich kippen, also »nur« noch exploitativ gelernt wird, besteht für die Organisation die Gefahr, in die Kompetenzfalle zu geraten. Die für neue komplexe Problemsituation erforderliche Kreativität ginge verloren. Die Folge ist das Risiko der Inkompetenz, also das Unvermögen, ein adaptives Problemlösungsmuster auszubilden. Kippen die Lernprozesse dagegen einseitig in Richtung der »Exploration«, so ist die Ausbildung eines reliablen Verknüpfungsmuster erschwert.

Für das Management organisationaler Kompetenzen ergibt sich deshalb folgende Schwierigkeit. Einerseits werden exploitative Lernaktivitäten benötigt, um tatsächlich reliable und effiziente Handlungsmuster zu entwickeln. Explorative Lernprozesse würden diesen Prozess stören oder gar verhindern (vgl. *March 2006*). Andererseits sind eben auch diese explorativen Aktivitäten im Rahmen organisationaler Kompetenzen von enormer Bedeutung, um erforderliche Anpassungsprozesse an veränderte Bedingungen zu ermöglichen.

Dies vor allem dann, wenn es um grundsätzlichere Veränderungen der Kompetenzen geht (vgl. *Kogut/Kulatilaka 2001*). Die aufwendig erlernte, immer weiter perfektionierte Kompetenz ist dann nicht mehr länger eine strategisch wertvolle Kompetenz, sondern droht zu einer Barriere, ja sogar zu einer misserfolgsträchtigen Verfestigung in der Organisation zu werden.

Insgesamt lässt sich daraus der paradoxe Charakter organisationaler Kompetenzen ablesen: Einerseits sind für die optimale Entfaltung organisationaler Kompetenzen zeitintensive und selbstverstärkende Lernprozesse erforderlich, andererseits verhindern eben diese Prozesse die Genese neuer und innovativer Kompetenzen bei neuen Umweltkonstellationen. Im Ergebnis besteht also das Risiko, dass die Organisation nicht mehr in der Lage ist, ihre bekannten und bewährten Handlungsweisen (»ways of doing«) zu verändern oder gar zu verlassen. In der Folge engt sich der strategische Handlungsspielraum der Organisation immer weiter ein bzw. verfestigt sich und ist im schlimmsten Fall irgendwann zementiert. Die ehemals erfolgreiche organisatorische Kompetenz verkehrt sich im schlimmsten Fall in ihr Gegenteil: »*Incompetencies seem to have evolved from what had at one time been the firm´s [core] competencies.*« (*Dougherty 1995, S. 117*). Miller erklärt dieses Phänomen damit, dass in Unternehmen mit langanhaltendem (überdurchschnittlichen) Erfolg die Vereinfachung und die Verfestigung von Prozessen und Strukturen im Zeitablauf zunimmt und Investitionen in explorative Informationsprozesse abnehmen (vgl. *Miller 1993*). Er bezeichnet diese Tendenz als Ikarus-Paradox (▶ **Box 6-1**). Bei einer zwischenzeitlich eingetretenen Änderung der Umweltkonstellationen (neue Technologien, Imitation, neue Wettbewerber usw.) kann dies sehr schnell zum Untergang des Unternehmens führen, wie etwa im Falle von Polaroid (vgl. *Tripsas/Gavetti 2000*).

> **Box 6-1**
> **Das Ikarus-Paradox**
>
> Das Ikarus-Paradox bezeichnet die Tendenz, dass Erfolg so sehr beflügeln kann, dass er blind für die Gefahren macht und somit – paradoxerweise – in den Abgrund führt: »Success breeds failure«.
> Bezug wird dabei auf die Geschichte von Dädalus und Ikarus genommen aus Ovids Metamorphosen: Vater Dädalus und Sohn Ikarus werden auf Kreta von König Minos gefangen gehalten. Nachdem dieser alle Land- und Wasserwege kontrolliert, entwickelt Dädalus für sich und seinen Sohn Flügel aus Wachs und Federn, mit denen beide auf dem Luftwege der Gefangenschaft entkommen wollen. Vor dem Flug schärft Dädalus Ikarus ein: Er möge immer in mittlerer Höhe fliegen, nicht zu tief, damit das Wasser nicht die Federn beschwere, und nicht zu hoch, damit nicht das Wachs, das die Federn zusammenhält durch die Wärme der Sonnenstrahlen schmilzt. Ikarus missachtet diese Anweisung, einmal in der Höhe fliegt er in kühnem Übermut zu hoch, die Sonne lässt das Wachs schmelzen und er stürzt ins Meer.
> Und genau dies, behauptet D. Miller, geschieht häufig mit Unternehmen. Der Erfolg beflügelt sie, sie werden sehr erfolgreich mit einer bestimmten Sache. So sehr, dass sie übermütig und blind für die Gefahren werden, die neue Entwicklungen mit sich bringen – was sie schlussendlich abstürzen lässt: »and this is how exceptional companies bring about their own down fall«
> *Quelle: Vgl. Miller (1991).*

Was aber sind die Mikroprozesse, die hinter der Persistenz und der beschriebenen Kompetenzfalle liegen? Hier lassen sich im Wesentlichen drei Klassen von Ursachen für die tiefere Erklärung der Persistenz organisationaler Kompetenz identifizieren: (1) Solche Ansätze, die Pfadabhängigkeit als primären Auslöser für die Kompetenzverharrung ausmachen (▶ **Kap. 7**), (2) solche Ansätze, die Kompetenzverfestigung primär über (sozial-) psychologische Phänomene erklären. Daneben gibt es vereinzelt auch Ansätze, die ökonomische Gründe für die Kompetenzverharrung finden, z.B. Sunk costs oder Commitment.

Zahlreiche Untersuchungen zeigen die Tendenz von sozialen Akteuren, sich in ihrem Verhalten an der allgemeinen Meinung, dem Konsens zu orientieren oder die Konfrontation mit negativem Feedback und kritischen Signalen zu vermeiden (vgl. *Miller/ Nelson 2002; Schwenk, 1986*). Diese Tendenz führt sehr schnell zu Persistenz, wie sich an nachfolgenden Phänomenen zeigen lässt.

6.3 Eskalierendes Commitment

Das eskalierende Commitment (vgl. *Staw 1976*) ist ein kraftvoller Auslöser für die Verfestigung organisationaler Kompetenzen. In diesem Ansatz wird die Tendenz der Verharrung mit den Phänomenen der Sunk costs und der Gesichtswahrung erklärt: Trotz offensichtlichen Misserfolgs z. B. eines Projekts, wird weiter in dieses Projekt investiert (»Throw good money after bad«). Der Glaube oder Wunsch, das Ruder doch noch herumreißen zu können oder der feste Wille, die einstmalige Entscheidung als richtig zu rechtfertigen, treibt die Organisation in eine Investitionsspirale, die in einer Zementierung organisationaler Kompetenzen enden kann.

Eine andere Perspektive erklärt eskalierendes Commitment über hochgradig emotionale Prozesse (vgl. *Finkelstein et al. 2008*). Gemeint sind hier Glückgefühle und Zustände leidenschaftlicher Überzeugung für eine bestimmte Sache (▶ **Box 6-2**). Entscheidungen beispielsweise für Investitionsalternativen in strategische Projekte werden dann entgegen aller rationaler Argumente gefällt und dies umso nachdrücklicher, je stärker die kritischen Argumente zu Tage treten. Sog. »Lieblingsprojekte« werden gefördert, andere – Erfolg versprechende Projekte – dagegen nicht.

Obwohl die genauen Ursachen des »Escalating Commitment« kontrovers diskutiert werden (siehe z. B. *Kahneman/Tversky 1979*), wird es überwiegend als Ergebnis von Rechtfertigungsprozessen erklärt. Unterschieden wird zwischen internen und externen Ursachen für das Auslösen von Rechtsfertigungsprozessen.

Im Falle externer Ursachen werden die Rechtfertigungsprozesse primär durch den sozialen Kontext eines Entscheiders ausgelöst. Von außen an das Individuum herangetragene Erwartungen veranlassen verantwortliche Entscheider oder Gremien dazu, Fehlentscheidungen zu negieren, Misserfolge umzudeuten oder eindeutige Hinweise auf die notwendige Umsteuerung von Kompetenzen zu ignorieren. Die Ausprägung externer Erwartungen und Sanktionspotenziale in Bezug auf Fehlentscheidungen sind hier das ausschlaggebende Moment für das Festhalten an der ursprünglichen Entscheidung. Aus dieser Perspektive tritt »Escalating Commitment« in Misserfolgssituationen auf, die gleichzeitig mit dem Wunsch und/oder Druck des Entscheiders verbunden sind, frühere Entscheidungen (die wenig erfolgversprechend sind) zu rechtfertigen bzw. legitimieren (vgl. *Brockner 1992*). Die Tendenz in einem Misserfolgskurs gefangen zu werden, wird hier damit begründet, dass verantwortliche Entscheider unfähig oder unwillig sind, einzugestehen, dass vorausgehende Investitionsentscheidungen bislang keine Früchte getragen haben und womöglich auch in Zukunft nicht tragen werden, z. B. aus Angst vor einer negativen Evaluation und den damit verbundenen Folgen. Es geht also um das durch externe Bedingungen hervorgerufene Unvermögen, Fehleinschätzungen bzgl. der Allokation von Ressourcen einzugestehen und Wege für Alternativen zu öffnen.

Box 6-2
Wenn Commitment problematisch wird

Marks and Spencer ist ein britisches Einzelhandelsunternehmen für Bekleidung im unteren bis mittleren Preissegment. In den späten 1980er Jahren akquirierte Marks and Spencer (M&S) den US-amerikanischen Premiumherrenausstatter Brooks Brothers. Unter der Führung von Derek Rayner wurde Brooks Brothers für 740 Millio-

> nen Dollar erworben, obwohl eine Fülle an Analysen eindeutig zeigte, dass dieser strategische Schritt aus ökonomischen und strategischen Gründen nicht empfehlenswert ist. Trotzdem wurde der Kauf realisiert, weil sich Chairman Derek Rayner bei der Entscheidung von seinen positiven Gefühlen und langjährigen positiven Assoziationen mit der Qualitätsmarke Brooks Brothers leiten ließ. Er war so begeistert von der Vorstellung, Brooks Brothers unter seine Leitung zu nehmen, dass er kritische Fakten und Argumente schlichtweg ignorierte. Die Entscheidung sollte das Unternehmen mehr als 1 Milliarde Dollar kosten; Brooks Brothers wurde schon nach kurzer Zeit wieder verkauft – allerdings nur für 225 Millionen Dollar.
> *Quelle: Vgl. Finkelstein et al. (2008).*

Im Unterschied dazu liegen interne Ursachen originär in der Person selbst begründet. Gemeint ist damit z. B. das individuelle Bestreben, die Selbstachtung nicht zu verlieren oder die für wichtig gehaltene Reputation aufrechtzuerhalten (vgl. *Kisfalvi 2000*). Der starke Drang, das Gesicht zu wahren – in den eigenen und/oder fremden Augen – bringt Entscheidungsträger dazu, weiterhin in aussichtslose (scheiternde) Projekte zu investieren, um auf diese Weise die Richtigkeit bzw. Notwendigkeit der vorangegangenen Entscheidungen zu untermauern. Es wird suggeriert, dass der Misserfolg einkalkuliert ist und erst die Zukunft die Richtigkeit der Investition zeigen wird (sog. »Hero-Effekt«, *vgl. Staw 1981*).

Für die Steuerung organisationaler Kompetenzen sind diese Einsichten sehr bedeutsam, denn: Sowohl extern als auch intern verursachte Rechtfertigungsprozesse setzen eine Eskalationsspirale in Gang, die es Entscheidungsträgern immer schwerer macht, den einmal eingeschlagenen und verteidigten Kompetenzkurs zu verlassen. Das Unvermögen, aussichtslose/misserfolgsträchtige Projekte zu stoppen oder einmal getroffene Entscheidungen zu revidieren, lässt Kompetenzen zur Bürde werden, weil sie auf die Lösung »veralteter« Probleme ausgerichtet sind.

Für das Management von Kompetenzen hat dies zur Konsequenz, dass die Organisation sich über geeignete Maßnahmen Gedanken machen muss, die ein eskalierendes Commitment verhindern oder wenigstens abmildern können. Gesucht wird nach Möglichkeiten, den von den Entscheidungsträgern perzipierten Rechtfertigungsdruck abzumildern, etwa in Form entsprechender Anreizsysteme oder Verhaltensnormen.

6.4 Selektive Wahrnehmung

Ähnliche Tendenzen der Kompetenzverharrung sind auf Prozesse selektiver Wahrnehmung (vgl. *Walsh 1988*) oder kognitiver Landkarten (vgl. *Weick/Robert 1993*) zurückzuführen. Der Ausgangspunkt ist hier die begrenzte Informationsverarbeitungskapazität von Entscheidern und der damit verbundenen Notwendigkeit, Selektionsmuster aufzubauen, die den Umgang mit der Umwelt ermöglichen. Selbstverstärkungsprozesse führen hier dazu, dass diese Selektionsmuster nicht mehr oder nur sehr schwer verändert werden können. Die Selbstverstärkungsprozesse sind dabei umso wahrscheinlicher, je unsicherer und uneindeutiger die Situation von Entscheidern wahrgenommen wird. *Heiner (1983)* betont die Effekte, die die Wahrnehmung von Komplexität mit sich bringt: Je schwieriger es für einen Entscheider ist, die Anforderungen der Umwelt zu dechiffrieren, umso wahrscheinlicher wird der Umwelt mit bereits bekannten Mustern begegnet. Selbiges gilt für die Wahrnehmung von Gefahren und kritischen Signalen in dynamischen Umwelten.

Es gibt Anhaltspunkte, dass Entscheidungsträger und in der Folge Organisationen nur schwer in der Lage sind, die durch sie selbst verursachte Tendenz der Beharrung auf eingespielte Muster zu revidieren. *Kahneman/Tversky (1979; 2010)* verwenden hierfür auch den Begriff des »Bias«, d.h. die unbewusste Neigung von Entscheidern zur verzerrten Wahrnehmung und Urteilsfällung aufgrund von (emotionalen) Voreinstellungen bzw. Erwartungen. Eine verzerrte Wahrnehmung bei der Interpretation unerwarteter Signale oder der Analyse von Ursache-Wirkungs-Zusammenhängen führt dazu, dass kritische Signale nicht in Bezug zu den Defiziten aktueller Kompetenzen gebracht werden können (vgl. *Jackson/Dutton 1988; Hodkingson 1997*). In der Folge kann die Validität der aktuellen Kompetenzen nicht überprüft und in Frage gestellt werden. Durch die Sozialisation in das Orientierungssystem der Organisation, welches die eigenen aktuellen Kompetenzen und deren Anwendung ja gerade als selbstverständlich und richtig erwiesen ansieht, werden Abwehrmechanismen mobilisiert. Akteure, die in dieser Struktur »groß geworden« sind, reflektieren nicht nur nicht über diesen tief verankerten Glauben, sondern sie sind sogar selbst diejenigen, die die organisationalen Kompetenzen im täglichen Praktizieren immer wieder in Kraft setzen (vgl. *Argyris 2010*).

Selektive und verzerrte Wahrnehmungsprozesse haben deshalb den Effekt, dass sie den Prozess der Ressourcenauswahl unter Umständen zu sehr einengen bzw. eine situationsangemessene Selektion und Verknüpfung behindern. Die für die erfolgreiche Problemlösung benötigten (neuen/anderen) Ressourcen finden – wenn überhaupt – nur sehr zögerlich Eingang in den Verknüpfungsprozess (vgl. *Westphal/Bednar 2005*) und auch der Verknüpfungsprozess wird unter Umständen fehlgesteuert. Die kompetente Problembearbeitung ist gefährdet.

6.5 Gruppendenken

Einer weiterer, sehr bekannter Effekt im Zusammenhang mit fehlgesteuerten Entscheidungsprozessen ist das sog. »Groupthink«-Phänomen (*Janis 1977;1982*). In den Studien von Janis zu den besonderen Dynamiken im Entscheidungsverhalten von Gruppen wird aufgezeigt, dass insbesondere kohäsive Gruppen dazu neigen, mit dem für sie typischen Korpsgeist und herzlichem Einvernehmen untereinander, vorschnell Einmütigkeit herzustellen. Der Wunsch kohäsiver Gruppen, Einvernehmen herzustellen und das harmonische Gefüge zu beschützen, ist stärker als die Motivation, sich über Probleme argumentativ auseinanderzusetzen, Konflikte auszutragen und Alternativen zu erörtern. Konfliktäre, im Widerspruch zur »Gruppenmeinung« stehende Impulse werden zurückgewiesen oder radikal unterdrückt.

Kohäsion bezeichnet hierbei das Ausmaß, in dem eine Gruppe eine kollektive Einheit bildet und die einzelnen Gruppenmitglieder sich zu der Gruppe hingezogen fühlen. Mitglieder hochkohäsiver Gruppen sind stärker bereit, sich für und in der Gruppe voll und ganz zu engagieren, d. h. Zeit, Emotionen und andere Ressourcen für die Gruppe einzusetzen und Aktivitäten, die außerhalb der Gruppe stattfinden, hintanzustellen.

Zahlreiche empirische Studien haben sich mit den Determinanten und Effekten kohäsiver Gruppen beschäftigt (z. B. *Litterer 1965; Feldman/Arnold 1983*). Im Kontext organisationaler Kompetenzen sind dabei insbesondere solche Erkenntnisse von Bedeutung, die Aussagen über Zusammenhänge zwischen dem Organisationskontext und dem Ausmaß der Gruppenkohäsion treffen. Folgende Erkenntnisse liegen dazu vor:

- Anreizsysteme, die auf einen internen Wettbewerb gerichtet sind (z. B. unterschiedliche Boni, unterschiedliche Arbeitsbedingungen), führen zu geringerer Kohäsion als solche, die auf Kooperation ausgerichtet sind.
- Je geringer die direkten und persönlichen Interaktionsmöglichkeiten zwischen Gruppenmitgliedern, umso schwächer ist die Gruppenkohäsion ausgeprägt.
- Je wichtiger die Arbeit der Gruppe für die Gesamtleistung des Unternehmens ist (»wichtig« hier vor allem, wie sich die Bedeutung aus der Perspektive der Gruppenmitglieder darstellt), umso höher die Gruppenkohäsion.
- Bedrohung von außen (Kritik, Gegenwind, Gefahren durch Reorganisation, neue Technologien, neue Trends) steigern die Kohäsion bereits kohäsiver Gruppen und schwächen die Kohäsion wenig kohäsiver Gruppen.

Positiv betrachtet führt ein hohes Ausmaß an Gruppenkohäsion zu einem ausgeprägten Teamgeist; die Gruppe verleiht ihren Mitgliedern soziale und psychologische Sicherheit und hilft dabei, mit den (komplexen) Anforderungen aus der Umwelt zurechtzukommen. Im Falle des Phänomens des »Groupthink« kippt dieser Teamgeist jedoch ins Negative. Die emotionale Verbundenheit der Gruppenmitglieder mit der Gruppe drängt in diesem Fall autonomes und kritisches Denken zurück mit der Folge, dass unter Umständen Entscheidungen getroffen werden, die an den externen Anforderungen vorbeigehen. So ist auch der Effekt zu beobachten, dass bestehende Kompetenzen der Organisation oder einer Gruppe mit aller Kraft verteidigt werden, obwohl aufgrund veränderter Umweltbedingungen deren Veränderung oder Neuentwicklung angezeigt wäre (▶ **Box 6-3**).

Nach sorgfältiger Analyse ähnlicher (Fehl-)Entscheidungsprozesse benennt Janis acht Symptome des »Groupthink«:

1. Illusion der Unverwundbarkeit, d. h. ein überzogener Optimismus.
2. Glaube an die Moralität der Gruppe, d. h. Gruppentscheidungen sind per se richtig.
3. Rationalisierung: Die Gruppe weist oder wertet Argumente und Fakten ab, die der Gruppenmeinung zuwiderlaufen.
4. Stereotypisierung: Feinde und Außenstehende werden durchgängig negativ wahrgenommen und eine inhaltliche Auseinandersetzung wird als überflüssig erachtet.
5. Selbstzensur: Gruppenmitglieder unterdrücken von sich aus Zweifel an der vermeintlichen Gruppenmeinung.

6. Gruppenzensur: Die Gruppe übt massiven Druck auf Mitglieder aus, die Zweifel an Gruppenmeinungen und Entscheidungsgrundlagen hervorbringen (wollen).
7. Gehirnwächter (»mind guards«): Bestimmte Gruppenmitglieder treten in Aktion, um potentielle Abweichler im Vorfeld zum Schweigen zu bringen.
8. Illusion der Einmütigkeit: Aufgrund der Selbstzensur und des Gruppendrucks entsteht bei allen Mitgliedern, insbesondere aber dem Gruppenführer, das Bild uneingeschränkter Einmütigkeit.

Box 6-3
Verharrungseffekte bei der NASA

Nach Auffassung von Prof. Dr. Sheila Widnall, Mitglied des Columbia Investigation Board (CAIB, etwa: Columbia-Untersuchungsausschuss), ist das desaströse Ende der Raumfähre Columbia und der Tod der sieben Astronauten an Bord durch das Versagen technischer und organisatorischer Systeme verursacht worden.

Der CAIB bestand anfänglich nur aus Regierungsangestellten und sollte den Untersuchungsbericht für die NASA verfassen. »Als der Kongress und die Presse uns wissen ließen, dass dies keine gute Idee gewesen ist, wurde der CAIB geprüft und bekam auch zivile Mitglieder«, sagte Widnall, die dem Ausschuss als eines der neuen Mitglieder am 18. Februar 2003 beitrat, 18 Tage nach dem Unglück. Wir entscheiden, dass die NASA mehr ein Mitarbeiter bei der Untersuchung sein müsse und wir den Bericht für die amerikanische Öffentlichkeit erarbeiten müssen.

Die Lehren, die aus der Untersuchung des Unglücks zu ziehen sind, betreffen nicht nur die NASA sondern auch andere Typen von Organisationen. Ingenieure scheinen dabei auf den ersten Blick eine Schlüsselrolle zu spielen: So wirft die Reaktion von Ingenieuren und Programm-Managern während der 16-tägigen Mission der Columbia die Frage über ihre Verantwortung gegenüber […] anderen Komponenten des Systems auf.

Die Hauptursache für die Tragödie war ein Stück Isolierschaum, das sich kurz nach dem Start vom externen Tank des Shuttles gelöst hatte und dann ein Loch in den Hitzeschild eines der Flügel der Columbia bohrte. Als Folge daraus wurde die innere Struktur des Raumfahrzeugs zerstört, das Shuttle destabilisiert und schließlich auseinandergerissen.

Obwohl das Schaumstoff-Problem von früheren Shuttlestarts bereits bekannt war, ließ der Termindruck für die Beteiligten das Phänomen als alltägliches, normales Ereignis erscheinen, jedoch nicht als akute Gefahr für das Space Shuttle und seine Besatzung, sagte Widnall.

Leute mit guter Absicht und Organisationen mit hohem Risiko können sich leicht an außergewöhnliche Situationen gewöhnen, sagte sie. Sowohl bei der Challenger als auch der Columbia gab es mehrere Anrufe kurz vor dem Unglück, die auf das Problem hinwiesen. Im Ergebnis wurde das Unerwartete das Erwartete, das schließlich akzeptiert wurde.

> Die Lehre lautet, dass schlechte Organisationsstrukturen ebenso gefährlich sein können, wie technische, logistische oder wirtschaftliche Faktoren. Strukturen und erfolgreiche Prozessabläufe können zu blinden Flecken für die Organisation und ihre Mitglieder werden. Sie befördern Gruppendenken und führen zu Fehlentscheidungen.
>
> Die Ursache für derartige Fehlentscheidungen liegt oft in der Verbindung zwischen Technologie und dem organisatorischen Unterbau, in den sie eingebettet ist. Daraus ergibt sich im Umkehrschluss, dass hier auch die Lösung für die Verhinderung derartiger Unglücke zu finden ist.
>
> *Quelle: In Anlehnung an* http://www.raumfahrer.net/news/raumfahrt/17112003152¬436.shtml, *Zugriff am 12.5.2014.*

Das Beispiel der NASA zeigt, welche schwerwiegenden Konsequenzen ein hoher Gruppendruck verbunden mit einem ausgeprägten Zeitdiktat auf Entscheidungsprozesse in Gruppen haben kann. In einer Studie, die das Challengerunglück im Jahre 1986 als Ergebnis von »Groupthink« deutet, wurde gezeigt, dass Zeitdruck in Kombination mit einem autokratischen Führungsstil die Neigung zum Gruppendenken erhöhen. Starker Zeitdruck und Führungspersonen, die von Hause aus wenig Widerspruch und Diskussion zulassen, schaffen ein Klima, das Gruppendenken befördert (vgl. *Mooread et al. 1991*). Die Auseinandersetzung mit Fehlentwicklungen und Problemen in (erfolgskritischen) Entscheidungssituationen erfolgt nicht oder zu schwach. Das Ergebnis ist ein (bewusst) blindes »Drauflosarbeiten« und nicht mehr ein reflektierter Umgang mit Problemen (vgl. *Busch 2010*).

6.6 Starke Unternehmenskultur

Einen weiteren Erklärungsansatz für die Verharrungstendenz organisationaler Kompetenzen bietet das Konzept der Unternehmenskultur, welches im Kontext Rahmenbedingungen für die Entwicklung organisationaler Kompetenzen von Bedeutung ist und bereits in Kapitel 4 dieses Buches erläutert wurde.

Unternehmenskulturen sind im Wesentlichen implizite, kollektiv geteilte Überzeugungen, die die Identität der Unternehmung prägen und organisationales Verhalten strukturieren. Sie liegen als selbstverständliche – teilweise nicht reflektierte – Annahmen dem organisationalen Handeln, also auch den Prozessen der Ressourcenauswahl und -verknüpfung im Sinne organisationaler Kompetenz, zugrunde.

Ob und in welchem Ausmaß die Unternehmenskultur Veränderungen und Neuerungen eben dieser Prozesse der Ressourcenauswahl und -verknüpfung zulässt, hängt davon ab, wie stark vereinheitlichend sie auf das Verhalten der Organisationsmitglieder wirkt. In diesem Zusammenhang ist die Unterscheidung von »starken« und »schwachen« Kulturen bedeutsam. Mit »stark« ist gemeint, dass sie als besonders stark stabilisierende Orientierungshilfe in komplexen Umwelten fungieren und eine starke emotionale Bindung an bewährte Vorgehensweisen schaffen. Die unternehmensspezifische starke Kultur hat einen bewahrenden Charakter und neigt zur Unterdrückung von Veränderung bzw. dazu, entsprechende Impulse zurückzuweisen. Starke Unternehmenskulturen betonen in besonders ausgeprägter Weise die Werte »Konsens« sowie »Loyalität« und zeichnen sich empirischen Studien zufolge durch ein gehemmtes Innovationsverhalten aus (vgl. Probst/Raisch 2005; Prahalad 2004).

> **Box 6-4**
> **Die Razor-Blade-Philosophie von *Polaroid***
>
> Wie der von *Tripsas* und *Gavetti* rekonstruierte Fall zeigt, hat Polaroid zunächst sehr früh die Zeichen der Zeit richtig zu deuten gewusst und den Niedergang der Analogfotografie antizipiert.
>
> Anders als z. B. das Unternehmen *Agfa* wurde von *Polaroid* der Trend in Richtung Digitalfotografie frühzeitig erkannt und aufgegriffen. Das Unternehmen investierte in den frühen 1980er Jahren massiv in die Exploration der digitalen Kameratechnologie und in den Aufbau entsprechender Kompetenzen. Flankiert von Projekten zur Entwicklung von Druckern für die zukünftige digitale Technologie, hatte Polaroid gegen Ende der 1980er Jahre führende Kompetenzen in verschiedenen Bereichen digitaler Bildtechnologie entwickelt.
>
> Interessant ist nun, dass sich diese früh aufgebaute Stärke trotzdem nicht vollends entfalten konnte. Die digitale Bildtechnologie konnte sich nicht gegen die seit der Gründung der Firma stabile Annahme durchsetzen, dass sich ein erfolgreiches

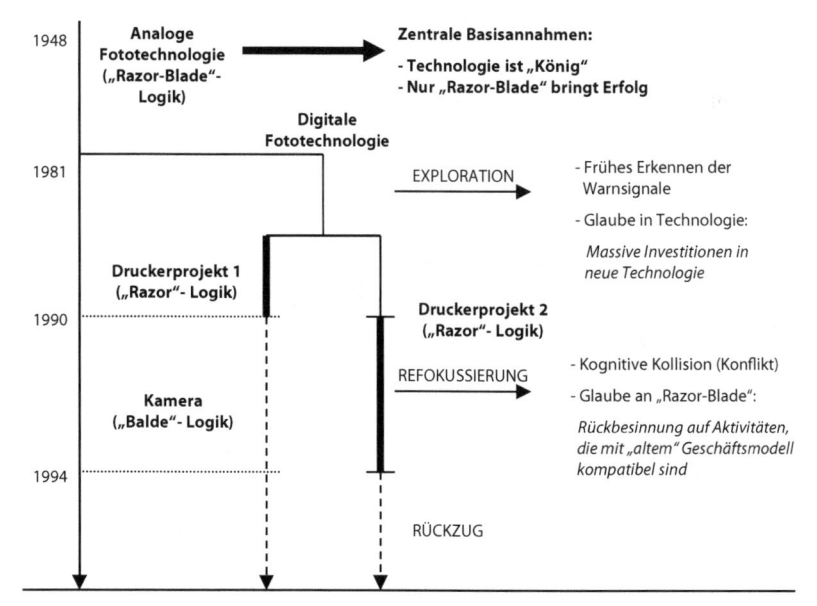

Abb. 6-1: Kompetenzentwicklung und -persistenz bei Polaroid im Zeitablauf

> bildgebendes Produkt vor allem durch kompatible Software und Druckerkomponenten auszeichnen muss (sog. »*Razor-Blade*«-*Philosophie*). Diese grundlegende Meinungsverschiedenheit konnte auch in zeitintensiven Diskussionen zwischen den Entwicklungsingenieuren der neuen Technologie und dem Senior-Management nicht überwunden werden und führte letztendlich nur zu einer Verzögerung und Verschleppung der Weiterentwicklung der digitalen Technologie. Zwar wurden Ressourcen in die Entwicklung von Druckern investiert, die mit der digitalen Technologie kompatibel sein sollten, das Hauptinteresse der Unternehmensführung galt aber weniger der digitalen Bildtechnologie.
>
> Vielmehr ging es um die Generierung eines Produktes, welches – in der Tradition analoger Fotografie – die Darstellung von Fotos auf Papier und den entsprechenden Absatz ermöglichen sollte (»*Razor-Logik*«).
>
> Das fehlende Commitment für die neue Technologie auf der Top-Management-Ebene begleitet von technischen Problemen bei der Umsetzung der neuen Drucker führten im Endeffekt dazu, dass das Unternehmen ab Mitte der 1990er Jahre immer weniger in die Entwicklung der digitalen Bildtechnologie und den damit verbundenen Kompetenzen investierte.
>
> In der Folge brachte *Polaroid* seine erste Digitalkamera erst 1996 auf den Markt, also zu einem Zeitpunkt, zu dem bereits mehr als 40 andere Firmen Digitalkameras vertrieben. Die Folge waren ein weiterer Rückzug aus dem Geschäft und die Erosion der einstmals aufgebauten Kompetenzen in der digitalen Bildtechnologie.
> Quelle: Vgl. Tripsas/Gavetti (2000).

Das Beispiel *Polaroid* (▶ Box 6-4) zeigt, wie sich trotz augenscheinlicher Aktivitäten in Richtung neuer Kompetenzen auch nach vielen Jahren noch die ursprünglich orientierungsstiftenden Basisannahmen weiterhin entfalten und letztlich einer erfolgreichen Ablösung etablierter Kompetenzen im Wege stehen können.

Die alte in der Unternehmenskultur verankerte Kompetenz verteidigt mit aller Kraft die altbewährten Annahmen und wird auf diese Weise zu einer Barriere bei der Erschließung und der Umsetzung neuartiger Impulse. Dementsprechend verharren auch die erfolgsbewährten organisationalen Kompetenzen, eine Veränderung der Erfolgsmuster wird schlichtweg – wenn auch unbewusst – nicht zugelassen.

Das Beispiel zeigt aber auch den Einfluss und die Bedeutung von Einflussstrukturen und Macht auf.

6.7 Machtpolitische Prozesse

Ebenso wie eine starke Unternehmenskultur können die im Zuge mikropolitischer Prozesse (▶ **Kap. 4**) entstehenden Machtstrukturen als Ausdruck kollektiver Persistenz gelten und die Weiter- und Neuentwicklung organisationaler Kompetenzen behindern (vgl. *Markides/Geroski 2003; Schirmer 2013*). In der Auffassung der politischen Prozessansätze sind Entscheidungen – also auch Entscheidungen, die mit organisationalen Kompetenzen einhergehen – das Resultat komplexer Machtspiele. Die Machtentfaltung ist dabei daran gebunden, dass Menschen in soziale Beziehung treten, um die in der Organisation bestehende Handlungs- und Entscheidungsspielräume zu nutzen und im Sinne eigener Interessen zu beeinflussen. Dieser Aspekt ist auch im Kontext organisationaler Kompetenzen von Relevanz, entfaltet diese sich doch gerade in der (sozialen) Auseinandersetzung mit komplexen und ergebnisunsicheren Anforderungen. Dieser Unsicherheitsraum wird nun aufgrund unterschiedlichster Machtquellen strukturiert (vgl. *Crozier/Friedberg 1979*), von besonderer Bedeutung für Organisationale Kompetenzen sind:

a) *Expertenwissen*: Darunter wird der Besitz einer nur schwer ersetzbaren Fähigkeit oder Spezialisierung verstanden, die es dem Experten ermöglicht, bestimmte Probleme zu lösen, die für die Organisation von entscheidender Bedeutung sind. Dies liegt an der Tatsache, dass die anderweitige Beschaffung dieses Know-hows entweder unmöglich oder aber mit hohen Kosten verbunden ist.
b) *Kontrolle von Informations- und Kommunikationskanälen*: Durch die Kontrolle bestimmter Informationskanäle und die damit verbundene Manipulationsmöglichkeit der spezifischen Ressourcenverknüpfung (Organisationale Kompetenz), lässt sich ebenfalls Macht und Einfluss ableiten.

Es lässt sich sagen, dass je bedeutender die Ungewissheitsquelle, d. h. je weniger sie substituierbar und je zentraler die Funktion für die Funktionstüchtigkeit der Organisation ist, desto größer ist das Machtpotential zur Kompetenzbeeinflussung, das sich daraus für den Einzelnen ableiten lässt. Darüber hinaus ist von Interesse, wie sich die Machtstellung von einzelnen Mitgliedern der Organisation in der Vergangenheit dargestellt hat (also Einflussgeschichte) sowie die Frage, inwieweit diese Stellung und der zurückliegende Einfluss in der Organisation verankert sind.

Für Kompetenzerwerb ist diese Einsicht insofern bedeutsam, als in dem Umfang, in dem die Herausbildung organisationaler Kompetenzen an die Entfaltung einer bestimmten Macht- bzw. Einflussstruktur gekoppelt ist, ein Risiko entsteht, wenn es darum geht, bestehende Kompetenzen zu verändern. Da die Weiter- oder Neuentwicklung von Kompetenzen in der Regel mit einer Umverteilung von Ressourcen und einer Veränderung von Unsicherheitszonen verbunden ist (vgl. *Pettigrew 1973*), führt dies zwangsläufig zu der Notwendigkeit, auch die bestehenden Machtstrukturen zu verändern (vgl. *Greiner 1967*). Genau diese Veränderung stellt sich als äußerst problembehaftetes Unterfangen dar, da die Machtinhaber i. d. R. alles daran setzen werden, ihren etablierten Einfluss zu verteidigen. Die »mächtigen« Akteure tendieren dazu, den Status quo zu wahren und die bestehenden Machtverhältnisse zu reproduzieren *(vgl. Kisfalvi 2000)*. Somit werden neue Sichtweisen und Problemlösungen durch die Organisation selbst blockiert. Die machtpolitischen sozialen Strukturen können deshalb eine Anpassung organisationaler Kompetenzen massiv behindern.

Zusammenfassend zeigt sich, dass organisationale Kompetenzen aufgrund verschiedener Ursachen eine Neigung zur Verfestigung aufweisen und Unternehmen damit Gefahr laufen, in die »Kompetenzfalle« (▶ **Kap. 5**) zu geraten.

Diese Mikro-Beharrungstendenzen finden auf der Gesamtsystemebene ihre Entsprechung in Dynamiken, die wir heute unter das Stichwort »Pfadabhängigkeit« fassen. Erfolgreiche Kompetenzen drohen aufgrund unterschiedlicher Effekte in ein Lock-in zu geraten, und es fällt dann Organisationen sehr schwer, sich aus diesen Fesseln wieder zu befreien. Kapitel 7 stellt die Zusammenhänge im Detail dar.

Diskussionsfragen

1. »*Success breeds failure*«, erläutern sie diesen Satz mit Bezug auf organisatorische Kompetenzen.
2. Formulieren Sie Beispiele für exploitatives und exploratives Lernen für eine selbstgewählte Kompetenz der Organisation.
3. Was versteht man unter einem »bias« und welche Bedeutung hat dies bei der Entwicklung organisatorischer Kompetenzen?
4. »Kognitive Landkarten sind unvermeidlich im Kompetenzerwerb«! Diskutieren Sie diesen Satz
5. Inwiefern ist das »Crowding-out«-Phänomen für das Management von Kompetenzen von Bedeutung?
6. Welche Bedeutung hat die Selbstrechtfertigung im Rahmen des »escalating commitment«?
7. Was versteht man unter »Groupthink«? Inwiefern spielt es in der Kompetenzentwicklung eine Rolle?
8. Inwiefern können »mind guards« die Entwicklung organisatorischer Kompetenz beeinflussen?
9. Weshalb neigen starke Unternehmenskulturen zur Verfestigung?
10. Diskutieren Sie die Bedeutung von Macht für den Erwerb und die Veränderung organisationaler Kompetenzen!

Literaturverzeichnis Kapitel 6

Argyris, C. (2010). Organiztional traps. Leadership, culture, and organizational design, New York.
Brockner, J. (1992). The escalation of commitment to a failing course of action: Toward theoretical progress, in: Academy of Management Review, 17: 39–61.
Busch, M.W. (2010). Teamreflexivität, in: Zeitschrift für Planung & Unternehmenssteuerung, 20: 295–302.
Crozier, M./Friedberg, E. (1979). Macht und Organisation. Die Zwänge kollektiven Handelns, Königstein/Ts.
Cyert, R.M./March, J.G. (1963). A behavioral theory of the firm, Englewood Cliffs/N.J.
Dougherty, D. (1995). Managing your core incompetencies for corporate venturing, in: Entrepreneurship Theory and Practice, 19: 113–135.
Feldman, P.C./Arnold, H.J. (1983). Managing individual and group behavior in organizations, New York.
Finkelstein, S./Whitehead, J./Campbell, A. (2008). Think again: Why good leaders make bad decisions and how to keep it from happening to you, Boston.

Goddard, A. (2004). Budgetary practices and accountability habitus: A grounded theory, in: Accounting, Auditing & Accountability Journal, 17: 543–577.

Greiner, L.E. (1967). Patterns of organizational change, in: Harvard Business Review, 45(3): 119–130.

Heiner, R.H. (1983). The origin of predictable behavior, in: The American Economic Review, 73: 560–595.

Hodgkinson, G.P. (1997). Cognitive inertia in a turbulent market: The case of U.K. residential estate agents, in: Journal of Management Studies, 34: 921–945.

Jackson, S.E./Dutton, J.E. (1988). Dicerning threats and opportunities, in: Administrative Science Quarterly, 33: 370–387.

Janis, I.L./Mann, L. (1977). Decision making: A psychological analysis of conflict, choice, and commitment, New York.

Janis, I.L. (1982). Groupthink. Psychological studies of policy decisions and fiascoes, 2. Aufl., Boston.

Kahneman, D./Tversky, A. (1979). Prospect theory: An analysis of decisions under risk, in: Econometrica, 47: 263–291.

Kahneman, D./Klein, G. (2010). When can you trust your gut? in: McKinsey Quarterly, 3: 58–67.

Kisfalvi, V. (2000). The threat of failure, the perils of success and CEO character: Sources of strategic persistence, in: Organization Studies, 21: 611–639.

Kogut, B./Kulatilaka, N. (2001). Capabilities as real options, in: Organization Science, 12: 744–758.

Leonard-Barton, D. (1992): Core capabilities und core rigidity: A paradox in managing new product development, in: Strategic Management Journal, 13: 111–126.

Levinthal, D./March, J.G. (1993): The myopia of learning, in: Strategic Management Journal, 14: 95–112.

Litterer, J.A. (1965). The analysis of organizations, New York.

March, J.G. (1991). Exploration and exploitation in organizational learning, in: Organization Science, 2: 71–87.

March, J.G. (2006). Rationality, foolishness, and adaptive intelligence, in: Strategic Management Journal, 27: 201–214.

Markides, C.C./Geroski, P. (2003). Teaching elephants how to dance and other silly ideas, in: Business Strategy Review, 14(3): 49–53.

Miller, D. (1993). The architecture of simplicity, in: Academy of Management Review, 18: 116–138.

Miller, D.T./Nelson, L.D. (2002). Seeing approach motivation in the avoidance behavior of others: Implications for an understanding of pluralistic ignorance, in: Journal of Personality and Social Psychology, 83: 1066–1075.

Moorhead, G./Ference, R./Neck, C.P. (1991). Group decision fiascoes continue: Space shuttle Challenger and a revised groupthink framework, in: Human Relations, 44: 539–550.

Pettigrew, A.M. (1973). The politics of organizational decision-making, London.

Prahalad, C.K. (2004). The blinders of dominant logic, in: Long Range Planning, 37: 171–179.

Probst, G./Raisch, S. (2005). Organizational crisis: The logic of failure, in: Academy of Management Executive, 19(1): 90–105.

Repenning, N.P./Sterman, J.D. (2002). Capability traps and self-confirming attribution errors in the dynamics of process improvement, in: Administrative Science Quarterly, 47: 265–295.

Schirmer, F. (2013). Das duale Prozessmodell dynamischer Fähigkeiten – Mikro-Politische Desiderata und Rekonstruktionsperspektiven, in: Zeitschrift für Personalforschung, 27: 5–25.

Schwenk, C.R. (1986). Information, cognitive biases, and commitment to a course of action, in: Academy of Management Review, 11: 298–310.

Staw, B.M. (1976). Knee-deep in the big muddy: A study of escalating commitment to a chosen course of action, in: Organizational Behavior and Human Performance, 16: 27–44.

Staw, B.M. (1981). The escalation of commitment to a course of action, in: Academy of Management Review, 6: 577–587.

Tripsas, M./Gavetti, G. (2000). Capabilities, cognition, and inertia: Evidence from digital imaging, in: Strategic Management Journal, 21: 1147–1161.
Walsh, J.P. (1988). Selectivity and selective perception: An investigation of managers' belief structures, in: Academy of Management Journal, 31: 973–896.
Weick, K.E./Roberts, K.H. (1993). Collective mind in organizations: Heedful interrelating on flight decks, in: Administrative Science Quarterly, 38: 357–381.
Westphal, J.P./Bednar, M.K. (2005). Pluralistic ignorance in corporate boards and firm's strategic persistence to low firm performance, in: Administrative Science Quarterly, 50: 262–298.

7 Zur Pfadabhängigkeit organisationale Kompetenzen

7.1 »Core Rigidities«

Der Entwicklungsverlauf von Kompetenzen lässt sich – wie oben bereits dargelegt – als Musterbildung verstehen. Einmal mit Erfolg vollzogene Ressourcenverknüpfungen generieren positives Feedback, das wiederum Veranlassung zur Wiederholung gibt. Im Fortlauf kommt es schließlich auf diese Art und Weise zur Herausbildung von stabilisierten Verknüpfungsmustern. Einmal erfolgreiche Ressourcenverknüpfungen beeinflussen bewusst oder unbewusst – ganz im Sinne von »history matters« – die zukünftigen Verknüpfungen und verstärken sich so über die Zeit positiv (vgl. *David 1985*). Anders ausgedrückt, es entstehen mit einer gewissen Wahrscheinlichkeit über einen Zeitraum hinweg spezifische, komplexe Verknüpfungsmuster, die zuverlässig aktualisierbar eine Organisation immer wieder in die Lage versetzen, erfolgreiche Problemlösungen hervorzubringen. Kapitel 5 enthält zahlreiche Beispiele, die diesen Entstehungs- und Replikationsprozess anschaulich werden lassen.

Bereits in Kapitel 6 wurde darauf aufmerksam gemacht, dass es genau diese erfolgreiche, gegebenenfalls überlebenskritische mustergesteuerte Reproduktion von Kompetenz ist, die zugleich ein grundsätzliches Problem in sich birgt. Das auf Reproduktion ausgelegte durch positives Feedback entstandene Kompetenzmuster erweist sich bei Veränderungen der Umwelt (neue Nachfragesituation, neue Wettbewerber usw.) als schwer veränderbar. Es besteht die klare Tendenz zur Persistenz, d.h. zum Festhalten an dem, was sich bewährt hat.

Diese nicht-intendierten Nebenfolgen erfolgreicher Kompetenzbildung im Falle einer gravierenden Umweltveränderung werden von *Leonard-Barton (1992)* sehr plastisch mit einem Umkippen (»flip«) umschrieben, »core competencies« kippen um in »core rigidities«. Kompetenzen zeichnen sich danach paradoxerweise sowohl dadurch aus, dass sie einerseits immer wieder ganz bestimmte Innovationen ermöglichen, gleichzeitig aber zur Verhinderung oder Unterdrückung andersgearteter Innovationen beitragen. Es stellt sich in der Folge der Effekt ein, dass die existierenden Kompetenzen immer weiter verbessert werden, während gleichzeitig das Experimentieren mit Ressourcen zur Entwicklung alternativer Lösungsansätze kontinuierlich an Attraktivität verliert (vgl. *Levitt/March 1988*). Das erfolgreiche Verknüpfungsmuster wird zum selbstverständlichen Bestandteil der Organisation, es wird regelmäßig auf vermeintlich bekannte Problemsituationen angewandt, ohne die nachhaltige Brauchbarkeit angesichts gravierender Umweltänderungen zu prüfen.

Die Herausbildung komplexer Verknüpfungsmuster – unabhängig von der spezifischen funktionalen Verknüpfung (z. B. Marketingkompetenz, Produktentwicklungskompetenz, Planungskompetenz) – ist somit einerseits konstitutiv für die Generierung und Aufrechterhaltung von Wettbewerbsvorteilen, andererseits, aufgrund der mit dem Prozess der Ausbildung dieser Muster einhergehenden Abschließungstendenzen, mit dem Risiko fehlender Anpassungsfähigkeit behaftet. Neben den in Kapitel 6 bereits benannten theoretischen Erklärungen für diese Tendenz ist es vor allem die Theorie der Pfadabhängigkeit, die als besonders eindringliche Erklärung hervorsticht. Hier wird das Persistenzproblem durch *Trajektorien* erklärt. Gemeint ist damit ein Prozess der zunehmenden Selbstverstärkung, der schließlich zu einer Verfestigung im Sinne einer Fixierung auf einen bestimmten Handlungspfad führt, der die Organisation auch auf neue Situationen immer wieder mit routinierter Reproduktion reagieren lässt, was schließlich in die Ineffizienz führt. Dieser Erklärungsweg sei im Fortlauf genauer dargestellt.

7.2 »History matters«

Pfadabhängigkeit ist heute ein vielverwendetes Schlagwort geworden, wenn es um die Beschreibung organisationaler Trägheit geht. Häufig wird in dieser Diskussion übersehen, dass sich die Theorie der Pfadabhängigkeit mit der Erklärung von Phänomenen beschäftigt, die es im Rationalmodell der Unternehmensführung gar nicht gibt: Ein Festhalten an ineffizienten Lösungen, obwohl effizientere Alternativen verfügbar wären, irreversible Entscheidungsmuster oder die Prägung gegenwärtiger Handlungsmuster durch frühere Entscheidungen. Aus dem Rationalmodell heraus sind wir es gewohnt, anzunehmen, dass die Entscheider immer nach der besten Lösung suchen, alte Bindungen bei Bedarf abschütteln und sich von früheren Entscheidungen für die Zukunft in keiner Weise einschränken lassen. Weichen Entscheider dennoch von diesem Schema ab, so wird dies für gewöhnlich auf menschliches Versagen, insbesondere auf beschränkte Rationalität zurückgeführt. Die Theorie der Pfadabhängigkeit geht hier ganz andere Wege, die Ursache für Verzerrungen oder Trägheit wird dort nicht in der Person oder Gruppe vermutet (▶ **Kap. 6**), sondern in der spezifischen *Dynamik organisatorischer Prozesse*.

Jenseits der allgemeinen Einsicht, dass der historische Einfluss auf Entscheidungen und Strukturen einer Organisation viel größer ist als in der Organisationstheorie gemeinhin angenommen (vgl. *Kieser 1994*), geht es der Theorie der Pfadabhängigkeit sehr viel konkreter um die Erklärung eines spezifischen Phänomens: Ein einmal eingeschlagener Weg, etwa in Form eines bestimmten Kompetenzprofils, verdichtet sich in einem Unternehmen meist *unbemerkt* zu einem *Kompetenzpfad*, d. h. die Organisationsmitglieder replizieren in ihren Problemlösungen zunehmend das einmal erworbene Muster bis schließlich dieser Pfad trotz attraktiver Alternativen nicht mehr oder nur noch mit sehr großen Anstrengungen verlassen werden kann. Ist dieses Stadium erreicht, spricht man von einem *Lock-in*. Als bekannte Beispiele für Unternehmen, die in eine solche Pfadabhängigkeit geraten sind, lassen sich nennen: *IBM, Rollei, Kodak, Karstadt, Schlecker* oder der *Bertelsmann Buchclub*.

Nicht immer geraten Kompetenzen in die Pfadabhängigkeit, dies ist nur bei dem Wirken besonderer Mechanismen der Fall. Pfadabhängigkeit ist also eine Tendenz, aber keine universelle Eigenschaft organisationaler Kompetenzen (anders dagegen *Teece et al. 1997*).

7.3 Wie entsteht Pfadabhängigkeit?

Die Idee der Pfadabhängigkeit hat sich zunächst in Studien zur technologischen Entwicklung und der Herausbildung *technologischer Standards* entwickelt. Später wurde der Ansatz zunehmend in anderen Disziplinen, so auch der Betriebswirtschaftliche, aufgegriffen. Die grundlegende Fragestellung ist dabei sehr ähnlich: Wie kommt es dazu, dass sich bestimmte technologische, rechtliche oder strategische Lösungen durchsetzen und wie kommt es zu den hartnäckigen Beharrungstendenzen bei Versuchen ihrer Veränderung? Die Antwort auf diese Fragen fällt in der Pfadtheorie sehr ungewöhnlich aus, im Zentrum der Erklärung stehen *selbstverstärkende Effekte,* die eine Eigendynamik entfalten, die ab einem bestimmten Punkt kaum mehr zu stoppen ist.

Das Konzept und die Grundidee der Pfadabhängigkeit gehen auf *Paul David (1985)* zurück, der in seinen wirtschaftshistorischen Analysen die Frage verfolgte, weshalb sich die QWERTY-Schreibmaschinen- und Computertastatur durchgesetzt hat und daran trotz attraktiver Alternativen seit mehr als 100 Jahren festgehalten wird (vgl. auch *Ortmann 1995*). Gemeint ist die Anordnung der Buchstaben auf der Tastatur in der Standardlösung: QWERTY. So lauten als Wort geschrieben die ersten sechs Buchstaben auf der ersten oberen Buchstabenreihe linksseitig.

1867 als die ersten Schreibmaschinen auf dem Markt entwickelt wurden, stand die Entscheidung über der Tastaturgestaltung an. Man wollte vor allem eine Buchstabenanordnung, bei der die Wahrscheinlichkeit einer Verhakung der Typenhebel bei schnellem Schreiben gering ist. 1873 verkauften die Erfinder Scholes und Glidden ihr Patent für das Tastaturdesign an Remington. Das war zugleich der Grundstock für QWERTY. Remington nahm noch einige Modifikationen vor, vor allem war eine Tastatur erwünscht, bei der die Verkäufer besonders schnell im Kundengespräch den Markennamen »Typewriter« schreiben konnten (vgl. *David 1985, S. 333*). 1878 kam schließlich Remingtons Typewriter Nr. 2 mit der QWERTY-Tastatur auf den Markt, so wie wir sie bis heute kennen. Diese eher zufällig entstandene Entscheidung von Remington zog im Gefolge immer weitere Entscheidungen für diese Art der Buchstabenanordnung nach sich (die kaufmännischen Schulen entschieden für QWERTY, daraufhin kauften Unternehmen primär Schreibmaschinen mit QWERTY, weil Typistinnen darauf gut schreiben konnten usw.), so dass sie sich schließlich als Standard durchsetzte und heute keine andere Tastatur mehr auf dem Markt verfügbar ist. Fast die ganze Welt hat sich zwischenzeitlich diesem eher zufällig entstandenen Standard gebeugt, obwohl seit mehr als 80 Jahren immer wieder effizientere Tastaturdesigns entwickelt werden. Alternative Tastaturen erwiesen sich häufig in Schnellschreibtests als besser; sie wurden jedoch nicht aufgegriffen. Die Entscheidung für die QWERTY-Tastatur wird ununterbrochen reproduziert.

In der Pfadtheorie wird dieses nun schon über 130 Jahre währende QWERTY-Monopol primär über einen sich selbst-verstärkenden Mechanismus erklärt: Der Nutzen einer Entscheidung für QWERTY stieg für alle späteren Nachfrager in dem Maße, in dem die Anzahl der QWERTY-Nutzer zunahm. Mit anderen Worten, man verweist auf die Dynamik von Netzwerk-Externalitäten, wonach der Einzelnutzen eines Kaufs mit der Gesamtzahl an Nutzern steigt (vgl. *Katz/Shapiro 1985*). In einem nächsten Schritt wurde die Analyse ausgeweitet auf indirekte Netzwerk-Externalitäten, d.h. Komplementärgüter, die den Externalitätseffekt weiter verstärken. Komplementärgüter wären in diesem Fall Schreibmaschinenzubehör oder Lehrbücher, die es im Fortlauf wegen der wachsenden Dominanz nur noch für QWERTY-Maschinen gab. Darüber hinaus erzielte man mit der Standardisierung aber auch »economies of scale« im Sinne von überproportional sinkenden Stückkosten bei den Zulieferern, bei den Händlern und natürlich auch bei den Herstellern, die den QWERTY-Standard immer weiter beförderten und es Alternativen mit geringeren Einheiten schwer machten, sich durchzusetzen (vgl. dazu jedoch die Kritik von *Liebowitz/Margolis 1995*).

Auslöser für diesen Prozess – darauf sei noch einmal ausdrücklich hingewiesen – sind keine raffiniert ausgeklügelten Marktentwicklungsstrategien, sondern eher »kleine Ereignisse« (small events), zufällige Ereignisse und erste Handlungsschritte, die lokal bezogen kleine Vorteile versprechen. Es sind diese kleinen Ereignisse, die weitreichende und völlig unabsehbare Folgen nach sich ziehen. Der Begriff des »small events« ist der Komplexitätstheorie entnommen, die zeigt, wie aus einem kleinen unbedeutenden Ereignis aufgrund der hohen Konnektivität der Elemente untereinander sehr schnell ein Riesenereignis, wie etwa eine Lawine oder die Finanzkrise, entstehen kann (vgl. *Kauffman 1990*).

Ihre besondere Brisanz im Hinblick auf Kompetenzen erhält die Pfadabhängigkeitstheorie insbesondere durch den Verweis auf die potentielle Ineffizienz »verriegelter« Lösungen. Eine solche Verriegelung wird als ein »Lock-in« beschrieben, d.h., es wird eine Lösung erreicht, die dann nur noch schwer wieder zu verlassen ist (vgl. *Arthur 1988, S. 9ff.*). Die Tatsache, dass sich eine Lösung »verriegelt«, wird freilich erst dann ein Problem, wenn bessere Lösungen verfügbar sind, diese aber aufgrund der Verriegelung nicht ergriffen werden können. Bezogen auf Kompetenzen kennzeichnet eine solche Verriegelung jedoch grundsätzlich einen Problemzustand insofern, als ja für zukünftige Entscheidungssituationen kein Spielraum mehr verbleibt. Wenn sich beispielsweise die Situation auf den Faktor- oder Gütermärkten strukturell ändert und eine Anpassung notwendig wird, erweist sich eine Verriegelung der Kompetenzen, wie etwa bei Polaroid (vgl. *Tripsas/Gavetti 2000*) unter Umständen als tödliche Falle (▶ Box 6-4).

7.4 Entwicklungsphasen der Pfadabhängigkeit

Pfadabhängigkeit ist kein Zustand, der von Anfang an existierte, er entwickelt sich erst über einen bestimmten Zeitraum hinweg in einer nur schwer vorhersehbaren Weise. Dies im Unterschied zu anderen Verriegelungstheorien, wie etwa dem in Kapitel 6 beschriebenen *Gruppendenken* oder dem eskalierenden Commitment, die die Bindung an eine von Anfang an problematische Entscheidung verfolgen. Bei der Pfadtheorie ist das nicht der Fall, QWERTY war keineswegs zu Anfang eine schlechte Lösung, die Entscheidung dafür hat sich nur im Laufe der Zeit verriegelt und ist durch die spätere Entwicklung von Alternativen, die nicht mehr ergriffen werden können, problematisch geworden. Für das Verständnis des Phänomens der Pfadabhängigkeit ist es deshalb von zentraler Bedeutung, das Prozessgeschehen genauer zu differenzieren und die sukzessive Verengung des Handlungsspielraumes eines Unternehmens zu erfassen. Es wird daher vorgeschlagen (siehe *Sydow et al. 2009*), den Entwicklungsprozess in drei *Phasen zu* untergliedern (▶ Abb. 7-1).

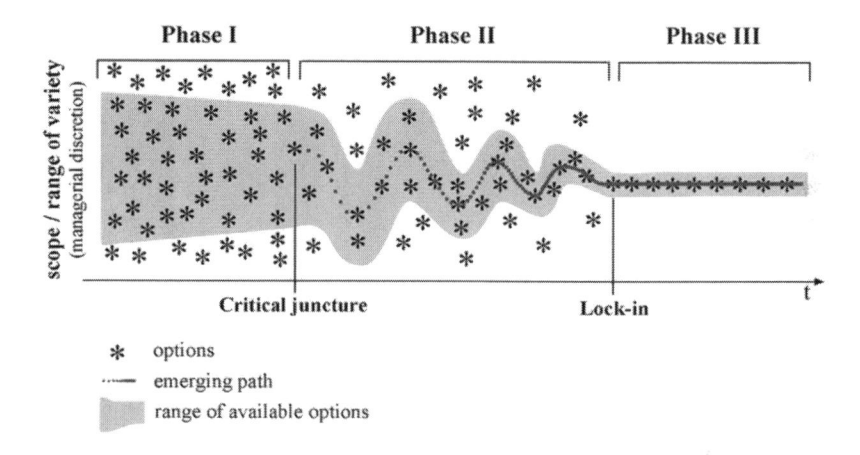

Abb. 7-1: Phasen der Pfadentwicklung (Quelle: Sydow/Schreyögg/Koch 2009, S. 692)

Phase I: Die erste Phase in der Herausbildung von Pfadabhängigkeit zeichnet sich durch eine generelle Offenheit der zukünftigen Entwicklung aus. Vieles ist noch möglich, wenig ist vorherbestimmt. Eine völlige Offenheit gibt es aber in sozialen Prozessen niemals, immer sind Vorprägungen durch die primäre und sekundäre Sozialisation vorhanden. Diesem Faktum soll symbolisch in Abbildung 7-1 durch den Schatten Rechnung getragen werden, der also bereits im Ausgangsstadium Ausschlüsse beispielsweise durch »bias« bei der Kompetenzentwicklung indiziert. Wichtig für das Verstehen des Phänomens der Pfadabhängigkeit ist der Hinweis, dass zu diesem Zeitpunkt eine beginnende Pfadabhängigkeit noch nicht erkennbar ist, verschiedene Wege sind möglich, die spätere Entwicklung steht zu diesem Zeitpunkt keineswegs fest. Phase I ist als solche deshalb auch erst retrospektiv identifizierbar, d. h. wenn es zu einer Pfadbildung gekommen ist, kann man zurückverfolgen, welche Ausgangsereignisse hierfür den Ausschlag gegeben haben. Beim *Bertelsmann Buchclub* wäre ein solches Ereignis etwa die Entscheidung die fehlenden Buchhandlungen nach dem Zweiten Weltkrieg durch den Versand von Büchern im Sinne eines Versandhandels zu ersetzen.

Der Übergang von Phase I zur Phase II wird durch das Überschreiten eines Schwellenwertes (»critical juncture«) bestimmt. Darunter ist die erstmalige Entscheidung für eine bestimmte Option – in unserem Falle der Kompetenzarchitektur – unter den vielen möglichen zu verstehen. Dieser Schritt findet je nach Sachlage positives Feedback und löst damit eventuell nachhaltige selbstverstärkende Effekte aus, die auf eine Wiederholung der Handlung drängen. Zugleich beginnen die Entscheidungsträger zu erkennen, dass durch eine *Wiederholung* dieser Kompetenzkonfiguration (Zusammenarbeit von Design und Konstruktion, Kooperation mit einem Zulieferer zur Teileentwicklung usw.) Vorteile erzielbar sind. Ob, wann und mit welcher Stärke eine solche Schwelle überschritten wird, ist ex ante nicht bestimmbar, sondern mehr zufällig. Im Entwicklungsprozess ist dies eine kritische Weichenstellung, die Entwicklung kann sich zu einem Pfad verdichten oder aber das Feld bleibt diffus mit verschiedenen Optionen. Mit anderen Worten, der Prozess kann ab diesem Zeitpunkt einen pfadförmigen Verlauf nehmen, er muss es aber keinesfalls. Es gilt das Prinzip der *Non-Ergodizität,* d.h. verschiedene Verläufe und damit auch verschiedene Lösungen sind möglich, ob es zu Pfadabhängigkeit kommt, hängt von historischen Entscheidungen und verschiedenen weiteren Faktoren ab (vgl. Ackermann 2001). Hier zeigt sich eine Ähnlichkeit zur *Evolutionstheorie*, bei der ja auch zu bestimmten Phasen unterschiedliche Lösungen möglich sind und erst die Selektion der geschichtlichen Entwicklung eine Lösung hervorbringt.

Phase II: Erst in der zweiten Phase zeigt sich, ob es tatsächlich zu einer Pfadausbildung kommt. Nach dem Überschreiten einer Schwelle (Treffen einer bestimmten Auswahl) können positive Rückkopplungseffekte auftreten (oder auch nicht!). Diese führen zu einer Verschiebung der Wahrscheinlichkeitsverteilung hin zur Durchsetzung der Ausgangswahl einer Kompetenzart. Je stärker die positive Rückkopplung wirkt und je mehr sich in ihrem Gefolge die Wahrscheinlichkeitsverteilung unter den möglichen Alternativen zugunsten dieser Lösung umstrukturiert, desto größer wird im Prozessverlauf auch die Wahrscheinlichkeit, dass diese Lösung am Ende dominant wird. Aufgrund der positiven Rückkopplungseffekte wird der Fokus in der zweiten Phase immer enger. Aufgrund der stetigen Wahrscheinlichkeitsverschiebung zugunsten eines bestimmten Prozessergebnisses/Kompetenzarchitektur wird die Realisation alternativer Kompetenzlösungen immer unwahrscheinlicher.

Die eigentlichen Treiber, die entscheiden, ob es zu einem Pfadbildungsprozess in der Kompetenzentwicklung kommt oder nicht, sind sich selbst positiv verstärkende Kräfte. Aufbauend auf *Arthurs (1989)* Konzeption der increasing returns (er hatte mit einem mathematischen Modell gezeigt, dass es nur im Falle von increasing returns, nicht jedoch im Falle von constant oder diminishing returns zur Pfadabhängigkeit kommt) seien nachfolgend vier sich selbst verstärkende Effekte gezeigt (vgl. *dazu Sydow et al. 2009):*

1. *Koordinationseffekt.* Dieser Effekt verweist auf die Vorteile, die sich aus regelgeleitetem Verhalten ergeben (vgl. *North 1990).* Die Idee dabei ist folgende: Je mehr Akteure eine spezifische Regel oder Routine zur Grundlage ihres Verhaltens machen, umso effizienter gerät die Interaktion zwischen diesen Akteuren. Der Grund ist schnell zu erkennen, je mehr das Handeln regelgeleitet ist, umso leichter ist es zu *antizipieren*

und umso leichter fällt demzufolge die vorausblickende Koordination. Die Koordinationskosten lassen sich durch regelbestimmte Verhaltensstandardisierung und die damit verbundene Vorhersehbarkeit erheblich senken. Man denke etwa an Arbeitszeitregelungen, die eine gemeinsame Kernarbeitszeit sicherstellen.

2. *Komplementaritätseffekt.* Komplementaritäten beziehen sich auf Synergien, die aus der Interaktion von zwei oder mehr separierten Routinen oder Praktiken entstehen. Dieser Mechanismus zeigt vor allem dort, wo verschiedene Routinen miteinander verknüpft sind (Kompetenzarchitektur) und neu hinzustoßende Routinen primär danach beurteilt werden, ob sie »passen« und damit die Effizienz des bisherigen Kompetenzgeflechts weiter verstärken (vgl. *David 1994*) oder ob sie Misfitkosten verursachen (was zur Ablehnung führt). Nicht-komplementäre neue Routinen werden also zurückgewiesen, weil sie zu viele Reibungsverluste mit der bisherigen Kompetenzarchitektur, genauer misfit costs, mit sich bringen. Die Idee ist nun, dass das Kompetenzgefüge, weil es aus Kostenoptimierungszwecken immer zu komplementären Routinen drängt, im Laufe der Zeit pfadabhängig wird. Die fortlaufende Einsparung von Koordinationskosten und die damit verbundenen *increasing returns* bringen dem eingespielten Kompetenzgefüge zunächst viele Vorteile, es gerät aber in Gefahr unbeweglich zu werden. Im Ergebnis entsteht also ein dominantes Handlungsmuster, das tief in das Denken und Handeln der Organisation eingegraben ist. Als Beispiel sei auf die bereits erwähnten Analysen von *Leonard-Barton (1995)* verwiesen, die klar zeigen, wie tief sich bestimmte Kompetenzmuster in der Forschungs- und Entwicklungsarbeit von Unternehmen verankern können, so dass neue Initiativen, die nicht genügend komplementär zu den alten Muster sind, wegen zu hoher Misfit-Kosten abgelehnt werden. Das Ergebnis ist ein schwer reversibler Pfad in der Kompetenzentwicklung der Unternehmen. Ganz ähnlich beschreibt *Burgelman (2002)* wie sich bei *Intel* ein Beurteilungsmuster verfestigt hatte, das die Effizienz und die kurzfristige Rentabilität in den Vordergrund gestellt hat. Neue strategische Projekte zur Kompetenzentwicklung wurden unter dem Gesichtspunkt der Passung mit diesem Muster abgelehnt oder gefördert. Die Komplementarität erwies sich auch hier als ein Verstärkungseffekt, der die Pfadbildung in der Kompetenzarchitektur des Unternehmens begünstigte. Ein ähnlicher Effekt wird auch von *Cyert/March (1963)* beschrieben und als »problemistic search« bezeichnet. Hier geht es darum, dass bei neuen Problemen zunächst immer in der Verwandtschaft der alten Lösungen gesucht und im Endeffekt das alte Kompetenzgefüge nicht mehr grundsätzlich verlassen wird. Allerdings begründen Cyert und March dieses Verhalten nicht mit Pfadabhängigkeit, sondern mit »bounded rationality«, also mit einer universellen These zur beschränkten Informationsverarbeitungskapazität von Menschen.

3. *Lerneffekt.* Auch bei diesem Effekt stellen increasing returns einen großen Anreiz zur Wiederholung einmal getroffener Entscheidungen oder eingerichteter Routinen dar: Je öfter eine bestimmte Operation oder Operationskette wiederholt wird, umso effizienter werden durch Lerneffekte nachfolgende Operationen. Die Arbeitsvollzüge werden immer besser gekonnt (schneller, zuverlässiger, fehlerfreier usw.), was in der Konsequenz zu (anfangs überproportional) sinkenden Stückkosten führt (vgl. *Argote 2013*). Je attraktiver ein Handlungsmuster durch wachsendes Können und sinkende

Stückkosten wird, umso geringer wird andererseits der Anreiz, eine neue Lösung auszuprobieren. Increasing returns verspricht nur die einmal etablierte Lösung, obgleich sich – wie gut bekannt – die Lernkurve nach einer gewissen Zeit einem *Lernplateau* nähert (vgl. *Yelle 1979*), d.h. ab einem bestimmten Punkt bringt jede weitere Wiederholung keine zusätzlichen Erträge (Grenzertrag = 0) und eben auch keine increasing returns mehr. Zu diesem Zeitpunkt hat sich aber häufig schon der Pfad herausgebildet, d.h. es wird immer schwieriger das eingespielte Handlungsmuster zu verlassen – bedingt durch Lernerfahrungen und damit einhergehende Ressourcenbindungen (»commitment«).

4. *Erwartungseffekt.* Im Zentrum dieses sich selbstverstärkenden Mechanismus steht die interaktive Bildung von Präferenzen, die im Unterschied zur Neoklassik nicht als fixe individuelle Disposition, sondern als Ergebnis eines interaktiven dynamischen Prozesses verstanden werden. Ein oft zitiertes Beispiel für diesen Mechanismus ist das Bestreben, immer auf der Seite der Gewinner zu enden. Je mehr Leute ein Produkt oder eine bestimmte Problemlösung präferieren, umso mehr wählen aus genau diesem Grund dann auch diese Option *(vgl. Leibenstein 1950).* Mit anderen Worten, der zusätzliche Nutzen wird darin gesehen, dass andere dasselbe tun, mit der Option auf der Gewinnerseite zu sein (vgl. *Rohlfs 2003*). Im Kontext von Organisationen diffundieren bestimmte Praktiken häufig nach genau diesem Muster *(vgl. Benner/Tushman 2003)*. Organisationsmitglieder sind bereit, bestimmte Praktiken zu übernehmen, weil sie auf der Seite der Mehrheit stehen wollen – und je mehr Leute dasselbe tun, umso besser wird für sie diese Option. Ein einmal eingeübtes Kompetenzmuster verankert sich auf diese Weise immer mehr, Alternativen bleiben unberücksichtigt.

Phase III: Während es in Phase II durchaus noch Abweichungsmöglichkeiten gibt, und der Pfad erst allmählich eine strengere Form annimmt, tritt mit Beginn der dritten Phase die Zuspitzung des Entwicklungsprozesses ein. Ab einem bestimmten Zeitpunkt schließt sich der Alternativenraum, es entsteht die Situation des *Lock-in.* Von da an gibt es entweder keine Alternativen mehr (wie im Falle QWERTY) oder die Handlungsmuster sind so verriegelt, dass effektivere Alternativen nicht mehr ergriffen werden können. Liegt vollkommene Pfadabhängigkeit vor, so wirkt sie in dem Sinne deterministisch als sie andere Handlungsmuster ausschließt. Im Falle gravierender Umweltveränderungen verhält sich das Unternehmen starr, verwendet immer wieder dieselben Kompetenzmuster und ist trotz veränderten Anforderungen aus der Umwelt an den Pfad gefesselt. Das Ausmaß dieser Bindung an einen Pfad prägt sich in der Realität dennoch unterschiedlich aus, nur selten wird es zu einem vollen Lock-in kommen. Insofern ist die Phase des Lock-ins in Bezug auf organisatorische und strategische Pfade eher als ein »Korridor« mit stark eingegrenzten Handlungsmöglichkeiten zu verstehen, nicht jedoch als ein gänzlich determinierter Zustand, wie es bei Technologien öfter vorzufinden ist. Der Schatten in Phase III in Abbildung 7-1 soll darauf verweisen, dass organisatorische und strategische Pfade meist nur prägnante Verengungen, aber eben nur selten eine vollkommene Standardisierung oder Determinierung bedeuten.

Wichtig ist es zu sehen, dass diese organisatorischen Bindungen und Rigiditäten in dem Sinne gefährlich sind, als sie sich schleichend der Kompetenzprozesse bemächtigen. Häufig ist es sogar so, dass die betroffenen Entscheidungsträger, die Diagnose einer Pfadabhängigkeit weit von sich weisen. Sie erleben sich als flexible Akteure. Die Diagnose der Pfadabhängigkeit wird deshalb nicht selten erst von außen an das Management herangetragen (und nicht selten erst dann, wenn sich aus der Pfadabhängigkeit bereits eine krisenhafte Situation ergeben hat).

7.5 Das Kompetenzdilemma

Der hier in allgemeiner Form geschilderte Prozess der Pfadabhängigkeit lässt sich in Unternehmen konkret auf organisatorische Kompetenzen wie folgt zusammenfassen: Organisationale Kompetenzen werden als ein besonderes Leistungsvermögen (Verknüpfungsmuster) begriffen, das es erlaubt, schwierige oder in anderer Weise herausfordernde Aufgaben zu bewältigen. Einmal mit Erfolg vollzogene Problemlösungen generieren positives Feedback, das Veranlassung zur Wiederholung gibt. Im Fortlauf kommt es schließlich nicht selten auf diese Art und Weise zur Herausbildung von stabilisierten Problemlösungsmustern. Anders ausgedrückt, es entsteht mit einer gewissen Wahrscheinlichkeit über einen Zeitraum hinweg eine spezifische Problemlösungsarchitektur, die zuverlässig aktualisierbar eine Organisation immer wieder in die Lage versetzt, spezifische Probleme zu lösen.

Kompetenzen zeichnen sich – wie in Kapitel 6 schon dargelegt – paradoxerweise dadurch aus, dass sie einerseits immer wieder ganz bestimmte Innovationen ermöglichen, andererseits aber gleichzeitig zur Verhinderung oder Unterdrückung andersgearteter Innovationen beitragen. Kompetenzorientierte Unternehmen fördern danach tendenziell immer nur solche Projekte, die verwandt sind mit den einmal entwickelten und positiv verstärkten Kompetenzen. Im Gegensatz dazu werden neue Projekte mit geringen oder gar keinen Ähnlichkeiten zu bestehenden Kompetenzen tendenziell abgelehnt bzw. nicht gefördert. Bekannt sind hier z.B. Studien, die zeigen, wie sich die Unternehmen der schottischen Strickwarenindustrie in ihrem strategisches Kompetenzmuster soweit verfestigt haben, dass die Handlungsweisen immer mehr auf ein- und dasselbe Produktprogramm drängen, bis schließlich eine Abkoppelung von den Märkten eintritt (vgl. *Porac et al. 1995*). Die schottische Strickwarenindustrie hat seit den ersten Studien einen kontinuierlichen Rückgang erlebt, die Kompetenzmuster waren so stark verfestigt, dass neue Alternativen wohl erkannt, aber nicht ergriffen werden konnten (vgl. *Porac et al. 2011*).

Die immer begleitende Festlegung von Ressourcen in Form von Investitionen bringt häufig zusätzlich den Commitment-Effekt mit sich. Einmal getätigte Investitionen erweisen sich als profitabel, in der Folge werden die vergangenen Investitionen als Bindung (commitment) begriffen (vgl. *Ghemawat 1991*). Sich abzeichnende Misserfolge werden in der Tendenz nicht zum Anlass genommen, das Investitionsprogramm in Frage zu stellen, sondern stärken das Bestreben, durch erneute Investitionen in diesen Bereich einen Erfolg zu ermöglichen und die Richtigkeit des Vorhabens zu belegen. Man denke als aktuelles Beispiel etwa an die *Thyssen-Krupp AG* und ihre unseligen Investitionen in Stahlwerke in den USA und Brasilien. Allerdings gilt auch hier: Nicht jede Investition löst Pfadabhängigkeit aus. Zwar führt jede Investition zu einer gewissen »Abhängigkeit« (Kapitaldienst, Komplementäreinrichtungen usw.), und bindet damit Unternehmen an die in der Vergangenheit getroffenen Entscheidungen, die ja auch nicht mehr rückgängig gemacht werden können. Von Pfadabhängigkeit spricht man jedoch erst dann, wenn diese Bindung in der Zukunft zu einem weiteren Ausbau dieser Investitionen führt, obwohl die Erfolgsaussichten nicht mehr hoch einzuschätzen sind. Analoges gilt für Überlegungen, die auf Aspekte der Kostenremanenz sowie der Deckung von Fixkosten und den damit einhergehenden verminderten Flexibilitätsspielräumen abstellen.

Vor diesem Hintergrund steht jede Unternehmung vor einem *Kompetenz-Dilemma*: einerseits – weil in der Vergangenheit erfolgreich – die bestehenden Kompetenzen zu pflegen und weiter zu entwickeln, andererseits genau damit potenziell den Boden für Misserfolg zu nähren, nämlich durch die Verfestigung eines Musters, das gänzlich *neuen* Herausforderungen nicht gewachsen ist.

Diese Gefahr wird in den letzten Jahren zunehmend erkannt und es gibt zwischenzeitlich eine ganze Zahl interessanter Vorschläge zur Dynamisierung von Kompetenzen, um dieser Verstetigungsfalle zu entgehen (▶ **Kap. 9** und 10). Zunächst aber liegt es näher, nach Möglichkeiten der Kompetenzpfadbrechung und wichtiger noch der -pfadvermeidung zu fragen.

7.6 Pfadvermeidung und -brechung

Das Phänomen der Pfadabhängigkeit von Kompetenzen und einer inhärenten Ineffizienz ruft unmittelbar die Frage nach den praktischen Konsequenzen hervor. Mit der bloßen Konstatierung einer existierenden oder beginnenden Pfadabhängigkeit von Kompetenzen wird sich kein Akteur abfinden wollen. »Eingeschlossene« Entscheidungs- und Handlungsmuster in Form von Kompetenzen, seien sie strategischer oder operativer Art, stellen in vielfacher Hinsicht gravierende betriebliche Probleme dar, die unmittelbar nach den Möglichkeiten fragen lassen, gebildete Pfade wieder aufzulösen oder ihre Bildung zu verhindern.

Vorab ist herauszustellen, dass Pfadabhängigkeit kein Naturereignis ist, sondern durch die Verkettung von Entscheidungen und Routinen entsteht. Phänomene solcher Art gelten nicht für immer, irgendwann einmal lösen sie sich auf, durch Umweltereignisse, Lebenszyklus, Unternehmenskrisen usw. Ein interessantes und instruktives Beispiel einer solchen emergenten Pfadauflösung stellt der von *Burgelman (1994)* akribisch rekonstruierte Fall des *DRAM*-Marktaustritts von *Intel* Corp. dar. Er ergab sich durch zufällige Verkettung von Umständen, keinesfalls aber geplant. Im Gegenteil, die offizielle Unternehmenspolitik war ganz auf die Fortführung der DRAM-Technologie und die damit verbundene Kompetenzarchitektur orientiert (mit dem Segment wurden damals ca. 90% des Unternehmensumsatzes bestritten). Box 7-2 informiert über diesen Fall.

Box 7-2
Der DRAM-Pfad bei Intel

Intel hatte – wie man heute weiß – großes Glück mit dem DRAM-Marktaustritt. Zum Zeitpunkt des Verlassens dieses langjährigen strategisch-technologischen Pfades war die Entwicklung aber keineswegs so klar bestimmt, wie sie heute erscheinen mag. Das Verlassen des DRAM-Pfades bei Intel zeigt einen für die Frage der Pfadauflösung besonders interessanten Entwicklungsverlauf. Man sieht schnell von wie vielen Zufällen und unbeabsichtigten Nebenwirkungen ein solcher Prozess abhängt.

Intel war 1969/70 in den Arbeitsspeicher-Markt eingetreten. Bereits 1972 wurde das Unternehmen Weltmarktführer und ca. 90 Prozent des Konzernumsatzes wurde mit DRAM-Speicherbausteinen getätigt. Der enorm angewachsene Bedarf an Arbeitsspeicher verschob den strategischen Schwerpunkt weg von dem Innovationswettbewerb hin zu einem Kosten- und Preiswettbewerb. Mit der Folge, dass Investitionen in die Fertigungstechnologie und das Management von Massenproduktion das Erringen von Wettbewerbsvorteilen beherrschten. Intel versuchte, durch immer wieder neue leistungsfähigere Arbeitsspeicher die alte Innovations-Marktführungsposition zurückzuerobern, dies gelang jedoch immer weniger. Der Marktanteil verfiel ab 1974 zunehmend zugunsten anderer Massenhersteller.

Die Unternehmensstrategie blieb jedoch weiterhin am Ausgangserfolg orientiert: DRAM sollte trotz der Marktanteilsverluste der »Technologietreiber« des Unternehmens bleiben. Man sah in DRAM nicht nur ein Produkt, sondern eine Kerntechnologie oder sogar die Kernkompetenz des Hauses. Trotz des dramatischen Marktanteilverfalls sollte deshalb die eingeschlagene Strategie nicht verlassen werden. Es wurden vielmehr Maßnahmen zum Ausbau und zur Rückeroberung der Marktführerschaft ergriffen. Man befürchtete ansonsten auch einen massiven Identitätsverlust. Parallel zu diesem strategischen Kurs hatte das Unternehmen jedoch auch Mikroprozessoren und EPROMs (erasable programmable read only memory) in das Produktprogramm aufgenommen. Beides waren mehr oder weniger zufällige Nebenprodukte der DRAM-Forschung. Alle drei Produkte: DRAM, EPROM und Mikroprozessoren wurden zunächst auf denselben Anlagen gefertigt. Die Leiter der acht Werke waren gehalten, das Produktprogramm für jeden Maschinenanlauf unter der Zielsetzung der Maximierung des Deckungsbeitrages zu optimieren. Diese operative Zielvorgabe führte (ungewollt) zu einer graduellen Veränderung der Fertigungsstruktur: Das hochprofitable Innovations- und noch Nischenprodukt Mikroprozessoren gewann immer mehr Raum im Vergleich zu dem DRAM-Produkt, d.h. die Produktionskapazitäten wurden immer mehr für die Mikroprozessoren genutzt. 1984 produzierte nur noch eines der acht Werke DRAMs; bedingt durch die kurzfristige Kapazitätsplanung und das gestiegene Durchsetzungsvermögen der Fertigungsbereiche löste sich der DRAM-Schwerpunkt – im offenen Widerspruch zum verfestigten strategischen Plan – immer mehr auf. Das Top-Management beharrte dennoch auf dem DRAM-Plan. Die Werkleiter bauten jedoch im Zuge der einzelnen Investitionsantragsverfahren den Mikroprozessorschwerpunkt lokal Stück für Stück weiter aus.

> Als zum Jahresende 1984 die Entscheidung anstand, in eine Großanlage für die DRAM-Fertigung zu investieren, um die Stückkosten gravierend zu senken, sah das Top-Management keinen anderen Weg mehr, als den eingeschlagenen strategischen Pfad zu verlassen, der DRAM-Pfad hatte sich mehr oder weniger unter der Hand – primär aus fertigungsökonomischen Überlegungen heraus – aufgelöst. Intel entwickelte sich zum reinen Prozessor-Unternehmen.
> *Quelle: Nach Burgelman (1994).*

Mit dem Verweis darauf, dass jeder Pfad irgendwann einmal bricht, wird man sich jedoch nicht zufriedengeben wollen. Der Zeitpunkt eines solches Bruchs lässt sich nur schwer vorhersehen, er kann sehr weit in der Zukunft liegen – möglicherweise so weit, dass das Unternehmen bis dahin seinen Bestand gar nicht erhalten kann. Man denke an den QWERTY-Pfad, der schon 130 Jahre besteht und dessen Ende alles andere als absehbar ist. Es kommt also darauf an, Wege für einen gezielten Umgang mit dem Pfadphänomen zu finden. Gesucht sind Ansätze, die geeignet sind, eine Pfadbildung bei Kompetenzen zu erkennen, um den Prozess stoppen zu können, oder aber einmal gebildete Kompetenzpfade wieder aufzubrechen.

Systematisch gesehen bedeutet *Pfadbrechung* zunächst einmal die Wiederherstellung einer Entscheidungssituation. Das Unternehmen muss wieder in die Lage versetzt werden, bessere Alternative zu erkennen und diese auch zu ergreifen. Jeder Versuch, Pfade in diesem Sinne zu lockern, setzt allerdings eine *Pfaderklärung* voraus, d.h. eine Pfaddiagnose und die dahinter stehenden Wirkkräfte. Hier kann an die Literatur zur Veränderung von Organisationskulturen angeschlossen werden, wo ja auch die Diagnose der auf emergentem Wege entstandenen Kultur am Anfang jeder Änderungsbemühung steht (vgl. *Schein 2010, 2011; Cameron/Quinn 2011*). Dies ist vor allem deshalb von so großer Bedeutung, weil sich die Entstehung von (Kompetenz-)Pfaden nicht einem Plan verdankt, sondern eben im Wesentlichen ungeplant, auf emergentem Wege geschieht.

Eine Theorie, die systematisch aufzeigen könnte, wie man Kompetenzpfade bricht, liegt bisher noch nicht vor. Beobachtete Bruchversuche zeigen aber deutlich, dass pfadabhängige Systeme sehr resistent sind und vielerlei Taktiken kennen (»skilled incompetence«, *Argyris 2004*), Veränderungsversuche abzuwehren. Zur Frage, wie solche Kräfte überwunden werden können, liegt es nahe, Anschluss an Perspektiven aus der Organisationsentwicklung (OE) zu suchen. In der Zusammenschau könnte man im Wesentlichen drei Ansätze unterscheiden (vgl. *Sydow et al. 2009*): (1) Diskursive Ansätze, (2) Verhaltensbezogene Ansätze und (3) Systemische Ansätze.

1. *Diskursive Ansätze.* Sie basieren im Wesentlichen auf der Idee, dass durch Einsicht, d.h. durch Reflexion der aufgedeckten Pfadabhängigkeit und die sie verursachenden Mechanismen, eine Öffnung geschieht. Kompetenzverfestigungen, die in Organisationen meist mit Defensiv-Routinen von Veränderungen abgeschirmt werden, treten durch die analytische Erklärung in den Bereich des Modalen und relativieren auf diese Weise das scheinbar Unabänderliche. Durch das Aufzeigen der Me-

chanismen der Entstehung und Verfestigung wird das bisherige *Framing* der Handlungsmuster gewissermaßen in Bewegung gesetzt und ein *Reframing* ermöglicht *(vgl. Watzlawick et al. 1974).*

2. *Verhaltensbezogene Ansätze.* Das Gros der Ansätze zur Organisationsentwicklung zielt auf eine andere Ebene. Hiernach sind pathologische Verfestigungen im Wesentlichen durch sich selbst verstärkende emotionale und organisationale Widerstände gegen Änderungen abgesichert. Öffnende Maßnahmen müssen dementsprechend die emotionalen und organisationalen Verstärkungsspiralen außer Kraft setzen. Im neuerdings so sehr in den Vordergrund gerückten *Change Management* wird dazu nicht selten auf die Kraft neuer faszinierender Führungspersönlichkeiten verwiesen, die ein System aus seinen Verkrustungen herausreißen und einer Transformation zuführen sollen (*vgl. Bass 1998*). Pfadbrechung könnte man sich dann analog auch als *Transformation* durch das Auswechseln der zentralen Führungskraft vorstellen. Häufig praktiziert wird dieser personelle Ansatz ja bekanntlich im Bereich des Profifußballs, in dem man versucht, festgefahrene Handlungsmuster durch das Auswechseln des Trainers bzw. die Hereinnahme eines neuen charismatischen Trainers zu lösen – mit gemischtem Erfolg.

3. *Systemische Ansätze.* Einen der Pfadtheorie deutlich näheren Weg gehen die sog. systemischen Ansätze, die auf Einsichten der Kommunikationstheorie (*Watzlawick/Beavin/Jackson 2011*) und der Systemtheorie aufbauen. Ausgangspunkt sind hier ebenso wie in der Pfadtheorie durch selbstverstärkende Mechanismen verfestigte pathologische (»ineffiziente«) Handlungsmuster, die in rekursiven Schleifen verteidigt werden. Die pathologische Dynamik solcher Systeme ist ähnlich wie im Falle der Pfadabhängigkeit schwer aufzulösen – jedenfalls nicht durch diskursive oder verhaltensbezogene Interventionen. Den konsequentesten Weg geht in diesem Zusammenhang die *Mailänder Schule* um *Mara Selvini-Palazzoli,* die die zirkulären Verfestigungen in paradoxe Strukturen eingebettet sieht und mit der These arbeitet, dass in Paradoxie gefesselte Verfestigungen nur durch Gegenparadoxien gelöst werden können (vgl. *Selvini-Palazzoli et al. 1995*). Analog ginge es in der Brechung pfadabhängiger Kompetenzen dann darum, die alten Spielregeln, die eine Kompetenz immer wieder replizieren lassen, mit Hilfe von Gegenparadoxien außer Kraft zu setzen (»Breaking the code«), in dem Verhaltensmuster vorgeschlagen werden, die die Ursprungsparadoxie so verstärken, dass sie zur »Implosion« führt.

Resümierend kann man sagen, dass also Interventionen von Interesse sind, die sich dafür eignen, einmal gebildete Kompetenzpfade wieder aufzubrechen. Indessen, erstrebenswerter aus der Perspektive des Managements sind Interventionen, die früher ansetzen, in dem sie die Bildung von Pfadabhängigkeit rechtzeitig zu erkennen trachten – so rechtzeitig, dass ein Lock-in verhindert werden kann. Dieses Ziel kann mit einem gezielten Pfadmonitoring angestrebt werden. Das Pfadmonitoring wird hier nur kurz beleuchtet, weil im Fortlauf dem verwandten Kompetenzmonitoring Kapitel 11 und 12 gewidmet sind.

7.7 Pfadvermeidung durch Beobachtung

Das Ziel einer frühzeitigen Intervention in den Pfadbildungsprozess kann auf der Basis eines Beobachtungssystems verwirklicht werden. Voraussetzung hierfür ist allerdings, dass sich das betreffende Unternehmen die Pfadperspektive zu eigen macht und vor diesem Hintergrund agiert, d.h. kontinuierlich prüft, bei welchen Kompetenzen Ansätze zur Pfadbildung erkennbar sind und inwieweit sich Selbstverstärkungsprozesse erkennen lassen, die diesen Prozess vorantreiben.

Im Grundsatz geht es dabei um ein Aktions-Reflexions-Modell, das zwischen zwei Funktionsebenen unterscheidet, nämlich der konkreten Ebene der täglichen Arbeitsvollzüge (und damit auch der Ebene möglicher Pfadbildung) und einer Beobachtungsebene, die eine potenzielle Entwicklung von Pfadabhängigkeit frühzeitig durch Monitoring zu identifizieren versucht. Die Aufgabe des Pfadmonitorings besteht dementsprechend darin, Indikatoren für die Früherkennung von Pfaden zu entwickeln und durch ihre Beobachtung fortlaufend die Risiken einer möglichen Herausbildung von Pfadabhängigkeit abzuschätzen.

Insgesamt erscheint es vor allem wichtig zu sein, dass Unternehmen Kompetenzen ganz allgemein vor Pfadabhängigkeit schützen, indem sie Verfestigungstendenzen aufdecken und entgegenwirken. Das erfordert allerdings genau solche Praktiken, die im organisatorischen Alltag – trotz aller Lippenbekenntnisse – so schwer zu verwirklichen sind: Akzeptanz von Nein-Sagern, notorischen Pessimisten zuhören, Querdenker einstellen und nicht jede Kritik als Angriff oder Niederlage erleben.

Diskussionsfragen

1. Wie kann es dazu kommen, dass Kernkompetenzen zu Kernrigiditäten werden?
2. Auf welchen Sachverhalt wird mit »history matters« hingewiesen?
3. Worin sind die Haupttreiber für die Entwicklung von pfadabhängiger Kompetenzen zu sehen?
4. Inwiefern können »economies of scale« wichtig bei der Verfestigung des Kompetenzgefüges sein?
5. Was bedeutet ein Lock-in für die Kompetenzarchitektur?
6. Inwiefern können organisatorische Kompetenzen pfadabhängig werden? Geben sie ein praktisches Beispiel.
7. Sind alle organisatorischen Kompetenzen pfadabhängig?
8. Kann man pfadabhängig gewordene Kompetenzen ändern?
9. Wie geschieht der Pfadbruch in dem geschilderten Beispiel von Intel Corporation?
10. Warum ist so schwer, Kompetenzpfade zu brechen?

Literaturverzeichnis Kapitel 7

Ackermann, R. (2001). Pfadabhängigkeit, Institutionen und Regelreform, Tübingen.
Argote, L. (2013). Organizational learning: Creating, retaining and transferring knowledge, 2. Aufl., Berlin.
Argyris, C. (2004). Reasons and rationalizations: The limits to organizational knowledge, Oxford.
Arthur, W.B. (1988). Self-reinforcing mechanisms in economics, in: Anderson, P.W./Arrow, K.J./Pines, D. (Hrsg.). The economy as an evolving complex system, Redwood City: 9–31.
Arthur, W.B. (1989). Competing technologies, increasing returns, and lock-in by historical events, in: Economic Journal, 99: 116–131.
Bass, B.M. (1998). Transformational leadership: Industrial, military, and educational impact, Mahwah/N.J.
Benner, M.J./Tushman, M.L. (2003). Exploitation, exploration, and process management: The productivity dilemma revisited, in: Academy of Management Review, 28: 238–256.
Burgelman, R.A. (1994). Fading memories: A process theory of strategic business exit in dynamic environments, in: Administrative Science Quarterly, 39: 24–56.
Burgelman, R.A. (2002). Strategy as vector and the inertia of coevolutionary lock-in, in: Administrative Science Quarterly, 47: 325–357.
Cameron, K.S./Quinn, R.E. (2011). Diagnosing and changing organizational culture: Based on the competing values framework, Jossey-Bass.
Cyert, R.M./March, J.G. (1963). A behavioral theory of the firm, Englewood Cliffs/N.J.
David, P.A. (1985). Clio and the economics of QWERTY, in: The American Economic Review, 75: 332–337.
David, P.A. (1994). Why are institutions the ›carriers of history‹?: Path dependence and the evolution of conventions, organizations and institutions, in: Structural Change and Economic Dynamics, 5: 205–220.
Ghemawat, P. (1991). Commitment. New York
Katz, M.L./Shapiro, C. (1985). Network externalities, competition, and compatibility, in: The American Economic Review, 75: 424–440.
Kauffman, S.A. (1990). The sciences of complexity and »Origins of Order«, in: PSA: Proceedings of the Biennial Meeting of the Philosophy of Science Association, 2: 299–322.
Kieser, A. (1994). Why organization theory needs historical analyses – and how this should be performed, in: Organization Science, 5: 608–620.
Leibenstein, H. (1950). Bandwagon, snob, and veblen effects in the theory of consumers' demand, in: The Quarterly Journal of Economics, 64: 183–207.
Leonard-Barton, D. (1992). Core capabilities and core rigidities: A paradox in managing new product development, in: Strategic Management Journal, 13: 111–125.
Leonard-Barton, D. (1995). The wellsprings of knowledge: Building and sustaining the sources of innovation, Boston/Mass.
Levitt, B./March, J.G. (1988). Organizational learning, in: Annual Review of Sociology, 14: 319–340.
Liebowitz, S.J./Margolis, S.E. (1995). Path dependence, lock-in, and history, in: Journal of Law, Economics, and Organization, 11: 205–226.
North, D.C. (1990). Institutions, institutional change and economic performance, Cambridge/Mass.
Ortmann, G. (1995). Formen der Produktion. Organisation und Rekursivität, Opladen.
Porac, J.F./Thomas, H./Wilson, F./Paton, D./Kanfer, A. (1995). Rivalry and the industry model of Scottish knitwear producers, in: Administrative Science Quarterly, 40: 203–227.
Porac, J.F./Thomas, H./Baden-Fuller, C. (2011). Competitive groups as cognitive communities: The case of Scottish knitwear manufacturers revisited, in: Journal of Management Studies, 48: 646–664.

Rohlfs, J.H. (2003). Bandwagon effects in high-technology industries, Cambridge/Mass.
Schein, E.H. (2010). Organizational culture and leadership, 4. Aufl., San Francisco/Calif.
Schein, E.H. (2011). What is culture?, in: Godwyn, M./Gittell, J.H. (Hrsg.). Sociology of organizations: Structures and relationships, New York: 311–337.
Selvini-Palazzoli, M./Anolli, L./DiBlasio, P. (1995). Hinter den Kulissen der Organisation, 6. Aufl., Stuttgart.
Sydow, J./Schreyögg, G./Koch, J. (2009). Organizational path dependence: Opening the black box, in: Academy of Management Review, 34: 689–709.
Teece, D.J./ Pisano, G.,/ Shuen, A. (1997). Dynamic capabilities in strategic management, in: Strategic Management Journal, 18: 509–534.
Tripsas, M./ Gavetti, G. (2000). Capabilities, cognition, and inertia: Evidence from digital imaging, in: Strategic Management Journal, 21: 1147–1161.
Watzlawick, P./Weakland, J./Fisch, R. (1974). Change: Principles of problem formation and problem resolution, New York.
Watzlawick, P./Beavin, J.H./Jackson, D.D. (2011). Menschliche Kommunikation – Formen, Störungen, Paradoxien, 12. Aufl., Bern.
Yelle, L.E. (1979). The learning curve: Historical review and comprehensive survey, in: Decision Science, 10: 302–328.

8 Anpassung von organisationale Kompetenzen

Im vorhergehenden Kapitel wurde diskutiert, wie organisatorische Kompetenzen aus Verfestigungspfaden wieder befreit werden können. Daneben stellt sich aber ganz grundsätzlich die Frage, wie organisatorische Kompetenzen an veränderte Bedingungen, seien sie internen oder externen Ursprungs, angepasst werden können. Hier gilt es wiederum zu unterscheiden zwischen Kompetenzveränderungen, die sich auf *emergentem* Wege, also im Rahmen eines evolutorischen Prozesses ergeben, und *geplanten* Kompetenzveränderungen, bei denen mit einer Intervention versucht wird, das Kompetenzgefüge neu zu gestalten. Diese Unterscheidung gilt für beide Typen des Wandels, dem kontinuierlichen und dem episodischen Wandel. Bei letzterem werden immer wieder Phasen der Stabilität von turbulenten Phasen des radikalen Umbruchs unterbrochen werden (vgl. *Weick/Quinn 1999*).

Demnach sind grundsätzlich vier Konstellationen des Kompetenzwandels vorstellbar (▶ Abb. 8-1).

	Kontinuierlich	Episodisch
Emergent	I	III
Geplant	II	IV

Abb. 8-1: Typen des Kompetenzwandels

Die geläufigsten Wandeltypen sind I (kontinuierlich und emergent) und IV (episodisch und geplant). Es sind aber durchaus auch die beiden anderen Konstellationen von Relevanz. Typ III entspräche der Logik der Evolutionstheorie und Typ II folgt der inkrementellen Veränderungslogik, wie sie z. B. dem KVP (»Kontinuierlicher Verbesserungsprozess«) oder dem Single-Loop-Learning (▶ Kap. 3) entspricht.

8.1 Wandeltyp I

8.1.1 Lebenszyklus

Wir beginnen mit Typ I, dem kontinuierlich emergenten Wandel. Gemeint ist ein sich gewissermaßen automatisch vollziehender Wandelprozess, der eine kontinuierliche Anpassung nach sich zieht. Bezogen auf die sich anpassende Kompetenzentwicklung haben *Helfat/Peteraf (2003)* eine Wandeltheorie vorgelegt, die sich stark an der emergenten Logik ausrichtet. Sie verweist darauf, dass jeder Kompetenz bis zu einem gewissen Grad so etwas wie eine »*natürliche Dynamik*« innewohnt. Organisationale Kompetenzen unterliegen demnach – wie viele andere soziale Phänomene auch – einem natürlichen Entwicklungsprozess. *Helfat/Peteraf (2003)* nehmen zur Erklärung dieser inhärenten Dynamik die etablierte theoretische Figur des Lebenszyklus zu Hilfe. Mit ihrem »Kompetenz-Lebenszyklusmodell« argumentieren sie, dass Kompetenzen immer einem zyklischen Entwicklungspfad folgen, der sich in die bekannten Entwicklungsstadien: Entstehung, Wachstum, Reife und Verfall einteilen lässt. Kompetenzen sind insoweit immer auch im Fluss und niemals zu 100 Prozent verstetigt.

Helfat/Peteraf (2003) fokussieren insbesondere 1. die Gründungsphase, 2. die Entwicklungsphase und 3. die Reifephase:

1. *Gründungsphase:* Eine Gruppe von Individuen findet sich zusammen, um eine Aufgabe zu erledigen oder ein spezifisches Problem zu lösen. Die Individuen bringen unterschiedliche Talente und Verbindungen mit, die Organisation gibt den Steuerungsrahmen, Ressourcen und den Horizont. Die Gruppe tritt in Interaktion und es entwickelt sich (allerdings keineswegs notwendig) über die Zeit hinweg eine organisationale Kompetenz bestehend aus Interaktionsroutinen, Ressourcenbündelungen, kognitiven Mustern usw.
2. *Entwicklungsphase:* Hat sich eine Gruppe mit spezifischen Fähigkeiten in der Problemlösung herausgebildet, so wird die Kompetenz kontinuierlich weiterentwickelt. Diese Weiterentwicklung wird durch eine Reihe von Faktoren ausgelöst: Veränderungen in der Aufgabe, neue Technologien, neue Wettbewerber usw. Am häufigsten wird hier jedoch auf Lernprozesse verwiesen, die eine kontinuierliche Veränderung mit sich bringen. Hier steht das »learning by doing« im Vordergrund. Durch wiederholte Anwendung der entwickelten Routinen und Lösungsmuster entstehen neue Einsichten, die eine Verbesserung der vorhandenen Kompetenzen ermöglichen. In der Mehrzahl der Fälle geschieht dies gewissermaßen automatisch im Zuge der täglichen Praxis, es gibt aber natürlich auch die Möglichkeit, gezielt an der Verbesserung der eingespielten Praktiken zu arbeiten.
3. *Reifephase:* Wie aus der Lerntheorie und der Erfahrungskurve bekannt, flachen die Lern- und Erfahrungseffekte im Laufe der Zeit ab, d.h. der Grenznutzen, der durch weitere Übung entsteht, wir immer kleiner. Die Aktivitäten konzentrieren sich auf die Aufrechterhaltung der Kompetenz, die sich durch fortlaufende Übung immer mehr zu einer Problemlösungsarchitektur entwickeln. Mit anderen Worten, der Veränderungsumfang in der Kompetenzentwicklung nimmt immer mehr ab. Abbildung 8-2 zeigt den Abflachungseffekt analog zur Erfahrungskurve.

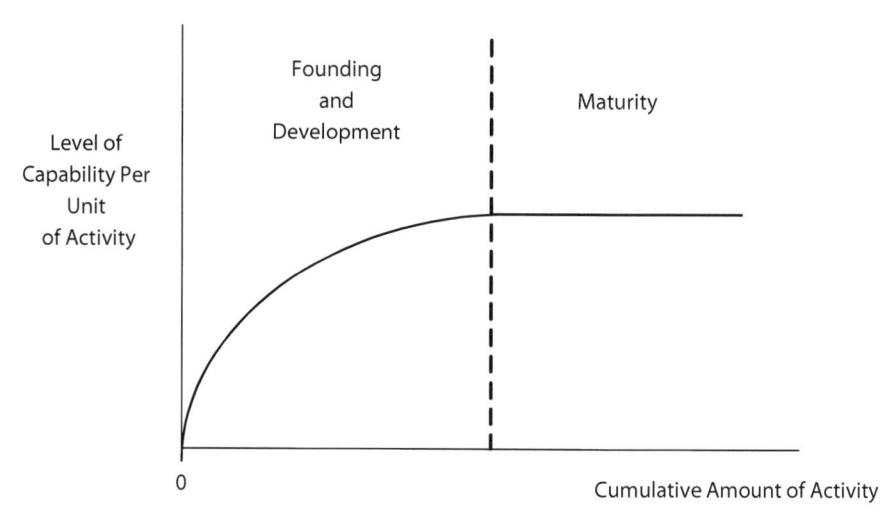

Abb. 8-2: Kompetenz-Lebenszyklus (Quelle: Helfat/Peteraf 2003, S. 1003)

Wenn sich das über lange Zeit entwickelte Kompetenzmuster aufgrund veränderter Bedingungen nicht mehr bewährt, gerät der Lebenszyklus an eine Schwelle: Wird nichts unternommen, tritt eine spezifische Kompetenzkonstellation in eine Schlussphase ein und läuft aus bzw. »stirbt«. Es gibt aber auch die Möglichkeit der Erneuerung und Verjüngung der Kompetenz, so dass mit ihr weitergearbeitet werden kann. Insgesamt verweist also die Lebenszyklus-Theorie auf eine Art natürlichen Verlauf des »Lebens« einer Kompetenz und zeigt, dass eine Kompetenz – analog zum Lebensverlauf einer Person – immer in Bewegung ist, auch wenn sie sich schlussendlich im Rahmen einer Trajektorie bewegt.

So plausibel das auch klingen mag, darf man nicht aus dem Auge verlieren, dass der Kompetenz-Lebenszyklus – wie alle Lebenszyklus-Konzepte in den Sozialwissenschaften – mit einem grundsätzlichen Problem behaftet ist. Es fehlt an Argumenten, weshalb die Kompetenzentwicklung genau diesen, und nur diesen Weg einschlagen soll. Im Hintergrund steht ein nicht näher begründeter Biologismus, der eine zwangsläufige Entwicklung in diesem Zyklus suggeriert. Ferner ist seit jeher bekannt, dass eine Identifizierung und damit auch das Ende der jeweiligen Phase immer nur ex post möglich ist, im Handeln selbst bringt das wenig Orientierung. Schließlich ist ebenso seit Jahren bekannt, dass der Lebenszyklus gestaltbar ist, d. h. einzelne Phasen verlängert oder sogar zurückgebogen werden können.

8.1.2 Lernzyklus

In dem Ansatz von *March/Olsen (1979)* wird (Kompetenz-)Wandel ebenfalls als eine zyklische Entwicklung begriffen, allerdings nicht auf der Basis eines Lebenszyklus, sondern – weniger biologistisch – auf Basis eines *Lernzyklus*. Die Entwicklung oder die Veränderung wird als *adaptiver* Lernprozess beschrieben. Organisationen werden dort als begrenzt rationale Gebilde verstanden, deren Entscheidungen und Handlungen grundsätzlich unter Unsicherheit erfolgen. Auf einen Stimulus aus der Umwelt erfolgen Reaktionen, die sich als beobachtbare und damit »feedbackfähige« Handlungen zeigen. Erst dieses Feedback erlaubt es der Organisation, Lernerfahrungen zu machen und sie für organisatorische Entwicklungen wie Kompetenzen zu verwenden.

Ausgangspunkt sind die Organisationsmitglieder mit ihren Perzeptionen und Zielvorstellungen (▶ Abb. 8.3). Wenn sie Diskrepanzen zwischen aktuell bestehenden und erwünschten Umweltzuständen feststellen, entstehen (1) Reaktionen, die schließlich zu (2) organisatorischen Handlungen (Entscheidungen) führen. Mit diesen wirkt die Organisation auf die Umwelt (3) ein (Stimulus), was die Umwelt ihrerseits in neuer veränderter Weise reagieren lässt (Response). Mit der (4) Perzeption und Interpretation der neuerlichen Umweltreaktionen durch die Organisationsmitglieder und die allfällige Diagnose einer Diskrepanz entsteht ein neuer Lernzyklus.

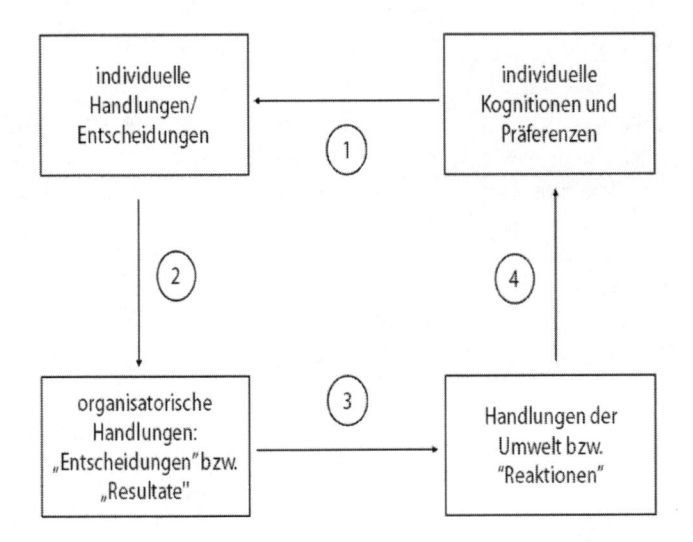

Abb. 8-3: Der ideale organisatorische Lernzyklus (Quelle: March/Olsen 1979, S. 13; modifiziert).

Das in diesem Grundmodell implizierte Lernkonzept kann als »erfahrungsbasiertes« oder »adaptiv-rationales« Lernen bezeichnet werden, versuchen doch die Organisationsmitglieder und die Organisation, aus den in der Vergangenheit erfahrenen Umweltreaktionen kontinuierlich neue situationsgerechte Handlungsentwürfe zu entwickeln. Kompetenzen unterliegen danach einer adaptiven Rationalität, in dem Sinne, dass sie immer bei registrierten Diskrepanzen eine entsprechende Veränderung erfahren.

March/Olsen (1979, 56 ff.) weisen darauf hin, dass dieser (Ideal-)Lernzyklus in vielfacher Weise »gestört« werden kann. So sind z. B. die Signale aus der Umwelt (Response) häufig mehrdeutig und deshalb nur schwer in klare »Antworten« übersetzbar oder individuelle Reaktionen finden keinen Niederschlag im organisatorischen Handeln. Die Autoren entwickeln daher zusätzlich eine »Theorie des unvollständigen Lernzyklus«, die man auch als eine Theorie der Lernbarrieren und damit *unterbliebener Kompetenzanpassung* verstehen kann. Dies verweist auf die Notwendigkeit und die Möglichkeit von Interventionen im Kompetenzmanagement und damit auf den unten darzustellenden Typ II (▶ Abb. 8-1).

8.1.3 Dynamische Routinen

Eine weitere Theorie adaptiver Veränderung, die enger auf Kompetenzen fokussiert, ist im Rahmen der Routinenforschung entwickelt worden. Hier werden Routinen – und im Gefolge davon Kompetenzen – nicht mehr als stabile Einheiten, sondern als dynamische Entwicklungen gesehen (▶ **Kap. 3**). Als Begründung für diese dynamische Perspektive von Routinen verweisen *Feldman/Pentland (2003, S. 102 ff.)* auf den Doppelcharakter von Routinen, der zwei Ebenen vorsieht, die (1) ostensive und die (2) performative

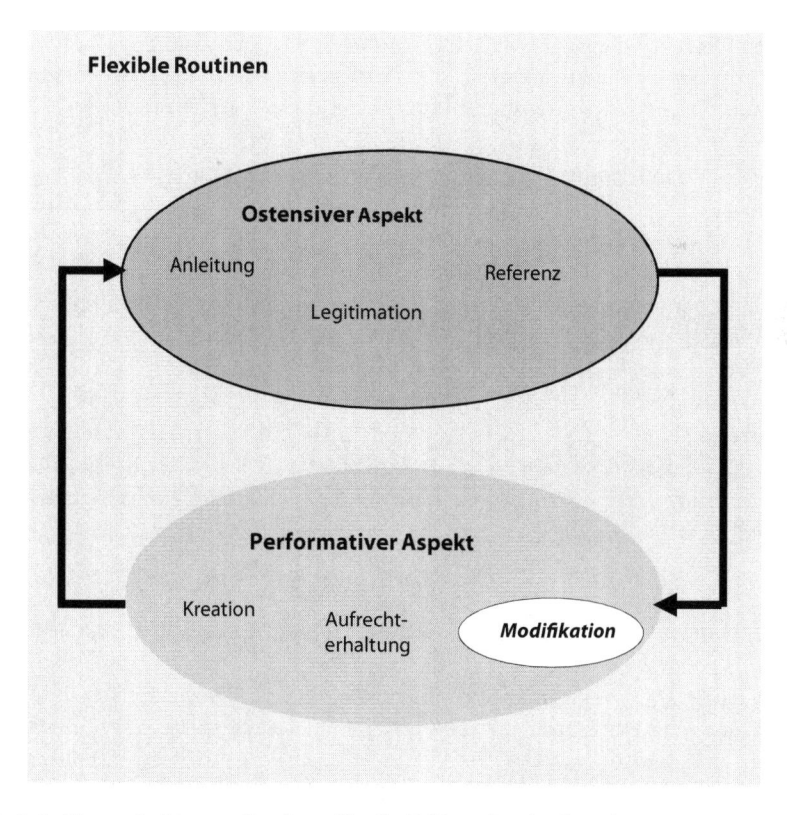

Abb. 8-4: Binnenstruktur von Routinen (Quelle: *Feldman/Pentland 2003*).

Ebene. Erstere zielt auf die Regeln bzw. das Programm von Routinen, zweitere auf das tatsächliche Praktizieren von Routinen.

1. Ostensive Ebene: Der *ostensive Aspekt* bildet im Wesentlichen die orientierungsstiftende Rolle organisatorischer Routinen ab. Mit der ostensiven Ebene werden präzise drei Funktionen verbunden (vgl. *Feldman/Pentland 2003*): (1) »*Guiding*«, d.h. kollektive Routinen fungieren als Leitfaden, als grobe Richtschnur für das kollektive Verhalten. (2) »*Accounting*«, d.h. der ostensive Aspekt ermöglicht es überhaupt erst, dass man sich auf die Routine bezieht. Über organisatorische Routinen kann auf diese Weise Verhalten legitimiert werden bzw. wird der Raum für die Delegitimation von Verhalten geschaffen. Als letzte Funktion wird (3) »*Referring*« markiert. Hier wird darauf abgestellt, dass über den ostensiven Aspekt das Verständnis bzw. eine Vorstrukturierung von Sachverhalten ermöglicht wird: »*The ostensive aspect of the routine allows us to refer to and make sense of a sea of activities that could otherwise be overwhelming*« (Feldman/Pentland 2003, S. 107). Der ostensive Aspekt beschreibt somit im Großen und Ganzen die klassischerweise in den Zusammenhang mit Routinen gebrachte Entlastungsfunktion. Allerdings, der ostensive Teil muss von den jeweiligen Akteuren erst einmal perzipiert und interpretiert werden. Durch die subjektive Wahrnehmung und situationsspezifische Interpretation des ostensiven Aspekts organisatorischer Routinen wird der Nährboden für Unterschiede geschaffen.
2. Performative Ebene: Mit dem *performativen Aspekt* wird die situationsspezifische Ausführung, also das tatsächliche Praktizieren der organisatorischen Routine verstanden. Es geht darum, wie genau die Routine verstanden und umgesetzt wird. Der für die Dynamisierung organisationaler Kompetenzen interessante Punkt ist nun, dass das Praktizieren zwar in Referenz zum ostensiven Aspekt, also den Regeln und Erwartungen, erfolgt, jedoch die situationsspezifische Umsetzung variieren kann. In der Konzeption von *Feldman/Pentland* wird nun aber nicht nur der erhaltende und begrenzende, sondern besonders der ermöglichenden Charakter von Routinen betont: »*When people enact routines, they can maintain the ostensive aspect of the routine, but they can also choose to deviate from it*« (Feldman/Pentland 2003, S. 108). Vor diesem Hintergrund wird mit dem Aspekt des Praktizierens die Vorstellung einer gewissen Unvorhersehbarkeit und Variation verbunden; das Praktizieren von Routinen bedeutet infolgedessen nicht nur Replikation, sondern immer zugleich auch Flexibilität und Veränderung. Mit anderen Worten, Veränderung und Dynamik wird endogen und – paradoxerweise – als Ergebnis der Reproduktion organisationaler Routinen gedacht.

Insgesamt wird deutlich, dass sich die zwei Sphären in einem durchaus reibungsvollen Verhältnis zueinander bewegen. Das Verhältnis ist rekursiv, die (überraschenden) Änderungen des performativen Teils modifizieren ihrerseits den ostensiven Teil. Der ostensive Teil prägt den performativen und umgekehrt. Eine Abweichung von den Regeln wird nicht nur als Diskrepanz begriffen, sondern kann auch Anlass geben, den ostensiven Kern zu verändern. Insofern schafft diese Unterscheidung zwischen den Ebenen der Regel und des Handelns auch Raum für Veränderungen. Routinen sind nicht mehr als ehernes Gerüst, sondern als beweglicher Apparat zu denken – und zwar auf beiden Ebenen. Sie werden deshalb als ständig im Fluss begriffen. Das spannungsvolle Verhältnis der zwei Ebenen stößt diese Dynamik immer wieder an.

Dennoch darf diese Perspektive nicht überzogen werden, es muss natürlich ein klarer Kern des »ostensiven« Musters erhalten bleiben und repliziert werden, sonst könnte man nicht mehr von Routinen oder Kompetenzen sprechen und das ganze darunter liegende Theoriegerüst würde obsolet. Unterstellte man permanente Veränderung in der Routine, so würde man dies eher als Ad-hoc-Verhalten einstufen und im betrieblichen Problemlösungsverhalten gewissermaßen Ad-hoc-Aktion an Ad-hoc-Aktion reihen oder ggf. folgte eine Improvisation der anderen (zur Abgrenzung siehe Kapitel 3). Mit anderen Worten, wegen des dualen Charakters von Routinen wird es niemals 100%-Replikationen geben können, aber der Kern einer Routine oder einer Kompetenz kann sehr wohl konserviert und repliziert werden.

An dieser Stelle ist auf die Diskussion Dynamischer Kompetenzen zu verweisen, die in den Kapiteln 9 und 10 ausführlich dargestellt wird. In diesen Beiträgen wird genau analog zur Routinendiskussion eine allzu statische Perspektive von Kompetenzen verworfen und an Stelle dessen eine dynamische Perspektive gesetzt. Die damit verbundenen Schwierigkeiten sind dieselben, wenn es nur noch um permanente Veränderung und blitzschnelle Anpassung geht, droht der Kern der Idee von Kompetenz, die mustergesteuerte Verknüpfung von Ressourcen, verlorenzugehen.

Ferner sei darauf hingewiesen, dass diese Perspektive Routine aus einer Einzelperspektive betrachtet, im Fokus steht die Dynamik der Einzelroutine. In Organisationen und speziell auch bei der Entfaltung organisationaler Kompetenz stehen Routinen aber grundsätzlich im *Verbund* und sind im Leistungsvollzug untereinander abhängig. Zielführende Kompetenzen unterscheiden sich in aller Regel auch dadurch, dass ihr Handlungsgerüst Routinen und Praktiken geschickt miteinander verbindet. Erst ihre Verbindung bringt ihr kollektives Potenzial zur Entfaltung. Routinen innerhalb von Kompetenzen sind in vielfacher Hinsicht vernetzt. Insofern ist jede Erklärung der Funktionsweise von Routinen unvollständig, wenn nicht ihre Einbettung in eine übergreifende Kompetenz (oder allgemeiner: Organisation und ihre Verknüpfung mit anderen Routinen) berücksichtigt wird. Das ist ein ganz zentraler Gesichtspunkt für das Verständnis von organisationalen Kompetenzen. Diese bestehen ja – wie in Kapitel 2 – dargelegt in der Regel aus mehreren Routinen (oder Praktiken), die auf geschickte und oft einmalige Weise miteinander verknüpft werden (▶ **Box 8-1**).

Im Hinblick auf die Kompetenz ist es weniger die Einzelroutine, die zählt, sondern ihre Verknüpfung; sie verwandelt die Standardprozeduren, die man meist in ähnlicher Form in vielen Unternehmen antrifft, in eine potenziell einmalige Fähigkeitsarchitektur, die einen Wettbewerbsvorteil begründen kann.

Box 8-1
Interdependente Routinen

»Rückmeldungen aus dem Service werden bisher oft nicht konsequent für die Entwicklung neuer Produkte genutzt. Anders ist dies bei Pfeiffer Vacuum, Asslar.

›Unsere F&E-Strategie ist stark marktorientiert, deshalb übernimmt das Marketing auch größtenteils die Projektleitung in unserem Innovationsteam‹, schildert Armin Conrad. Für den Entwicklungsleiter des Vakuumgeräte-Herstellers zahlt sich dabei die enge Zusammenarbeit zwischen Vorstand, »F&E-Tüftlern« und Marketing aus.

Das Innovationsteam ist für das hessische Unternehmen mit weltweitem Engagement die ›Kreativitätsinstanz‹, die sich mit der strategischen Ideenfindung sowie deren Bewertung und deren Umsetzung beschäftigt. Dazu trifft sich das Team je nach Bedarf vier bis acht Mal im Jahr. Zudem beschäftigt sich eine Arbeitsgemeinschaft mit dem Risikomanagement für die neu zu entwickelnden Technologien....

Der Entwicklungsbereich ist bei Pfeiffer Vakuum nach wesentlichen Funktionen in Kompetenzgruppen strukturiert. ›Diese sind selbstverantwortliche Know-how-Pools, deren Mitarbeiter ihre Funktion weitgehend in Projektteams wahrnehmen‹, beschreibt Conrad. Die Organisation in kleine Gruppen aus 4 bis 10 Mitarbeitern erleichtere dabei die Personalbeurteilung und Förderung. Durch bessere Kommunikation und kurze Wege werde zudem eine hohe Effektivität erlangt.«

Quelle: Ingenieur.de, »Impulse aus dem Marketing inspirieren die Entwickler von Vakuumpumpen«, http://www.ingenieur.de/Fachbereiche/Antriebstechnik/Impulse-Marketing-inspirieren-Entwickler-Vakuumpumpen, Zugriff am 22.07.2014

An die Feststellung, dass Routinen in einem interdependenten Verhältnis zueinander stehen, schließt sich analytisch die Frage nach der Art der Interdependenz an, d.h. in welcher Weise die betreffenden Routinen voneinander abhängen? Hier hat *Thompson (1967)* schon sehr früh eine instruktive Unterscheidung eingeführt. Danach ist zwischen gepoolter, sequentieller und reziproker Interdependenz von Aufgaben zu unterscheiden.

Während bei gepoolter Interdependenz eine Abhängigkeit durch eine gemeinsam genutzte Ressource entsteht (z.B. Nutzung einer gemeinsamen Datenbank), sind die anderen beiden Interdependenztypen Formen direkter Abhängigkeit im Aufgabenvollzug. Bei sequentieller Interdependenz ist es der Ketteneffekt, der die Abhängigkeit im Arbeitsprozess erzeugt: Der Output von Einheit I ist der Input von Einheit II usw. Bei reziproker Interdependenz liegt eine wechselseitige Abhängigkeit zwischen den beiden Prozesseinheiten vor.

Der Verweis auf die Einbettung bzw. Interdependenz von Routinen ist auch deshalb bedeutsam als der kollektive Vollzug mehrerer Routinen die von *Feldman/Pentland* so plastisch herausgestellten Abweichungen und Überraschungen im Routinenvollzug relativiert. Wenn Routinen untereinander abhängig sind und die Vorhersehbarkeit des Outputs von Routine I Grundlage für den darauf aufbauenden Vollzug von Routine II ist, sind den Abweichungen unter Umständen enge Grenzen gesetzt, weil es schnell zu Dysfunktionen im Routinengeflecht, also auch der Kompetenzentfaltung, kommt. Abweichungen sind nötig, um eine gewisse Anpassungsfähigkeit sicherzustellen, der Kern der Routine muss aber erhalten bleiben, sonst verliert die spezifische Kompetenz einer Organisation ihre Funktionsfähigkeit.

Neben der Interdependenz gibt es eine Reihe weiterer Faktoren, die als Kontext für Routinen firmieren und deshalb auch die Ausführung und Flexibilität von Routinen mitprägen. Hierzu gehören die Unternehmenskultur, die Technologie oder auch die Aufgabenstruktur. Diese Faktoren versteht die in Kapitel 2 eingeführte Systematik als *Rahmenbedingungen*, eine genauere Erläuterung findet sich in Kapitel 4.

8.2 Wandeltyp II

Die Veränderung von Kompetenzen kann auch Gegenstand eines geplanten organisatorischen Wandels sein. Dabei wird für gewöhnlich an Theorien des Change Managements und der Organisationsentwicklung angeschlossen, die Interventionen zur gezielten Herbeiführung organisatorischen Wandels thematisieren.

Hierunter fallen zunächst einmal die Ansätze, die nach dem Schema: *Problemanalyse, Problemlösung und Umsetzung* verfahren. Der Schwerpunkt liegt auf Bemühungen, vorhandene organisatorische Kompetenzen optimal umzugestalten. Dieser Ansatz versteht die Veränderung von Kompetenzen, gleichgültig auf welcher Ebene und in welchem Umfang, im Wesentlichen nur als ein *planerisches Problem*. Im Zentrum steht die *Auswahl* geeigneter Anpassungsmaßnahmen, die der veränderten Situation Rechnung tragen. Dieses Modell, das in seiner reinen Form den gesamten Wandelprozess, und zwar sowohl das Finden der Lösung als auch ihre Realisierung als Planungsproblem definiert, erweist sich in der Praxis indessen oftmals als wenig erfolgreich. Der Umstellungsprozess ist zu einfach konzipiert, es findet viel zu wenig Berücksichtigung, dass Organisationsmitglieder häufig der neuen Lösung widerstreben, an den alten Routinen festhalten wollen und die gewünschten Veränderungen als Bedrohung erleben, Zweifel an der Tauglichkeit der neuen Lösungen haben usw.

Als Minimum gilt es heute zu berücksichtigen, dass die Änderung lange eingespielter Kooperationsmuster *Widerstände* hervorruft, mit denen im Wandelprozess ein angemessener Umgang gefunden werden muss. Es gibt verschiedene Erklärungen des Widerstandes gegen Veränderungen, sie werden typischerweise nach zwei Ebenen differenziert (so *Watson 1975*): (1) Widerstände aus der Person und (2) Widerstände aus der Organisation.

1. *Widerstände aus der Person:* Zu Widerständen aus der Person gibt es eine Reihe von Erklärungen. Dabei wird auf drei Ebenen argumentiert, auf der kognitiven, der emotionalen und der Verhaltensebene (vgl. *Piderit 2000*). Für den Kompetenzwandel besonders bedeutsam dürfte die Beobachtung sein, dass sich spezifische Arbeitsvollzüge (z. B. bestimmte Formen der bereichsübergreifenden Kooperation) verselbständigen zu Motiven (»funktionelle Autonomie der Motive«, *Allport 1937*) und damit gewissermaßen zu einem Bedürfnis werden. Jeder Veränderungsvorschlag, der darauf hinausläuft, diese Kooperationsform durch eine andere zu ersetzen, wird tendenziell als eine Beeinträchtigung der Bedürfnisbefriedigungssituation erlebt. Es werden Kräfte mobilisiert, den Status quo zu erhalten.

Ferner, im Hinblick auf die großenteils implizit verankerten Kompetenzen, sind Veränderungs-Widerstände aufgrund bestimmter kognitiver Strukturen (»cognitive maps«) besonders bedeutsam (▶ Kap. 6). Die Idee hier ist, dass die Wahrnehmung nach bestimmten Mustern organisiert ist, die aus Sensemaking-Prozessen *(siehe dazu Weick et al. 2005)* hervorgehen. Mit anderen Worten, die Organisationsmitglieder machen sich über komplexe Ereignisse ein Bild, sie formen für sich ein plausibles Erklärungsmuster, das dann auch zum Verständnis weiterer Ereignisse herangezogen wird. Die Frage, in welchem Maße neue Informationen, Empfehlungen für veränderte Abläufe oder neue Kooperationsformen aufgenommen oder abgewehrt werden, ist dann wesentlich eine Frage der Vororientierungen (»bias«). Tendenziell gilt: Je weniger eine Veränderungsmaßnahme mit den bestehenden kognitiven Mustern harmoniert, umso höher ist die Wahrscheinlichkeit, dass sie abgelehnt wird – offen oder verdeckt. Um den Widerstand zu verstehen, ist es hiernach also von ausschlaggebender Bedeutung, die kognitiven Muster zu kennen. Nachdem kognitive Muster meist implizit sind, ist es allerdings nicht einfach, sie zu erschließen.

Kognitive Muster werden meist als individuelles Phänomen angesehen, nicht selten findet man solche Muster aber auch auf der Organisationsebene als Interpretationsmuster von Organisationen. Im Hinblick auf organisationale Kompetenzen mit ihrer kollektiven Struktur wirken diese in besonderem Maße retardierend (vgl. das instruktive Beispiel von *Polaroid* in der Analyse von *Tripsas/Gavetti 2000*, ▶ Kap. 6). Dies leitet über zu den Widerständen, die in der Organisation ihren Grund haben.

2. *Widerstände aus der Organisation:* In jeder Organisation entwickeln sich auf informellem Wege Normen oder die eben bereits erwähnten *kollektiven Orientierungsmuster*, die in der Regel impliziten Charakter haben. Veränderungsprogramme, die diese Orientierungsmuster oder Schemata in Frage stellen, stoßen in aller Regel auf Widerstand. Es sind gerade diese impliziten Dispositionen, die eine starke Beharrungstendenz aufweisen, in ihrer Dynamik aber häufig unerkannt bleiben. Je enthusiastischer (stärker) die Organisationskultur, umso ausgeprägter ist der zu erwartende Widerstand bei grundlegenden Veränderungen.

Ein ähnlicher organisationaler Faktor, der zu Widerständen gegen Änderungen von Kompetenzarchitekturen führt, sind Statushierarchien. Wenn geplante Veränderungen in der Kompetenzstruktur angestammte *Privilegien*, die aus der formellen und der informellen Statushierarchie fließen, in Frage stellen (z. B. Anhörungsrechte oder direkter Zugang zur Chefin), werden in der Regel starke Kräfte mobilisiert, die geplanten Änderungen zu unterminieren (vgl. *Bunderson/Reagans 2011*).

Ablehnend und abwehrend reagieren viele Systeme auch auf Kompetenz-Veränderungsprogramme, die von außen kommen, etwa im Rahmen einer Akquisition oder einer Fusion. Das *Nicht-hier-erfunden-Syndrom* (NIH: Not Invented Here) ist ein vielfach belegtes Widerstands-Phänomen in nationalen und internationalen Organisationen (vgl. die Pionierstudie von *Katz/Allen 1988*). Es ist besonders typisch für die Widerstandsproblematik, weil die Abwehr in aller Regel rein emotionaler Natur ist (»Systemstolz«). Das NIH-Syndrom spielt in der täglichen Änderungspraxis eine wichtige Rolle; je stärker es ausgeprägt ist, umso weniger ist eine Organisation in der Lage, solchen extern begründeten Wandelansätzen in der Kompetenzarchitektur zu folgen.

Eine noch drastischere Reaktionsweise liegt dem »Threat-Rigidity«-Effekt zugrunde. Wird eine Veränderung der Kompetenzstruktur als Bedrohung empfunden (Kompetenzverlust), so reagieren Organisationen häufig mit Verhärtung und dem verkrampften Festhalten an den einmal eingeübten Praktiken (vgl. *Staw et al. 1981*).

Für die nun entscheidende Frage, wie mit solchen Trägheiten, Verriegelungen und Widerständen in Änderungsprozessen umgegangen werden kann, kam der wesentliche Impuls von *Kurt Lewin (1952)* und seinen Experimentalstudien, die in mehrfacher Hinsicht bahnbrechend waren. Die in diesen Experimenten praktizierten Methoden der *Gruppenentscheidung* und der *Teilnehmeraktivierung* bilden bis heute die Eckpfeiler von Interventionen zur organisatorischen Veränderung. Die grundlegenden Regeln lauten:

- Aktive Teilnahme am Veränderungsgeschehen, frühzeitige Information über den anstehenden Wandel und Partizipation an den Veränderungsentscheidungen.
- Nutzung der Gruppe als Wandelmedium. Wandelprozesse in Gruppen fördern die Veränderungsbereitschaft.
- Kooperation unter den Beteiligten.
- Wandelprozesse bedürfen einer Auftauphase, in der die Bereitschaft zum Wandel erzeugt wird, und einer Beruhigungsphase, die den vollzogenen Wandel stabilisiert.

Besonderes Interesse galt und gilt der *Auftauphase* (»Unfreezing«). Sie soll bewirken, dass eine Organisation den fest eingespielten Status quo als problematisch empfindet. Das Routinengefüge wird in Frage gestellt, neue Ideen zugelassen usw. Der Anstoß für einen *Auftauprozess* kann sowohl von innen (Fehleranalyse, neue Mitarbeiter usw.) als auch von außen kommen (Kundenreklamationen, Marktanteilseinbußen usw.). Missglückte Veränderungsprojekte haben häufig ihren Grund darin, dass es versäumt wurde, für ein Auftauen der alten Strukturen zu sorgen. Nachdem gerade der Kompetenzwandel die Aufgabe zum Teil tief verankerter Arbeitsroutinen bedeutet, sind hier Auftauprozesse von erheblicher Bedeutung.

Durchgeführte Veränderungen bedürfen nach *Lewins* Regeln der *Stabilisierung*, eines »*Refreezing*«, damit sie Bestand haben. Ansonsten bestehe die Gefahr, dass schon kleine Rückschläge oder die »Macht der Gewohnheit« die alten, latent noch lange Zeit wirksamen Strukturen wieder aufleben lassen.

Lewins Prinzipien haben die Interventionslehre in Wandelprozessen sehr stark geprägt. Sie wurden im Wesentlichen im Rahmen der »*Organisationsentwicklung*« weiter verfeinert, einer Subdisziplin der Organisationstheorie, die sich speziell mit Problemen des organisatorischen Wandels auseinandersetzt (vgl. etwa *Cummings/Worley 2008*). Hier wurden zahlreiche mehr oder weniger umfassende Programmpakete zur Veränderung von Organisationen entwickelt. Basisüberzeugung ist dabei immer, dass der Wandel geplant und in gemäßigten Schritten vollzogen werden kann. Stellvertretend für ein solches Programmpaket, das analog auch für Kompetenzentwicklungen Verwendung finden kann, sei auf das sog. »Konfrontationstreffen« verwiesen, das sich in Box 8-2 in seinen Grundzügen dargestellt findet.

Box 8-2
Das »Konfrontationstreffen«

Das »confrontation meeting« basiert auf dem Prinzip und der Wirkungsweise des Feedbacks. Es gilt als Kurzvariante der Organisationsentwicklung. Anwendung findet es besonders häufig bei Krisen und stark ausgeprägten Widerstandstendenzen. In ein solches Treffen sind prinzipiell alle Führungskräfte und betroffenen Mitarbeiter einer organisatorischen Einheit eingebunden. Der Ablauf des Konfrontationstreffens ist wie folgt vorgesehen:

1. *Einstimmung.* Alle Beteiligten treffen sich in einem (großen) Raum und die Organisationsleitung benennt aktuelle Probleme, die zu diesem Treffen Anlass gaben, und unterstreicht die Bedeutung des Treffens für die Lösung dieser Probleme.

2. *Problemidentifikation.* Es werden Gruppen geformt, die jeweils einen repräsentativen Querschnitt (horizontal und vertikal) der Organisation bilden. Vorgesetzte sollen in den Gruppen nicht zusammen mit ihren Mitarbeitern sein. Die oberste Leitungsebene tagt für sich. Ziel der Gruppen ist es, die Problemstellen der Organisation herauszuarbeiten und mögliche erste Abhilfemaßnahmen zu benennen. Das Gruppenklima soll offen und schonungslos sein. Um das zu erleichtern, gilt die Regel: Niemand darf dafür kritisiert werden, dass er/sie Probleme aufdeckt.

3. *Informationsaustausch.* Nachdem eine erste Problemidentifikation stattgefunden hat, kommen die Gruppen wieder im Plenum zusammen. Jede Gruppe berichtet über ihre Ergebnisse; alle Berichte werden dokumentiert und allen zugänglich gemacht. Der Versammlungsleiter schlägt Kriterien zur Strukturierung der Probleme vor. Damit endet der erste Teil des Treffens.

4. *Prioritäten* setzen und Aktionspläne entwickeln. Der zweite Teil des Treffens beginnt mit einer Kategorisierung der bisher erarbeiteten Probleme, danach werden erneut Gruppen zu ihrer Diskussion gebildet diesmal zumeist nach Fachkompetenz (z. B. nach Funktion und Prozessen). Diese Gruppen sollen für die aufgelisteten Problemkreise Prioritäten setzen und Lösungsansätze (Aktionspläne) entwickeln.

5. *Aktionsplanung für das Gesamtsystem.* Danach unterrichten die einzelnen Gruppen im Plenum die anderen Teilnehmer über ihre Ergebnisse. Das obere Management nimmt zu den Vorschlägen Stellung und erwägt erste Umsetzungsmaßnahmen (Meilensteine, Bildung von Projektgruppen usw.).

6. *Treffen der Geschäftsleitung.* Das obere Management beschließt Sofortmaßnahmen.

7. *Fortschrittskontrollen.* Es werden kontinuierliche Feedback-Treffen vereinbart (meist alle vier Wochen), bei denen die ergriffenen Maßnahmen evaluiert und der erzielte Fortschritt kontrolliert werden sollen. Im Idealfall treffen sich dazu wieder sämtliche Teilnehmer; meist ist es jedoch nur eine begrenzte Zahl.

Die Methode zielt im Wesentlichen darauf ab, die vorhandenen Blockaden (in unserem Kontext: vorhandene Kompetenzfallen) aufzudecken und zu reflektieren.

> Die Organisation soll dadurch wieder handlungsfähiger werden (hier: die organisatorischen Kompetenzen wieder verflüssigt werden). Die Methode findet in der Praxis in unterschiedlichen Varianten Verwendung. Der Einsatz der Methode setzt ein hinreichendes Maß an Vertrauen und Problemlösungsinteresse voraus.
> *Quelle: Nach Beckhard (1967).*

Nun ist von vielen Studien her bekannt, dass sich organisatorische Veränderungen keineswegs immer in einem solchen Planungsrahmen entwickeln und ausreifen können. Interne oder externe Veränderungen verlangen oft einen raschen (»revolutionären«) Umstellungsprozess, um die meist krisenhafte Situation überwinden zu können. Dies verweist auf ganz anders strukturierte Wandelprozesse und Methoden, die hier mit den Typen III und IV umrissen sein sollen.

8.3 Wandeltypen III und IV

In der neueren Wandelliteratur kommt Ansätzen eine große Bedeutung zu, die den Wandel nicht als kontinuierliches, sondern als ein *episodisches* Phänomen begreifen. Wandelphasen sind nur von kurzer Dauer, die Organisation kehrt dann wieder in einen Ruhezustand zurück. Hier ist an erster Stelle der viel beachtete Ansatzes von *Romanelli/Tushman (1994)* zu nennen. Im Rahmen von Fallstudien rekonstruieren die Autoren die Entwicklungsverläufe von Unternehmen über längere Zeiträume hinweg. Dabei kommen sie zu dem Ergebnis, dass der Entwicklungsverlauf einer Organisation als ein fortlaufender Veränderungsprozess abgebildet werden kann, der durch ein Alternieren zwischen »*Konvergenz*« (»convergence«) und »*Umsturz*« (»upheaval«) gekennzeichnet ist. Diese Phasenfolge wird als sich permanent reproduzierendes Verlaufsmuster verstanden. Organisationen werden immer wieder ganz unabhängig von ihrer Größe und ihrem Alter mit Wandelerfordernissen konfrontiert sein und müssen – soll ihr Überleben sichergestellt sein – diese Veränderungsepisoden erfolgreich bewältigen können. Hält man sich die in Kapitel 7 beschriebenen Verfestigungstendenzen von organisationalen Kompetenzen vor Augen, so liegt es nahe, in diesen Fällen ihre Veränderungsprozesse in ein solches Muster zu fassen.

Organisatorische *Konvergenzphasen* stehen in diesem Modell für mehr oder weniger lange Stabilitätsperioden, die nur mit kleineren Veränderungsanforderungen konfrontiert sind, wie sie oben im Wandeltyp I an Beispielen näher umrissen wurden. Organisatorische Veränderungen beziehen sich dabei auf Detailabstimmungen, auf ein »Fine tuning« des entwickelten Routinengefüges usw. mit dem generellen Ziel den Status quo im Kompetenzgefüge zu verbessern. Solche Veränderungen werden bisweilen auch »10 %-Veränderungen« genannt.

Anders in Prozessen *diskontinuierlicher Veränderungen* – in dem Modell als »Revolutionsphasen« oder »upheaval« bezeichnet –, in denen das organisatorische Routinengefüge in Gänze als Folge tiefgreifender Umweltveränderungen und/oder Entwicklungsbrüche zur Disposition steht. Man spricht hier auch plastisch von einem

»*frame-breaking change*«. In derartigen Situationen findet eine grundlegende Transformation der gesamten Organisation oder signifikanter Teile statt, die Umstrukturierungen, die Neudefinitionen der Mission oder auch die Neubesetzung entscheidender Schlüsselpositionen beinhaltet.

Tiefgreifender Wandel wird als kurze Umbruchphase beschrieben. Langanhaltende Phasen der Konvergenz werden in diesem Modell von kurzen, eruptiven Umsturz-Phasen unterbrochen; erfolgreiche Organisationen zeichnen sich den Untersuchungsergebnissen zufolge dadurch aus, dass in den eruptiven Phasen die erforderlichen Wandelprozesse schnell initiiert und vollzogen wurden, um dann wieder in die ruhigere Konvergenzphase zurückzukehren.

Im Hintergrund steht das aus der Biologie und der Evolutionstheorie entlehnte Theorem des »*punctuated equilibrium*« *(Gersick 1991)*. Langanhaltende Gleichgewichtszustände werden eruptiv unterbrochen, danach pendelt sich wieder ein neues Gleichgewicht ein (dies wird in der Mikroökonomie als komparative Statik bezeichnet).

Noch einen Schritt weiter gehen *Miller/Friesen (1984)* in ihrem sog. *quantum view*. Sie sehen die revolutionäre Transformation (dort: quantum change) einem stetigen schrittweisen Wandel als in jeder Hinsicht überlegen an. Dies resultiert aus ihrem Konsistenzkonzept, wonach die Elemente einer Organisation in sich stimmig sein sollten. Eine stückweise Veränderung laufe jederzeit Gefahr, die stimmige Gestalt z. B. in Form einer Kompetenzarchitektur zu zerstören. Gegen dieses Prinzip *interner Konsistenz* setzen *Tushman/O'Reilly (1997)* die Idee der »ambidextrous organization«, eine Organisation, die verschiedene Wandelmodalitäten zugleich bewältigen und dadurch die – wie sie es nennen – »Stimmigkeitsfalle« vermeiden kann.

So plausibel der Quantum-Ansatz auch und gerade für die in sich stimmige Kompetenzarchitektur und ihre Veränderungsdynamik erscheint, so muss man doch sehen, dass hier der Wandel von Organisationen grundsätzlich als Besonderheit, als *Ausnahme* zu begreifen ist *(vgl. Schreyögg/Noss 2000)*. Grundlage ist das Homöostaseprinzip, Organisationen streben nach Ruhe und Reproduktion. Veränderung wird dann notwendigerweise immer als Zumutung oder als Störung begriffen, die rasch auf Beendigung drängt. Das konzeptionelle Primat liegt also auf der Stabilität, diese Modelle gehen davon aus, dass Ordnung und organisatorische Stabilität die Regel ist, Veränderung ein System in den Zustand der Unordnung versetzt, der schnell und meist schmerzhaft vollzogen werden müsse, um wieder in den natürlichen Zustand der Ordnung zurückkehren zu können. Alles hat einen quasi unabänderlichen Verlauf. Hier geht man also grundsätzlich von sehr stark verfestigten Strukturen aus, ähnlich wie man sie häufig in der Kompetenzdiskussion findet (»core rigidities«) und die ja auch die Grundlage der »Kompetenzfalle« bilden. Ebenso sind solche Verfestigungen ja Gegenstand der Überlegungen, wonach Kompetenzen »pfadabhängig« werden (▶ **Kap. 7**).

Solche Verfestigungen aufzulösen, bedarf erheblicher Anstrengungen, im Zusammenhang mit Pfadabhängigkeit spricht man analog von »Pfadbruch«. Organisationen und Kompetenzgefüge, die eine so starke Eigendynamik hin zu einem Lock-in entwickelt haben, geben ihre Reproduktionsroutinen nicht leicht frei. Geht es doch im Kern darum, nicht einzelne Elemente, sondern eben den dahinterliegenden »Code« zu brechen (»breaking the code«, vgl. *Beer 2000*). Die alten Spielregeln müssen außer Kraft gesetzt werden.

Ob ein solcher Codebruch tatsächlich schnell und umfassend durchgeführt werden kann und muss – wie viele empfehlen (neben *Miller/Friesen 1984* z.B. auch *Romanelli/Tushman 1994*) –, ist jedoch umstritten. Viele wenden ein, dass ein so gewaltiger Umbruch nicht schnell vollzogen werden kann, weil jede Systemanpassung Zeit benötige, Systeme stellen sich nicht so schnell um (z.B. *Brown/Eisenhardt 1997*). Umstritten ist auch, ob tatsächlich das ganze System in einem Zuge verändert werden kann und soll, oder ob man nicht doch lieber erst einmal ein wichtiges Subsystem einem solchen radikalen Wandel unterzieht, um Erfahrungen zu sammeln (vgl. *Amis et al. 2004*). Vieles kann nicht vorherbedacht werden, sondern muss aus der Situation heraus entschieden, probiert und ggf. wieder revidiert werden. Dies ist allein schon der Unsicherheit solcher Prozesse geschuldet (vgl. *Amis et al. 2004*). Niemand kann bei neuen Strukturen genau vorhersagen, welche Wirkungen sie entfalten und vor allem, welche Nebenwirkungen auftreten.

Unabhängig davon, wie radikaler Wandel im Einzelnen erfolgreich bewältigt werden kann, ist die Vorstellungswelt, wonach der Wandel immer nur kurze Phasen im Betriebsgeschehen darstellt, heute aus verschiedenen Perspektiven fragwürdig geworden. Hier ist zunächst auf die Innovationsbranchen zu verweisen, die auf *permanente Produktinnovationen* angewiesen sind und dafür entsprechend häufige Veränderungen benötigen. Unternehmen wie *3M, Zara,* oder *Google* repräsentieren Branchen, die in einem fortwährenden Produkt-Innovationsprozess begriffen sind und diesen auch bewältigen. Gleiches gilt für Unternehmen, die in einem hyperkompetitiven Geschäftsfeld agieren (z.B. *Intel, O2*), fortwährende Innovation ist dort die einzige Überlebensgarantie (vgl. *D'Aveni 1994*). Dies verweist uns wieder auf die eingangs diskutierten Typen des kontinuierlichen Wandels und ständiger Kompetenzanpassung.

Diskussionsfragen

1. Erläutern sie kurz den Unterschied zwischen Typ I und Typ IV des Kompetenzwandels?
2. Inwiefern durchlaufen organisationale Kompetenzen einen Lebenszyklus?
3. Kann eine organisationale Kompetenz in der Reifephase noch geändert werden?
4. Wodurch wird in dem *March/Olsen*-Modell ein (Kompetenz-)Wandel ausgelöst?
5. Weshalb erklärt des *March/Olsen*-Modell kontinuierlichen Kompetenzwandel?
6. Was bedeutet das Konzept der Dynamischen Routinen für den Kompetenzwandel?
7. Welche Kompetenzen können bei einem »Konfrontationstreffen« weiterentwickelt werden und welche nicht?
8. Was bedeutet »radikaler Wandel« im Hinblick auf organisationale Kompetenzen?
9. Welche Anforderungen stellt der »quantum view« an den Wandel organisationale Kompetenzen?
10. Welche Schwierigkeiten stellen sich dem Ziel entgegen, vorhandene organisationale Kompetenzen vollständig zu transformieren?

Literaturverzeichnis Kapitel 8

Allport, G.W. (1937). Personality: A psychological interpretation, New York.
Amis, J./Slack, T./Hinings, C.R. (2004). The pace, sequence, and linearity of radical change, in: Academy of Management Journal, 47: 15–39.
Beckhard, R. (1967). Confrontation meeting, in: Harvard Business Review, 45(2): 149–155.
Beer, M./Nohria, N. (2000). Breaking the code of change, Cambridge/Mass.
Brown, S.L./Eisenhardt, K.M. (1997). The art of continuous change: Linking complexity theory and time-paced evolution in relentlessly shifting organizations, in: Administrative Science Quarterly, 42: 1–34.
Bunderson, J.S./Reagans, R.E. (2011). Power, status, and learning in organizations, in: Organization Science, 22: 1182–1194.
Cohen, W.M./Levinthal, D.A. (1990). Absorptive capacity: A new perspective on learning and innovation, in: Administrative Science Quarterly, 35: 128–152.
Cummings, T.G./Worley, C.G. (2008). Organization development and change, Stamford/Conn.
D'Áveni, R. (1994). Hypercompetition: Managing the dynamics of strategic maneuvering, New York
Feldman, M.S./Pentland, B.T. (2003). Reconceptualizing organizational routines as a source of flexibility and change, in: Administrative Science Quarterly, 48: 94–118.
Gersick, C.J.G. (1991). Revolutionary change theories: A multi-level exploration of the punctuated equilibrium paradigm, in: Academy of Management Review, 16: 10–36.
Gherardi, S. (2006). Organizational knowledge: The texture of workplace learning, Malden/Mass.
Hauschildt, J./Salomo, S. (2011). Innovationsmanagement, 5. Aufl., München.
Helfat, C.E./Peteraf, M.A. (2003). The dynamic resource-based view: Capability lifecycles, in: Strategic Management Journal, 24: 997–1010.
Katz, R./Allen, T.J. (1988). Organizational issues in the introduction of new technologies, in: Katz, R. (Hrsg.). Managing professionals in innovative organizations, Cambridge/Mass.: 442–456.
Lewin, K. (1952). Group decision and social change, in: Swanson, G.E./Newcomb, T.M./Hartley, E.L. (Hrsg.). Readings in social psychology, New York: 459–473.
Lewin, A.Y./Massini, S./Peeters, C. (2011). Microfoundations of internal and external absorptive capacity routines, in: Organization Science, 22: 81–98.
Miller, D./Friesen, P.H./Mintzberg, H. (1984). Organizations: A quantum view, Englewood Cliffs/N.J.
March, J.G./Olsen, J.P. (1979). Ambiguity and choice in organizations, 2. Aufl., Oslo.
Tushman, M.L./Anderson, P.C./O'Reilly, C. (1997). Technology cycles, innovation streams, and ambidextrous organizations: Organizational renewal through innovation streams and strategic change, in: Tushman, M.L./Anderson, P.C. (Hrsg.). Managing strategic innovation and change, New York: 3–23.
Piderit, S.K. (2000). Rethinking resistance and recognizing ambivalence: A multidimensional view of attitudes toward an organizational change, in: Academy of Management Review, 25: 783–794.
Reichwald, R./Piller, F. (2009). Interaktive Wertschöpfung: Open innovation, Individualisierung und neue Formen der Arbeitsteilung, Wiesbaden.
Romanelli, E./Tushman, M.L. (1994). Organizational transformation as punctuated equilibrium: An empirical test, in: Academy of Management Journal, 37: 1141–1166.
Schilling, M.A. (1998). Technological lockout: An integrative model of the economic and strategic factors driving technology success and failure, in: Academy of Management Review, 23: 267–284.
Staw, B.M./Sandelands, L.E./Dutton, J.E. (1981). Threat-rigidity effects in organizational behavior: A multilevel analysis, in: Administrative Science Quarterly, 26: 501–524.

Schreyögg, G./Noss, C. (2000). Von der Episode zum fortwährenden Prozess – Wege jenseits der Gleichgewichtslogik im organisatorischen Wandel, in: Managementforschung, 10: 33–62.

Schreyögg, G./Schmidt, S. (2010). Absorptive Capacity – Schlüsselpraktiken für die Innovationsfähigkeit, in: Wirtschaftswissenschaftliches Studium, 39: 474–479.

Thompson, J.D. (1967). Organizations in action. New York

Tripsas, M., /Gavetti, G. (2000). Capabilities, cognition, and inertia: Evidence from digital imaging, in: Strategic Management Journal, 21:1147–1161.

Von Hippel, E. (1986). Lead users: A source of novel product concepts, in: Management Science, 32: 791–805.

Watson, G. (1975). Widerstand gegen Veränderungen, in: Bennis, W.G./Benne, K.D./Chin, R. (Hrsg.). Änderung des Sozialverhaltens, Stuttgart: 415–429.

Weick, K.E./Quinn, R.E. (1999). Organizational change and development, in: Annual Review of Psychology, 50: 361–386.

Weick, K.E./Sutcliffe, K.M./Obstfeld, D. (2005). Organizing and the process of sensemaking, in: Organization Science, 16: 409–421.

Zahra, S.A./George, G. (2002). Absorptive capacity: A review, reconceptualization, and extension, in: Academy of Management Review, 27: 185–203.

9 »Dynamic Capabilities«: Ansätze der permanenten Ressourcen-Rekonfiguration

9.1 Einleitung

Neben den evolutorischen und intervenierenden Ansätzen der Kompetenzanpassung (▶ Kap. 8) hat sich in den vergangenen 15 Jahren das Konzept der »*dynamic capabilities*« (DC) in der Kompetenzdebatte fest etabliert, das direkt auf den Charakter der Kompetenzen zielt. Im Zentrum dieses Konzeptes steht die Überlegung, dass in dynamischen Umwelten andere Kompetenzen benötigt werden, die einen agilen und flexiblen Umgang der Organisation mit ihrer Umwelt gewährleisten (vgl. *Daniel/Wilson 2003; Eisenhardt/Martin 2000*). Die allgemeine Argumentation ist, dass Unternehmen zunehmend in hyperkompetitiven Märkten agieren und sich schnell verändernden Umwelten stellen müssen: »*The speed of play on the [strategic] field is lightening fast*« (*Eisenhardt 2002, S. 91*). Vor dem Hintergrund dieser Schnelllebigkeit verlieren in der Vergangenheit aufgebaute Kompetenzen und Ressourcenkonfigurationen ihre Wirkkraft sehr schnell und ihre Halbwertzeit sinkt. Die permanente Erneuerung von Kompetenzen gewinnt entsprechend an strategischer Bedeutung (vgl. *D'Áveni et al. 2010*).

Dies geschieht auch mit Blick auf die Beobachtung, dass organisationale (Kern-)Kompetenzen Gefahr laufen, eine sogenannte *Kompetenzfalle* zu begründen (▶ Kap. 6 und 7). Mit der Kompetenzfalle wird im Wesentlichen ein kompetenzspezifisches *Dilemma der Organisation* aufgezeigt: Auf der einen Seite müssen bzw. wollen Unternehmen – weil momentan erfolgreich und opportun – die aufwändig aufgebauten Kompetenzen weiter nutzen und pflegen. Andererseits limitieren sich die Unternehmen mit dieser Fokussierung auf eben diesen Kompetenzpfad und sind unter Umständen neuen Herausforderungen nicht gewachsen.

Im Zentrum der Dynamisierungsperspektive steht die Frage, wie Unternehmen die Kompetenzen flexibel halten können, so dass sie jederzeit an neue Entwicklungen angepasst werden können. Anders als in der Kernkompetenzdebatte soll den Anforderungen dynamischer Umwelten nun nicht mehr mit einem Einsatz von überdauernden (Kern-)Kompetenzen entgegengetreten werden. Die weithin strategisch geprägte Forschung zu den dynamischen Kompetenzen ist vielmehr an der Erklärung und Konzeption der kontinuierlichen *Kompetenzflexibilisierung* und -neuentwicklung interessiert. Das Hauptinteresse gilt deshalb der ständigen Erneuerung von Kompetenzen im Sinne neuer Wege der Problembearbeitung. Es ist wichtig, zu sehen, dass dies sowohl durch neue Prozesse der Verknüpfung gleicher Ressourcen als auch durch neue Prozesse der Verknüpfung bei gleichzeitiger Veränderung der Ressourcenauswahl geschehen kann. So werden in der DC-Literatur die Fähigkeit zur Neuproduktentwicklung (vgl. *Danneels 2011*) oder die Allianzfähigkeit als dynamische Kompetenzen verhandelt (vgl. *Anand et al. 2010*).

In der »Dynamic Capabilities«-Debatte werden diese beiden Wege häufig vermischt bzw. undifferenziert betrachtet, was nicht zuletzt auf den Umstand zurückzuführen ist, dass der Großteil der Kompetenzkonzeptionen eben keine Trennung von Ressourcen und Kompetenzen vornimmt (▶ **Kap. 2**).

Auf den ersten Blick scheint ein relativ homogenes Verständnis der Basisidee dynamischer Kompetenzen zu bestehen, nicht zuletzt, weil die Definitionen von dynamischen Kompetenzen häufig explizit auf die Erstdefinition von *Teece et al. (1997)* rekurrieren (▶ **Tab. 9-1**).

Tab. 9-1: Häufig zitierte Definitionen von Dynamic Capabilities

Teece et al. (1997), S. 516	»(...) the firm's ability to integrate, build, and reconfigure internal and external competences to address rapidly changing environments«.
Eisenhardt/Martin (2000), S. 1107	»(...) the firm's processes that use resources – specifically the processes to integrate, reconfigure, gain and release resources – to match or even create market change. Dynamic Capabilities thus are the organizational and strategic routines by which firms achieve new resources configuration ...«
Zollo/Winter (2002), S. 340	»A dynamic capability is a learned and stable pattern of collective activity through which the organization systematically generates, modifies its operating routines in pursuit of improved effectiveness.«
Winter (2003), S. 991	«Dynamic capabilities are those that operate to extend, modify or create ordinary capabilities.«
Zahra et al. (2006), S. 918	»(...) the abilities to reconfigure a firm's resources and routines in the manner envisioned and deemed appropriate by its principal decision-maker.«
Wang/Anand (2007), S. 35	(...) a firm's behavioural orientation constantly to integrate, reconfigure, renew and recreate its core capabilities in response to the changing environment..:«.
Helfat et al. (2007), S. 1	»(...) the capacity of an organization to purposefully create, extend or modify its resource base.«

Die genauere Auseinandersetzung mit den verschiedenen Ansätzen lässt diesen ersten oberflächlichen Eindruck einer homogenen »Dynamic Capability«-Konzeption schnell verblassen (vgl. *Ambrosini/Bowman 2009; Di Stefano et al. 2010; Helfat/Winter 2011; Peteraf et al. 2013*).

Die unter dem Label der »Dynamic Capabilities« firmierenden Ansätze unterscheiden sich – nicht nur im Detail – erheblich voneinander, weshalb eine differenzierende Darstellung notwendig ist. Zunächst einmal gibt es den Ansatz, der den Hebel der Dynamisierung auf der Ebene der Ressourcenkonfiguration ausmacht. In ihrer spezifischen Ausprägung haben sich hier zwei Ansätze etabliert: (1) Der Ansatz der radikalen dynamischen Kompetenz und (2) der Ansatz der integrierten dynamischen Kompetenz. Daneben haben sich solche Ansätze etabliert, die dynamische Kompetenzen als Metakompetenzen konzipieren und die Dynamisierung entsprechend auf einer anderen Ebene als die organisationalen Kompetenzen verhandeln (► **Abb. 9-1**). Mit Metakompetenzen werden Kompetenzen auf einer »höheren« Ebene verhandelt, die auf die Veränderung operationaler Kompetenzen gerichtet sind. Da es auch hier sehr unterschiedliche Konzeptionen gibt, werden die Metakompetenzen in Kapitel 10 separat behandelt.

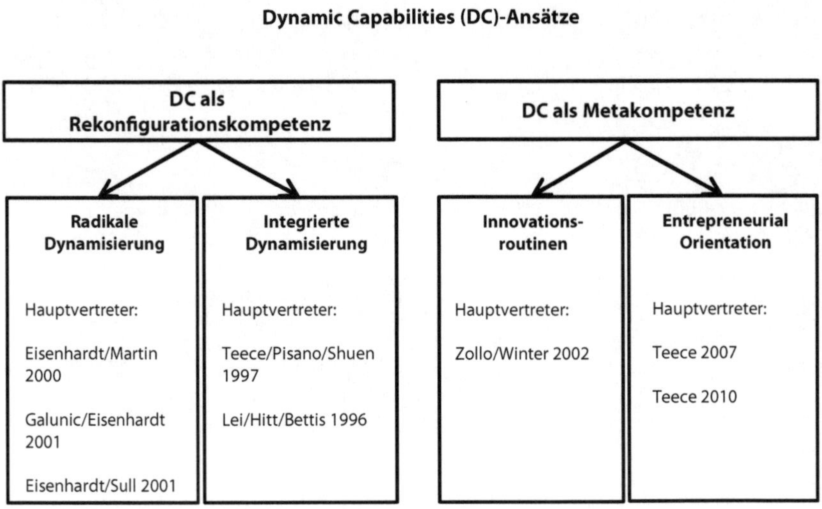

Dynamic Capabilities (DC)-Ansätze

DC als Rekonfigurationskompetenz		DC als Metakompetenz	
Radikale Dynamisierung	**Integrierte Dynamisierung**	**Innovations-routinen**	**Entrepreneurial Orientation**
Hauptvertreter:	Hauptvertreter:	Hauptvertreter:	Hauptvertreter:
Eisenhardt/Martin 2000	Teece/Pisano/Shuen 1997	Zollo/Winter 2002	Teece 2007
Galunic/Eisenhardt 2001	Lei/Hitt/Bettis 1996		Teece 2010
Eisenhardt/Sull 2001			

Abb. 9-1: Dynamic Capability-Ansätze und ihre Hauptvertreter

9.2 Integrierte Dynamisierung

Das Pionier-Konzept von *Teece et al. (1997, 1994)* hat im Rahmen der Dynamisierung von organisationalen Kompetenzen besondere Aufmerksamkeit erlangt und gilt bis heute als ein Meilenstein in der Debatte zu dynamischen Kompetenzen. Ausgangspunkt dieses Ansatzes ist die Beobachtung, dass sich die Gewinner im globalen Wettbewerb durch rechtzeitige und flexible Produktinnovationen auszeichnen, und dass dieser Vorsprung auf die Existenz idiosynkratischer organisationaler Kompetenzen zurückgeführt werden kann: Kompetenzen, die sich – wie die Autoren meinen – nicht nur durch besondere Fähigkeiten, sondern auch durch Flexibilität und Dynamik auszeichnen. Unter dynamischen Kompetenzen oder ›dynamic capabilities‹ wird dementsprechend die Fähigkeit einer Organisation verstanden, erfolgskritische Ressourcencluster aufzubauen, zu verstetigen und immer wieder zu rekonfigurieren, um so den Anforderungen dynamischer Umwelten gerecht zu werden. Anders ausgedrückt, wollen die Autoren das traditionelle Konzept organisationaler Kompetenz um eine Dimension *erweitern*, nämlich die generelle Fähigkeit zur *Selbsterneuerung:* Dynamische Kompetenzen werden deshalb definiert als

»…*the firm's ability to integrate, build and reconfigure internal and external resources to address rapidly changing environments*« *(Teece et al. 1997, S. 516).*

Mit anderen Worten geht es darum, die organisationalen Kompetenzen so zu verändern bzw. flexibel zu gestalten, dass geeignete Mechanismen integriert werden, die einen flexiblen Umgang mit den Ressourcen der Organisation sicherstellen.

Drei Dimensionen bilden in der Konzeption von *Teece et al.* die Basis dynamischer Kompetenzen: (1) Positionen, (2) Pfade und (3) Prozesse (▶ **Abb. 9-2**).

(1) Positionen	Ressourcen, Marktpostion(en)	
(2) Pfade	Strategische Handlungsoptionen	
(3) Prozesse	• Koordination & Integration	→ *statisch*
	• Organisationales Lernen • Rekonfiguration	→ *dynamisch*

Abb. 9-2: Die Dimensionen Dynamischer Kompetenz nach Teece/Pisano/Shuen (1997)

(1) Positionen

Hier wird auf die spezifische Ressourcenposition (»assets«) und aktuelle Marktposition einer Unternehmung verwiesen, die beide als Grundlage für den Aufbau von zukünftigen Wettbewerbsvorteilen dienen können. Die adressierten Positionen können intangibler wie auch tangibler Natur sein und prinzipiell alles umfassen, was in der Steuerungssphäre des Unternehmens liegt. Hier spielen sowohl interne als auch die externe Ressourcenposition eine Rolle. Die interne Ressourcenposition bezieht sich auf die zur Verfügung stehenden Ressourcen (z. B. Finanzen, Technologie, Reputation, Strukturen, Wissen). Mit der externen Position wird auf die aktuelle

Wettbewerbsposition und Stellung des Unternehmens in der Branche abgestellt. Die spezifische Ausprägung der Positionen bestimmt zu einem gewissen Grad, welche (strategischen) Entscheidungen die Organisation für die Zukunft realisieren und erreichen kann.

(2) Pfade
Mit der zweiten Dimension wird die Tendenz einer Fokussierung strategischer Entscheidungen im Zeitablauf markiert. Frühere Entscheidungen in einem Unternehmen engen den strategischen Optionskorridor im Zeitablauf strukturell ein und beeinflussen damit auch das daraus resultierende spezifische Set zukünftiger Handlungsoptionen im Sinne einer Trajektorie. Pfadabhängigkeit im engeren Sinne (▶ Kap. 7) ist damit noch nicht gemeint.

(3) Prozesse
Die dritte Dimension ist als Hybrid-Dimension konzipiert und stellt den Kern der Dynamisierungskonzeption dar. Sie hat eine statische Komponente, nämlich das unternehmensspezifische Muster der Koordination und Integration von Ressourcen. Gleichzeitig hat sie eine dynamische Komponente, die durch zwei Subdimensionen spezifiziert wird: (a) Organisationales Lernen und (b) Ressourcenrekonfiguration. Die dynamische Subdimension »Organisationales Lernen« umfasst sowohl die fortlaufende Anpassung der Organisation über inkrementelle Verbesserungsprozesse als auch Prozesse, die auf die Suche und Identifikation von Chancen gerichtet sind. Die zweite Subdimension der »Ressourcenrekonfiguration« ist als transformativ ausgewiesen. Sie soll sicherstellen, dass die Lernergebnisse tatsächlich in einer (auch radikalen) Veränderung der Ressourcennutzung ihren Niederschlag finden können. Unter die Dimension »Prozesse« werden somit im weitesten Sinne sämtliche tatsächlich praktizierten Verknüpfungsaktivitäten sowie die Anpassungs- und Veränderungsprozesse der Ressourcenrekonfiguration als eigentliche Essenz der Kompetenz subsumiert. Die Prozesse bilden deshalb eine zentrale Grundlage organisationaler Kompetenz. Zugleich sind sie das Herzstück ihrer Dynamisierung, wird doch den Prozessen die Rolle des Lernens und der Ressourcenrekonfiguration zugewiesen.

Die Ressourcenrekonfiguration selbst kann dabei auf unterschiedlichem Wege initiiert werden, wie *Danneels (2011; 2007; 2002)* näher spezifiziert:

1. *Verstärkung vorhandener Ressourcen*: Existente Ressourcen werden einer neuen Nutzung zugänglich gemacht, um eine Produkt- oder Prozessveränderung zu generieren. Dies setzt voraus, dass die Ressource fungibel ist, d. h. in unterschiedlichen Anwendungsbezügen nutzbar gemacht werden kann, wie z. B. die in den Produkten eines Unternehmens zum Ausdruck kommende Marke oder der Zugang zu spezifischen Vertriebskanälen.
2. *Eigenkreation neuer Ressourcen*: Neue Ressourcen werden über unternehmensinterne Prozesse kreiert und zu neuen Kompetenzen geformt. Voraussetzung ist, dass das Unternehmen in der Lage ist, entsprechende Kreativ- bzw. Innovationsprozesse anzuregen und umzusetzen.

3. *Nutzbarmachung unternehmensexterner Ressourcen*: Der Zugang zu unternehmensexternen Ressourcen mit dem Ziel, diese mit vorhandenen Unternehmensressourcen zu kombinieren und auf diese Weise die Kompetenzen zu erneuern, ist eine weitere Möglichkeit, die Ressourcenrekonfiguration anzuregen. Es geht im Kern darum, zur eigenen Ressourcenposition komplementäre Ressourcen zu finden und mit den vorhandenen Ressourcen zu kombinieren. Frei nach dem Motto »Suche einen Partner der etwas besser kann als Du!« wird die Ressourcenrekonfiguration hier durch die Integration externer Ressourcen angestrebt. Bedeutsam sind hier entsprechend die Prozesse der Suche, Auswahl und Erschließung unternehmensexterner Ressourcen über Akquise- oder Kooperationsaktivitäten. Bisweilen wird mit diesen Prozessen die Kooperations- und Allianzfähigkeit von Unternehmen in Verbindung gebracht (vgl. *Kale et al. 2002; Anand et al. 2010*).
4. *Abstoßen vorhandener Ressourcen*: Die Veränderung der Ressourcenbasis und Ressourcenkonfiguration kann schließlich durch die Veräußerung bzw. das Ignorieren vorhandener Ressourcen angeregt werden. Letzteres kann auch das (bewusste) Verlernen von Wissen und Praktiken notwendig machen. Gerade den Aspekt des Lernens und Verlernens möchte auch die ansonsten strukturell mit *Teece et al. (1997)* eng verwandte Dynamisierungslösung von *Lei/Hitt/Bettis (1996)* ins Zentrum gestellt sehen. Auch sie sehen den Bedarf für eine grundsätzliche Erneuerungs- bzw. Veränderungsfähigkeit von organisationalen Kompetenzen und wollen eine solche Dynamisierung über ein integriertes Lernen bewerkstelligen. Die Dynamisierung der Kompetenzen soll durch den zusätzlichen Einbau von »Double-loop-Learning« ermöglicht werden (vgl. *Argyris 2004, 1978*). Darunter werden solche Lernprozesse verstanden, durch die eine kritische Auseinandersetzung und Zerstörung mit den handlungsleitenden Prinzipien einer Organisation ermöglicht wird, also alte Prinzipien verlernt werden (siehe zu den Lernebenen im Detail Kapitel 3). Die Idee ist, das Kompetenz-Konstrukt durch integrierte Lernprozesse zu verflüssigen, und zwar strukturell (und nicht bloß inkrementell) im Sinne eines fundamentalen Lernprozesses, durch den vorhandene Prinzipien und Annahmen der Ressourcenkonfiguration abgelöst und durch neue ersetzt werden.

Zusammenfassend gilt, dass in den integrativ angelegten Ansätzen die Dynamisierung organisationaler Kompetenzen dadurch bewerkstelligt werden soll, dass

1. eine umfassende Lernfähigkeit zum Bestandteil der Kompetenzkonzeption gemacht wird, und dass
2. diese Lernfähigkeit um die Fähigkeit erweitert wird, den Lernerfolg auch tatsächlich in neue Ressourcenkonfigurationen umzusetzen.

Box 9-1

Von Schreibmaschinen zu Etiketten–Ressourcenrekonfiguration bei SMITH CORONA

Erwin Danneels Langzeitstudie zu den dynamischen Kompetenzen des ehemaligen Weltmarktführers in der Produktion von Schreibmaschinen, Smith Corona (USA), ist ein interessantes Beispiel für die Versuche der Dynamisierung etablierter Kompetenzen über unterschiedliche Hebel der Rekonfiguration bzw. Neuausrichtung von Ressourcen.

Zunächst von vier Brüdern – Lyman, Wilbert, Monroe und Hurlburt Smith – im Jahr 1887 als Smith Premier Typewriter Company gegründet, fusionierte das Unternehmen bereits 1893 mit sechs weiteren Schreibmaschinenherstellern zum größten Schreibmaschinenproduzenten der U.S.A.

Der Konzern war zunächst sehr erfolgreich, wurde jedoch schon ab 1896 von einer in Design und Nutzerfreundlichkeit überlegenen »sichtbar schreibenden« Schreibmaschine (»visible writing«-Typewriter) eines Konkurrenzunternehmens unter Druck gesetzt. Die Versuche der Smith-Brüder, die Konzernpartner von einer strategischen Umorientierung zu überzeugen, scheiterten und die Brüder entschieden sich zur Abspaltung vom Konzern im Jahre 1903. Gegründet wurde das Unternehmen Smith & Brothers, welches nach kurzer Zeit die sichtbare Schreibtechnologie imitierte, jedoch nach wie vor relativ schwere Schreibmaschinen für die Büronutzung herstellte.

Parallel entwickelte sich ein Segment für leichte, portable Schreibmaschinen, welches von der Firma CORONA Typewriter entwickelt worden war und den Markt dominierte.

Im Jahr 1926 fusionierten Smith & Brothers und CORONA Typewriter zu L.C. Smith & Corona. Gemeinsam fokussierte man sich in den folgenden 10 Jahren auf die Weiterentwicklung und Produktion nutzerfreundlicher und portabler Geräte. Unterbrochen vom Zweiten Weltkrieg setzt das Unternehmen die Schreibmaschinenproduktion im Jahr 1943 fort. 1955 führt Smith & Corona die erste elektrische Schreibmaschine auf dem Markt ein, im Jahr 1957 das erste portable Modell. Neben kleineren Veränderungen im Design der Maschinen, wird von Smith Corona bis in die 1970er Jahre lediglich die Erneuerung der austauschbaren Farbbänder auf den Markt gebracht. Ab 1974 wird das Unternehmen von Billiganbietern aus Japan unter Druck gesetzt. Parallel dazu gibt es eine technologische Innovation: Die elektrische Schreibmaschine wird von IBM, XEROX und EXXON 1978/79 auf den Markt gebracht.

Smith Corona ist vorbereitet. Das Unternehmen hatte bereits einige Jahre zuvor in den Aufbau technologischer Kompetenz investiert und ein eigenes Forschungszentrum aufgebaut sowie zahlreiche Elektroingenieure eingestellt. Eine Besonderheit des Zentrums war die geografische Lage weit ab von der Produktionszentrale in New York. Der Forschungsbereich wurde bewusst vom Rest des Unternehmens isoliert. Insgesamt investierte Smith Corona 25 Millionen Dollar in Forschung und Entwicklung (12,5 % des gesamten Umsatzvolumens 1980, der Marktanteil in den USA betrug zu diesem Zeitpunkt 50%). In der Folge brachte das Unternehmen eine Serie elektrischer Schreibmaschinen auf den Markt und investierte weiter in die Softwareentwicklung, um die Kompatibilität der Geräte mit den immer stärker am Markt präsenten PCs auf den Weg zu bringen. Die sogenannte PWP-Serie (Personal Word Prozessor) wurde Mitte der 1980er Jahre auf den Markt gebracht und brachte dem Unternehmen 1989 die Marktführerschaft in diesem Segment ein.

Auch diese Erfolgsphase war von kurzer Dauer. Ab den frühen 1990er Jahren drangen Konkurrenten aus Japan in die Märkte für die PW-Prozessoren und elektrische Schreibmaschinen ein und lösten einen Preiswettbewerb. Als Canon 1993 mit der Einführung der Tintenstrahl-Technologie schnelleres und variableres Drucken ermöglichte, verlor Smith Corona endgültig die Marktführerschaft. Zeitgleich veränderte sich auch die Vertriebslandschaft und das flächendeckende Netzwerk der kleinen Smith-Corona-Filialen wurde von großen Elektronikmärkten und Massenhändlern verdrängt.

In Reaktion auf die veränderten Wettbewerbsbedingungen ging Smith Corona 1990 eine Allianz mit dem Taiwanesischen Computerhersteller ACER ein, um Anschluss an die bereits stark entwickelte PC-Technologie zu finden. Smith Corona entwickelte auf der Basis der eigenen PWP-Technologie PC-kompatible Software. ACER seinerseits kalkulierte auf einen positiven Effekt für den Vertrieb der eigenen PCs im US-amerikanischen Markt. Bereits nach einigen Monaten wurde deutlich, dass weder der Markenname noch das Vertriebsnetz von Smith Corona die Erwartungen von ACER erfüllte. Die Allianz wurde von ACER 1992 verlassen; nur neun Monate nachdem die gemeinsam entwickelten »Smith Corona by Acer« – PCs auf den Markt gebracht worden waren. Smith Corona´s Investition in den PC-Markt verursachte einen Verlust in Höhe von mehreren Millionen Dollar.

Neben der Einführung zahlreicher Büroartikel (Taschenrechner, Faxgeräte, Büromöbel, Etikettierer) brachte Smith Corona bis 1995 weitere elektrische Schreibmaschinen und PC-kompatible PW-Prozessoren auf den Markt. Die Herstellung fast aller Produkte erfolgte mittlerweile in Mexiko, um Kosten zu sparen und dem Preisdruck standzuhalten. Die sinkenden Margen und eine kostspielige gerichtliche Auseinandersetzung mit Brother führten zu einer ersten Insolvenz im Jahr 1995. In der Folge wurden die Produktion aller Geräte outgesourct und Smith Corona zu einer Marketing- und Vertriebsorganisation umstrukturiert. Das strategische Ziel war nun die Vermarktung einer Bandbreite an Produkten für kleine Büros. 10 Millionen Dollar wurden für eine Fernsehwerbekampagne investiert, um sich als attraktive Elektronikmarke für Kleinunternehmen und private Haushalte zu positionieren. Die Kampagne führte zu keinem Erfolg, da die Kunden Smith Corona nach wie vor mit komplexen Schreibmaschinen assoziierten. Im Mai 2000 meldet Smith Corona ein zweites Mal Insolvenz an und wird von der amerikanischen Verleger Pubco aufgekauft.

Im Jahr 2010 ist Smith Corona wieder zurück auf dem Markt und setzt die 100-jährige Leidenschaft des Bedruckens von Papier mit der Herstellung und dem Verkauf von Thermodrucketiketten und Thermaltransferbändern unter eigener Firma fort. Der Neuanfang gelingt und das Unternehmen weitet seine Aktivitäten bereits 2012 aus.

Quellen: www.smithcorona.com/history, Zugriff am 24.4.14; ferner vgl. Danneels 2011.

Das in Box 9-1 vorgestellte Beispiel Smith Corona zeigt eindrücklich, wie das Unternehmen durch unterschiedliche Maßnahmen die eigenen Ressourcen immer wieder verändert und dadurch zunächst eine Neuausrichtung von Kompetenzen realisiert.

So eingängig dieser Ansatz auch erscheint, bei näherer Hinsicht offenbart er unübersehbare Schwächen: Zwar werden Pfade und die Generierung von stabilen Mustern explizit zum Bestandteil organisationaler Kompetenzen erklärt, dies erfolgt aber ausschließlich in Form einer funktionalen, also positiven Rolle und eben auf der Ebene der stabilen Dimension der Kompetenz (den Positionen & Pfaden). Die dynamische Dimension wiederum stellt das Lernen und die Ressourcenrekonfiguration als relativ unproblematisches Unterfangen dar. Sofern die dynamische Dimension implementiert ist, kann sich die dynamische Kompetenz frei entfalten, ohne dass dabei beispielsweise Lernbarrieren, Defensivroutinen oder strukturelle Trägheit überwunden werden müssten. Es wird hier also ein Zugang zur Dynamisierungsproblematik gesucht, der scheinbar frei ist von dem Phänomen der Ressourcen- und Prozessrigiditäten. Dass genau dies in der Regel nicht der Fall ist, zeigt das Fallbeispiel von Smith Corona. Die Vorstellung, dass mit stabilen Dimensionen der Kompetenz einfach nur ein dynamischer Element hinzufügen müsste, um ständig anpassungsfähig zu sein, erscheint als sehr einfache, ja als zu einfache Lösung. Eine einfache Addition wird die oben unter der »Kompetenzfalle« beschriebenen Probleme nicht lösen können. Selten kann man widersprüchliche Tendenzen durch schlichte Addition versöhnen.

9.3 Radikale Dynamisierung organisationaler Kompetenzen

Die radikalste Konzeption von »dynamic capabilities« haben *Eisenhardt/Martin (2000)* entwickelt. In Abhängigkeit vom Dynamisierungsgrad der Märkte unterscheiden die Autoren zwischen unterschiedlichen Typen dynamischer Kompetenzen. Im Wesentlichen wird eine Trennung in moderat dynamische Märkte und hoch dynamische Märkte vorgenommen und entsprechend zwischen zwei Klassen dynamischer Kompetenzen unterschieden. Das Ausmaß der Dynamik auf den Märkten bestimmt, welcher Typus dynamischer Kompetenzen von der Organisation benötigt wird. In moderat dynamischen Märkten werden danach solche dynamischen Kompetenzen benötigt, die dem Verständnis »normaler« organisationaler Kompetenzen sehr nahe kommen: Musterbasiertes organisationales Problemlösen, welches sich in kleinen Schritten entwickelt und mit kleineren Anpassungen fortentwickelt werden kann, stellt die »passende« dynamische Kompetenz in moderat dynamischen Märkten dar (▶ **Abb. 9-3**). Box 9-2 zeigt eine empirische Studie zu diesem Denkansatz.

	Moderate „Dynamic Capabilities"	Radikale „Dynamic Capabilities"
Muster	analytisch, spezifisch, linear	simpel, erfahrungsgebunden
Output	vorhersehbar	unvorhersehbar
Wettbewerbs-vorteil	nachhaltig	temporär

Abb. 9-3: Typen dynamischer Kompetenzen nach Eisenhardt/Martin (2000)

Box 9-2
Umweltdynamik und der Erfolgsbeitrag unterschiedlicher Kompetenztypen

Da die Debatte um dynamische Kompetenzen einerseits noch relativ jung ist und zum anderen aufgrund der unterschiedlichen Auffassung und Aufbereitung in der Literatur schwer greifbar gemacht werden kann, gibt es bis dato nur wenige empirische Forschungsarbeiten zu diesem Thema. *Drnevich/Kriauciunas* (USA) haben Daten zu chilenischen IT-Firmen gesammelt und unter anderem den Einfluss der Umweltdynamik auf den Beitrag von dynamischen und organisationalen Kompetenzen für die Unternehmensperformance untersucht. Ausgangspunkt der Untersuchung war die kritische Überprüfung der weit verbreiteten Vorstellung, dass ein mehr an zum Einsatz kommenden Kompetenztypen immer besser für die Performance sei, als eine Fokussierung auf nur einen Kompetenztyp.

Dabei differenzieren sie zwischen zwei Ebenen: Die Prozess-Ebene, welche den operativen Nutzen einer Kompetenz erfassen soll und die Unternehmensebene, welche neben dem Nutzen auch den Aufwand für die Steuerung der Kompetenz umfassen soll.

Während auf der operativen Prozess-Ebene keine signifikanten Ergebnisse zu beobachten waren, finden sie, dass der Einfluss von dynamischen Kompetenzen auf die Unternehmensperformance in einer dynamischen Umgebung höher ist, als dies in weniger dynamischen Umwelten der Fall ist. Zwar erhöhen dynamische Kompetenzen nicht automatisch die Unternehmensperformance, leisteten jedoch einen größeren Beitrag zum Unternehmenserfolg, wenn sie in einem passenden Umfeld angewandt werden. Sie erklären dieses Ergebnis damit, dass es durch die weniger gebräuchliche Verwendung dynamischer Kompetenzen möglich sei, dass Manager deren negative Einflüsse mangels Erfahrung nicht zu begrenzen wüssten und die Steuerung dynamischer Kompetenzen entsprechend hohe Aufwendungen produziere.

> Als Implikation für das Management organisationaler Kompetenzen ziehen die Wissenschaftler den Schluss, dass Firmen vom Gebrauch organisationaler wie auch dynamischer Kompetenzen profitieren können. Jedoch sollten sich Manager bewusst sein, dass der Umwelt, in der eine Kompetenz zur Anwendung kommt, eine wichtige Rolle zukommt. Firmen könnten dann eine höhere Performance erreichen, wenn sie organisationale Kompetenzen in stabilen und dynamischen Kompetenzen in dynamischen Umgebungen aktivierten.
>
> Im Ergebnis liegen die Ergebnisse der Studie in Richtung der Überlegungen des *Eisenhardt/Martinschen* Dynamisierungsansatzes und geben ferner einen Hinweis darauf, dass ein »Je mehr Kompetenzen, desto besser«-Ansatz nicht tragfähig ist. Vielmehr gibt es Bedingungen und Begrenzungen in Bezug darauf, wann und auf welcher Steuerungsebene Kompetenzen zur Unternehmensperformance beitragen können.
>
> Völlig ungelöst muss man allerdings die Frage der Operationalisierung von organisationaler und dynamischer Kompetenz ansehen, sie entspricht in keiner Weise den Konzepten von *Eisenhardt/Martin*, insofern kann hier auch nicht von einem »Test« die Rede sein.
>
> Quelle: Vgl. Drnevich P./Kriauciunas, A. (2011).

Die eigentliche Herausforderung wird allerdings in dem erfolgreichen Umgang mit *hoch dynamischen* Märkten ausgemacht und bildet dementsprechend auch den Schwerpunkt des Ansatzes. Diese hoch dynamischen Märkte zeichnen sich durch rapide und diskontinuierlich verändernde Marktverhältnisse und Regeln aus *(vgl. Bourgeois/Eisenhardt 1988)*. Gemeint sind damit stetige gravierende Veränderungen der globalen Umwelt und Wettbewerbsumwelt, mit der Folge, dass Informationen oftmals ungenau, nicht verfügbar oder zum Zeitpunkt der Interpretation bereits wieder obsolet sind. Die Veränderungen sind zudem nicht-linear, komplexer und weniger vorhersehbar als in moderat dynamischen Märkten. Aufgrund der Dynamik und Komplexität muss die Organisation in der Folge ein besonders hohes Maß an Flexibilität, Agilität und eine schnelle Reaktionsfähigkeit aufweisen

(1) Flexibilität und Variabilität
Radikale dynamische Kompetenzen werden als geeignetes Konstrukt für den erfolgreichen Umgang mit hoch dynamischen Märkten ausgemacht. Im Gegensatz zu »normalen« organisationalen Kompetenzen zeichnen sich radikale dynamische Kompetenzen durch ein Höchstmaß an Fragilität und Variabilität aus. Die Prozesse der Ressourcenverknüpfung bzw. das Problemlösungsverhalten können heute so und morgen wieder ganz anders bewerkstelligt werden. Situationsspezifisch sollen immer wieder völlig neue Ressourcenkombinationen generiert werden.

Die Kompetenz besteht hier nicht mehr in einem zugriffsfesten Muster, sondern in der Fähigkeit zur permanenten Veränderbarkeit, so dass kontinuierlich neue Ressourcenverknüpfungen generiert werden können. Ein Erfahrungslernen wird deshalb für diesen Typus abgelehnt; es behinderte die Anpassungsfähigkeit durch den Bezug auf »alte« Situationen. Dem organisatorischen Vergessen kommt daher eine Schlüsselrolle zu.

Dynamische Kompetenzen sind hier also als musterlose, experimentelle, ahistorische und nicht-lineare Prozesse der Ressourcenauswahl und -verknüpfung konzipiert, sie befinden sich in einem »*continuously unstable state*« (*Eisenhardt/Martin 2000, S. 1113*). Die so verstandenen »dynamic capabilities« beschreiben aus dieser Perspektive improvisierte und hoch fragile Prozesse der Ressourcenauswahl und -verknüpfung. Sie nutzen nur Echtzeitinformationen und greifen simultan auf multiple Alternativen zurück. Jede sequentiell-lineare Abfolge muss als dysfunktional gelten. Sie verlassen sich auf schnell generiertes neues Wissen, sie werden nicht im organisationalen Gedächtnis gespeichert und produzieren deshalb immer wieder aufs Neue nicht vorhersehbare Ergebnisse.

Die Stärke dieser dynamischen Kompetenzen rührt dementsprechend nicht länger von ihrem besonderen und komplexen musterbasierten Charakter her, sondern speist sich aus der Fähigkeit, auf der Basis einfachster Strukturen und Regeln kontinuierlich neue Ressourcenverknüpfungen und innovative Problemlösungen zu generieren. Man könnte auch sagen, dass die besondere Stärke der dynamischen Kompetenzen hier in der Ad-hoc-Problemlösungsfähigkeit gesehen wird (siehe hierzu auch Kapitel 3). Auch auf die Nähe zur Funktionslogik der Adhokratie sei hingewiesen (siehe ebenfalls Kapitel 3). Die Strukturen sind dezentraler Natur und es gibt nahezu keine standardisierten Verhaltensabläufe bzw. -formalisierungen. Entsprechend gelten die (informelle) gegenseitige Abstimmung und Kommunikation als tragender Integrationsmechanismus. Man spricht hier auch von »Dynamic Communities« (vgl. *Galunic/Eisenhardt 2001*), in welchen die Anschlüsse zwischen Ressourcen in Abhängigkeit der zu lösenden Aufgabe immer wieder jeweils aufs Neue hergestellt werden. Kennzeichnend ist hier, dass das Verhalten der Organisation jederzeit adaptiv und damit anti-strukturell konzipiert wird. Mit anderen Worten ist die Organisation daran interessiert, möglichst keine stabilen Verhaltenserwartungen auszubilden, da diese dem Ausmaß der Agilität in der Herstellung von Problemlösungen im Wege stünden. Führt man diese Überlegung zu einem logischen Endpunkt, so ist die hochflexible Kompetenzorganisation als »*chronically unfrozen*« (*Weick 1977, S 39 f.*), und d.h. als weitestgehend ohne Muster und Regelsystem zu begreifen. Auftretende Signale aus der volatilen Umwelt werden jeweils neu in offenen Improvisations- und Selbstorganisationsprozessen verarbeitet. Jedes Problem – auch das wiederkehrende – wird immer wieder aufs Neue innovativ gelöst (▶ **Kap. 3**). Auf die Aktivierung bekannter und erprobter Problemlösungen wird verzichtet.

Führt man sich noch einmal die Grundannahmen kompetenzbasierten Verhaltens vor Augen, so wird deutlich, dass sich die Idee radikaler Dynamisierung dazu in völligen Kontrast setzt, ja, das eine schließt das andere mehr oder weniger aus. Kompetenzbasiertes Verhalten ist im Wesentlichen mustergesteuertes Verhalten, das zumindest teilweise »enttäuschungsresistent« programmiert ist, d.h. auch bei Abweichungen oder Änderungswünschen werden die darin zum Ausdruck kommenden Problemlösungsmuster aufrechterhalten und weiter stabilisiert. Genau diese stabilisierende Funktion von musterbasiertem Verhalten wird in der Vorstellungswelt einer radikalen Dynamisierung komplett aufgegeben. Auf diese Weise entsteht das Problem der Kompetenzfalle (▶ **Kap. 6** und **7**) erst gar nicht, da weder kognitiv noch strukturell verursachte

Verharrungseffekte entstehen. Insgesamt lässt sich feststellen, dass in der radikalen Dynamisierungslogik das Konzept der organisationalen Kompetenzen auf die Idee einer maximalen Anpassungsfähigkeit reduziert wird; zumindest für hoch dynamische Märkte. Die permanent im Ad-hoc-Modus operierende »Organisation« führt in der Konsequenz aber dazu, dass organisationale Kompetenzen – verstanden als komplexe Verknüpfungsmuster – dort nicht mehr gebraucht werden.

Das Problem mit so verstandenen hochflexiblen und dynamischen Systemen ist allerdings, dass sie kein Gefühl der Einheit und Kontinuität im Zeitverlauf aufbauen bzw. bewahren können, eine Identität kann sich vor einem solchen Hintergrund nicht entwickeln, weil die Prozesse des Aufbaus von Werten und Normen permanent gestört werden. Damit aber verliert das System seine Grenzen, es würde zu Ende gedacht mit der Umwelt verschmelzen. Eine solche Organisation kennt keine Strukturen und keine Koordination. Der eigentliche Grund für die Bildung einer Organisation, nämlich die Nutzung geordneter Koordination, entfällt. Ohne Stabilisierung gibt es aber auch keine Systemgrenze (vgl. *Schreyögg/Sydow 2010*). Theoretisch ist die Idee so hoher Flexibilität deshalb unhaltbar. Insofern bleibt diese Idee dynamischer Kompetenz bloße Fiktion, aber keine belastbare Konzeption.

(2) Simple Regeln und Minimalstrukturen
Der radikale Dynamisierungsansatz macht hier jedoch eine kleine Einschränkung, dynamische Kompetenzen sollen durch *simple Regeln* und Minimalstrukturen grob vorgesteuert werden. Die Simplizität der Routinen soll aber vermeiden, dass Organisationen sich zu sehr an Entscheidungen und Erfahrungen der Vergangenheit orientieren können. Als leitende strategische Logik gilt die »Jagd« nach neuen Chancen. Organisationales

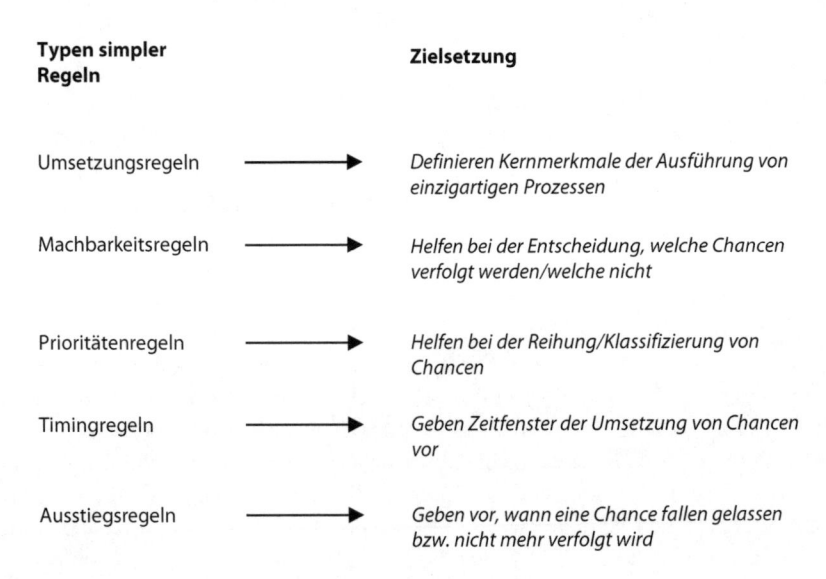

Typen simpler Regeln	Zielsetzung
Umsetzungsregeln →	*Definieren Kernmerkmale der Ausführung von einzigartigen Prozessen*
Machbarkeitsregeln →	*Helfen bei der Entscheidung, welche Chancen verfolgt werden/welche nicht*
Prioritätenregeln →	*Helfen bei der Reihung/Klassifizierung von Chancen*
Timingregeln →	*Geben Zeitfenster der Umsetzung von Chancen vor*
Ausstiegsregeln →	*Geben vor, wann eine Chance fallen gelassen bzw. nicht mehr verfolgt wird*

Abb. 9-4: Typen simpler Regeln nach Eisenhardt/Sull (2001)

(strategisches) Verhalten zeichnet sich dadurch aus, dass die Organisation sich in das Chaos begibt und dabei fortlaufend auf der Suche nach Chancen ist, diese ergreift und ad hoc einen Lösungsweg zur Realisierung der Chance generiert. Die leitende Fragestellung für das Problemlösungsverhalten der Organisation lautet deshalb: »Wie sollten wir diesmal vorgehen?« Damit wird für »dynamic capabilities« eine völlig andere Basisstruktur zugrunde gelegt, als für organisationale Kompetenzen. Nicht mehr komplexe und reliable Verknüpfungsmuster bilden den Kern des Kompetenzkonstruktes, sondern nur noch einfache allgemeine Regeln und Minimalstrukturen. Diese sollen dabei helfen, einerseits Raum für die eigentlich gewollte Flexibilität zu schaffen, andererseits aber diese volle Flexibilität an den Rändern zu disziplinieren.

Eisenhardt/Sull (2001) spezifizieren fünf Typen simpler Regeln, die den erfolgreichen Umgang in turbulenten Umwelten positiv unterstützen sollen (▶ **Abb. 9.4**). Als simple Prioritätenregel gilt danach z.B. die Orientierung am Bruttogewinn (»gross margin«), d.h. das Projekt oder Produkt mit dem höchsten erwarteten Bruttogewinn erhält die meisten Ressourcen. Als Beispiel einer simplen Ausstiegsregel wird ebenfalls auf ökonomische Kennzahlen verwiesen, z.B. der Rückzug aus neuen Geschäftsfeldern/Produkten bei Verfehlung von vorab definierten Umsatz- und Gewinnspannen. Ebenso wird auf die Regel verwiesen, die einen Ausstieg aus einem (neuen) Projekt dann vorsieht, wenn auch nur ein einziges Schlüssel-Teammitglied das Projekt verlässt.

Eng verbunden mit der Idee der simplen Regeln sind sogenannte Entscheidungsheuristiken. Während die simplen Regeln vor allem die Flexibilität und Schnelligkeit für das Organisationsverhalten nach sich ziehen soll, stellen die *Heuristiken* auf die Handhabung komplexer Entscheidungssituationen ab *(vgl. Eisenhardt et al. 2010)*. Heuristiken – teils auch »Rules of Thumb« genannt – sind danach in komplexen und dynamischen Situationen besser geeignet, Entscheidungen zu treffen, als ein ausgefeilter Plan in der Rationaltradition (vgl. *Stäudel 2004*). Bei der Entscheidung für bestimmte Ressourcenanschlüsse kann es in solchen Situationen nicht auf Genauigkeit ankommen, sondern stattdessen vielmehr auf das Bauchgefühl und die Intuition in der spezifischen Situation (▶ **Box 9-3**).

Box 9-3
Über Faustregeln und Intuition: Der Weniger-ist-mehr-Effekt

Die Beobachtung:
In einem Experiment entdeckten *Gerd Gigerenzer* und sein Team mehr zufällig als geplant den »Weniger-ist-mehr-Effekt«. Zur Überprüfung einer Theorie stellte man zwei Kategorien von Fragen: leichte und schwere. Per Zufallsverfahren wurden aus Informationen über die fünfundsiebzig größten Städte Deutschlands 100 leichte Fragen generiert, z.B. »Welche Stadt hat mehr Einwohner, Berlin oder Stuttgart?« Die Fragen stellte man den Studierenden der Universität Salzburg, über die bekannt war, dass sie viel über deutsche Städte wussten.

Außerdem wurden ähnliche Fragen aus Informationen zu den 75 größten US-amerikanischen Städten generiert und denselben Studierenden gestellt. Man nahm

> an, dass dies die schwierigeren Fragen seien, da das Wissen der Befragten über US-amerikanische Städte weniger ausgeprägt war.
> *Das Ergebnis:*
> Die Antworten zu den US-amerikanischen Städten waren häufiger richtig als die Antworten zu den deutschen. Offensichtlich konnten Fragen mindestens genauso gut, wenn nicht besser beantwortet werden, wenn man mit den Sachverhalten weniger vertraut war.
> *Die Interpretation:*
> Bei der Beantwortung der schwierigen Fragen mussten sich die Studenten auf ihre Intuition anstatt auf gute Gründe verlassen. Die Entscheidung für eine Antwort erfolgt hier mit Hilfe einer Faustregel, die auch als Rekognitionsheuristik bezeichnet wird, in diesem Falle:
> »*Wenn du den Namen der Stadt, aber nicht den der anderen erkennst, dann schließe daraus, dass die wiedererkannte Stadt mehr Einwohner hat.*«
> Für die Beantwortung der leichten Fragen konnte diese Faustregel nicht angewendet werden, da die Studierenden von allen Städten gehört hatten. Sie wussten zu viel und hinderten sich selbst daran, die richtige Antwort zu finden!
> *Quelle: Gigerenzer (2007), S. 15 f. und S. 130.*

Das Konzept *simpler Regeln* und *minimaler Strukturen* stellt eine Art Kompromisslösung dar, um die inneren Widersprüche der Totalflexibilisierung abzumildern. Doch wie weit trägt dieser Kompromiss? Bei genauerem Hinsehen gerät auch dieses Konzept in konzeptionelle Schwierigkeiten. Die Idee, nun doch Regeln und Strukturen zu verwenden, wenn auch in kleinerem Umfang, lässt sofort die Frage aufkommen, ob damit die Kernüberzeugung dieses Ansatzes obsolet geworden ist, wonach mustergesteuerte Reproduktion im Sinne kompetenzbasierter Steuerung grundsätzlich ungeeignet ist, weil sie Organisationen daran hindere, sich rasch auf neue Situationen einzustellen. Die Verwendung von Regeln und Strukturen heißt ja nichts anderes als reproduktive Muster im Sinne von Kompetenzen wieder einzuführen, offenkundig um die Vorteile der Kompetenzbasierung nicht völlig preiszugeben. Dann stellt sich allerdings die Frage, welcher der beiden Logiken der Vorzug gegeben werden soll? Beide auf einmal können nicht verwirklichen werden.

Daran knüpft die zweite große Frage an, nämlich wie viele Regeln und Strukturen soll es in solchen Systemen geben? »Minimal« oder »simpel« sind unbestimmte Begriffe. Wo ist hier die Schwelle zur herkömmlichen Kompetenzbildung? Wenn diese nicht genauer bestimmt wird, droht das Konzept zu verschwimmen.

Die dritte große Frage, die sich hier anschließt ist allgemeiner und betrifft die Logik des Ressourcenbasierten Ansatzes (RBA). Der RBA rekurriert – wie in Kapitel 1 ausführlich gezeigt – auf die Heterogenität der betrieblichen Ressourcenausstattung und zieht daraus die Erklärung nachhaltiger Wettbewerbsvorteile; der Kompetenzheterogenität kommt dabei die Schlüsselrolle zu. Nach dem Ansatz von *Eisenhardt/Martin* kann es wegen der Umweltturbulenz keine nachhaltigen Wettbewerbsvorteile auf Basis organisationsspezifischer Kompetenzen mehr geben. Das bedeutet aber zugleich, dass die Ressourcenheterogenität ihre zentrale Bedeutung verliert. Das drückt sich auch darin aus, dass die »simplen« Regeln und Strukturen ganz *allgemein* gefasst sind, also im Grunde für alle Organisationen gelten und somit eher dem alten mikroökonomischen Homogenitätsprinzip der Ressourcenausstattung entsprechen. Die neue Basis für die Generierung von (temporären) Wettbewerbsvorteilen wird stattdessen in der Fähigkeit der Organisation gesehen, besonders schnell und flexibel auf die immer neuen Anforderungen der Umwelten eingehen zu können. Lediglich die Geschwindigkeit, mit der auf der Basis der allgemeingültigen »simplen« Regeln und Entscheidungen über Strategien und die entsprechende Konfiguration von Ressourcen gefällt wird, böte Gelegenheit zur Heterogenitätsbildung und gewänne dementsprechend in dynamischen Umwelten alleinige Bedeutung für die Differenzierung. (vgl. *Pavlou/Sawy 2011*). Dynamische »Kompetenzen« werden damit nur noch als eine Art *Wettlauf* gesehen, die Idee der organisationalen Kompetenz ginge jedoch verloren. Die mit dieser Konzeption verbundene Dynamisierung schüttet »das Kind mit dem Bade aus«. Der »Kollateralschaden« erscheint viel zu hoch.

Diskussionsfragen

1. Was versteht man unter dynamischen Kompetenzen?
2. Worin unterscheiden sich organisationale von dynamischen Kompetenzen?
3. Was ist das radikale am radikalen Ansatz der Dynamisierung? Wie schätzen Sie dessen Umsetzbarkeit ein?
4. Vergleichen Sie den Ansatz von *Teece (1997)* und *Eisenhardt/Martin (2000)*. Wo sehen Sie die entscheidenden Unterschiede bezüglich der Dynamisierung organisationaler Kompetenzen?
5. Erläutern Sie die verschiedenen Möglichkeiten der Initiierung von Ressourcen-Rekonfigurationsprozessen und finden Sie jeweils ein Beispiel.
6. Eine Managerin äußert: »*Über unsere F&E-Aktivitäten entwickeln wir automatisch dynamische Kompetenz und sind deshalb für die Zukunft bestens gerüstet!*« Diskutieren Sie diese Aussage!
7. *Ein mittelständisches Handelsunternehmen aus Süddeutschland hat über zwei Jahrzehnte lang erfolgreich eine Vertriebskompetenz entwickelt, die auf dem Prinzip des »ausschließlich persönlichen Kontaktes« ergänzt durch den Versand von Broschüren beruhte. Als in den späten 1990er Jahren die Umsätze rückläufig waren, interpretierte man dies als Ansporn, den persönlichen Kontakt zu den angestammten Kunden noch weiter zu stärken und über diesen Vertriebskanal auch neue Kunden zu gewinnen. Des Weiteren investierte man in die Modernisierung des Erscheinungsbildes der Broschüren. Die Maßnahmen blieben weitestgehend ohne Erfolg. Zwar hatte man in der Geschäftsleitung den Trend zum E-Commerce zur Kenntnis genommen, die Signale aber nicht weiter ernst genommen.*

    Welche Gründe sehen Sie in dem ausbleibenden Erfolg? Was müsste geschehen, um die Vertriebskompetenz des Handelsunternehmens zu dynamisieren? Wie könnte die Dynamisierung erreicht werden?

8. Die beiden Autohersteller General Motors (GM) und Chrysler prüfen 2008, ob sie vereint besser durch die Krise am US-Automarkt kommen können. Die Autoindustrie ist zu diesem Zeitpunkt besonders stark von der weltweiten Finanzkrise betroffen. Die Zurückhaltung der Konsumenten ließ die Autoverkäufe in den U.S.A. dramatisch einbrechen. Die Nachfrage ist so schwach wie seit dem Jahr 1993 nicht mehr – zudem machen die gestiegenen Rohstoffpreise der Branche zu schaffen. Den Konsumenten fehlt das Geld für den Kauf neuer Wagen und den Herstellern die Mittel für Investitionen.GM verkaufte im September 2008 15,8% weniger Autos als im Vorjahresmonat. Bei Chrysler und Ford fielen die Verkaufszahlen im gleichen Zeitraum gar um 33% bzw. 34%. Überdurchschnittlich stark gingen bei den Unternehmen die Verkäufe von Fahrzeugen mit hohem Benzinverbrauch und von Luxusmodellen zurück. (Quelle: NZZ-Online vom 11.10.2008).

Wie ist der geplante Schritt aus einer Perspektive der Kompetenzdynamisierung zu bewerten?
9. Überlegen Sie, inwieweit die Basisansätze der Ressourcenrekonfiguration geeignet sind, Kompetenzen tatsächlich zu dynamisieren. Wo sehen Sie die Grenzen der Ansätze?
10. »Fail fast but fail smart« ist ein Mantra vieler innovativer Unternehmen. Weshalb ist das wohl so und wie interpretieren Sie diese Botschaft mit Blick auf dynamische Kompetenzen?

Literaturverzeichnis Kapitel 9

Ambrosini, V./Bowman, C. (2009). What are dynamic capabilities and are they a useful construct in strategic management?, in: International Journal of Management Review, 11: 29–49.
Anand, J./Oriani, R./Vassolo, R.S. (2010). Alliance activity as a dynamic capability in the face of discontinuous technological change, in: Organization Science, 21: 1213–1232.
Argyris, C. (2004). Double-loop learning and implementable validity, in: Tsoukas, H./Mylonopoulos, N. (Hrsg.). Organizations as knowledge systems, New York.
Argyris, C./Schön, D. A. (1978). Organizational learning: A theory of action perspective, Reading, Mass.
Bourgeois, L. J./Eisenhardt, K. M. (1988). Strategic decision processes in high-velocity environments: Four cases in the microcomputer industry, in: Management Science, 34: 816–835.
D'Áveni, R./Dagino, B.G./Smith, K.G. (2010). The age of temporary advantages, in: Strategic Management Journal, 31: 1371–1385.
Daniel, F./Wilson, H.N. (2003). The role of dynamic capabilities in business transformation, in: European Journal of Information Systems, 12: 282–296.
Danneels, E. (2002). The dynamics of product innovation and firm competences, in: Strategic Management Journal, 23: 1095–1121.
Danneels, E. (2007). The process of technological competence leveraging, in: Strategic Management Journal, 28: 511–533.
Danneels, E. (2011). Trying to become a different type of company: Dynamic capabilities at Smith Corona, in: Strategic Management Journal, 32: 1–31.
Di Stefano, G./Peteraf, M./Verona, G. (2010): Dynamic capabilities deconstructed: A bibliographic investigation into the origins, development, and future directions of the research domain, in: Industrial Corporate Change, 19: 1187–1204.

Drnevich P./Kriauciunas, A. (2011). Clarifying the conditions and limits oft the contributions of ordinary and dynamic capabilities to relative firm performance, in: Strategic Management Journal, 32: 254–279.

Eisenhardt, K. M. (2002). Has strategy changed?, in: MIT Sloan Management Review, 43(2): 88–91.

Eisenhardt, K.M./Martin, J.A. (2000). Dynamic capabilities: What are they?, in: Strategic Management Journal, 21: 1105–1121.

Eisenhardt, K.M./Sull, D.N. (2001). Strategy as simple rules, in: Harvard Business Review, 79(1): 106–116.

Eisenhardt, K.M./ Furr, N.R.,/Bingham, C.B. (2010). Microfoundations of performance: Balancing efficiency and flexibility in dynamic environments, in: Organization Science, 21: 1263–1273.

Galunic, D.C./Eisenhardt, K.M. (2001). Architectural innovation and modular corporate forms, in: Academy of Management Journal, 44: 1229–1249.

Gigerenzer, G. (2007), Bauchentscheidungen, 7.Aufl., München.

Helfat, C.E./Finkelstein, S./Mitchell, W./Peteraf, M. (2007). Dynamic capabilities: Understanding strategic change in organizations, London.

Helfat, C.E./Winter, S. (2011): Untangling dynamic and operational capabilities: Strategy for the (n)ever-chaning world, in: Strategic Management Journal, 32: 1243–1250.

Kale, P./Dyer, J.H./Singh, H. (2002). Alliance capability, stock market response, and long-term alliance success: The role of the alliance function, in: Strategic Management Journal, 23: 747–767.

Lei, D./Hitt, M.A./Bettis, R. (1996). Dynamic core competences through meta-learning and strategic context, in: Journal of Management, 22: 549–569.

Pavlou, P.A./Sawy, Q.A. (2011). Understanding the elusive black box of dynamic capabilities, in: Decision Science, 42: 239–273.

Peteraf, M./Di Stefano, G./Verona, G. (2013). The elephant in the room of dynamic capabilities: Bringing two diverging conversations together, in: Strategic Management Journal, 34: 1389–1410.

Schreyögg, G./Sydow, J. (2010). Crossroads – Organizing for fluidity? Dilemmas of new organizational forms, in: Organization Science, 21: 1251–1262.

Stäudel, T. (2004). Heuristische Kompetenz – Eine Schlüsselkompetenz in Zeiten der Ungewissheit, in: Friedrich von den Eichen, S.A./Hinterhuber, H./Matzler, K./Stahl, H. (Hrsg.). Entwicklungslinien des Kompetenzmanagements, Wiesbaden: 22–40.

Teece, D.J./Pisano, G. (1994). The dynamic capabilities of enterprises: An introduction, in: Industrial and Corporate Change, 3: 537–556.

Teece, D.J./Pisano, G./Shuen, A. (1997). Dynamic capabilities and strategic management, in: Strategic Management Journal, 18: 509–533.

Wang, C./Anand, P. (2007). Dynamic capabilities: A review and research agenda, in: International Journal of Management Review, 9: 31–51.

Weick, K.E. (1977). Organization design: Organizations as self-designing systems, in: Organizational Dynamics, 6(2): 31–46.

Winter, S. (2003). Understanding dynamic capabilities, in: Strategic Management Journal, 24: 991–995.

Zahra, S./Sapienza, H./Davidsson, P. (2006). Entrepreneurship and dynamic capabilities: A review, model and research agenda, in: Journal of Management Studies, 43: 917–955.

Zollo, M./Winter, S. (2002). Deliberate learning and the evolution of dynamic capabilities, in: Organization Science, 13: 339–351.

10 »Dynamic Capabilities« als Metakompetenzen

10.1 Einleitung

Eine konzeptionell andere Perspektive auf dynamische Kompetenzen nehmen solche Ansätze ein, die sich der Dynamisierung über sogenannte Metakompetenzen (*»second-order-competencies«*) annähern, in wenigen Beiträgen erfolgt sogar eine weitere Ausdifferenzierung in *»third-order-competencies«* (siehe dazu *Collis 1994*).

Dynamische Kompetenzen sind hier dem Charakter nach Kompetenzen zweiter Ordnung. Ausgangspunkt sind die Innovationsroutinen, wie sie von *Nelson/Winter (1982)* postuliert werden. Metakompetenzen werden aus den operativen Kompetenzprozessen herausgelöst und als übergeordnete Ebene von Kompetenzen verstanden, die auf die Entwicklung von Kompetenzen erster Ordnung gerichtet sind. Sie sind nicht auf die Erfüllung konkreter Aufgaben gerichtet, sondern sollen vielmehr auf die Anpassung der operativen Aufgabenerfüllung an neue Gegebenheiten. Metakompetenzen sollen die Wandlungsfähigkeit, die Innovationsfähigkeit und die Lernfähigkeit eines Unternehmens sicherstellen. In einigen Beiträgen erfolgt eine Hierarchisierung derart, dass die Lernfähigkeit unter den verschiedenen Dimensionen der Metakompetenzen als die höchste Stufe der Metakompetenzen ausgemacht wird. Begründet wird dies damit, dass durch die Lernfähigkeit der Organisation nicht nur deren Problemlösungskompetenz erhöht wird, sondern auch die Veränderung des organisationalen Bezugrahmens eingeschlossen ist (vgl. *Winter 2003*). Eine zentrale Bedeutung für die Spezifizierung von Metakompetenzen haben Innovationsroutinen.

10.2 Innovationsroutinen als Dynamische Kompetenz nach Zollo/Winter

In diesem Ansatz wird vorgeschlagen, die Dynamisierung von Kompetenzen durch die Installation separater übergeordneter *Innovationsroutinen* zu realisieren (vgl. *Zollo/Winter 2002; Webster 2004*). Vertreter dieser Sichtweise stellen hier in erster Linie auf Informations- und Suchroutinen ab, die Hinweise für die Generierung von Innovationen und die Anpassung operativer Routinen geben sollen. Hierunter werden analytische Prozesse verstanden, welche geeignet sind, die Chancen und Risiken der Umwelt aufzuspüren, zu selektieren, zu formulieren und gestaltend auf die operativen Routinen einzuwirken. Durch die Verankerung von Innovationsroutinen im Sinne von Routinen zweiter Ordnung werden »dynamic capabilities« und klassische Kompetenzen also als

Kompetenztypen unterschiedlicher Ordnung verstanden. Hieraus ergibt sich ein zweiteiliger Aufbau des betrieblichen Kompetenzgefüges (▶ **Abb. 10-1**).

Dynamische Kompetenzen
→ Innovationsroutinen
→ Higher-order Routine

⋮ **Modifikation**
▼

Organisationale Kompetenzen
→ (operative) Problemlösungsroutinen
→ Lower-order Routine

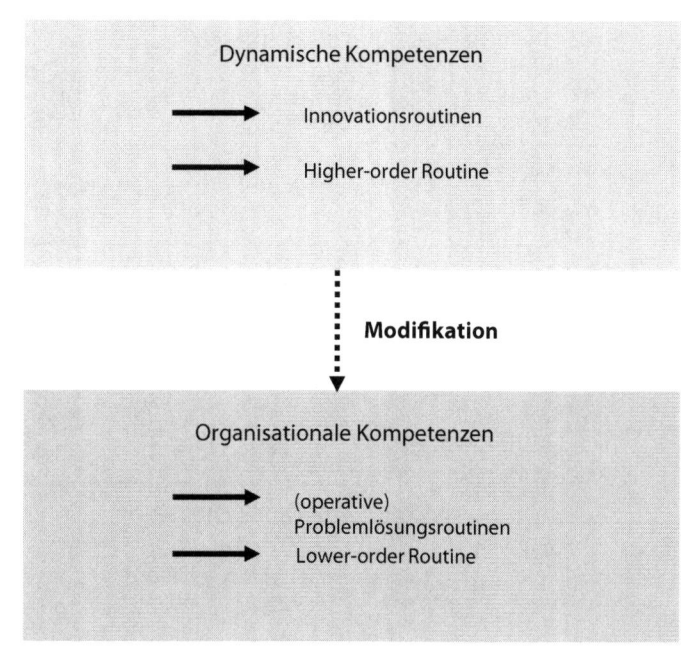

Abb. 10-1: Innovationsroutinen als Dynamische Kompetenz

»Dynamic capabilities« werden in diesem Ansatz dementsprechend als Routinen begriffen, die sich systematisch mit der Generierung, Modifikation und Verbesserung operativer Routinen im Sinne organisationaler Kompetenzen beschäftigen und auf diese Weise ihre Anpassung zur Überwindung des Kompetenzdilemmas bewerkstelligen sollen. Unter Innovation wird grundsätzlich jede Kreation von Neuem verstanden, und in Bezug auf organisationale Kompetenzen entsprechend die Kreation neuer Problemlösungsmuster.

Operative Routinen als Basis organisationaler Kompetenz sind spezifische Verfahrensweisen für näher beschriebene Aufgaben und auf das Hervorbringen vorspezifizierter Produkt- oder Prozesslösungen ausgerichtet. Während die Etablierung einer Routine z. B. in der Produktentwicklung ggf. zu einer klassische Kompetenz auf der operativen Ebene beiträgt, werden Innovationsroutinen als dynamische Kompetenz verstanden, die auf die Veränderung der operativen Produktentwicklungsroutine ausgerichtet sind. Organisationale Kompetenzen werden hier also von dynamischen Kompetenzen getrennt (und nicht integriert, wie das z. B. bei dem Ansatz von *Teece et al.* der Fall ist).

Fujimoto (1999) identifiziert bei seiner umfänglichen Untersuchung der organisationalen Kompetenz: »Produktionssystem *Toyota*« drei Typen von Lernroutinen, also »Innovationsroutinen« oder eben Metaroutinen, die den kontinuierlichen Lernprozess tragen und Innovationsprozesse unterstützen. Danach sind zahlreiche Routinen der Problemidentifikation, der Problemlösung und der Operationalisierung im Zuge routinisierten Lernens involviert und aufeinander abgestimmt (▶ **Abb. 10-2**).

Problemidentifikationsroutinen
- *Routinen der Problemvisualisierung*
- *Routinen des Problemtransports*
- *Routinen des Problembewusstseins*

Problemlösungsroutinen
- *Routinen der Alternativensuche, -simulation und -bewertung*
- *Routinen der (Re-)Koordination von Ressourcen*

Operationalisierungsroutinen
- *Routinen der Formalisierung, Institutionalisierung neuer Lösungen*

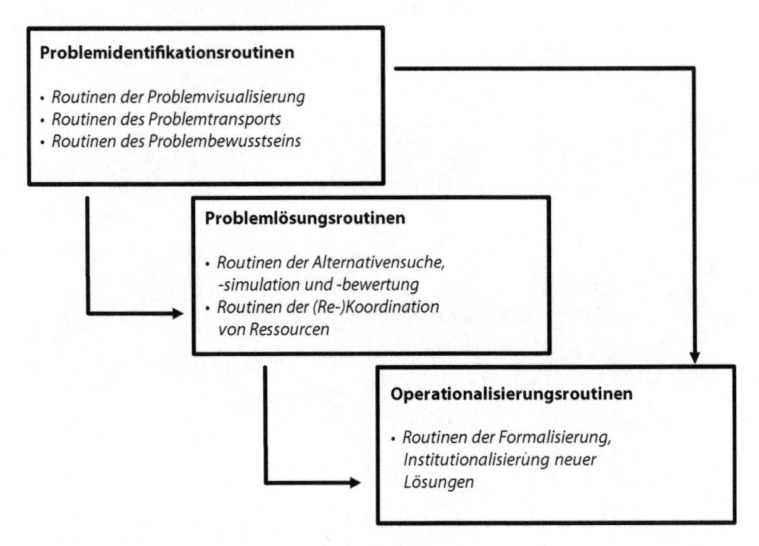

Abb. 10-2: Lernroutinen bei Toyota nach Fujimoto (1999), S. 18 f.

Weitere Beispiele für eine solche Routinisierung von Innovationsaktivitäten sind die Verfahrensweisen von *IBM*, die zur Entwicklung neuer Wachstumsmöglichkeiten die Auswahl, Bewertung und Entwicklung von jungen Märkten in Routinen gossen (vgl. *O'Reilly et al. 2009*) oder *Cisco*, wo eine Routinisierung der Auswahl und Integration von potenziell zu akquirierenden Unternehmen erfolgte (vgl. *Mayer/Kennedy 2004*).

Eine mit Innovationsroutinen ausgestattete Organisation beschäftigt sich demnach routinemäßig, d. h. auf der Basis eines spezifizierten, stabilen Sets von Methoden, Praktiken und Vorgehensweisen mit dem Thema der Innovation bzw. der Veränderungsnotwendigkeit von Kompetenzen bzw. der Kompetenzbasis. Von derartigen Innovationsroutinen wird erwartet, dass sie aktuelle Kompetenzen revidieren und auch in der Lage sind, radikal neue Kompetenzen zu produzieren, und zwar auf eine systematische und vorhersehbare Weise. Der Vorteil der Kopplung der Innovationsaktivität an das Routinekonstrukt wird in dem verlässlichen Charakter von Routinen gesehen (vgl. *Jacobs/Snijder 2008*). Die Qualität der Innovation korreliert in der Konsequenz positiv mit dem Ausmaß der Validität der etablierten Innovationsroutinen, wobei die Art und der Aufbau der Innovationsaktivitäten sicher und bekannt sind, nicht aber das Resultat dieser Aktivitäten.

In Bezug auf den Umgang mit den Verharrungstendenzen organisationaler Kompetenzen liegt dem Metakompetenzansatz der Innovationsroutinen die Auffassung zu Grunde, dass die strukturelle und sozial-psychologische Verfestigung organisationaler Kompetenzen durch die Installation von Innovationsroutinen vermieden werden kann. Im Vergleich zu »normalen« Kompetenzen zeichnen sich die hierfür zu entwickelnden Metakompetenzen durch das Ziel aus, Veränderung regelhaft sicherzustellen. Die Entstehung, Entfaltung und vor allem Weiterentwicklung von Metakompetenzen ist dabei an ein ganz spezifisches Lernverständnis gekoppelt.

Ausgehend von einer prinzipiellen Lernfähigkeit von Organisationen wird im Rahmen des Metakompetenzansatzes der Innovationsroutinen postuliert, dass sowohl operative Routinen (organisationale Kompetenzen) als auch Innovationsroutinen (dynamische Kompetenzen) das Resultat kollektiver Lernaktivitäten sind. Ein differenzierter Zugang zu diesen Lernaktivitäten lässt sich insbesondere bei *Zollo/Winter* finden. Sie schlagen vor, ganz spezifische Lernmechanismen zu etablieren, die an der Entwicklung organisationaler Routinen – und insbesondere der dynamischen Kompetenzen – beteiligt sind. Die Lernmechanismen werden als Phasen eines ko-evolutiven und rekursiven Prozesses bestehend aus (1) der Akkumulation von Erfahrung, (2) der Artikulation von Wissen sowie (3) der Kodifikation von Wissen spezifiziert. Die Lernmechanismen sind es letztendlich, die für die spezifische Form der dynamischen Kompetenzen in Form von Innovationsroutinen ausschlaggebend sind. Im Einzelnen verstehen die Verfasser unter den Lernmechanismen Folgendes: Mit dem Prozess der Erfahrungsakkumulation wird auf den originären Entstehungsprozess einer jeden Routine – insbesondere aber der operativen Routinen – verwiesen. Diese entstehen durch die wiederholte Anwendung von Handlungen. Mit diesem Prozess geht die besondere Bedeutung impliziten Wissens und den Lerneffekten einher, die sich aus der Erfahrungskurve ergeben. Die Sammlung und Generierung von Erfahrungswerten bilden hier den zentralen Lernprozess, in dem komplexe Routinen respektive organisationale Kompetenzen entstehen und sich entfalten können.

Die Dynamisierung von Kompetenzen soll nun vor allem durch die Prozesse der Wissensartikulation und -kodifikation sichergestellt werden. Im Vordergrund steht hier die Bewusstmachung von Handlungen und Handlungszusammenhängen. Der Lernmechanismus der Artikulation ist dementsprechend auf die Frage gerichtet: »*What works and what doesn't in the execution of a certain organizational task*« (*Zollo/Winter* 2002, S. 341). In Prozessen der kollektiven Diskussion, Auswertung und Bewertung von Verfahrensweisen soll ein besseres Verständnis für die Notwendigkeit von Veränderungsbedarf erzeugt werden.

Die Wissenskodifikation bildet schließlich den dritten Baustein im Ensemble der Entstehung und Weiterentwicklung dynamischer Kompetenzen. Mit diesem Lernmechanismus beschreiben *Zollo/Winter* die Dokumentation organisationalen Wissens in schriftlicher und digitaler Form, wie sie sich beispielsweise in Handbüchern, Plänen oder Projektmanagement-Software widerspiegelt. Die Kodifizierung geht einen Schritt über die Artikulation hinaus. In Form eines kognitiv herausfordernden, zeitaufwendigen Aktes kollektiver Kraftanstrengung werden Erkenntnisse über operative Kompetenzen gewonnen und fixiert. Dieser Prozess der Kodifikation ist nach Auffassung von *Zollo/Winter* geeignet, zusätzliche Erkenntnisse zu generieren, also Zusammenhänge aufzudecken, die mit der bloßen Artikulation im Verborgenen blieben. Aus diesen zusätzlichen Erkenntnissen ergibt sich die Möglichkeit, die aktuellen Routinen in einem anderen Lichte zu bewerten. Die Lernmechanismen der Artikulation und Kodifikation stehen dabei in einem engen Verhältnis zueinander. Es ist ihre Kombination bzw. ihr Zusammenwirken, welches die Organisation in die Lage versetzen soll, Wirkungszusammenhänge einzuordnen und zu verstehen.

Die Dynamisierung organisationaler und dynamischer Kompetenzen entfaltet sich in einem als *Wissenskreislauf* beschriebenen Prozess (▶ **Abb. 10-3**):

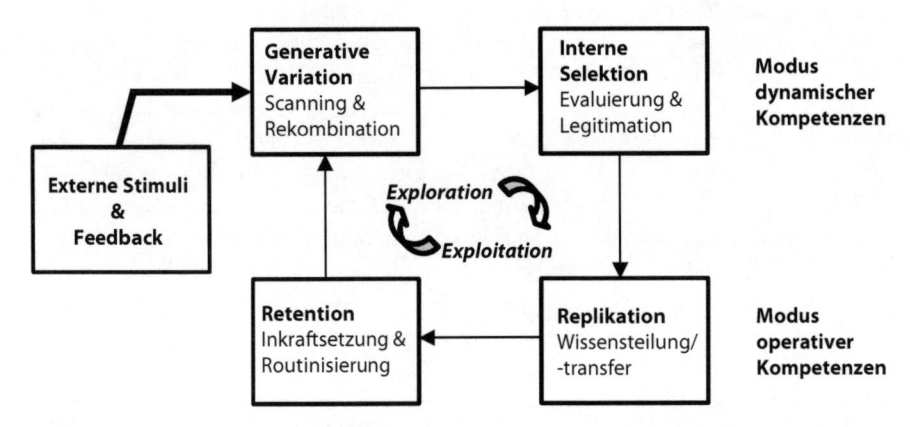

Abb. 10-3: Dynamisierung als Wissenskreislauf nach Zollo/Winter (2002).

Geleitet von den klassischen evolutorischen Prozessen der Selektion, Variation und Retention wird die Dynamisierung organisationaler Kompetenzen (im Sinne von operativen Routinen) als ein Wechselspiel zwischen explorativen und exploitativen Lernprozessen erklärt (▶ **Kap. 3**). Die Generierung neuer Kompetenzen erfolgt konkret durch die Weitergabe bzw. Konversion innerhalb und zwischen expliziten und nichtexpliziten Wissensbeständen; dieser Lernprozess wird über ein 4-Phasen-Modell beschrieben.

Den Ausgangspunkt bilden externen Stimuli und Feedbacks (Verhalten der Konkurrenz, Entdeckungen, Wertewandel etc.). Die von der Umwelt gelieferten Stimuli bilden die Grundlage für die interne Betrachtung möglicher Verbesserungen oder Neuerungen in Hinblick auf bestehende Kompetenzen. Es schließen sich hier die folgenden 4 Phasen an:

1. Durch die Stimuli und das Feedback werden *explorative Lernprozesse* eingeleitet. Dieser Prozess wird zunächst durch kognitive Aktivitäten geleitet, die sich durch die

Generierung von neuen Ideen (generative Variation) beschreiben lässt: Nach einer »Scanningphase« werden diese Stimuli von der Organisation in einem kreativen Prozess zu Rekombinationen aus den existierenden Routinen verarbeitet.
2. In einem zweiten Schritt werden die so produzierten Anregungen und Ideen einem internen Selektionsdruck ausgesetzt (interne Selektion). Der Prozess der *Selektion* ist darauf ausgerichtet, das Potenzial der Neuheiten darauf hin zu bewerten, ob für die Bewältigung der neuen Anforderungen die Steigerung der Effektivität existierender Routinen ausreicht oder ob neue Routinen (Kompetenzen) geformt werden müssen. Der interne Selektionsdruck entsteht durch die Konfrontation der neuen Ideen mit den alten Erfahrungen der Organisation. In einem gemeinschaftlichen Prozess der Analyse werden Vor- und Nachteile der Umsetzung der Neuheiten abgewogen und im Falle eines positiven Ergebnisses für die organisationsweite Verbreitung »freigegeben« bzw. legitimiert.
3. Der Übergang zur dritten Phase des Wissenszyklus markiert zugleich den Übergang von explorativen zu exploitativen Lernprozessen. Diese Lernprozesse zeichnen sich durch einen wesentlich stärkeren verhaltensorientierten Charakter aus, d.h. kognitive (Reflexions-)Mechanismen spielen eine untergeordnete Rolle. Über *Reproduktionsprozesse* wird die neue Lösung zunächst innerhalb der Organisation verteilt, anschließend in Produkte und Dienstleistungen integriert, um danach über die Organisationsgrenzen hinaus in das Wettbewerbsumfeld zu fließen (Replikation).
4. Die vierte Phase ist dadurch geprägt, dass die kollektiv verbreiteten Neuerungen in den Prozessen der Problembearbeitung routinisiert und zu kollektiv angewendeten Mustern werden (Retention). Die auf diese Weise hervorgebrachten neuen operativen Routinen begründen zusammen mit den Stimuli der Umwelt den Ausgangspunkt für einen weiteren Dynamisierungszyklus. Auf diese Weise greifen exploitative und explorative Lernprozesse Hand in Hand und bilden eine Art Lerntandem (vgl. dazu auch *Miller et. al. 2012*).

Darüber hinaus stellt sich die Frage nach der Bedeutung des organisationalen Bezugsrahmens. In einer Studie hat *Danneels (2008)* den Zusammenhang zwischen organisationalen Rahmenbedingungen und dem Aufbau von Metakompetenzen für Marketing sowie Forschung & Entwicklung untersucht. Die folgende Tabelle zeigt einen Ausschnitt, über welche Fragen Rückschlüsse auf die organisationsspezifischen Bedingungen für die Entwicklung der untersuchten Metakompetenzen gezogen wurden.

Tab. 10-1: Auszug aus *Danneels, E. (2008)*, Appendix I, S. 542.

Konstrukt	*Elemente, die auf einer 7-Punkt Likert Skala gemessen wurden. Die Befragten wurden gebeten, das Ausmaß der jeweiligen Elemente für die eigene Firma anzugeben.*
Die Bereitschaft zum Kannibalismus	Wir unterstützen Projekte, auch wenn sie potentiell Umsatz von unseren aktuellen Produkten abziehen. Es fällt uns leicht, aktuelle Kompetenzen durch neue zu ersetzen, um sich an technologische Veränderungen anzupassen.

Tab. 10-1: Auszug aus *Danneels, E. (2008)*, Appendix I, S. 542. – Fortsetzung

Konstruktiver Konflikt	Mitarbeiter fühlen sich wohl, abweichende Standpunkte zu artikulieren. Meinungsunterschiede ranken sich um Inhalte und weniger um individuelle Befindlichkeiten.
Toleranz für Misserfolg	Es ist klar, dass Misserfolg ein notwendiger Bestandteil für Erfolg ist. Fehler werden bei uns als Lernchancen begriffen.
Scanning	Viele Mitarbeiter nehmen an professionellen Ideenfindungsaktivitäten teil. Wir haben intensiven Kontakt zu Universitäten und Forschungseinrichtungen.
Ressoucenslack	Mein Unternehmen hält in angemessenem Umfang Ressourcen in Reserve vor. Wir finden immer die »Manpower« für spezielle, neue Projekte.

Danneels konnte zeigen, dass ein signifikanter und positiver Zusammenhang zwischen dem Auftreten von den folgenden fünf Merkmalen der Organisation und der Ausformung der untersuchten Metakompetenzen besteht:

1. *Die Bereitschaft zum Kannibalismus.* Gemeint ist damit das Ausmaß, in dem eine Organisation in der Lage und Willens ist, Ressourcen (Zeit, Geld, Kompetenz) aus bestehenden Kompetenzen abzuziehen (vgl. *Chandy/Tellis 1998*).
2. *Kultur konstruktiver Konflikte.* Metakompetenzen stellen den Status quo vorhandener Kompetenzen in Frage und stehen somit natürlicherweise im Konflikt zu diesen. Deshalb ist der gelebte, offene Umgang mit Debatten, Ideen und Annahmen der Mitglieder einer Organisation eine weitere Voraussetzung für die Entfaltung von Dynamik.
3. *Toleranz für Fehler und Misserfolge.* Da Innovationsprozesse durch unsichere Ergebnisse und damit Risiken des Misserfolges gekennzeichnet sind, ist ein fehlertolerantes Klima für die Entfaltung von Innovationsroutinen bedeutsam (vgl. *Levinthal/March 1993*). In fehlertoleranten Unternehmen werden beispielsweise Misserfolge mit Humor getragen und Misserfolgsprojekte werden als Lernchance begriffen (▶ **Box 10-1**).
4. *Aktive Umweltbeobachtung.* Impulse und neue Informationen aus der Umwelt stellen den Nährboden für die Dynamisierung dar. Deshalb ist das Ausmaß der Aktivitäten, die auf die Erfassung von Umweltsignalen in Form von beispielsweise Trends oder Events ausgerichtet sind, eine vierte Voraussetzung.
5. *Freie Ressourcen (»Slack Resources«).* Schließlich werden für die Entfaltung von Metakompetenzen auch freie finanzielle Ressourcen und Mitarbeiterressourcen benötigt; also solche, die nicht kontinuierlich im Tagesgeschäft benötigt werden (vgl. *Bourgeois 1981*).

> **Box 10-2**
> **Von Toilettensitzen und Pinguinen**
>
> In einer Firma wird seit längerer Zeit der sogenannte »Toilettensitz-Award« vergeben. Monatlich wird damit der Manager ausgezeichnet, dessen Projekt am glorreichsten gescheitert ist. In einem ritualisierten Prozess wird ein Foto übergeben, das den jeweiligen Manager in mitten eines Toilettenrings zeigt. Dieses Bild – mit den jeweils aktuellen Gesichtern – wird von Manager zu Manager gereicht. Anstelle von Spott und Häme wird auf diese Weise eine offene Kommunikation über die Ursachen des Scheiterns initiiert und das gemeinsame Lernen aus den Fehlern in dem erfolglosen Projekt ermöglicht.
>
> Mit genau derselben Zielsetzung, allerdings anders verpackt, hat Google vor einigen Jahren den sog. Pinguin Award ausgelobt. Pinguine sind schlaue Tiere! Bei der Fischjagd springt immer zunächst ein Pinguin ins kalte Wasser, um für die anderen eine Einschätzung der Gefahren und Risiken vorzunehmen. Analog kann bei Google jeder Mitarbeiter ein Projekt vorstellen, welches sehr deutlich gescheitert ist. Auch hier soll Mut zu einem offenen Umgang mit Risiken und Misserfolgen gemacht werden und kollektiv aus den Fehlern gelernt werden können.
> *Quelle: Erweiterte Darstellung aus Buckler/Zien (1996).*

Im Kern geht es bei dem Ansatz von *Zollo/Winter* darum, dass nicht die Kompetenzen selbst mit einer Art Anpassungsmechanismus versehen werden, sondern es wird eine zweite Ebene eingezogen, die genau dies bewerkstelligen soll. Diese zweite Ebene der Innovationsroutinen wird ihrerseits durch Lernmechanismen adaptiv gehalten. Es handelt sich also um ein *Trennungsmodell*. Das Modell steht und fällt mit der Organisation der Anpassung bzw. der Innovation. Die Autoren fügen auch diese zweite Ebene in die Routinenlogik ein, mit dem Prinzip, dass auch die Kompetenzinnovation durch Routinisierung erbracht werden kann und soll. Deshalb betrachten sie diese zweite Ebene auch als Kompetenzebene (»Dynamische Kompetenz«), also als eine Ebene, die selbst wieder durch mustergesteuerte Replikation gekennzeichnet ist. Diese Idee, die Dynamisierung von Kompetenzen durch Routinen zu erzeugen, stößt jedoch rasch an ihre Grenzen. Jede Routinisierung setzt Vorhersehbarkeit der Aufgabenbedingungen voraus, sonst würde eine Überführung in replikative Muster nicht möglich sein. Wenn wir aber von Umweltdynamik sprechen, dann haben wir für gewöhnlich Ungewissheit, Diskontinuitäten, kurz *Unerwartetes* vor Augen. Routinen können aber Unerwartetes nicht erfassen, sie sind ja ihrem Charakter nach an die Vorhersehbarkeit der Bedingungen gebunden. Der Ansatz läuft hier also in eine Routinenfalle – er kann praktisch gesehen nur dort die Kompetenz erneuern, wo die Anpassungsbedingungen in den Innovationsroutinen bereits vorweg genommen sind. Das führt am Ende zu einem gefährlich engen Fokus. Die Idee einer Dynamischen Kompetenz erweist sich also auch in diesem Modell als sehr problematisch, die dynamische Seite lässt sich offenkundig sehr schwer ihrerseits wieder als Kompetenz darstellen.

10.3 Unternehmerische Orientierung als Dynamische Kompetenz nach Teece

Ein weiterer Ansatz sucht die Antwort auf die Frage nach der Dynamisierung organisationaler Kompetenz, indem er die Veränderungsfähigkeit auf der Metaebene der Organisation selbst verortet. Gesucht wird nach Ausprägungen in der Orientierung von Organisationen, die in besonderer Weise geeignet sind, einen erfolgreichen Umgang mit dynamischen Umwelten sicherzustellen.

Das Konstrukt der unternehmerischen Orientierung (»*entrepreneurial orientation*«) ist im Kontext der *Strategieprozessforschung* zu verorten. Es wird dort eine Art Übertragung der im Rahmen der klassischen Entrepreneurforschung beschriebenen Merkmale des Entrepreneurs auf die organisatorische Ebene vollzogen, und zwar auf die Ebene der strategischen Entscheidungsprozesse (vgl. *Bardwaj et al. 2007; Langlois 2007*). Im Rahmen dieser Forschung geht es um die generelle Beschreibung von spezifischen Ausprägungen strategischer Entscheidungsprozesse und den darin zum Ausdruck kommenden Orientierungen. Der Fokus liegt auf kollektiven Prozessen, d.h. Methoden, Praktiken und verschiedenen beobachtbaren Entscheidungsstilen, die das Management einer Organisation anwendet, und die den strategischen Aktivitäten der Organisation zu Grunde liegen (▶ Box 10-3)

Die entrepreneuristische Orientierung einer Organisation wird häufig mit Hilfe von fünf Dimensionen beschrieben: (1) Autonomie, (2) Innovativität, (3) Risikoübernahme, (4) Proaktivität und (5) wettbewerbliche Aggressivität (vgl. *Lumpkin/Dess 1996, 2001*). Autonomie beschreibt die organisationale Schaffung von Voraussetzungen, die es Organisationsmitgliedern oder Teams ermöglichen, ihre Ideen und ihre Kreativität nicht nur zu entwickeln, sondern auch einbringen und umsetzen zu können. Mit Innovativität wird die Bereitschaft beschrieben, in neue Ideen, Experimente und kreative Prozesse zu investieren bzw. deren Entfaltung zu fördern, um so das Potenzial für Innovation (technologische Innovation, Produktinnovation, Prozessinnovation) zu erhöhen. Auf der Dimension des Risikoverhaltens werden Organisationen mit einer unternehmerischen Orientierung als solche beschrieben, die bereit sind, viel in Prozesse des Aufspürens und der Auslotung von (unsicheren!) Marktchancen zu investieren. Proaktivität stellt auf zukunftsgerichtete Prozesse ab, die darauf ausgerichtet sind, zukünftige Entwicklungen zu antizipieren, frühzeitig zu erkennen und angehen zu können, und zwar *möglichst unabhängig von der aktuell* verfolgten strategischen Linie. Wettbewerbliche Aggressivität als fünfte Dimension einer unternehmerischen Orientierung beschreibt den offensiven und direkten Umgang mit Wettbewerbern sowie eine Vorliebe für unkonventionelle Methoden des Wettstreitens.

Box 10-3
Entrepreneurship

Die klassische Entrepreneurship-Forschung beschreibt ein weites Feld, dessen Wurzeln vor allem in den volkswirtschaftlichen Arbeiten von *Kirzner (1973)*, *Schum-*

peter (1934) und *Knight (1921)* zu finden sind. Der übergeordnete Gegenstand dieser Forschung ist die Erklärung marktlicher Dynamiken und nicht primär die Dynamik einer singulären Organisation. Trotz des ungleichen Bezugspunktes der Kompetenz- und Entrepreneurship-Forschung wird die klassische Entrepreneurforschung neuerdings zur Erhellung von »Dynamic Capabilities« herangezogen, vor allem deshalb, weil dort für die Erklärung von (Markt-)Dynamik das Innovationsverhalten von Unternehmen eine zentrale Rolle spielt. Mit der dezidierten Verknüpfung von dynamischen Kompetenzen und Entrepreneurship erfolgt eine stärkere Fokussierung auf die Erklärung für die Bedingungen des Zustandekommens von »Neuem«, d.h. neuer Produkte, neuer Dienstleistungen oder allgemeinen neuen Marktwissens sowie darum, wie dieses »Neue« seinen Weg in Märkte findet. Die grundsätzliche Möglichkeit der Entstehung von »Neuem« resultiert aus dem Befund, dass in unvollständigen, komplexen und dynamischen Märkten fortwährend Chancen entstehen, die »ergriffen« werden können, um (überdurchschnittlichen) ökonomischen Wert zu generieren. »Chancen« markieren so gesehen den Dreh- und Angelpunkt der Entrepreneurship-Forschung. Die Forschung beschäftigt sich dementsprechend mit der Frage, wie, von wem und mit welchen Effekten »Chancen« für die Generierung innovativer Produkte oder Dienstleistungen entdeckt, bewertet, ergriffen und umgesetzt werden. Während *Kirzner* die Entdeckung von Chancen über unterschiedliche Zugangsmöglichkeiten der Entrepreneure zu bereits bestehenden Informationen erklärt, betont *Schumpeter* die Bedeutung gänzlich neuer Informationen für die Entdeckung von Chancen. *Knight* koppelt das unternehmerische Verhalten an das Ergreifen von Chancen, die sich aus den Risiken und Unsicherheiten zukünftiger Entwicklungen ergeben. Während der Kirzner-Entrepreneur die Funktion übernimmt, kleinste Ungleichgewichte im Informationszugang aufzuspüren und auszunutzen, ist der Knight-Entrepreneur auf der Suche nach Optionen, für die er die Risiken – besser als ein anderer – kalkulieren und zu Profit machen kann. Der *Schumpeter*-Entrepreneur dagegen ist an der Erneuerung von Informationen und damit der Entwertung »alter« Informationen interessiert. Aus einer volkswirtschaftlichen Perspektive werden die Prozesse des volkswirtschaftlichen Gleich- und Ungleichgewichts durch den jeweiligen Entrepreneurtypus entsprechend unterschiedlich geprägt. Während *Knights* und *Kirzners* Entrepreneure Zustände des (Informations-)Ungleichgewichts aufspüren und zu einem Gleichgewicht zurückführen, besteht die Funktion des *Schumpeter*-Entrepreneurs in der Herstellung von Ungleichgewichtszuständen. Beide Mechanismen zusammen bilden das Fundament für eine kontinuierliche Evolution und Revolution von Volkswirtschaften und sind aus heutiger Perspektive gleich bedeutsam.
Quellen: Kirzner (1973), Schumpeter (1934), Knight (1921).

Mit Blick auf die Erklärung der Entfaltung von dynamischen Kompetenzen erfolgt von *Teece* (vgl. *2007, 2010, 2012; Abdulrahan/Teece, 2014*) rund zehn Jahre nach der Entwicklung seines integrativen Dynamisierungskonzeptes (▶ **Kap. 9**) eine Anbindung an die gerade skizzierte Entrepreneurship-Forschung. Konkret wird darauf verwiesen, dass die Etablierung einer »unternehmerischen Orientierung« zur fortwährenden Schaffung dynamischer Kompetenz führt. Neben der Tatsache, dass *Teece* die integrative Konzeption dynamischer Kompetenz zugunsten einer Trennung zwischen dynamischen Kompetenzen und organisationalen Kompetenzen aufgibt, und dynamische Kompetenzen nunmehr explizit als Metakompetenz verhandelt werden, ist besonders die qualitative Spezifizierung der dynamischen Kompetenzen von Interesse. In eine ähnliche Richtung geht die Debatte um sogenannte »*dynamic managerial capabilities*«, die diese Spezifizierung primär auf der Individualebene von Top-Managern suchen (vgl. *Adner/Helfat 2003; Kor/Mesko 2013; Helfat/Peteraf 2014*), nicht jedoch auf der kollektiven Ebene – und hier deshalb außer Betracht bleibt.

Die kollektive unternehmerische Orientierung, so die Vorstellung, kommt in dynamischen Kompetenzen zum Ausdruck, die über drei zentrale Prozesse definiert werden: *(1) Der Entdeckung, (2) der Ergreifung und (3) der Umsetzung von Chancen*. Die Entfaltung dieser drei Prozesse dynamischer Kompetenzen wird wiederum an eine ganze Reihe von organisationalen Basisvoraussetzungen (»Microfoundations«) geknüpft (▶ Abb. 10-4):

(1) Wahrnehmen von Chancen (»Sensing & Shaping«)

Das Aufspüren (»sensing«) und interpretieren (»shaping«) von Chancen bildet den ersten Teilprozess dynamischer Kompetenzen. In Anlehnung an die klassische Entrepreneurship-Forschung liegt hier die Vorstellung zu Grunde, dass die Entdeckung von Chancen über Prozesse der Informations- und Wissensgewinnung möglich ist.

Über die kontinuierliche Suche nach Informationen in der Marktumwelt können Chancen überhaupt erst identifiziert werden. Die Suche erfolgt z. B. in Form der Suche nach Erfolg versprechenden Forschungsergebnissen, nach technologischen Möglichkeiten der Zukunft, nach Markttrends, latenten Kundenwünschen oder Neuerungen in den Wertschöpfungsketten von Zulieferern.

Der Prozess der Chancenentdeckung wird sowohl von den kognitiven und kreativen Fähigkeiten der Mitarbeiter als auch von organisationalen Prozessen getragen. *Teece* spricht hier vom »*right brain*« und der Ausschöpfung sozialer und professionaler Kontakte der Mitarbeiter, deren Kompetenzen jedoch auf entsprechende organisationale Strukturen und Prozesse treffen müssen, um Chancen nicht nur auf individueller Ebene zu entdecken, sondern diese in der Organisation zugänglich zu machen. Im Einzelnen werden vier sogenannte Basisprozesse definiert, die allesamt darauf gerichtet sind, der Organisation das Aufspüren und die Strukturierung von Chancen zu ermöglichen:

- Prozesse der Steuerung interner Forschungs- und Entwicklungsaktivitäten und der Auswahl neuer Technologien (z. B. Begutachtungsverfahren und »Budgetierungsprozesse«).
- Prozesse des Aufspürens von Innovationen bei Zulieferern und komplementären Wettbewerbern (Prozesse des Wissensaustausches und der Kollaboration).
- Prozesse des Aufspürens von Entwicklungen in der Wissenschaft und Technologieforschung (Prozesse der Vernetzung von Praxis und Wissenschaft).

- Prozesse der Identifikation von Veränderungen in Zielgruppen, Kundenwünschen und Kundeninnovationen (Prozesse der »Open Innovation«, »Innovationswettbewerbe« etc.).

Ziel ist die Verankerung breit ausgerichteter Suchaktivitäten, die auch potentielle Kollaborationspartner für zukünftige strategische Aktivitäten einbezieht.

(2) Ergreifung von Chancen (»Seizing«)
Das Ergreifen von Chancen ist mit der Vorstellung z.B. des Aufbaus von *Loyalität* und *Commitment*, der Schaffung von Barrieren zum Schutz vor Imitatoren sowie dem Management von komplementären Technologien oder Produkten verbunden. Gleichzeitig geht es um die Überwindung kognitiver und struktureller Barrieren, die das Ergreifen von Chancen behindern können, z.B. durch die Etablierung von entsprechenden Anreizsystemen. Auch hier werden wieder vier Mikroprozesse definiert, die darauf gerichtet sind, das Ergreifen von Chancen organisationsseitig zu unterstützen:

- Prozesse der Skizzierung von Kundenlösungen und Geschäftsmodellen (»Auswahl der Produkt- und Technologiearchitektur sowie der Zielgruppen«).
- Prozesse der Auswahl von Entscheidungsprotokollen/-routinen, die geeignet sind, Entscheidungsfehler zu identifizieren (»Erkennen kritischer Entscheidungspunkte sowie Aufdeckung von Befangenheit der Entscheider«).
- Prozesse der Festsetzung der Unternehmensgrenzen durch die Wahl der Anbindung an die externe und interne Umwelt (»Zugriff auf erfolgskritische Ressourcen sowie Entwicklung von komplementären Ressourcen«).
- Prozesse des Aufbaus von Loyalität und Commitment (»Demonstration von Führung durch die Unternehmensleitung sowie die Anerkennung des Einflusses nichtökonomischer Faktoren auf Erfolg«).

(3) Umsetzung von Chancen (»Reconfiguring«)
Es geht hier im Kern um die Fähigkeit des Top-Managements, strategischen Wandel erfolgreich zu koordinieren und die Umsetzung zu steuern. Die Umsetzung von Chancen wird dabei dezidiert an der kontinuierlichen Ausrichtung und Neuausrichtung der für die Chancenumsetzung relevanten tangiblen und intangiblen Ressourcen festgemacht. Die unterstützenden vier Mikroprozesse sind laut *Teece*:

- Prozesse der Dezentralisation und Netzwerkbildung (»Steuerung von Open Innovation und Fähigkeiten der Integration zur Flexibilisierung der Ressourcenbasis«).
- Prozesse der internen Governance (»Schaffung von kompatiblen Anreizsystemen und Minimierung von Opportunismus«).
- Prozesse der Ko-Spezialisierung (»Management der strategischen Passung von Chancen und Strategie).
- Prozesse des Wissensmanagements (»Lernen, Wissenstransfer, Wissensintegration und Schutz von intellektuellem Wissen«).

10 »Dynamic Capabilities« als Metakompetenzen

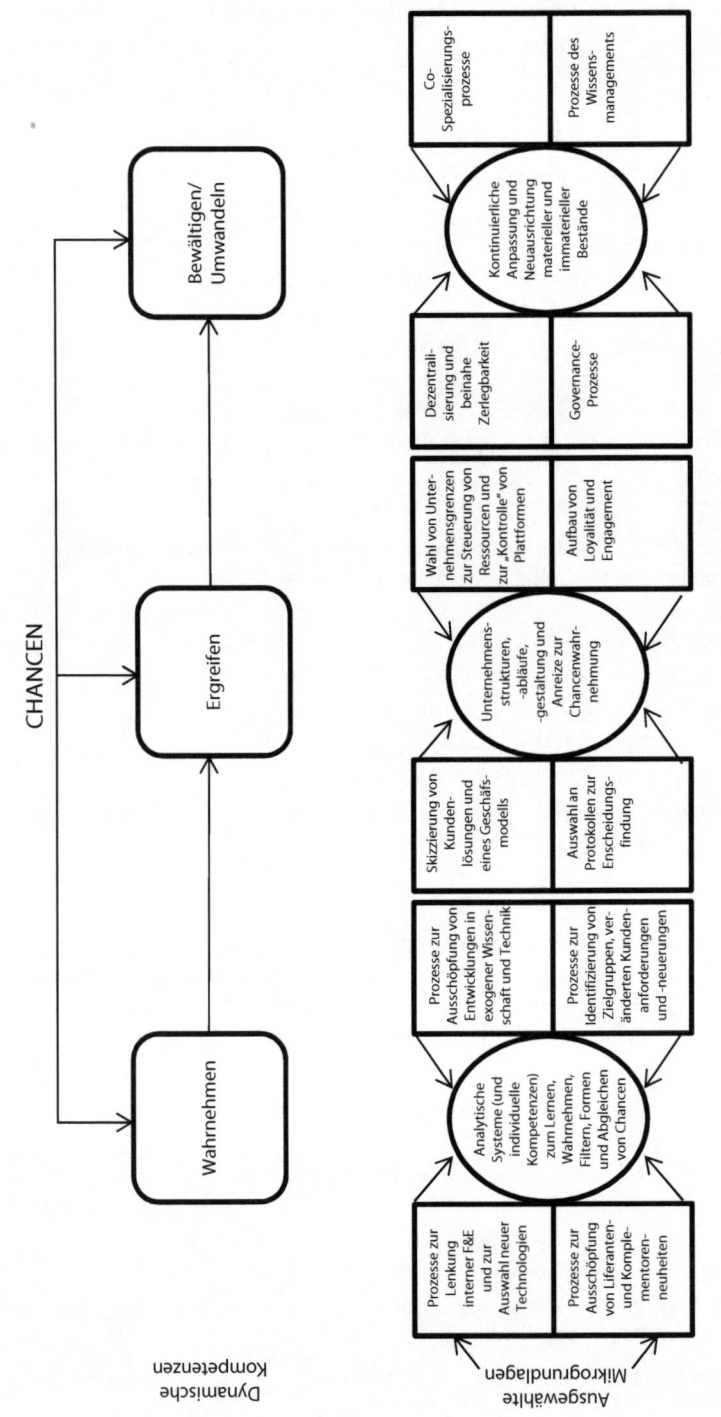

Abb. 10-4: Unternehmerische Orientierung als dynamische Kompetenz nach Teece (2007), S. 1342, Übers. d.d. Verf.

Die gemeinsame Klammer dieser skizzierten Prozesse bildet die Charakterisierung von dynamischen Kompetenzen als strategische Managementfunktion. Diese soll nicht durch ein Individuum oder den einzelnen Entrepreneur wahrgenommen werden, sondern durch die Gruppe des Top-Managements, welches allerdings selbst durch die organisatorischen Prozesse, Strukturen und Systeme der Vergangenheit beeinflusst ist (vgl. ergänzend dazu auch *Hodgkinson/Healey 2011* ▶ **Kap. 6**).

Zusammenfassend ist zu sagen, dass der Ansatz der unternehmerischen Orientierung für die Dynamisierung von Kompetenzen interessante Anknüpfungspunkte bietet. Insbesondere erscheint es wichtig, dass hier Strategisches Management und die Dynamisierung von Kompetenzen wieder enger zusammengerückt werden. Dies ist aber zugleich die große Schwäche dieses Ansatzes, denn die klassischen Methoden des Strategischen Managements werden hier fast in eins gesetzt mit »dynamischen Kompetenzen«. Der Unterschied ist nur noch schwer auszumachen. So wird bereits in den frühen Arbeiten zum Strategischen Management auf die Funktion und Fähigkeit zur sensiblen Umweltbeobachtung abgestellt, mit dem Ziel, möglichst früh auf Chancen aufmerksam zu werden (vgl. *Ansoff 1976*). Dieser Fokus ist bis heute im Strategischen Management zentral geblieben und insofern stellt der *Teecesche* Ansatz keine wirkliche Innovation dar.

Weiterer Schwachpunkt der neuen *Teeceschen* Konzeption ist die dominante Fokussierung auf Chancen und fast vollständige Ausblendung der zu Kompetenzrigidität führenden Prozesse. Die überwiegende Zahl der Prozesse und die korrespondierenden Mikroprozesse sind auf das Aufspüren und Hervorbringen von Neuem und die Herstellung von einem strategischen Wertbeitrag ausgerichtet. Wenig Raum haben die Prozesse, die sich mit der Frage beschäftigen, welche Verharrungstendenzen der Umsetzung des Aufbaus neuer Kompetenzen entgegenstehen. Ein Aufspüren der dynamisierungshemmenden strukturellen und sozialpsychologischen Ursachen für eine Kompetenzverfestigung (▶ **Kap. 6** und 7) ist konzeptionell so gut wie gar nicht angelegt. Der Verweis auf die Anerkennung von kulturellen und strukturellen Aspekten der Organisation sowie die Auseinandersetzung mit dem kognitiven Aspekt der Befangenheit wird zwar vorgenommen, gleichzeitig werden aber Prozesse der Loyalität und des Commitments sowie die Notwendigkeit der aktuellen strategischen Passung als bedeutsame Bestandteile für die dynamischen Kompetenzen ausgemacht. Wie schon im *Teeceschen* Konzept der integrativen Dynamisierung werden auch hier der Logik nach widersprechende Prozesse zum Element dynamischer Kompetenzen erklärt – nunmehr allerdings auf der Ebene der Organisation und damit als Metakompetenz. In der Summe ist nicht ganz nachvollziehbar, weshalb die Methoden und Prozesse der Strategiebildung nun als »dynamische Kompetenz« deklariert werden.

10.4 »Dynamic Capabilities«-Ansätze im Vergleich

Wie in Kapitel 1 ausführlich dargelegt findet die Kompetenzdebatte im Kontext des RBV statt, der die Generierung nachhaltiger Wettbewerbsvorteile auf der Basis von strategischen Ressourcen erklärt. Mit den dynamischen Kompetenzen hat ein neuer Typus organisationaler Kompetenzen Eingang in die theoretische und praktische Diskussion um das Management von Kompetenzen gefunden. Die Ausführungen in den Kapiteln 9 und 10 zeigen, dass die Vorstellungen darüber, was diese dynamischen Kompetenzen ausmacht, zum Teil erheblich variiert. Die Ansätze unterscheiden sich in Hinblick auf vier Kriterien (▶ Abb. 10-5):

(1) **Mechanismen der Dynamisierung**
Während der radikale Ansatz dynamischer Kompetenzen einen alternativen Weg der Ressourcenselektion und -verknüpfung postuliert, der im Wesentlichen auf dem Mechanismus der astrukturellen Ad-hoc-Problemlösung (Spontanabstimmung), ergänzt durch Minimalregeln, basiert, verorten alle anderen hier vorgestellten Ansätze der Kompetenzdynamisierung den Dynamisierungsmechanismus in organisational strukturierten Prozessen. Im Falle des integrierten Ansatzes werden diese dynamisierenden Prozesse zum Bestandteil des Kompetenzkonstrukts erklärt (kompetenzinterne Prozesse). Im Falle der Metakompetenzansätze werden diese Prozesse über kompetenzexterne Prozesse konzipiert, allerdings selbst wieder als Kompetenz – nur eben einer Kompetenz »höherer Ordnung«. Im vierten Ansatz ist es schließlich die Suche und Realisierung neuer Chancen.

(2) **Dominantes Lernverständnis**
Alle Ansätze heben die Bedeutung des organisationalen Lernens hervor, setzen jedoch auf unterschiedliche Lernformen. Während der radikale Ansatz das experimentelle Lernen betont, soll in anderen Ansätzen die Dynamisierung über exploitative und explorative Lernprozesse erreicht werden. Der Rahmen für diese Lernprozesse unterscheidet sich: Im Falle der integrierten Dynamisierung sind dies die aktuellen organisationalen Kompetenzen, im Falle der routinisierten Dynamisierung wird im Rahmen von Innovationsroutinen gelernt, im Falle der unternehmerischen Dynamisierung lernt die Organisation.

(3) **Relevanz von Routinen**
Die Bedeutung von Routinen variiert ebenso erheblich. In der Konzeption der radikalen Dynamisierung will man faktisch so weit wie möglich auf Routinen und musterbasiertes Problemlösungsverhalten verzichten. Im integrierten Ansatz wird der Aufbau von Routinen und musterbasierten Prozessen als unumgänglich behandelt. Der Meta-Ansatz nutzt das Routinekonzept sogar aktiv, indem dort für Innovationsroutinen beim Aufbau einer weiteren Routineebene plädiert wird. Auch der Ansatz der unternehmerischen Dynamisierung greift auf zahlreiche routinebasierte Mikroprozesse zu, um die Chancenverarbeitung steuerbar zu gestalten.

(4) **Stellenwert von Kompetenzen im Rahmen des RBV**
Die schwerwiegendsten Konsequenzen in Bezug auf die theoretische Verortung im RBV ergeben sich aus dem radikalen Dynamisierungsansatz.

Für das Konstrukt organisationaler Kompetenzen hat dieser Weg deshalb massive Folgen, weil die Umsetzung dieses Vorschlags den Aufbau und den Erhalt des routi-

10.4 »Dynamic Capabilities«-Ansätze im Vergleich

	Radikale Dynamik	Integrierte Dynamik	Innovations-routinen	Unternehmerische Orientierung
Mechanismen der Dynami-sierung	Regime von Prozessen der Ad-hoc-Problem-lösung	Kompetenz-interne Prozesse	Kompetenz-externe Prozesse	Kompetenz-externe Prozesse
Dominantes Lernverständ-nis	Experimentelles (ahistorisches) Lernen	Historisches Lernen im Rahmen bestehender Kompetenzen	Historisches Lernen im Rahmen bestehender Metakompetenzen	Exploratives Lernen, im Rahmen stabiler Strukturen und Prozesse
Relevanz von Routinen	*Gering*: Vermeidung von Routinen so weit wie möglich	*Mittel*: Aufbau von Routinen und Pfaden notwendig	*Hoch*: Aufbau multipler Routine-Level gefordert	*Hoch*: Aufbau multipler strukturierter Prozesse gefordert
Stellenwert von Kompe-tenzen im Rahmen des RBV	*Paradigmenwandel*: Kompetenzen als strategische Ressource obsolet	*Paradigmen-modifkation*: Kompetenzen als dynamische strategische Ressource	*Paradigmenvariation*: Kompetenzen als strategische Ressour-ce; Metakompeten-zen als Medium der Dynamisierung	*Paradigmen-varaition*: Unternehmerische Orientierung als Medium der Dynamisierung
Umgang mit negativen Persistenzen	*Keiner i.e.S., da per Defnition obsolet*	*Keiner*	*Keiner*	*Schwach für kognitive Persistenz*

Abb. 10-5: Dynamisierungsansätze im Vergleich

nebasierten Konstrukts »Kompetenz« für obsolet erklärt. Allgemeiner wird die Generierung nachhaltiger Wettbewerbsvorteile auf der Basis organisationsspezifischer Ressourcen zumindest in hochdynamischen Märkten für hinfällig erklärt. »Klassische« organisationale Kompetenzen haben nur noch in relativ stabilen Umwelten einen Wert bzw. können dort für die Generierung und Aufrechterhaltung nachhaltiger Wettbewerbsvorteile sorgen, in dynamischen Umwelten allerdings spielen sie nach Auffassung des radikalen Dynamisierungsansatzes keine Rolle mehr.

Damit wird nicht nur ein im Hinblick auf die Kompetenzdynamisierung radikaler Weg eingeschlagen, sondern auch das theoretische Fundament organisationaler Kompetenzen, nämlich der RBV, in Frage gestellt: Eine Konzeption der Dynamisierung auf der Basis eines strukturlosen Ad-hoc-Problemlösens blendet die Ausbildung der für den RBV zentralen organisationsspezifischen Ressourcen aus und favorisiert stattdessen eine Logik der Generierung von dauerhaften Wettbewerbsvorteilen durch die dichte Aneinanderreihung temporärer Wettbewerbsvorteile.

Der integrative Ansatz und die Metakompetenzansätze der Dynamisierung stellen sich bezüglich der Implikationen im Hinblick auf die Positionierung im Kontext des RBV moderater dar. In beiden Fällen wird an der Bedeutung des Aufbaus und der Nutzung organisationaler Kompetenzen bzw. strategischer Ressourcen festgehalten. Im Falle des integrativen Ansatzes wird über die Konzeption der dynamischen Kompetenz lediglich eine Modifikation des RBV-Paradigmas in der Form vorgenommen, als organisationale Kompetenzen dem Status einer stabilen strategischen Ressource enthoben und zu einer dynamischen strategischen Ressource erklärt werden. Dies gilt gleichermaßen für den routinisierten wie auch unternehmerischen Ansatz der Dynamisierung, allerdings mit der zusätzlichen Variation, dass Metakompetenzen einmal in Form von Innovationsroutinen und einmal in Form einer spezifischen Basisausrichtung unternehmerischen Strategieprozesses als zusätzlicher Motor der Dynamisierung in die Gedankenwelt des RBV aufgenommen werden.

(5) Umgang mit Persistenzen
Der Umgang mit den Verharrungstendenzen organisationaler Kompetenzen wird in keinem der Dynamic capabilities-(DC-)Ansätze umfassend thematisiert. Der Radikalansatz von *Eisenhardt/Martin (2000)* ist sich der Persistenzproblematik zwar bewusst, wählt aber als Ausweg die »Wegdefinition« von Verharrungstendenzen. Eine wirkliche Diskussion von Steuerungsoptionen problematischer Verfestigungsprozesse organisationaler Kompetenz erfolgt nicht.

Der Integrativansatz von *Teece et al. (1997)* diskutiert die Persistenzen organisationaler Kompetenzen ausschließlich aus der funktionalen Perspektive, ein differenzierter Umgang mit den Schattenseiten struktureller und kognitiver Persistenz bleibt auch hier aus. Selbiges gilt für den Metakompetenzansatz der Innovationsroutinen nach *Zollo/Winter (2002)*. In geringem Umfang greift der neuere DC-Ansatz von *Teece (2007)* Aspekte kognitiver Persistenz auf, dies allerdings lediglich im Rahmen der Konzeption des Prozesses der Chancenergreifung. Sämtliche Prozesse der Chancenwahrnehmung und Chancenumsetzung sind scheinbar persistenzlos gedacht.

Insgesamt zeigt sich, dass die Verortung der Dynamisierungsfunktion auf der Ebene von Kompetenzen zahlreiche wichtige Impulse in Richtung einer Flexibilisierung und Veränderung von Ressourcen sowie Kompetenzen liefert. Es steht außer Frage, dass die Dynamisierung von Kompetenzen für das erfolgreiche Bestreiten des Wettbewerbs von zentraler Bedeutung ist. Eine genauere Analyse der unterschiedlichen Ansätze zeigt jedoch, dass noch kein überzeugendes Konzept zum Umgang mit den strukturellen, kognitiven und emotionalen Verfestigungstendenzen organisationaler Kompetenzen vorgelegt wurde. In gewisser Weise ist dies auch nicht ganz überraschend, greifen auch dynamische Kompetenzen naturgemäß auf die Funktionsmechanismen von Kompetenzen zurück, d.h. im Kern auf *muster*basiertes Problemlösen. Dynamische Kompetenzen gehorchen somit denselben Gesetzmäßigkeiten wie Kompetenzen; eine »*dynamische*« Kompetenz im engeren Sinne ist konzeptionell schlichtweg nicht vorstellbar ist (genauso wenig wie es »fließendes Gestein« gibt), es handelt sich um ein *Oxymoron*.

Gesucht wird folglich nach einem Ansatz, der einen Umgang mit den Verharrungstendenzen organisationaler Kompetenzen konzeptionell abbilden kann und dies nicht auf der konzeptionellen Basis von Kompetenzen tut. Das Dual-Prozess-Modell der Kompetenzdynamisierung (*Schreyögg/Kliesch-Eberl 2007*) versucht einen Schritt in diese Richtung (▶ **Kap. 11** und **12**).

Diskussionsfragen

1. Was versteht man unter Metakompetenzen?
2. Worin unterscheiden sich Metakompetenzen von anderen Kompetenzen? Formulieren Sie Beispiele!
3. Wie schätzen Sie die Umsetzbarkeit von Metakompetenzen ein?
4. Diskutieren Sie, ob und inwieweit Innovationsroutinen einen geeigneten Ansatzpunkt für die Dynamisierung organisationaler Kompetenzen bieten.
5. Welchen Stellenwert haben Routinen im Konzept der Metakompetenzen?
6. Welche Rolle spielen organisationale Voraussetzungen für die Entfaltung von dynamischen Kompetenzen? Versuchen Sie, Ihre Ausführungen an konkreten Beispielen festzumachen.
7. Vergleichen Sie den Ansatz von *Zollo/Winter (2002)* und *Teece (2007)*. Wo sehen Sie die entscheidenden Unterschiede bezüglich der Dynamisierung organisationaler Kompetenzen?
8. Auf die Frage, ob es ein System für die Produktentwicklung bei Apple gäbe, antwortet Steve Jobs: »... *there is no system. That doesn't mean we don't have process. Apple is a very disciplined company, and we have great processes. But that's not what it's about. Process makes you more efficient. But innovation comes from people meeting up in hallways or calling each other at 10.30 at night with a new idea, or because they realized something that shoots holes in how we've been thinking about a problem. It's about ad hoc meetings of six people called by someone who thinks he has figured out the coolest new idea... and it comes from saying no to 1000 things to make sure we don't get on the wrong track or try to do too much*«...
(Burrows, P. 2004. The seed of Apple's innovation. Businessweek.com, 12. Oktober 2004, Zugriff am 23.3.2014)
Analysieren Sie die Antwort von Steve Jobs aus dem Blickwinkel der Metakompetenzen!
9. Welche Schwierigkeiten wirft der Ansatz der Radikalen Dynamisierung auf?
10. Inwiefern stellt die Idee der Dynamischen Kompetenz ein Oxymoron dar?

Literaturverzeichnis Kapitel 10

Abdulrahan, A./Teece, D. (2014). International entrepreneurship and the theory of the (long-lived) international firm: A capabilities perspective, in: Entrepreneurship. Theory and Practice, January: 95–116.

Adner, R./Helfat, C.E. (2003). Dynamic managerial capabilities and corporate effects, in: Strategic Management Journal, 24: 1011–1027.

Ansoff, H.I. (1976). Managing strategic surprise by response to weak signals, in: California Management Review, 20(2): 21–33.

Bourgeois, L.J. (1981). On the measurement of organizational slack. Academy of Management Review, 6: 29–39.

Buckler, S. A./Zien, K. A. (1996). The spirituality of innovation: learning from stories, in: Journal of Product Innovation Management, 13: 391–405.

Chandy, R.K./Tellis, G.J. (1998). Organizing for radical product innovation: The overlooked role of willingness to cannibalize, in: Journal of Marketing Research, 35: 474–487.

Collis, D.J. (1994): How valuable are organizational capabilities, in: Strategic Management Journal, 15: 143–152.

Danneels, E. (2008). Organizational antecedents of second-order competencies, in: Strategic Management Journal, 29: 519–543.

Danneels, E. (2012). Second-order competencies and Schumpeterian rents, in: Strategic Entrepreneurship Journal, 6: 42–58.

Fujimoto, T. (1999). The evolution of manufacturing system at Toyota, New York.

Gottschalg, O./Zollo, M. (2007). Interest alignment and competitive advantage, in: Academy of Management Review, 32: 418–437.

Hamel, G./Breen, B. (2007). The future of management, Boston, Mass.

Helfat, C.E./Peteraf, M. (2014). Managerial cognitive capabilities and the microfoundations of dynamic capabilities, in: Strategic Management Journal, online-published 1.4.2014.

Hodgkinson, G.P./Healey, M.P (2011). Psychological foundations of dynamic capabilities: Reflexion and reflection in strategic management, in: Strategic Management Journal, 32: 1500–1516.

Jacobs D., Snijders H. (2008). Innovation routine: How managers can support repeated innovation. Stiching management studies, Van Gorcum, Assen.

Kirzner, I. M. (1973). Competition and entrepreneurship, Chicago, Ill.

Knight, F. H. (1921). Risk, uncertainty, and profit, Boston, Mass.

Kor, Y.Y./Mesko, A. (2013). Dynamic managerial capabilities: Configuration and orchestration of top executives' capabilities and the firm's dominant logic, in: Strategic Management Journal, 34: 233–244.

Langlois, R.N. (2007): The entrepreneurial theory of the firm and the theory of the entrepreneurial firm, in: Journal of Management Studies, 44: 1107–1124.

Levinthal, D./March, J. G. (1993). The myopia of learning, in: Strategic Management Journal, 14: 95–112.

Lumpkin, G.T./Dess, G.G. (1996). Clarifying the entrepreneurial orientation construct and linking it to performance, in: Academy of Management Review, 21:135–173.

Lumpkin, G.T./Dess, G.G. (2001). Linking two dimensions of entrepreneurial orientation to firm performance: The moderating role of environment and industry life cycle, in: Journal of Business Venturing, 16: 429–551.

March, J. G. (1991). Exploration and exploitation organizational learning, in: Organization Science, 2: 71–87

Mayer, D./Kennedy, M. (2004). Economic action does not take place in a vacuum: Understanding Cisco's acquisition and development strategy, in: Industry and Innovation, 11: 299–325.

Miller, K.D./Pentland, B.T./Choi, S. (2012). Dynamics of performing and remembering organizational routines: A generative model, in: Journal of Management Studies, 49: 1484–1508.

O'Reilly, C.A./Harreld, J.B./Tushman, M.L. (2009). Organizational ambidexterity: IBM and emerging business opportunities, in: California Management Review, 51(4): 75–99.

Rumelt, R.P. (2011). Good strategy. Bad strategy: The difference and why it matters, New York.

Schreyögg, G./Kliesch-Eberl, M. (2007): How dynamic can organizational capabilities be? Towards a dual-process model of capability dynamization, in: Strategic Management Journal, 28: 913–933

Schumpeter, J. A. (1934). Theory of economic development, Cambridge, MA.

Teece, D. (2012). Dynamic capabilities: Routines versus entrepreneurial action, in: Journal of Management Studies, Special Issue, 49: 1395–1401.

Teece, D. (2010). Technological innovation and the theory of the firm: The role of enterprise-level knowledge, complementarities, and (dynamic) capabilities, in: Rosenberg, N./Hall, B. (Hrsg.): Handbook of the Economics of Innovation, Vol. 1, Amsterdam: 679–730.

Teece, D. (2007). Explicating dynamic capabilities: The nature and microfoundations of (sustainable) enterprise performance, in: Strategic Management Journal, 28: 1319–1350.
Webster, E. (2004). Firms′ decisions to innovate and innovation routines, in: Journal of Economics, Innovation and New Technologies, 13: 733–745.
Winter, S. (2003). Understanding dynamic capabilities, in: Strategic Management Journal, 24: 991–995.
Zollo, M./Winter, S.G. (2002). Deliberate learning and the evolution of dynamic capabilities, in: Organization Science, 13: 339–351.

11 Kompetenzdynamisierung durch systemisches Kompetenzmonitoring

11.1 Einleitung

Mit dem Konzept des systemischen Kompetenzmonitorings wird ein alternativer Weg der Kompetenzdynamisierung vorgeschlagen, welcher sich mittlerweile in der Dynamic Capability-Debatte etabliert hat (vgl. *Schirmer 2013; Vogel/Güttel 2013*).

Ausgangspunkt für die Konzeption eines *Kompetenzmonitoring* ist die Erkenntnis aus der Analyse der »Dynamic Capabilty-Ansätze«, dass einerseits aus einer wettbewerbsstrategischen Perspektive auf den Aufbau von organisatorischen Kompetenzen nicht verzichtet werden kann. Andererseits muss aber dem Erfordernis der Dynamisierung entsprochen werden, allerdings kann dies nicht über eine Dynamisierung des Kompetenzkonzepts selbst geschehen (▶ Kap. 10). Im Gegensatz zu den Ansätzen der »dynamic capabilities« wird im Modell des Kompetenzmonitoring davon ausgegangen, dass die musterbasierte Erfolgsreproduktion und ihre Dynamisierung *nicht* in ein Konzept fusioniert werden können. Die Leitidee ist stattdessen, dass kompetenzgesteuerte Leistungsprozesse und Dynamisierung als separat *und* simultan zu erbringende Systemleistungen betrachtet werden, die über ein Monitoringsystem miteinander zu verknüpfen sind (▶ Abb. 11-1).

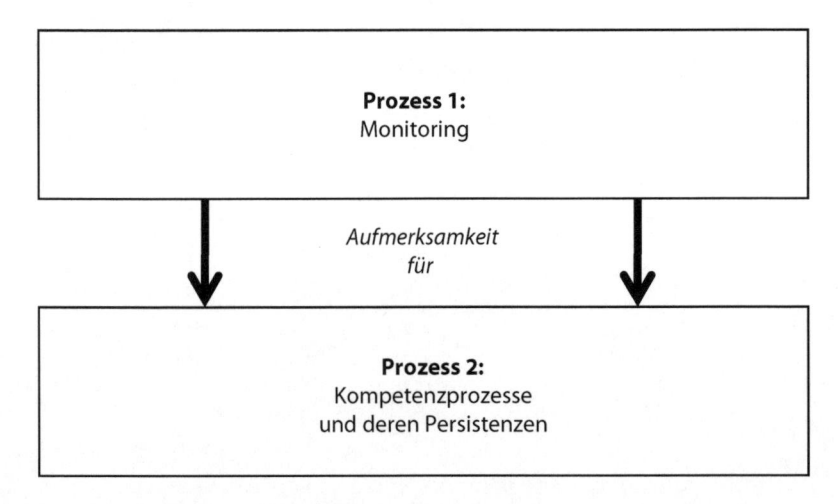

Abb. 11-1: Prozesse im Dual-Modell der Kompetenzsteuerung

Im Groben unterscheidet das Modell zunächst zwischen Prozessen der organisationalen Kompetenz einerseits und einem parallel dazu ablaufenden Prozess des Monitorings andererseits. Dieser Monitoringprozess ist auf die Beobachtung und Handhabung der dysfunktionalen Dynamiken organisationaler Kompetenzen gerichtet und nimmt die Funktion der Risikokompensation ein. Kompensiert werden die Risiken, die sich aus der kognitiven, emotionalen und strukturellen Persistenzneigung von Kompetenzen ergeben.

Durch die Konzeption zweier separater Prozesse mit *gegenläufiger* Ausrichtung kann die Kraft organisationaler Kompetenzen zur Entfaltung gelangen, ohne dabei gleichzeitig die damit verbundenen inhärenten Risiken aus den Augen zu verlieren. Beide Prozesse unterliegen ihrer eigenen Funktionslogik und werden nicht als zwei Enden eines Kontinuums verstanden, sondern als zwei separate Prozesse, die parallel und simultan ablaufen. Kompetenzmonitoring wird deshalb als Dual-Prozess-Modell verstanden.

11.2 Monitoring als Steigerung von Aufmerksamkeit

Die mit dem Monitoring verbundene Vorstellung der Schaffung von Aufmerksamkeit für die kompetenzinhärenten Dynamiken und Risiken kann hier an die Idee der »*organizational mindfulness*« und insbesondere auch dem Bezug zu »less-mindfulness« angeschlossen werden. Die Idee der »Mindfulness« hat ihren Ursprung in der Psychologie (vgl. *Langer 1989; Ryle 1949*) und wurde in den 1980er Jahren von der Organisationsforschung aufgegriffen, um die Forschung zu Informationsprozessen (vgl. *Sims/Gioia 1986*) sowie hoch-reliablen Organisationen (vgl. *Weick/Roberts 1993*) zu befruchten. Mit »Mindfulness« wird der Zustand der Aufmerksamkeit der Organisation bezeichnet. Dieser Zustand zeichnet sich durch Offenheit für Informationen, neue Kategorien der Informationssuche und -bewertung sowie die Auseinandersetzung mit multiplen Perspektiven aus. Die Schaffung von Aufmerksamkeit wird an eine ganze Reihe von Voraussetzungen geknüpft, wie z. B. ein ausgeprägtes Bewusstsein für Dynamik und die gegenwärtige Zeit (»present-time awareness«), eine Abneigung gegenüber simplifizierten Interpretationen, wenig spezifizierte Strukturen und die Beschäftigung mit dem Thema des »Misserfolgs« (vgl. *Weick et al. 1999; Fiol/O'Connor 2003, Weick/Sutcliffe 2006*). Im Gegensatz dazu rekurriert der Zustand der »less-mindfulness« auf routinisierte, unreflektierte und selbstverstärkende (Lern-)Prozesse, also genau solche Prozesse, die im Kontext organisationaler Kompetenzverharrung von Bedeutung sind (vgl. *Levinthal/Rerup 2006*).

Box 11-1

Konzernchef Winterkorn schwört VW-Manager ein

VW-Chef Martin Winterkorn hat seine Führungskräfte bei der Management-Konferenz in Dresden auf die kommenden Herausforderungen eingeschworen.

Mehr als 2000 Angehörige des Top- und oberen Managements nahmen an der jährlichen Konferenz kurz vor Weihnachten teil. Das Jahr 2012 sei für Volkswagen hervorragend gewesen, der zweite Teil der Wachstumsstrategie »Mach 2018« werde sich aber schwieriger gestalten als die erste Hälfte der Wegstrecke, erklärte Winterkorn.

> Einerseits sei ein Angriff von schwachen Marken zu erwarten, die aufgrund rückläufiger Verkaufszahlen in ihrer Not zu Dumping-Maßnahmen greifen und damit die Marktpreise für Autos allgemein unter Druck setzen. Andererseits, so Winterkorn weiter, sei der japanische Rivale *Toyota* wiedererstarkt. Auch der koreanische Konkurrent *Hyundai/Kia* zeige sich in guter Verfassung. Hier sei höchste Wachsamkeit geboten.
>
> Zur Veranschaulichung seiner Mahnungen griff Winterkorn in Dresden zu ungewöhnlichen Mitteln: Er ließ Ausschnitte aus dem Fußball-WM-Qualifikationsspiel zwischen Deutschland und Schweden im Oktober einblenden. Die Elf von Bundestrainer Joachim Löw hatte sich nach der 4:0-Führung schon als Sieger der Partie gewähnt. Am Ende jedoch, nach einer fulminanten Aufholjagd der Skandinavier, musste sich die Mannschaft mit einem 4:4 begnügen.
>
> »Diesen unterhaltsamen Hinweis konnte man wirklich nicht missverstehen«, so ein VW-Manager über den Video-Wink von Winterkorn.
>
> Quelle: Leicht modifizierte Version aus http://www.waz-online.de/Wolfsburg/Wolfsburg/¬Volkswagen/Konzernchef-Winterkorn-schwoert-VW-Manager-ein *(Zugriff am 5.5.14)*

Vor dem Hintergrund begrenzter und kostspieliger Aufmerksamkeit wird nun die Schaffung von »*Mindfulness*« besonders in dynmischen und unsicheren Situationen als wichtige Voraussetzung deklariert, um den Risiken routinebasierten Verhaltens entgegenwirken zu können (▶ **Box 11-1**). Durch die Etablierung eines separaten Monitorings wird genau diese in dynamischen Umwelten notwendige Aufmerksamkeit geschaffen, allerdings hier mit einem dezidierten Fokus auf organisationale Kompetenzen und deren Persistenzen (▶ **Abb. 11-1**).

Im Gegensatz zu den Ansätzen der »dynamic capabilities« werden Kompetenzentfaltung und deren Dynamisierung hier also über zwei logisch eigenständige und gegenläufige strategische Prozesse konzipiert, die von der Organisation *permanent und simultan* ausgeführt werden. Ein solches Bestreben erfordert eine Verschiebung bzw. Erweiterung der Perspektive von der Ebene der Kompetenzen auf die Ebene der Organisation bzw. des Gesamtsystems. Der Grund dafür ist, dass eine Perspektive gefunden werden muss, die es erlaubt, zwei der Logik nach widersprüchliche Prozesse konzeptionell zu erfassen und in Beziehung zueinander zu setzen, und die auf diese Weise den nachhaltigen Erfolg einer Organisation in dynamischen Umwelten erklären kann.

Eine Theorie, die genau diese duale Logik von Organisationen sehr gut einfangen und erklären kann, ist die moderne Systemtheorie (▶ **Box 11-2**). Aus der Perspektive der Systemtheorie können Kompetenzentfaltung und -dynamisierung nicht nur als zwei separate Systemleistungen behandelt werden, sondern sie können auch als gegenläufige Prozesse konzipiert werden, die dazu geschaffen sind, die gegensätzlichen und widersprüchlichen Anforderungen exploitativer und explorativer Prozesse zu handhaben. Da ein und derselbe Prozess nicht gleichermaßen stabilisierende und destabilisierende Prozesse abbilden und darstellen kann, müssen die Prozesse der Kompetenzentfaltung und der Dynamisierung zeitlich und lokal entzerrt werden. Diese kurzen Vorüberlegungen bilden den Startpunkt für die genauere Konstruktion eines Modells der Kompetenzdynamisierung.

Box 11-2
Exkurs: Systemtheorie

Die Systemtheorie liefert unterschiedliche Erklärungsansätze für die Funktionsweise von Systemen und liefert verschiedene Impulse für die *Organisationstheorie*.

Die erste Phase des systemtheoretischen Denkens war wesentlich von der Vorstellung geprägt, Systeme als »Ganzheiten« zu definieren, die aus untereinander verbundenen Teilen bestehen; dieses Ganze – so lautete der zentrale Lehrsatz – sei mehr als die Summe seiner Teile (1+1=3). Der Blick ist nach innen gerichtet, auf den Systemaufbau, d.h. auf die Elemente, ihren Verknüpfungen, Eigenschaften und Abhängigkeiten.

Diese Perspektive erwies sich jedoch als zu statisch.

Die zweite Phase wird auch als *kybernetische Systemtheorie* (griechisch: Steuermannskunst) bezeichnet. Mit ihr hat das Regelkreisschema Eingang in das organisatorische Denken gefunden. Mit dem Regelkreis wird ein Steuerungsprozess beschrieben, der auf Basis genau vorgegebener Annahmen autonom funktioniert. Das System funktioniert in dieser Perspektive wie ein Thermostat, welchem ein Sollwert vorgegeben ist. Kommt es zu Abweichungen, so setzt das System autonom vorher definierte Korrekturen in Gang, um den programmierten Soll-Zustand wiederherzustellen.

Dieser Ansatz erwies sich als viel zu mechanistisch und plandeterminiert, als dass man darauf eine tragfähige organisatorische Konzeption hätte aufbauen können.

Im Fortlauf hat sich die Systemtheorie sehr eng mit der funktionalistischen Forschung verbunden, die nach dem Zweck systemischer Prozesse und Strukturen fragt. Für die Organisationstheorie sind daraus bedeutsame Impulse geflossen.

Die funktionalistisch orientierte Systemtheorie studiert Organisationsstruktur als Problemlösung, also als eines von vielen Mitteln, das Systemen zur Verfügung steht, um ihr Bestandsproblem zu lösen. Die Organisationsstruktur wird im Wesentlichen als ein Mittel angesehen, Umweltkomplexität auf ein handhabbares Maß kleinzuarbeiten. Dies geschieht über die Schaffung einer Binnenstruktur, die in der funktionalistischen Systemtheorie über die Ausbildung von spezialisierten Subsystemen entwickelt wird.

In der nachfolgenden Entwicklung der *Theorie offener Systeme* wird die Organisation nicht mehr länger nur als Anpasser konzeptualisiert, sondern man geht davon aus, dass das System-Umwelt-Verhältnis interaktionaler Natur ist (*z. B.*) und die Grenzen zwischen Umwelt und System entsprechend öffnenden und schließenden Charakter haben.

Die moderne Systemtheorie macht deutlich, dass Grenzziehung und -definition eine Leistung ist, die das soziale System selbst erbringt; diese Grenze wird als das Ergebnis sozial konstruierter Prozesse verstanden. Konkreter geht es darum, bestimmte Handlungsmuster zu schaffen, die es ermöglichen, in das Übermaß von möglichen Optionen in der Umwelt, eine orientierende Ordnung zu legen (eine bestimmte Brille aufzusetzen). Erst mit dieser Ordnung können Informationen und Signale aus der Umwelt vom sozialen System »gelesen« bzw. interpretiert werden.

> Dieser »konstruktivistische« Perspektivenwechsel wird auch als selbstreferentielle Wende in der Systemtheorie bezeichnet.
>
> Für die *Theorie der selbstreferentiellen Systeme* wird in jüngerer Zeit eine radikale Umorientierung vorgeschlagen; sie soll an die aus der Biologie stammende Theorie der Autopoiesis angeschlossen werden. Hauptinteresse dieses Seitenastes der modernen Systemtheorie ist nicht mehr der Prozess der Grenzbildung und -veränderung, sondern stattdessen der Prozess des Zerfalls und der Neuentstehung von Systemelementen.
>
> Unabhängig von dieser Spezialperspektive findet die Theorie selbstreferentieller Systeme im Konzert mit der konstruktivistischen Perspektive zunehmend Akzeptanz als Grundlagentheorie in den Organisationswissenschaften.
> *Quellen: Maturana 1985; Luhmann 1984, 1973; Maurer 1971; Grochla 1972; Parsons 1960.*

11.3 Konzeptionelle Basis des systemischen Monitorings

Organisationale Kompetenzen repräsentieren aus systemtheoretischer Perspektive ein Set bewährter Problemlösungspraktiken, welche das System dazu befähigen, komplexe Aufgaben effektiv und zuverlässig zu handhaben. Die komplexe Problemlösungsarchitektur befähigt die Organisation dazu, orientiert und sinnhaft mit einer vieldeutigen und unsichereren Umwelt um- und nicht unterzugehen. Die Nutzung dieser Vorteile setzt voraus, dass eine limitierte Anzahl an Problemlösungsprozeduren wiederholt Anwendung findet, während mögliche Alternativen (bewusst oder unbewusst) ausgeschlossen werden. Die organisationale Kompetenzentstehung und -entfaltung stellen sich aus dieser Perspektive als selektive und selbstreferentielle Konstrukte dar. Erst mit Hilfe dieser Selektivität ist ein System in der Lage, die Umweltkomplexität zu reduzieren, sich zu etablieren und zu erhalten, auch wenn es die Umwelt weder ganz überblicken noch beherrschen kann (vgl. *Luhmann 1973*).

Dieser Selektionszwang birgt nun gleichzeitig das Risiko, welches in der temporären Ausblendung des »Nicht-Selektierten« und dessen potenzieller Relevanz für die Organisation liegt. Die Entfaltung dieses Selektivitätsrisikos lässt sich über organisationale Kompetenzen gut abbilden: Organisationaler Kompetenzen – und diese umschließen ebenso dynamische Kompetenzen im Sinne von Innovationsroutinen – bergen nämlich genau das beschriebene strukturelle Risiko der Fixierung auf die traditionell erfolgreichen Problemlösungsmuster. Im schlimmsten Fall wirken die etablierten Kompetenzen sogar bestandsgefährdend, weil kompetenz-kritisierende Signale aufgrund der Selektivität falsch interpretiert oder gar nicht erst wahrgenommen werden. Dieses Risiko muss von der Organisation gehandhabt werden, kann also nicht bloß zur Kenntnis genommen oder gar ignoriert werden. Mit anderen Worten reicht es für den nachhaltigen Erfolg einer Organisation nicht aus, sich auf die Entwicklung und Etablierung erfolgreicher Praktiken und Kompetenzen zu konzentrieren; vielmehr muss jede Organisation gleichzeitig einen Weg finden, dem selektiven und damit risikobehafteten Charakter organisationaler Kompetenzen Rechnung zu tragen. Die Systemtheorie begegnet dieser Anforderung, indem sie die Organisationsbildung als Steigerungsleistung auffasst. Diese Leistung wird von *Luhmann* über die Ausdifferenzierung mit der Zielsetzung der Systemrationalisierung beschrieben. Durch die Bildung von spezialisierten *Subsystemen* kann sich ein System auf die Pluralität der Umwelt einstellen (vgl. *Luhmann 1984*). Die Komplexität und Unsicherheit der Umwelt wird durch die Ausbildung unterschiedlicher Subsysteme für das System besser erschließ- und handhabbar, da die jeweiligen Systeme ganz im Sinne arbeitsteiliger Strukturen für sich umfassendere, spezialisierte Signale aus ihrer jeweiligen Umwelt aufnehmen und verarbeiten können, als ein nicht ausdifferenziertes System könnte.

Als Lösungsweg wird hier aufbauend auf *Luhmann (1973)* ein *Risiko-Kompensationsmodell* vorgeschlagen, das zwischen zwei Ebenen unterscheidet, einer operationalen Ebene, d. h. der Kompetenzentfaltung im alltäglichen Handeln, und einer Beobachtungsebene, auf der die Wirkungen der Kompetenzentfaltung registriert und reflektiert werden.

Auf der operationalen Ebene sollen sich die für den nachhaltigen Wettbewerbsvorteil erforderlichen Verknüpfungsmuster ausbilden und entfalten, auf der Beobachtungsebene soll für das potentielle Risiko einer »Kompetenzfalle« Vorsorge getroffen werden. Das Unternehmen ist sich des Risikos bewusst. Es wird grundsätzlich als solches anerkannt und in einem parallel laufenden Prozess bearbeitet. Die Grundlage dafür bildet der Beobachtungsprozess (Beobachtungsebene), der die Verknüpfungsmuster aus ihrer selbstverständlichen Praxis isoliert und reflexiv werden lässt. Die Organisation soll in einen Modus der Reflexion in Bezug auf die Risiken und Dynamisierungsherausforderungen organisationaler Kompetenzen versetzt werden.

Der Prozess der *Risikokompensation* stellt aus dieser Perspektive eine zentrale aber separate Funktion der Organisation dar, die sich um solche Belange der Veränderungs- und Anpassungsnotwendigkeit organisationaler Kompetenzen kümmert, die aus den unvorhersehbaren Umweltdynamiken entstehen. Ohne eine solche kompetenzfokussierte Beobachtungsinstanz läuft jedes Dynamisierungsbestreben Gefahr, das eigentliche Problem aus den Augen zu verlieren, nämlich die dysfunktionalen Verharrungstendenzen kompetenzbasierten Problemlösungsverhaltens. Der Prozess der Risikokompensation stellt deshalb keine wahlweise, sondern eine notwendige Voraussetzung innerhalb eines Modells der Kompetenzdynamisierung dar. Aufgrund des zentralen Stellenwertes sollen deshalb im Folgenden weiterführende Überlegungen zur genaueren Konstruktion des Monitorings angestellt werden. Zur genaueren Konstruktion eines Kompetenzmonitorings wird dabei an das von *Schreyögg/Steinmann (1987)* entwickelte Konzept der *strategischen Kontrolle* angeschlossen.

11.3.1 Kompetenzmonitoring als strategische Überwachungsfunktion

Obwohl die strategische Unternehmensplanung bereits seit Mitte der 1960er Jahre einen zentralen Themenbereich der Betriebswirtschaftslehre bildet, entwickelte sich erst in den 1980er Jahren ein Bewusstsein für die Notwendigkeit einer strategischen Kontrolle, die über die traditionelle Kontrolle hinausgeht. Strategische Kontrolle wird von *Schreyögg/Steinmann (1987)* als Aufgabe definiert, strategische Pläne und ihre Umsetzung fortlaufend auf ihre weitere Tragfähigkeit hin zu überprüfen. Ziel ist es, Bedrohungen und dadurch notwendig werdende Änderungen des strategischen Kurses rechtzeitig zu signalisieren und eine Umorientierung anzustoßen. Im Unterschied zur traditionellen Kontrolle ist die strategische Kontrolle nicht als ein punktueller Ex-post-Vergleich von Soll-Ist-Größen konzipiert, sondern als ein breit angelegter Kontrollprozess, der den strategischen Planungs- und Umsetzungsprozess permanent begleitet (vgl. *Hasselberg 1989*). Die folgende Abbildung 11–2 zeigt die beiden Kontrollansätze im Vergleich:

Dimensionen	Traditionelle Kontrolle	Strategische Kontrolle
Kontrollschwerpunkte	Soll-Ist Vergleich i.S. einer Zielerreichungskontrolle; Analyse der Abweichungsursachen	Durchführungskontrolle (Zielerreichungskontrolle) + Prämissenkontrolle, Strategische Überwachung
Kontrollausrichtung	Unternehmensinterne und -externe Signale; auf die Plangrößen fixierte Kontrolle	Unternehmensinterne und -externe Signale; in Abhängigkeit der Kontrollschwerpunkte variierende breite Rundumkontrolle
Kontrollzeitpunkt	Punktuell nach dem geplanten Realisationszeitpunkt	Kontinuierlich

Abb. 11-2: Vergleich »traditioneller« Kontrolle und strategischer Kontrolle

Im Modell der strategischen Kontrolle erfolgt die Ausdifferenzierung dreier Kontrolltypen: (1) *Strategischer Durchführungskontrolle*, (2) *Strategischer Prämissenkontrolle* und (3) *Strategischer Überwachung*. Während die Durchführungskontrolle die Aufgabe übernimmt, Abweichungen und Störungen anhand von festgelegten strategischen Zwischenzielen zu überprüfen, ist die Prämissenkontrolle der Aufgabe gewidmet, die oftmals im strategischen Planungsprozess eingeflossenen Prämissen zu explizieren und fortlaufend auf ihre Gültigkeit hin zu überprüfen (▶ **Box 11-3**). In Bezug auf das hier konzipierte Modell einer Kompetenzdynamisierung ist nun besonders die Teilfunktion der strategischen Überwachung von Interesse. Diese wird als prinzipiell ungerichtete Kontrollaktivität bezeichnet, deren Aufgabe es ist, vor dem Hintergrund der nahhaltigen Bestandssicherung einer Organisation potenzielle Gefährdungen aufzuspüren, die sich aus eingeschliffenen Wahrnehmungs- und Problemlösungsmustern ergeben.

> **Box 11-3**
> **General Electrics Ecomagination-Kampagne**
>
> »Auf der Suche nach ›grünen‹ Alternativen ging die Nachfrage nach konventionellen Glühbirnen in den letzten 10 Jahren kontinuierlich zurück. *General Electric* reagierte ausgesprochen früh und schnell auf diesen Trend und rief die sogenannte »Ecomagination-Kampagne« ins Leben. Mit dieser Kampagne konzentrierte sich GE auf die Ergründung grüner Technologien und stellte die zu diesem Zeitpunkt noch erfolgreiche Produktreihen der klassischen Glühbirnen und die damit verbundene Kompetenz auf den Prüfstand. Im Jahre 2005 investierte GE ganze 900 Millionen Dollar in ›grüne‹ Forschungs- und Entwicklungsaktivitäten: ›Unsere Position ist signifikant besser, wenn wir versuchen, dem Klimawandel voraus zu sein anstatt ihn zu ignorieren‹, so CBO *J. Immelt.*«
> Quelle: Vgl. *Süddeutsche Zeitung vom 8.10.2007, S. 21.*

Die Grundlage für das Kompetenzmonitoring bildet vor diesem Hintergrund ein Beobachtungsprozess (Beobachtungsebene), der die Verknüpfungsmuster bzw. die Kompetenzentfaltung (operationale Ebene) aus ihrer selbstverständlichen Praxis isoliert und zum Gegenstand einer gezielten Reflexion (Monitoring) werden lässt (▶ **Abb. 11-3**). Hauptgegenstand des Beobachtungsprozesses ist das Kompetenzkonstrukt selbst, also die Prozesse der Musterbildung bzw. die komplexen Problemlösungs- und Innovationsroutinen der Organisation. Als Teil der Unternehmensführung wird eine systemweite Selbstbeobachtung etabliert, im konkreten Fall die systemweite Beobachtung der Kompetenzlandschaft einer Organisation, und zwar mit einem dezidierten Fokus auf sämtliche Prozesse, die im unmittelbaren Zusammenhang mit organisationalen Kompetenzen stehen. Diese umschließen die Beobachtung der Entstehung und Entwicklung von organisationalen Kompetenzen, die positiven und negativen Effekte der Kompetenzentfaltung innerhalb und außerhalb des Systems, genauso wie kritische Signale und neue Trends.

Die Beobachtung ist somit erstens nicht nur primär auf die Erschließung von Umweltsignalen gerichtet, sondern insbesondere auch auf die Erschließung musterbasierten Problemlösungsverhaltens. Die Beobachtung musterbasierten Verhaltens umfasst zweitens nicht nur die Beobachtung der positiven bzw. funktionalen Effekte von Kompetenzen, sondern versucht insbesondere die dysfunktionalen Dynamiken, sprich durch strukturelle und kognitive Persistenz verursachte Verharrungstendenzen (▶ **Kap. 6** und 7), zu fassen.

Die oben ausführlich dargelegte Problematik jeder Kompetenzbildung, nämlich die Gefahr, dass immer wieder Problemlösungen entwickelt werden, die früher einmal Erfolgsbasis waren, zwischenzeitlich veränderten Anforderungen aber nicht mehr angemessen sind, soll durch einen separaten Beobachtungsprozess im Bewusstsein verankert werden. Mit anderen Worten: Die gewonnenen Beobachtungsergebnisse sollen Veranlassung dazu geben, kontinuierlich über den Veränderungsbedarf nachzudenken. Das Kompetenzmonitoring beobachtet und beurteilt die Entfaltung von Kompetenzen aus der Distanz und eröffnet auf diese Weise die Möglichkeit einer grundlegenden Reflexion und Revision von Kompetenzen.

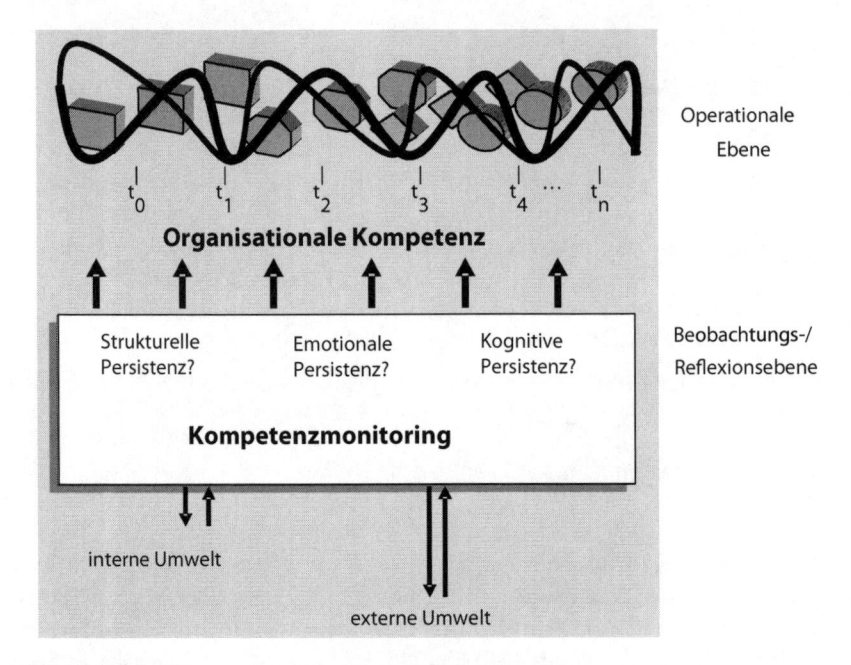

Abb. 11-3: Elemente und Aufbau des Kompetenzmonitoring

Insofern erfährt das Kompetenzkonstrukt durch den Monitoringprozess ein »Re-framing«, d.h. der interne Status des »Erfolgskonstruktes« Kompetenz wird verändert. Neben der Replikation und Anwendung des strategisch wertvollen Musters »Kompetenz«, werden Kompetenzen zugleich *explizit* als immer fraglich angesehen, insofern als neue Entwicklungen eine Veränderung nahelegen können. Die Kompetenzen werden aus der Welt der selbstverständlichen Akzeptanz herausgelöst und grundsätzlich mit einem Unsicherheitsindex versehen; auf diese Weise wird das Thema der *Halbwertszeit von Kompetenz* im strategischen Steuerungs- und Dynamisierungsprozess systematisch im strategischen Diskurs einer Organisation verankert, so dass die Frage nach der Revisionsbedürftigkeit aufgrund veränderter Umwelten fortlaufend gestellt werden kann. Die Effektivität des so verstandenen Risikokompensationsprozesses ist an ganz bestimmte Voraussetzungen gebunden.

11.3.2 Ebene, Subjekt und Objekt des Monitorings

Die Ausführungen im vorangegangen Abschnitt haben die grundsätzliche Konzeption des Monitorings als eine strategische Überwachungsfunktion markiert. Das Monitoring wird als ein Prozess aufgefasst, der aus der Distanz auf die praktizierten und entfalteten Kompetenzmuster im Lichte dynamischer Umweltsignale blickt. Das Monitoring ist selbst nicht Bestandteil des Praktizierens von Kompetenzen, sondern basiert primär auf der kognitiven Funktionslogik des Reflektierens (und nicht beobachtbaren Problemlösens). Dem hier vorgeschlagenen Modell der Kompetenzdynamisierung liegt somit die Vorstellung der konzeptionellen Trennung von Kompetenzentfaltung und Reflexion zu Grunde. Diese Anforderung mag auf den ersten Blick irritieren, insbesondere dann, wenn man der Argumentation folgt, dass organisationale Kompetenzen auf organisationalem Praktizieren fußen, und das genau dieses Praktizieren immer auch ein bestimmtes Maß an Reflexion umfasst (vgl. *Whittington 2006*). Diesem Argument sind zwei Gegenargumente entgegenzusetzen. Erstens ist auf die empirischen Belege für das Bestehen und die Entfaltung von Persistenzen in kompetenzbasierten Problemlösungsprozessen zu verweisen (»Kompetenzfalle« bzw. »Kompetenzdilemma«, ▶ Kap. 5 und 6). Zweitens auf das Argument, dass organisationale Kompetenzen zwar durchaus auch Reflexionsprozesse beinhalten, dass es sich dabei aber ausschließlich um Prozesse handelt, die innerhalb des bestehenden Kompetenzrahmens stattfinden. Das Kompetenzkonstrukt selbst kann im Praktizieren nicht selbst Gegenstand von Reflexion werden, da die Rolle des externen Beobachters auf dieser Ebene nicht eingenommen werden kann.

Zentrales Merkmal organisationaler Kompetenzentfaltung war ja gerade die Herausbildung starker (nicht-hinterfragbarer) Muster, die im Zuge selbstreferentieller Prozesse immer weiter perfektioniert wurden. Um das kompetenzinhärente Reflexionspotenzial besser verstehen und eine Abgrenzung zu der Qualität der Reflexionprozesse des Monitorings vornehmen zu können, ist deshalb an dieser Stelle eine Unterscheidung zwischen verschiedenen Formen selbstreferenziellen Reflektierens notwendig.

Mit *Luhmann (1984)* lassen sich zwei wichtige Formen von selbstreferenziellen Prozessen in Organisationen unterscheiden, die man als (1) Reflexion und (2) fundamentale Selbstreferenz beschreiben könnte. Nach Luhmann wird über die Bildung von Systemgrenzen die Einheit eines Systems bzw. das System selbst konstituiert. Davon zu unterscheiden ist die Ausbildung der Identität dieser Systeme. Die Unterscheidung zwischen Einheit und Identität ist vor allem in Bezug auf die Frage bedeutsam, unter welchen Bedingungen und von welcher Qualität Beobachtungen durchgeführt werden können. Die für das Dual-Konzept wichtige Kernaussage ist hier die, dass die Einheit eines Systems (und seine Differenz zur Umwelt) nur von einem Beobachter reflektiert werden kann, der außerhalb dieses Systems steht. Damit ist gemeint, dass sich der Referenzrahmen oder im weitesten Sinne die Identität des Beobachters von der zu beobachtenden Einheit unterscheiden muss (vgl. *Luhmann 1984*). Die Identität einer Einheit konstituiert sich durch Prozesse der Selbstbeobachtung und Selbstbeschreibung auf der Basis bestehender Grenzen und Muster. Selbstbeobachtungen und Selbstbeschreibungen zielen darauf ab, die Einheit des Systems zu betonen. Sie erzeugen typischerweise eine Übervereinheitlichung in der Beobachtung und Reflexion des Systems. Davon zu unterscheiden ist das Reflexionspotenzial eines »außerhalb« der Einheit stehenden Beobachters, der in der Lage ist, einen unabhängigeren und differenzierteren Blick auf Funktionsweisen und Muster der beobachteten Einheit einzunehmen. Ein Beispiel ist die interne Revision in Betrieben. Diese hat den Auftrag, regelmäßig die Prozesse und Strukturen in anderen Organisationseinheiten (z. B. Finanzen & Controlling oder Einkauf) daraufhin zu untersuchen, ob diese den gesetzlichen und betriebswirtschaftlichen Anforderungen genügen. Zwar könnten das auch die jeweiligen Organisationseinheiten selbst tun, es wird aber angenommen, dass die Beobachtereinheit »Revision«

zu anderen bzw. auch objektiveren Ergebnissen kommen kann. Auch die Revisionsabteilung ist ein Teil der Organisation und führt so gesehen eine Form der Selbstbeobachtung durch; diese Beobachtung unterscheidet sich aber im Hinblick auf die Qualität der Beobachtung.

Für die Kompetenzsteuerung bedeutet dies, dass erst die Beobachtungsaktivität durch ein außerhalb Kompetenzpraktiken arbeitendes Monitoring kritisch über aktuelle Kompetenzen (und nicht in deren Grenzen) reflektiert werden kann.

Das *Dual-Prozess-Modell* des Monitorings ist deshalb auf die Beobachtung der kompetenzpraktizierenden Einheiten gerichtet. Im Zuge der Entstehung und Entfaltung organisationaler Kompetenzen werden bestimmte Ressourcen selektiert, andere nicht, bestimmte Verknüpfungen hergestellt und repliziert und andere nicht, ohne dass man sich dieser Selektivität bewusst ist. Die ausgeschlossenen Möglichkeiten stellen den »*blinden Fleck*« der Organisation dar. Dieser blinde Fleck – alle nicht ausgewählten Alternativen repräsentierend – kann nur durch einen Beobachtungsprozess markiert und reflektiert werden. In diesem Modus wird die Frage gestellt, wie und warum bestimmte Ressourcen ausgewählt und verknüpft wurden (und weshalb andere nicht). Durch den Monitoringprozess werden auf diese Weise die leitenden Orientierungen und Annahmen, die mit dem Praktizieren von Kompetenzen einhergehen, relativiert (vgl. *Luhmann 1993*). Um einen Umgang mit den Risiken der Persistenz von Kompetenzen zu finden, ist dieser Modus des Monitorings eine notwendige Voraussetzung, da nur so Fragen und Irritationen in Hinblick auf bestehende Kompetenzen aufgeworfen werden können, die innerhalb der Grenzen der Kompetenzen selbst entstanden sind. Durch die Beobachtung der Prozesse des Praktizierens und den dahinter liegenden Annahmen, kann die Organisation Einsichten über die Prozesse der Kompetenzentfaltung gewinnen, die sich qualitativ von den Einsichten eines Beobachters erster Ordnung unterscheiden. Durch sie wird die Hinterfragung von Kompetenzen selbst ermöglicht.

Es wird an dieser Stelle deutlich, dass der Modus Kompetenzmonitoring das ermöglichen soll, was in der Lerntheorie als Double-loop-Lernen (vgl. Argyris/*Schön 1978*, ▶ Kap. 3) beschrieben wird, nämlich die selbstkritische Hinterfragung von bisher unter Umständen erfolgreichen Basisannahmen.

Das Kompetenzmonitoring fungiert also als eine Art Risikomanagement, es übernimmt eine das Dysfunktionsrisiko kompensierende Funktion. Der Umgang mit der Entfaltung von Kompetenzmustern und der Dynamisierungsanforderung wird auf eine proaktive Basis gestellt. Die Organisation wird in eine Art Modus des »*aktiven Wartens*« (vgl. *Sull 2005; Luhmann 2000*) gesetzt, sie liegt sozusagen permanent auf der Lauer, um Umweltsignale kompetenzbezogen auszuwerten. Organisationale Kompetenzen bleiben hier prinzipiell in ihrer Funktionslogik belassen, werden aber im Unterschied zu den bisherigen Konzepten von vornherein als potentiell revisionsbedürftig begriffen und behandelt.

Ein solches Kompetenzmonitoring setzt allerdings voraus, dass der kompetenzgeleitete Ressourceneinsatz nicht vollständig irreversibel ist. Ein Monitoring hat nur solange Sinn, wie eine Umsteuerung bei der registrierten Gefahr einer »dysfunktionaler Wende« noch möglich ist. Mit anderen Worten, das Kompetenzmonitoring geht davon aus, dass ein Verlassen des Kompetenzpfades und der damit einhergehenden Ressourcenbindung grundsätzlich möglich ist – jedenfalls bis zu einem gewissen Grade.

Nachdem nun die konzeptionelle Basislogik des Kompetenzmonitoring geklärt ist, stellt sich die Frage nach der spezifischen Ausgestaltung des Monitoringprozesses.

11.4 Informationserzeugung im Monitoringprozess

Zunächst einmal ist zu betonen, dass ein Monitoring mit dem Ziel, der Kompetenzdynamisierung im Kern als ein Prozess der Informationserzeugung zu verstehen, ist. Es geht darum, Alternativen und Chancen aufzuspüren, um auf dieser Basis bestehende Kompetenzmuster abzulösen oder zu verändern.

Um einen systematischen Zugang zu den spezifischen Aktivitäten eines systemischen Kompetenzmonitoring und der Kompetenzinnovation zu ermöglichen, bietet sich eine analytische Trennung dieses Unterfangens an. Der Gesamtprozess des Kompetenzmonitorings und der Kompetenzinnovation kann zerlegt werden in (1) Aktivitäten der Informationsaufnahme und -bewertung in Form der Suche nach Dynamisierungsmöglichkeiten und -notwendigkeiten, (2) Aktivitäten der Informationsverarbeitung in Form der Herstellung von Veränderungsbereitschaft und schließlich (3) Aktivitäten zur Unterstützung der effektiven Entfaltung neuer Kompetenzmuster und Entkräftung alter Kompetenzmuster.

Zunächst ist hier zu betonen, dass Informationserzeugung über Beobachtung informationstheoretisch grundsätzlich eine Differenz voraussetzt, d.h. die Beobachtung braucht immer einen Referenzpunkt (vgl. *Luhmann 1984*). Erst mit einem solchen Referenzpunkt lässt sich ja überhaupt entscheiden, ob ein beobachtetes Ereignis als Dynamisierungserfordernis zu gelten hat oder nicht.

Dieser Referenzpunkt für die Informationserzeugung ist in dem hier vorliegenden Fall die organisationale Kompetenz und ihr strategischer Verwendungszusammenhang. Sie bildet den Bezugspunkt, auf den hin beobachtet und beurteilt eine etwaige Dynamisierungsanstrengung unternommen wird.

Hier stößt man allerdings auf eine Schwierigkeit, welche auch den wesentlichen Unterschied zum Konzept der strategischen Kontrolle markiert: Da es sich bei einer organisationalen Kompetenz um ein – wie oben ausführlich dargelegt – zu großen Teilen implizites Verknüpfungsmuster handelt, das sich zunächst einmal ungeplant im Laufe der Zeit herausgebildet und verfestigt hat, besteht in den Unternehmen selten eine klar artikulierte Vorstellung über die eigene Kompetenz. Organisationale Kompetenz wird typischerweise praktiziert, aber nicht reflektiert. Für das Kompetenzmonitoring bedeutet dies, dass es als Voraussetzung für den Start seiner Beobachtungstätigkeit erst einmal die verfügbaren (entwickelten) Kompetenzen bzw. Verknüpfungsmuster *identifizieren* und in ein beobachtungsfähiges Format bringen muss. Diese sind wegen ihres teils impliziten Charakters den Betrieben meist nicht genau bekannt, so dass erst einmal nach komplexen, reliablen und praktizierten Mustern der (erfolgreichen) Problemhandhabung gesucht werden muss. Der spezielle Fokus der musterbezogenen Beobachtung liegt dabei nicht nur auf erfolgreichen Mustern, sondern vor allem auf der Identifikation der potenziellen Rigiditäten-Treiber, also (1) soziodynamischer und (2) struktureller Verfestigungen.

Wohin genau sollte also ein Monitoring den Blick wenden, um die aktuellen organisationalen Kompetenzen der Organisation und den möglichen »Dynamisierungsbedarf« zu identifizieren?

11.4.1 Beobachtungsfelder des Kompetenzmonitorings

Die grundsätzliche Beobachtungsaktivität richtet sich zunächst auf Signale aus der internen und externen Umwelt (vgl. *Aguilar 1967*).

Alle nur denkbaren Umweltfelder werden nach Signalen abgescannt, die Hinweise auf neue Herausforderungen und die Obsoleszenz der eigenen Kompetenzen anzeigen könnten. Das Beobachtungsfeld ist sehr breit, es lässt sich nicht endgültig definieren, da von der prinzipiellen Unabschließbarkeit der Welt auszugehen ist. Das Beobachtungsfeld selbst ist komplex und fortlaufenden Veränderungen unterworfen, daher kann ex ante auch niemals eine vollständige Definition der Beobachtungsobjekte erfolgen. Trotzdem kann das Kompetenzmonitoring versuchen, auf der Basis von Indikatoren die zukünftige Relevanz bzw. den Erfolg/Misserfolg der eigenen Kompetenzen abzuschätzen. Eine Vorselektion der Beobachtungsfelder ist dabei aber unvermeidlich. Obwohl das Kompetenzmonitoring im Prinzip so breit als möglich auszulegen ist, kann es eben doch niemals umfassend sein; es ist selbst wieder selektiv. Die Gefahr, wichtige Signale und Ereignisse zu übersehen, die auf eine Revision der Problemlösungsarchitektur drängen, wird jedoch durch folgenden Sachverhalt ansatzweise wieder aufgefangen: Übersehene, aber für den Bestand des Unternehmens relevante Ereignisse vereindeutigen sich unweigerlich in Gestalt von Krisen, also z.B. Absatzkrisen, Finanzkrisen usw. (vgl. *Krystek/Müller-Stewens 1993*), die das Erfolgspotenzial eines Unternehmens unmittelbar in Frage stellen.

Eine so verstandene Krisenbeobachtung startet jedoch der Logik nach zu einem sehr *späten Zeitpunkt*, zu dem häufig die besten Alternativen nicht mehr verfüg- bzw. umsetzbar sind. In Krisensituationen wird die Organisation von den Ereignissen und neuen Anforderungen überrascht und ist einem hohen Druck und damit auch *Stress* ausgesetzt (vgl. *Preble 1997*). Es muss schnell gehandelt werden, obwohl die Organisation auf die Anforderung nicht richtig vorbereitet ist. Insofern kann sie immer nur ein Teil des Kompetenzmonitorings sein, im Sinne einer ›ultima ratio‹. In der Frühwarnforschung wird dementsprechend daraufhin gewirkt, Krisensignale möglichst frühzeitig zu erfassen (Erkennen »schwacher Signale«), damit ein noch hinreichender Handlungsspielraum sichergestellt werden kann (vgl. *Hammer 1998*). Als Quellen schwacher Signale kommen alle möglichen Aspekte in Betracht, wie z.B. die Äußerungen und Wünsche von Kunden, die Häufung gleichartiger Ereignisse mit Bezug auf das Unternehmen, die Verbreitung und Verdichtung von bisher unbekannten Meinungen und Stellungnahmen (im Internet, Fachzeitschriften, der Wirtschaftspresse usw.) oder Diskussionen in privaten oder auch öffentlichen Foren (vgl. *Baum et al. 2007*) und den dortigen Verweis auf die sogenannte Diffusionsforschung). Auf vielfältigen – im Vorhinein nicht abschließend definierbaren – Plätzen der Wettbewerbsumwelt und globalen Umwelt werden durch schwache Signale Hinweise auf neue Bedarfskategorien, Innovationen oder Neuerungen im technologischen Umfeld und andere Auffälligkeiten sichtbar, allerdings nicht immer in einer strukturierten und quantifizierten Form, sondern eher diffus und unstrukturiert. Aus diesem Grund kann durch die Monitoringaktivitäten auch keine sichere Aussage über Ursache-Wirkungs-Zusammenhänge der schwachen Signale gemacht werden.

Ansoff (1967) bezeichnet diese Unsicherheit über den Informationsgehalt schwacher Signale als Unwissenheit und definiert diesbezüglich fünf Kenntnisstände. Der Kenntnisstand über den Inhalt eines schwachen Signals reicht von einem bloßen Gefühl bzw. von Intuition, über eine genauere Erfassung von Risiken und Chancen bis hin zu Reaktionsmöglichkeiten auf Risiken und Chancen und den Auswirkungen dieser Reaktionen. In letzteren Fällen sind die *schwachen Signale* also zwar schwach, aber dennoch signifikant und eindeutig, so dass ihre Erfassung nicht problematisch ist, und in einigen Fällen sogar klar ist, wie eine adäquate Reaktion auf diese Signale aussieht. Die eigentliche Herausforderung der Informationsaufnahme stellen die uneindeutigen, »ambiguen« Signale dar, also solche Signale, von denen man nicht weiß, ob sie eine zukünftige Gefahr anzeigen oder nicht. Diese Signale gelten als besonders gefährlich für die Organisation, weil gerade in diesem Fall Organisationen bzw. die entsprechenden Entscheidungsträger dazu neigen, das Risiko bewusst zu ignorieren oder herunterzuspielen und eine abwartende Haltung einzunehmen.

Bekannte Beispiele für folgenreiche Fehleinschätzungen ambiger Signale sind zahlreich und über die verschiedensten Branchen hinweg zu finden. Zum Beispiel das Unternehmen Agfa, das die frühen und uneindeutigen Signale des Niedergangs der klassischen Analogfotografie fehleinschätzte, oder der US-Pharmakonzern Merck, dessen Entscheidungsträger die frühen, aber uneindeutigen Signale bezüglich schwerer Nebenwirkungen des Medikaments VIOXX und die damit verbundene Gefahr eines Reputationsverlustes nicht erkannten (vgl. *Roberto et al.* 2006).

Über das Monitoring von (schwachen) Signalen können in solchen Fällen Rückschlüsse auf die in der Organisation wirkenden Kompetenzdynamiken gezogen werden. Hierfür ist allerdings eine Verknüpfung zu den kompetenzspezifischen Dynamiken vonnöten.

11.4.2 Identifikation kompetenzspezifischer Prozesse

Wie bereits eingangs gesagt, ist die eigentliche Hürde an dieser Stelle, die organisationalen Kompetenzen und ihre Dynamiken erst einmal aufzuspüren und damit in ein beurteilungsfähiges Format zu bringen. Erst wenn eine Organisation ein artikuliertes Verständnis über die unternehmenseigenen organisationalen Kompetenzen entwickelt hat, können die beobachteten Signale in den Zusammenhang mit der Dynamisierungsfrage gebracht werden. Es gibt eine Reihe von Techniken und Verfahren, die zwar in anderen Zusammenhängen, aber für ähnliche Zwecke entwickelt wurden und das Kompetenzmonitoring bei der Suche nach Kompetenzmustern und den potenziell daraus folgenden Dynamisierungsanforderungen unterstützen können. Für die Analyse und Identifikation von Mustern gibt es dabei kein Patentrezept, allerdings können Konzepte zur Mustererkennung (»Pattern Recognition«), wie z.B. das »Mapping« von Erfolgsroutinen (vgl. *Ambrosini/Bowman 2001; 2002; Scarborough/Somers 2006*), herangezogen werden, um die Musterbildung beobachtungstechnisch einzufangen. Bei der Suche nach den komplexen Mustern sollte der Fokus in jedem Fall auf den unternehmensspezifischen Prozessen der Kompetenzentwicklung (▶ **Kap. 3**) und den Ursachen für die Verfestigung organisationaler Kompetenzen liegen, d. h. nach kognitiven, emotionalen und strukturellen Prozessen der Verfestigung in den Basisprozessen organisationaler Kompetenzen sowie in den Ressourcen Ausschau gehalten werden.

Hier bietet es sich an, an der kompetenzspezifischen Entfaltungslogik anzusetzen. Die Rekonstruktion und Analyse der Prozesse der Kompetenzentstehung und -erhaltung zeigt, dass sich im Zuge der Entfaltung organisationaler Kompetenzen zwei Wirkungskreisläufe identifizieren lassen. Der erste Wirkungskreislauf basiert auf der Verarbeitung von positivem Feedback. Nur über positives Feedback, sprich Erfolg in der Problembearbeitung, baut sich organisationale Kompetenz auf. Diesen Mechanismus gilt es zu beobachten (▶ **Kap. 7**). Andererseits gilt es eben auch den Umgang mit negativem Feedback zu beobachten, also inwieweit als negatives Feedback vom Betrieb aufgenommen und ggf. fehlerhaft, unzureichend oder gar nicht von der verarbeitet wird (siehe dazu im Detail ▶ **Kap. 6** und 7).

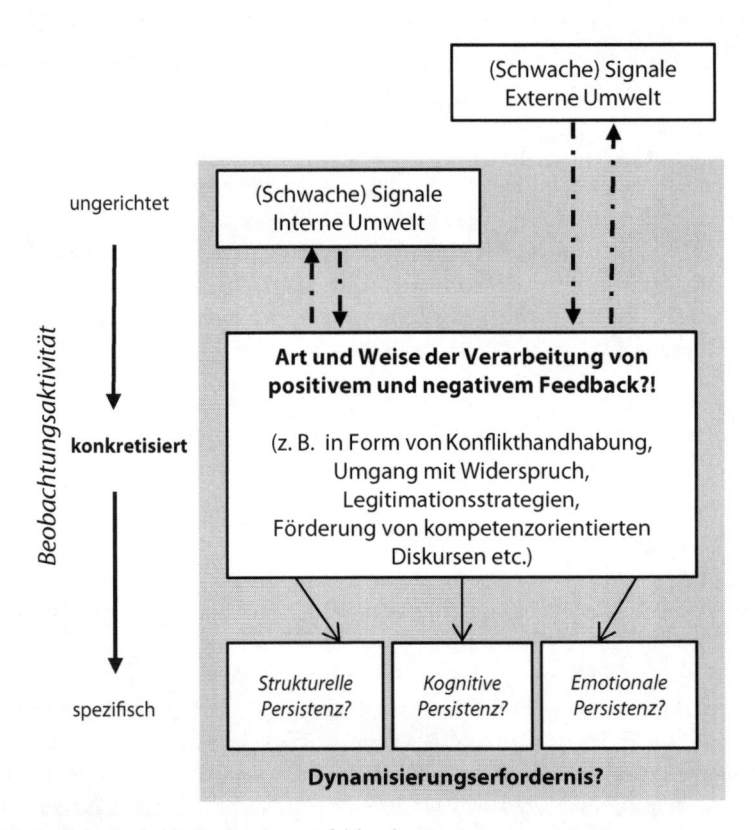

Abb. 11-4: Grundlegende Beobachtungsfelder des Kompetenzmonitorings

Die Unterscheidung in positive und negative »Feedbackverarbeitung« macht ein entsprechend differenziertes »Mustertracking« grundsätzlich möglich (▶ **Abb. 11-4**).

Das Kompetenzmonitoring fungiert somit als ein weitreichender kompetenzbezogener Radar für das Aufspüren von Persistenzen in der Kompetenzlandschaft und ist für die Identifikation von Dynamisierungserfordernissen verantwortlich.

Nachdem die grundsätzliche Ausrichtung der Beobachtungsaktivität umrissen ist, wird in Kapitel 12 die Frage nach der organisatorischen Ausgestaltung gestellt.

Diskussionsfragen

1. Erklären Sie mit eigenen Worten, was man unter dem Dual-Prozess-Modell der Kompetenzdynamisierung versteht!
2. Worin unterscheidet sich das Dual-Prozess-Modell der Kompetenzdynamisierung von den Dynamic Capabilities?
3. Was versteht man im Rahmen des Kompetenzmonitorings unter Selbstbeobachtung und was ist das besondere Merkmal dieser Form der Beobachtung?
4. Lesen Sie sich bitte die in der Box 11–1 geschilderte Nachricht über die Managerkonferenz des Volkswagen-Konzerns durch und diskutieren Sie, inwiefern Bezüge zum Kompetenzmonitoring bzw. der Steuerung von organisationaler Kompetenz bestehen!
5. Worin unterscheidet sich die strategische Kontrolle vom Kompetenzmonitoring?
6. *Frank-Peter Arndt, Vorstandsmitglied der BMW Group äußert in der Süddeutschen Zeitung vom 4. März 2008 »Ein Unternehmen darf nicht erst auf eine Notsituation warten, sondern muss aus einer Position der Stärke heraus handeln können.«* Diskutieren Sie dieses Statement aus der Perspektive der Steuerung organisationaler Kompetenzen!
7. Welche Anforderungen stellt ein Kompetenzmonitoring an das System ›Organisation‹?
8. Welche Anforderungen an die Kompetenzen von Führungskräften und Mitarbeitern werden durch das Kompetenzmonitoring gestellt und wie können diese Kompetenzen aufgebaut werden?
9. Welche Risiken sehen Sie in der Umsetzung des Dual-Prozess-Modells der Kompetenzdynamisierung?
10. Denken Sie darüber nach, welche Indikatoren geeignet sein könnten, Rückschlüsse auf die verschiedenen Formen der Persistenz von Kompetenzen zu ziehen!

Literaturverzeichnis Kapitel 11

Aguilar, F. (1967). Scanning the business environment, New York.
Ambrosini, V./Bowman, C. (2001). Tacit knowledge: Some suggestions for operationalization, in: Journal of Management Studies, 38: 811–829.
Ambrosini, V./Bowman, C. (2002). Mapping successful organizational routines, in: Huff, A. S./Jenkins, M. (Hrsg.). Mapping strategic knowledge, London: 19–45.
Ansoff, H. I. (1976). Managing strategic surprise by response to weak signals, in: California Management Review, 20(2): 21–33.

Argyris, C./Schön, D. A. (1978). Organizational learning: A theory of action perspective, Reading, Mass.
Baum, H.-G./Coenenberg, A./Günther, T. (2007). Strategisches Controlling, Stuttgart.
Fiol, C. M./O´Connor, E. J. (2003). Waking up! Mindfulness in the face of bandwagons, in: Academy of Management Review, 28: 54–70.
Grochla, E. (1972). Unternehmensorganisation, Reinbek b. Hamburg.
Hammer, R.M. (1998). Strategische Planung und Frühaufklärung, 3. Aufl., München.
Hasselberg, F. (1989). Strategische Kontrolle im Rahmen strategischer Unternehmensführung, Frankfurt a. M.
Krystek, U./Müller-Stewens, G. (1993). Frühaufklärung für Unternehmen, Stuttgart.
Langer, E. (1989). Mindfulness, Cambridge, MA.
Levinthal, D./Rerup, C. (2006). Crossing an apparent chasm: Bridging mindful and less-mindful perspectives on organizational learning, in: Organization Science, 17: 502–513.
Luhmann, N. (1973). Zweckbegriff und Systemrationalität, Frankfurt a. M.
Luhmann, N. (1984). Soziale Systeme. Grundriss einer allgemeinen Theorie, Frankfurt a.M.
Luhmann, N. (1993). Deconstruction as second-order observing, in: New Literary History, 24: 763–782.
Luhmann, N. (2000). Organisation und Entscheidung, Wiesbaden.
Maturana, H.R. (1985). Erkennen, 2. Aufl., Braunschweig.
Maurer, J.G. (1971). Introduction, in: ders. (Hrsg.): Open-systems approaches, New York. 3–9.
Parsons, T. (1960). Structure and process in modern societies, Glencoe, Ill.
Preble, J. (1997). Integrating the crisis management into the strategic management process, in: Journal of Management Studies, 34: 769–791.
Roberto, M.A./Bohmer, R.M.J./Edmondson, A. (2006). Facing ambiguous threats, in: Harvard Business Review, 84 (11): 106–113.
Ryle, G. (1949): The concept of mind, London.
Scarborough, D./Somers, M.J. (2006). Neural networks in organizational research. Applying pattern recognition to the analysis of organizational behavior, Washington DC.
Schirmer, F. (2013). Das duale Prozessmodell dynamischer Fähigkeiten – Mikro-Politische Desiderata und Rekonstruktionsperspektiven, in: Zeitschrift für Personalforschung, 27: 5–25.
Schreyögg, G./Steinmann, H. (1985). Strategische Kontrolle, in: Zeitschrift für betriebswirtschaftliche Forschung, 37: 391–410.
Schreyögg, G./Steinmann, H. (1987). Strategic control: A new perspective, in: Academy of Management Review, 12: 91–103.
Sims, D./Gioia, D.A. (1986). The thinking organization, San Francisco.
Sull, D. (2005). Strategy as active waiting, in: Harvard Business Review, 83 (9): 120–129.
Vogel, R./Güttel, W. (2013). The dynamic capability view in strategic management: A bibliometric review, in: International Journal of Management Reviews, 15: 426–446.
Weick, K.E./Roberts, K.H. (1993). Collective mind in organizations: Heedful interrelating on flight decks, in: Administrative Science Quarterly, 38: 357–381.
Weick, K.E./Sutcliffe, K.M. (2006). Mindfulness and the quality of organizational attention, in: Organization Science, 17: 514–524.
Weick, K.E./Sutcliffe, K.M./Obstfeld, D. (1999). Organizing for high reliability: Processes of collective mindfulness, in: Staw, B. M./Cummings, L. L. (Hrsg.). Research in organizational behavior, Bd. 21, Greenwich: 81–123.
Whittington, R. (2006). Completing the practice turn in strategy research, in: Organization Studies, 27: 613–634.

12 Organisation und Steuerung des Kompetenzmonitorings

12.1 Einleitung

In dem vorhergehenden Kapitel war für das Kompetenzmonitoring gezeigt worden, dass es gilt, diejenigen Faktoren herauszufiltern und der direkten Beobachtung zu unterstellen, die für den Erfolg der strategisch relevanten Kompetenzen als kritisch angesehen werden. Diese kritischen Faktoren unterscheiden sich von Kompetenz zu Kompetenz erheblich. Daraus folgt, dass für organisatorische Kompetenzen kein generelles Kontrollgerüst aufgebaut werden kann. Auch sind die Faktoren – der Heterogenitätsidee des ressourcenbasierten Ansatzes folgend – von Unternehmen zu Unternehmen so verschieden, so dass sie auch von anderen Unternehmen nicht übernommen werden können (wie das im Unterschied etwa bei Kostenrechnungssystemen und der Betriebsabrechnung grundsätzlich möglich ist).

Die oben dargelegte Problematik jeder Kompetenzbildung, nämlich die Gefahr, dass immer wieder Problemlösungen entwickelt werden, die früher einmal Erfolgsbasis waren, zwischenzeitlich veränderten Anforderungen vor allem aus den Märkten aber nicht mehr gewachsen sind, ist der Hauptgegenstand des Kompetenzmonitorings. Die Grundlage bildet ein Beobachtungsprozess (Beobachtungsebene), der die Verknüpfungsmuster bzw. die Kompetenzentfaltung aus ihrer selbstverständlichen Praxis isoliert und zum Gegenstand einer gezielten Reflexion (Monitoring) werden lässt. Die Gefahr der Verfestigung (und der Selbstgefälligkeit) soll durch den Monitoring-Prozess nicht nur im Bewusstsein verankert, sondern auch durch die registrierten Wirkungen oder Trends zu einem kontinuierlichen Thema im strategischen Diskurs gemacht werden. Mit anderen Worten, die gewonnenen Beobachtungsergebnisse sollten Veranlassung geben, kontinuierlich über den Veränderungsbedarf nachzudenken. Als Teil der Unternehmensführung (z. B. im Rahmen des Controllings) soll eine systematische Selbstbeobachtung der Organisation etabliert werden, im konkreten Fall die systematische Beobachtung der Entstehung und Entwicklung von Verknüpfungsmustern (organisationale Kompetenz).

Ein Lern-Automatismus nach dem Reiz-Reaktions-Schema in dem Sinne, dass jede registrierte Umweltveränderung eine Kompetenzänderung nach sich zieht, ist hier indessen nicht gemeint. Die Organisation hat bei registrierter veränderter Lage grundsätzlich die Option das Kompetenzgefüge zu verändern oder bei dem etablierten Muster mit guten Gründen zu bleiben. Es gilt also immer abzuwägen, ob angepasst wird oder aus bestimmten Gründen an dem etablierten Erfolgsmuster trotz kritischer Signale festgehalten wird. Das (irreleitende) Ideal der permanenten Anpassung (»relentlessly shifting systems«) wird ersetzt durch die Idee der Kombination aus Festhalten und Anpassen oder – wenn man so will – aus Lernen (= Anpassen) und Nicht-Lernen (= Festhalten). Kontrolliertes Nicht-Lernen bedeutet, dass sich die Unternehmung entscheidet, trotz bestimmter Umweltveränderungen, an den erprobten Verfahrensweisen festzuhalten. Ein solches Festhalten an den verfügbaren Kompetenzen muss nicht bloße Ignoranz der Umweltänderungen und stures Festhalten an einer einmal entwickelten Problemlösungsarchitektur heißen, sondern kann ja in ganz anderen Strategien münden, wie etwa einem gezielten Einfluss auf die Wettbewerbsumwelt (etwa durch Akquiseaktivitäten) oder einem Ausweichen auf andere noch nicht erschlossene Märkte (mit der alten Kompetenz).

Das Kompetenzmonitoring übernimmt grundsätzlich gesehen – wie dargelegt – eine risiko-kompensierende Funktion. Es kann das Risiko der Veralterung nicht beseitigen, wohl aber besser handhabbar machen durch eine »institutionelle Reflexion« (vgl. *Schirmer et al. 2012*). Die Kompetenz und die Kernkompetenz bleiben hier prinzipiell in ihrer Funktionslogik belassen, werden aber als potenziell revisionsbedürftig begriffen und behandelt. Insofern erfährt das Kompetenzkonstrukt eine Neubestimmung: Kompetenz wird nicht mehr nur als strategisch wertvolles Asset begriffen, sondern wird grundsätzlich und von Anfang an mit einem Unsicherheitsindex versehen. Auf diese Weise soll Aufmerksamkeit für die Revisionsbedürftigkeit der Kompetenzen aufgrund veränderter Umwelten sichergestellt werden.

Die Idee des Kompetenzmonitorings setzt allerdings voraus, dass der kompetenzgeleitete Ressourceneinsatz nicht vollständig irreversibel ist. Ein Monitoring hat nur solange Sinn, wie eine Umsteuerung bei registrierter Gefahr einer »dysfunktionalen Erstarrung« noch möglich ist. Mit anderen Worten, das Kompetenzmonitoring geht davon aus, dass ein Verlassen des Kompetenzpfades und der damit einhergehenden Ressourcenbindung grundsätzlich möglich ist – jedenfalls bis zu einem gewissen Grade. Ein prominentes Beispiel für einen (gerade noch) geglückten Kompetenzwandel wird in Box 12-1 dargestellt.

Box 12-1
Kompetenzen im Wandel am Beispiel der IBM

»Erst seit 1924 heißt die Firma ›International Business Machines‹. Ihr Chef, Thomas Watson, schafft nicht nur eine egalitäre Leistungskultur, wie es sie zu jener Zeit sonst kaum gibt. Er achtet auch auf die technische Weiterentwicklung. Als Harvard-Forscher 1940 einen richtigen Computer bauen, übernimmt Watson die Idee gleich für seine Firma. Computer werden erst aus elektromechanischen Schaltern gebaut, dann aus Röhren, später aus Transistoren. IBM entwickelt die Zukunft oft selbst. In seinen Laboren arbeiten fünf Nobelpreisträger....

Doch es ist nicht nur die Technik, mit der der Konzern Konkurrenten aus dem Markt drängt. Dabei hilft auch ein Geschäftsprinzip: Die Kunden müssen die sündhaft teuren Großrechner nicht kaufen, sondern nur mieten. Deshalb sind für die Computer von IBM weniger Investitionen nötig als für die der Konkurrenz....

Alles geht gut. 1971 tritt Thomas Watson Junior zurück. Allein aus den Chancen, die IBM in den nächsten zehn Jahren verpasst, entstehen drei Weltkonzerne.

Da war die Idee, die Computer nicht immer beim Kunden zu programmieren. Sondern die Programme nur einmal zu schreiben und einzeln zu verkaufen. In die Köpfe der IBM-Manager ging das nicht hinein. Jüngere IBM-Mitarbeiter waren frustriert. Anfang der 70er verließen fünf den Konzern und gründeten eine eigene Firma: SAP....

IBM konnte damit leben, dass es diese Chance verpasst hatte. Doch nur wenige Jahre später entstand ein neuer Trend – und den verschlief IBM wieder: Computer wurden klein und rückten aus den großen Rechenzentren direkt auf die Schreibtische der Benutzer. Anfangs nahmen die Manager auch das nicht ernst. Doch als mehr und mehr Bausätze für kleine Computer auf den Markt kamen, wurden die Tischcomputer plötzlich zum eiligen Projekt.

Der Konzern erwischte den Trend gerade noch. Ja, IBM prägte sogar den Namen ›Personal Computer‹. Doch weil die IBM-Ingenieure den PC in aller Eile entwickeln mussten, bauten sie ihn aus lauter zugekauften Teilen. Der Prozessor z.B. kam von einem aufstrebenden Unternehmen namens ›Intel‹. Auch die Software für den neuen PC entwickelte IBM nicht selbst, sondern der Konzern lizenzierte sie vom 25-jährigen Sohn einer Bekannten eines Topmanagers. Es war Bill Gates, der fünf Jahre zuvor sein Start-up »Microsoft« gegründet hatte.

Damit entging IBM nicht nur wichtiges Geschäft, sondern der Konzern schuf sich auch Konkurrenz. Schließlich konnte jeder andere IBMs Personal Computer nachbauen und günstiger anbieten. Deshalb wurde IBM auf dem PC-Markt nie so dominant wie auf dem Markt für Großrechner. Das Problem: Die Großrechner wurden zu teuer. Zehn Jahre später verkaufte IBM immer weniger, Anfang der 90er Jahre stand unter dem Strich ein Verlust.... 1993 verlängerten die Banken die Kredite nur noch unter einer Bedingung: Ein neuer Chef musste her: Lou Gerstner.

Unter Hochdruck krempelte Gerstner IBM um. Er drückte nicht nur ein Sparprogramm durch und brach mit der alten Regel, dass IBM keine Leute entlässt. Sondern er stellte vor allem eine neue Sparte in den Mittelpunkt: Er machte IBM zur Service-Firma, die nicht nur den Service zu ihren eigenen Produkten bereitstellt, sondern auch zu anderen IT-Fragen: »Ich glaube, dass der Zerfall der IT-Industrie die IT-Dienstleistungen zu einem großen Wachstumsmarkt machen würde« (Lou Gerstner)....

Mit seiner Strategie behielt Gerstner Recht. Heute baut IBM keine PCs mehr, auch die Großrechner haben an Bedeutung verloren. Der Konzern hat den Schwenk von der Industrie zur Dienstleistung mitgemacht. Heute berät IBM Firmen beim Einsatz von Computern, teils übernimmt sie den kompletten IT-Betrieb. So mancher, der an der alten IBM hängt, bezeichnet die neue als ›seelenlose Unternehmensberatung‹. Doch Umsatz und Gewinn sind groß wie nie....«

Quelle: Frankfurter Allgemein Sonntagszeitung vom 27.02.2011, Nr. 8, S. 34.

12.2 Organisation des Kompetenzmonitorings

Grundsätzlich gilt es die Frage zu beantworten, in welchem Umfang die Aufgabe des Kompetenzmonitorings standardisierbar und damit organisierbar ist. Organisierbarkeit einer Aufgabe setzt vor allem die Vorhersehbarkeit der Aufgabenanforderungen voraus. Organisieren heißt zunächst einmal Regeln zu schaffen. Organisatorische Regeln lenken die Handlungen der Organisationsmitglieder, indem sie bestimmte Handlungen zur Erwartung machen, während sie andere für unerwünscht erklären. Durch die Organisation wird das Handeln ihrer Mitglieder vorhersehbar, regelgeleitetes Verhalten heißt zugleich vorhersehbares Verhalten. Das Ausmaß an Vorregelung kann im konkreten Fall variiert und deshalb auch immer wieder ausgedehnt oder reduziert werden.

Gutenberg (1983) beschreibt die Strukturierung von Aufgabenvollzügen als einen Substitutionsvorgang. Anknüpfend an seine Unterscheidung zwischen generellen Regelungen und fallweisen Regelungen wird dort Strukturierung als die Ersetzung fallweiser oder spontaner durch generelle Regeln begriffen.

Eine generelle Regelung von Aufgabenvollzügen empfiehlt sich diesem Theorem nach keineswegs überall, sondern nur dort, wo sich absehen lässt, dass sich zukünftig die zu organisierenden Sachverhalte in gleicher oder ähnlicher Form wiederholen. Aufgaben, die eine hohe Variabilität aufweisen, generell regeln zu wollen, wäre in hohem Maße ineffizient. Das Unternehmen würde fortwährend Gefahr laufen, das falsche Problem zu lösen, weil ihre Problemlösungsverfahren auf eine andere Situation zugeschnitten sind.

Mit dem Rekurs auf die Variabilität betrieblicher Tatbestände wird auf einen wichtigen Sachverhalt aufmerksam gemacht, nämlich dass es für das zu wählende Organisationskonzept von ausschlaggebender Bedeutung ist, wie ähnlich und stabil die betreffenden Aufgabenbezüge sind. Hier wird zugleich darauf verwiesen, dass das Organisationskonzept für das Kompetenzmonitoring nicht nur eine Frage der Rationalgestaltung ist, sondern von den Umständen abhängt, die für die Variabilität der betrieblichen Tatbestände verantwortlich sind. Dies ist ein Verweis auf die Dynamik der Umwelt eines Unternehmens und damit auf Fragen der Unsicherheit, mit der das Unternehmen konfrontiert ist. Bewegen wir uns in einer dynamischen Umwelt, so bedeutet dies zugleich, dass die relevanten Konstellationen für das Handlungsgerüst eines Unternehmens Veränderungen unterworfen sind und somit die Wiederholungsrate von Aufgaben und damit auch ihre Vorsehbarkeit eher gering ist.

Nachdem das Kompetenzmonitoring nach Voraussetzung mit Variabilitäten beschäftigt ist, also neuen Entwicklungen, unerwarteten Ereignissen, Trendbrüchen usw., gilt zugleich, dass seine Organisierbarkeit begrenzt ist. Man würde ja den Zweck des Kompetenzmonitorings geradezu konterkarieren, wenn man seinen Gegenstand auf die vorhersagbaren Tatbestände reduzierte (▶**Kap. 10**). Die Kernfunktion ist ja risikokompensierender Natur, es soll gerade das erfasst werden, was man auf Basis der vorhandenen Kompetenzstruktur nicht erwartet. Jede Art der Vorstrukturierung der Informationsgewinnung kann das Kompetenzmonitoring lediglich unterstützen; je formalisierter derartige Systeme sind, desto größer ist die Gefahr, dass sie als Beobachtungsfilter wirken und nur bestimmte Umweltausschnitte in den Vordergrund rücken. Der grundsätzlich ungerichtete, nicht-selektive Charakter des Kompetenzmonitorings muss gewährleistet sein, soll sie ihre Kompensationsfunktion erfüllen. Organisiert und standardisiert werden können jedoch der *Rahmen* und die *Verantwortlichkeiten*, nicht aber der Vollzug – oder zumindest nur in einem geringen Maße.

Es war in Kapitel 11 schon klar gelegt worden, dass generelle Bezugsbasis für alle Beobachtungen die explizierte Kompetenzarchitektur ist. Ohne Bezugsbasis kann keine Information gebildet werden. Dies ist jedoch eine Voraussetzung für das Operieren von Beobachtungsinformationen schlechthin und keine organisatorische Regelung im hier diskutierten Rahmen.

12.3 Organisatorische Einordnung und Zuständigkeit

Für die Einordnung des Kompetenzmonitorings in die Gesamtorganisation ist die Basisfrage, *wer* das Kompetenzmonitoring durchführen soll. Häufig wird vorgeschlagen, die Aktivitäten zu bündeln und sie einer neu zu schaffenden zentralen Stabsabteilung zu übertragen. Diese Lösung wird insgesamt häufig gewählt, wenn es gilt eine neue Aufgabe zu integrieren und man unschlüssig ist, wohin sie der Sache nach gehört. Sie beinhaltet zwei Komponenten: die Einrichtung einer Stabsstelle und die Zentralisation der Monitoringaufgabe.

Die *Stabslösung* wirft die Frage auf, welcher Instanz der Stab zugeordnet werden soll? Soll das Kompetenzmonitoring ein Vorstandsstab werden, etwa in Kombination mit der Aufgabe der Strategischen Kontrolle (vgl. *Schreyögg/Steinmann 1987*), oder soll es dem Controlling oder dem Personalressort zugeordnet werden? Die Antwort auf diese Frage hängt sehr stark von der strategischen Bedeutung ab, die den eigenen Kompetenzen zugemessen wird. Begründen sie einen Wettbewerbsvorteil, wird man das Monitoring entsprechend vorrangig ansiedeln. Die Konstruktion einer Stabsstelle bringt es mit sich, dass der Einfluss auf das Entscheidungsgeschehen informell erarbeitet werden muss, eine formale Einflussnahme ist für eine Stabsstelle ja nicht vorgesehen.

Wichtiger als die Art der Abteilungsbildung ist die Frage der *Zentralisation*. Die Einrichtung einer zentralen Abteilung für das Kompetenzmonitoring verlangt, dass die Monitoringaktivitäten aus den täglichen Handlungs- und Informationsprozessen ausgegliedert und zentral wahrgenommen bzw. einer zentralen Experteneinheit zugewiesen werden können. Ob dies bei dem Kompetenzmonitoring möglich und sinnvoll ist, erscheint jedoch zweifelhaft. Kompetenzmonitoring verlangt eine direkte Beobachtung der Kunden, der Lieferanten, der Konkurrenten usw., die häufig nur vor Ort geleistet werden kann. Es ist eine Aufgabe, die im Kern nur von Mitarbeitern in den verschiedenen Teilen des Unternehmens und ihrer alltäglichen Interaktion mit der Unternehmensumwelt geleistet werden kann. Sie registrieren die veränderte Lage zuerst in Form von Kundenreklamationen, verändertem Verhalten der Lieferanten oder neuen Technologien, die die alte Kompetenz in Frage stellen (z. B. digitale Kompetenz anstelle elektronischer Kompetenz im Falle von MP3-Playern). Dies alles kann nicht zentral geleistet werden und ist auch keine Aufgabe von Spezialisten, das Kompetenzmonitoring entzieht sich deshalb seinem Wesen nach einer Zentralisierung. Zum Kompetenzmonitoring kann also überall in einer Organisation beigetragen werden – unabhängig von Funktion und Rang.

Die Monitoring-Aufgabe umfasst sowohl die dezentrale *Informationsaufnahme* und deren Interpretation als auch eine erste *Einschätzung der strategischen Relevanz*.

Informationsaufnahme: Als Informationsquellen können einerseits verschiedenste Veröffentlichungen dienen, etwa in Form von Geschäftsberichten, Presseartikel, Verbandsverlautbarungen u.Ä., zum Teil auch gezielte Analysen von speziellen Informationsdiensten. Dabei handelt es sich allerdings zumeist um vorinterpretierte Informationen. Sehr viel spezifischere und strategisch relevantere Beobachtungen können Vertriebsmitarbeiter, Vertreter von Zulieferunternehmen oder allgemeiner all jene, die im Wettbewerbsumfeld zu tun haben, beisteuern, die die Informationen eingebettet in ihre Tagesgeschäft erhalten und diese deshalb erst einmal als Signale entschlüsseln müssen. Es ist das Besondere solcher Kompetenzsignale, dass sie nicht schon als Kontrollinformationen markiert sind, sondern im Gefolge alltäglicher Kommunikationen die Organisation erreichen und dann erst von den Empfängern als solche erkannt werden müssen. Es gilt also das Besondere im Alltäglichen zu erkennen, und das nicht nur einmal, sondern im Grunde fortlaufend. Damit hängt das Gelingen des Kompetenzmonitorings ganz entscheidend von der Wahrnehmungsfähigkeit und -bereitschaft der Organisationsmitglieder ab.

Signalverarbeitung: Die aufgenommenen Kontrollsignale bedürfen im nächsten Schritt einer Einschätzung im Hinblick auf ihre Relevanz. Es können nicht alle Signale im Monitoring verarbeitet werden. Die moderne Informationstechnologie lädt nachgerade zu solchem Informationsüberfluss ein. Hier bedarf es einer reflektierten Vorselektion. Letzteres ist auch schon deshalb erforderlich, weil ansonsten ohne Filterung viel zu viele Informationen in den Monitoringprozess einfließen würden.

Die Signalverarbeitung ist ebenfalls als ein offener Prozess anzulegen, lassen doch die zumeist eher verschwommenen Signale breiten Raum für unterschiedliche Interpretationen und Relevanzeinschätzungen, dies kann nicht alles im Vorhinein festgelegt werden. Die Einschätzungen der signalaufnehmenden Person müssen diskutiert und dorthin getragen werden, wo letztlich über das Vorliegen einer strategischen Kompetenzbedrohung und entsprechende Konsequenzen entschieden wird. Dies wird in der Mehrzahl der Fälle der Vorstand oder die Bereichsleitung sein. Eine Stabsstelle kann diesen ganzen Prozess auf keinen Fall alleine leisten; was ihr aber übertragen werden könnte, ist die methodische Anleitung des Monitoringprozesses und die Aufbereitung und Begutachtung der Informationen, die von den verschiedenen Seiten zusammengetragen wurden. Neben dieser Sammelfunktion würde man ihr auch die Verantwortung für die nachhaltige Verfolgung des Kompetenzmonitorings übertragen.

Unabhängig aber von der Frage, wie eine solche Zentralstelle zu organisieren ist, setzt ein effektives Kompetenzmonitoring – wie schon aufgezeigt – die Kenntnis und ein weithin geteiltes Verständnis der eignen Kompetenzen voraus. Zur Unterstützung der dezentralen Kontrollaktivität gilt es also, die Kompetenzarchitektur und ihre Bedeutung für das Unternehmen möglichst genau und umfassend zu kommunizieren. Grundvoraussetzung ist also die Schaffung eines gemeinsamen Kompetenz-Sprachsystems. Gerade der Kompetenzbegriff wird in der Praxis häufig sehr vage verwendet, so dass man alles und jedes unter diesem Begriff verstehen kann. Ein Monitoring ohne klare Begriffsregelung zu starten, hat wenig Sinn, es muss dem einzelnen Organisationsmitglied hinreichend klar sein, was unter einer organisatorischen Kompetenz zu verstehen ist, wie die Kompetenzarchitektur des betreffenden Unternehmens aussieht und welche Aspekte dementsprechend für eine Überwachung in Betracht kommen.

12.4 Barrieren für das Kompetenzmonitoring

Nachdem das Kompetenzmonitoring im Wesentlichen dezentral inmitten des organisatorischen Geschehens zu leisten ist, steht die Signalaufnahme und -verarbeitung auf ganz selbstverständliche Weise unter vielerlei Einflüssen, die einem effektiven Prozess entgegenstehen können. Diese Einflüsse machen sich nicht selten als Verzerrungen bemerkbar, die sich im Gefolge schnell zu Barrieren aufbauen können. Man kann hier wiederum zwischen individuellen und organisatorischen Verzerrungseffekten unterscheiden.

12.4.1 Individuelle Verzerrungseffekte

Zu individuellen Wahrnehmungsverzerrungen im Rahmen eines Kompetenzmonitorings gehört insbesondere das Wunschdenken, das die wahrgenommene Realität sehr nahe an die eigene Wunschwelt hinrückt und damit mögliche Diskrepanzen im Hinblick auf die Kompetenzarchitektur zu verschwinden drohen. Ferner ist hier ein übersteigertes Harmoniestreben zu erwähnen, und die sich daraus ergebende Tendenz, konflikterzeugende Kontrollsignale zu verdrängen. Ferner gilt es im Sinne der Pfadabhängigkeit auf das Festhalten an tradierten Problemdefinitionen zu verweisen (vgl. *Pearson/Clair 1998*), das einer Neuinterpretation von Signalen im Wege steht und damit eine frühzeitige Problemerfassung verhindern kann. Alle diese Faktoren bedingen, dass aufgenommene Warnsignale oftmals nicht als ausreichend bedrohlich empfunden werden, um Alarm zu schlagen (vgl. *Crandall et al. 2010*). Die Signale werden entweder gar nicht weitergeleitet oder wenn, dann in einem »rosaroten Licht«.

Roux-Dufort (2009) erklärt diese Verhaltenstendenz von Managern als eine Distanzierung von einer angsterzeugenden Realität, um den eigenen Selbstwert zu schützen. Ähnlich begründen *Tourish/Robson (2006)* die Tendenz von Organisationsmitgliedern, hierarchisch aufwärts gerichtete Informationen über Warnsignale für potenzielle Bedrohungen unbewusst zu unterdrücken. So würden diese kritischen Informationen oftmals als Angriff auf das eigene Selbstbild gewertet, damit fehlt die gebotene Offenheit für kritische Informationen und die Bereitschaft, derzeit gültige Annahmen zu hinterfragen.

Aus der Psychoanalyse sind die Abwehrmechanismen bekannt, und hier insbesondere der Verdrängungseffekt (▶ **Box 12-2**). Unangenehme Signale werden erst einmal aus der Welt geschafft, in dem man sie verdrängt, gewissermaßen vom Bildschirm nimmt. Verdrängte Signale melden sich häufig wieder und werden erneut verdrängt.

> **Box 12-2**
> **Wahrnehmungsabwehr und Verdrängung**
>
> »Die Untersuchung der Urverdrängung erfolgt zumeist über Wahrnehmungsexperimente. Es sind dabei drei Forschungsstränge zu unterscheiden.
>
> Da ist zunächst der sehr umfangreiche Forschungszweig zur Wahrnehmungsabwehr (Perceptual Defense), der die Geschwindigkeit und die Qualität der Wahrnehmung oder die Verschiebung von Wahrnehmungsschwellen für emotional unterschiedlich getönte Reize untersucht.
>
> Ein weiterer Forschungsstrang, der mit dem Phänomen der Wahrnehmungsabwehr verbunden ist, nennt sich Percept Genetics. Dieser vor allem in Skandinavien entwickelte Ansatz bietet optische Reize gestuft und sukzessiv von nicht erkennbar bis erkennbar dar und verfolgt, wie sich die Wahrnehmung währenddessen entwickelt. Dabei treten Phänomene auf, die dem von Freud beschriebenen Abwehrmechanismus erstaunlich ähneln......
>
> Der dritte Forschungsansatz, der insofern mit der Wahrnehmungsabwehr in Verbindung steht, als er mit unterschwelliger optischer Anregung vermuteter abgewehrter Impulse oder Derivaten davon arbeitet, ist der der Unterschwelligen Psychodynamischen Aktivierung (Subliminal Psychodynamic Activation Method, SPA); er ist besonders mit dem Namen L. H. Silverman verbunden. Hier werden verschiedene Probandengruppen unterschwellig (tachistoskopisch) mit persönlichkeitsrelevantem Reizmaterial stimuliert und es wird die Auswirkung auf bestimmtes, aus psychoanalytischer Sicht zu erwartendes Verhalten gemessen. Diese Messungen werden mit entsprechenden bei überschwelliger Reizung verglichen. Erfasste Unterschiede in den Verhaltensmessungen entsprechend den Voraussagen der Psychoanalyse für über- und unterschwellige Reizung, können als Bestätigung der psychoanalytischen Theorie und ihrer Vorstellung von Abwehr angesehen werden.«
> *Quelle: Werner/Langenmayr (2005), S. 22 f.*

Des Weiteren werden Dysfunktionen in der Kompetenzstruktur, die Indikator für eine heraufziehende Krise sein können, häufig quasi schicksalshaft externen Ursachen attribuiert (»wie eine Naturgewalt«), mit der Folge, dass kein Handlungsbedarf gesehen wird.

Bei der Einschätzung der Relevanz eingehender Signale verwenden Organisationsmitglieder häufig Heuristiken oder Daumenregeln. Solche Heuristiken und Daumenregeln können Wahrnehmungsverzerrungen hervorrufen; wie etwa die Verfügbarkeitsheuristik, bei der die Eintrittswahrscheinlichkeit von Ereignissen überschätzt wird, die Selektionsheuristik, die bestätigende Informationen bereitwilliger aufnehmen lässt als dissonante, oder aber die Tendenz, quantitative Informationen (»figures and facts«) über ein Risiko in der individuellen Wahrnehmung höher zu bewerten als qualitative (vgl. *Slovic et al. 1979*).

12.4.2 Organisatorische Verzerrungseffekte

Hier geht es zunächst einmal um Verzerrungseffekte, die durch die *Hierarchie* unbeabsichtigt verursacht werden. Hierarchien haben ihre eigene Dynamik und beeinflussen das Kommunikationsgeschehen in einer Organisation in vielfacher Weise. Monitoringinformationen sind häufig kritischer Natur, sie stellen gemeinsame Überzeugungen in Frage. Die Kommunikation kritischer Informationen ist nicht immer willkommen. Dort, wo es um Machtpositionen geht, wirkt dies nicht selten kommunikationsunterdrückend. Oder es besteht zumindest bei den Rangniedrigeren die Befürchtung, dass man auf die Weiterleitung kritischer Informationen eher strafend als wohlwollend reagiert (der Chef hört nicht gerne schlechte Nachrichten oder es gilt das Motto: »Dem Überbringer schlechter Nachrichten wird der Kopf abgeschlagen« ▶ **Box 12-3**). In der Folge solcher hierarchiebedingter Tendenzen wird der Fluss kritischer Informationen verdünnt. Im Extremfall entsteht eine feedbackfreie Welt. Das Ergebnis ist fatal: Die Entscheider gelangen zu der Überzeugung, dass ihre Handlungen und Wahrnehmungen korrekt sind, da sie keine gegenteilige Informationen erhalten (vgl. *Tourish, 2005, S. 489 ff.*).

Box 12-3
Überbringer der schlechten Botschaft

»Der Überbringer der schlechten Botschaft wird bestraft. Pausanias, griechischer Schriftsteller aus Kleinasien, schrieb zwischen 160 und 180 n. Chr. einen Reisebericht über Griechenland ›Periegesis tes Hellados‹.

Über den Ursprung der Metapher vom Überbringer der schlechten Botschaft, der bestraft wird, gehen die Meinungen auseinander. Oft wird Shakespeare oder ein Bote in der Antike genannt. In Marathon an der Ostküste Attikas siegte Miltiades 490 v. Chr. über die Perser. Die Überlieferung, dass ein Läufer die Nachricht nach Athen brachte und bei seiner Ankunft tot zusammenbrach, ist nicht belegt. Im Mittelalter wurde angeblich der Überbringer einer schlechten Botschaft geköpft. Die erste Erwähnung eines bestraften Nachrichtenübermittlers findet man bei Pausanias II.26,2-8.

Apollon lernte Koronis, die Tochter des Königs Phlegyas von Orchomenos, beim Bade im Boibeis-See in Thessalien kennen. Er verliebte sich in sie. Da sie von ihm ein Kind erwartet, sandte er zu ihrer Bewachung einen wunderschönen weißen Singvogel. Koronis wurde Apollon untreu und betrog ihn mit dem sterblichen Arkadier Ischys, Sohn des Elatos. Der Vogel meldete dies sofort seinem Herrn. Apollon wurde wütend und bestrafte den Überbringer dieser schlechten Botschaft. Er veränderte die Farbe des Vogels in Schwarz, verdammte das arme Tier zu krächzen anstatt zu singen und fortan bevorstehendes Unheil anzuzeigen. Seither trägt dieser Vogel auch den Namen der Untreuen: Corvus corone – die Rabenkrähe.«
Quelle: Grant/Hazel (1997), http://www.gavagai.de/zitat/HHC192.htm, Zugriff am 21.07.2014.

Neben diesen auf die Hierarchie bezogenen Tendenzen gibt es eine Reihe weiterer Verzerrungsfaktoren, die in der organisatorischen Strukturgestaltung ihre Ursache haben. So kann etwa auch die rein formale organisatorische Abteilungsbildung Barrieren für eine frühzeitige und korrekte Wahrnehmung kritischer Signale für die Kompetenzarchitektur darstellen. Die in Subsystemen herausgebildeten unterschiedlichen Zielstellungen oder Perspektiven auf die organisatorische Leistungsaufgabe (Marketing-, Produktions- oder Einkaufsperspektive) können zu auseinanderdriftenden Wahrnehmungen von Warnsignalen führen. Ausdruck findet dies etwa im Modell von *Lawrence/Lorsch (1967)*, mit dem schon früh auf die Herausbildung unterschiedlicher Orientierungsmuster in den Funktionsbereichen und ihre Folgen für die organisatorische Integration hingewiesen wurde. Je unterschiedlicher die Orientierungen in den Funktionsbereichen, bedingt durch die Art der Aufgabe, desto schwieriger wird es, einen Konsens über Warnsignale in einer Organisation herzustellen. Signale, die im Wahrnehmungssystem des einen Bereiches schon dramatische Züge annehmen, werden vor dem Hintergrund der (»kampferprobten«) Wahrnehmungsmuster eines anderen Bereiches noch als Bagatellen angesehen.

Eine gewisse Zuspitzung erfährt diese Perspektive interner Vielfalt im Modell der organisierten Anarchie (vgl. *Cohen et al. 1972*). Die Organisation ebenso wie die Teilnehmer operieren hier auf der Basis einer Vielzahl von inkonsistenten und vage definierten Präferenzen, die man besser als lose Sammlung von Ideen, Wünschen und Vorstellungen denn als kohärentes System bezeichnen könnte. Häufig werden Präferenzen erst im Laufe des Definitionsprozesses durch Handeln »entdeckt« oder verändert. So ist im Ergebnis die Wahrnehmung und Definition von Warnsignalen Ausfluss eines komplexen Geflechts vielfach interagierender Prozesse, auf die dann auch äußere organisatorische Einflüsse wie Deadlines oder Budgetvorgaben einwirken. In diesem Netz von Interaktionen und Interpretationen ist es häufig bloßer Zufall, ob ein Warnsignal identifiziert, vor allem aber akzeptiert und welcher Gefahrendefinition schließlich der Vorrang eingeräumt wird.

Auf einen weiteren wichtigen Aspekt für das Verstehen organisatorischer Signalerkennung und -verarbeitung verweist die *Theorie politischer Prozesse* in Organisationen. Hiernach hängen die Definition von Warnsignalen und die Akzeptanz dieser Definition von den divergierenden Interessen und den daraus resultierenden Machtprozessen in einer Organisation ab (vgl. *Schirmer 2013*). Bei der Bestimmung eines registrierten Signals als Gefahrensignal für die Kompetenzarchitektur ergeben sich sehr schnell auch Interessenkonflikte. Die Gruppe, die sehr stark für eine bestimmte Kompetenzausrichtung steht, fühlt sich durch die Interpretation eines Signals als Bedrohung oder als Zeichen einer nahenden Veralterung der einstmals gloriosen Kompetenz verletzt und in ihrem angestammten Status bedroht. Dies umso mehr, wenn die Signalinterpretation von einer rivalisierenden Gruppe kommt, die ohnehin gerne etwas mehr in der Organisation mitzureden hätte. Um sich durchzusetzen, werden politische Praktiken wie der Einsatz von Taktiken, Koalitionsbildung oder die Politik der vollendeten Tatsachen genutzt. Dreh- und Angelpunkt ist dabei die Nutzung von Macht, um der eigenen Interpretation des registrierten Signals (Bedrohung oder Bagatelle) Gültigkeit zu verschaffen (vgl. *Morgan 1997, Pettigrew 1973*).

Die Akkumulation von Macht geht nicht selten mit Koalitionsbildungen einher, das organisatorische Feld wird in »Lager« geteilt. Die sympathisierenden Gruppen unterstützen sich gegenseitig, das führt dazu, dass man sich gefällig ist. Man nimmt gegenseitig Rücksicht; man möchte die befreundeten Gruppen keinesfalls »anschwärzen«. Oder man fürchtet sich vor »Vergeltungsschlägen« feindlicher Gruppen, wenn allzu kritische Informationen im Hause publik gemacht werden. Die Revision einer einstmals gefeierten Kompetenz wird ja nicht selten als Niederlage gesehen oder als Triumph derjenigen, die von Anfang an davor gewarnt hatten. Beides setzt nicht selten eine rivalisierende Dynamik frei, die ein frei fließendes Kompetenzmonitoring erdrosseln kann.

Hiermit eng verknüpft ist die Legitimitätsfrage (*vgl. Neuberger 1995, Pettigrew 1977*). Welche Probleme dürfen in einer Organisation überhaupt als Bedrohung für die Kompetenzstruktur markiert werden und, wenn das möglich ist, welche Problemlösungen sind im Rahmen des Wertekanons vorschlagbar. Politische Prozesse stellen darauf ab, Legitimität für bestimmte Definitionen der Probleme, Werte und Lösungen der Gruppen zu schaffen (Definitionshoheit). Die Beteiligten versuchen, durch Konstruktion von Symbolen und einschlägiger Interpretationen die eigenen Anliegen mit Legitimität zu versorgen und konkurrierende Definitionen und Vorschläge zur Problemlösung zu »delegitimieren«. Dies verweist uns erneut darauf, dass nicht vergessen werden darf, *wo* das Kompetenzmonitoring stattfindet, nämlich in Organisationen mit vielen Menschen, Gruppen und Allianzen.

Der eben erwähnte »Wertekanon« verweist auf ein weiteres Phänomen, das für den Prozess des Kompetenzmonitorings von hoher Bedeutung ist, gemeint ist die *Organisationskultur* (etwa *Carmeli/Schaubroeck 2008, Schein 2010*). Sie gibt zu wesentlichen Teilen, aber auf meist implizite Weise den wertebestimmten Rahmen vor, vor dessen Hintergrund die Signalselektion und -interpretation einer Unternehmung geschieht. Es geht hier um das kollektive Wertesystem oder genauer: das »Weltbild«, das sich in einem Unternehmen im Laufe der Zeit herausentwickelt hat und von vielen, wenn nicht allen Mitarbeitern geteilt wird.

Organisationskulturen wirken meist sehr positiv im Hinblick auf Motivation und Enthusiasmus der Mitarbeiter, haben aber auch »dunkle Seiten«, wie etwa kollektive Vermeidungshaltungen, die Abwehr kulturbedrohender Signale oder die Zurückweisung von Problemdefinitionen jenseits des Konsenses. Auch konkretere Normen und Standards spielen hier eine Rolle wie etwa »Bloß keine Unruhe stiften« (Don't rock the boat!), »Bedenkenträger unerwünscht« oder die »Macht der Fakten«. Ingenieursgetriebene Gesellschaften sind z. B. sehr häufig auf Problemdefinitionen fixiert, die auf »harte Fakten« bauen und vage Definitionen schnell als bloße Spekulation abtun. Nachdem frühe Warnsignale häufig in eher vager interpretationsbedürftiger Form auftreten, ist hier eine Gefahr der Ausblendung wichtiger Probleme, weil sie noch nicht die Form erlangt haben, die eine Anerkennung in solchen Unternehmen verlangt. Auch fällt vielen Organisationen die Einsicht schwer, das bewährte Kompetenzmuster könnte zum Problem werden, wenn diese mit dem Stolz auf die eigene Kultur verbunden ist.

Kulturen beeinflussen auch die Glaubwürdigkeit und das generelle Vertrauen in einer Organisation, d.h. die Bereitschaft, identifizierten Warnsignalen zu trauen (»habe ich alles genau genug geprüft?) oder auch den von anderen identifizierten Signalen mit

Offenheit gegenüber zu treten. Kann ich meinen Kollegen trauen? Kann ich meinen Mitarbeitern trauen? Oder muss ich ihnen grundsätzlich misstrauen? Haltungen, wie die letztgenannten, stehen einem effektiven Kompetenzmonitoring diametral entgegen.

Eng mit der Organisationskultur verbunden ist das Phänomen des Gruppendenkens (*Janis 1972*). Gemeint ist damit eine Tendenz von Gruppen, sich zunehmend von der Außenwelt abzukapseln und sich nur noch den eigenen Gruppennormen verpflichtet zu fühlen. Jedwede den Gruppenpositionen entgegenstehenden Informationen werden als Störung der Gruppenharmonie empfunden und daher schnell ignoriert oder als irrelevant abgetan. Dies geht einher mit einem zunehmendem Überlegenheits- und Unverwundbarkeitsgefühl der Gruppe, so dass aufziehende Krisensignale, die die Gruppe in ihren Grundannahmen angreifen, kleingeredet oder gar lächerlich gemacht werden.

Ferner ist seit langem bekannt (etwa *Cyert/March, 1963*), dass Organisationen mehr dazu neigen, Unsicherheit zu vermeiden, als sich damit durch Bildung von Erwartungsrevisionen aktiv auseinanderzusetzen. Sie versuchen, die Unsicherheitssituationen zu »normalisieren« (»das hatten wir schon öfter, das ist nicht so schlimm«, »nur nicht gleich nervös werden« usw.) Im Endeffekt kann dies dann zur Bagatellisierung bedrohlicher Signale im Kompetenzmonitoring führen.

Fazit: Zusammengenommen können individuelle wie auch organisatorische Wahrnehmungsverzerrungsparameter eine Art institutionalisierte Blindheit erzeugen (vgl. *Smith 2006*), die ein effektives Kompetenzmonitoring erschwert oder sogar ausschließt. Die vorstehende Diskussion hat gezeigt, dass die Frage, ob und ggf. wie Organisationen kompetenzbedingte Probleme wahrnehmen, die Definition von Problemen für sich tatsächlich akzeptieren, die Intensität einer Bedrohung bestimmen usw. nicht nur individuellen Diskrepanzeinschätzungen unterliegt, sondern von einer Reihe weiterer Faktoren, die kollektiver und organisatorischer Natur sind, geprägt wird. Neben der Organisationsstruktur und ihren unbeabsichtigten Nebenwirkungen (Spezialisierungseffekte, Abteilungsegoismen, Hierarchiefilter in der Krisenkommunikation usw.) sind es vor allem die informellen, emergenten Strukturen und Prozesse (Unternehmenskultur, politische Prozesse, Statushierarchien usw.), die für ein funktionierendes Monitoring in Unternehmen und darauf folgende Reaktionen von herausragender Bedeutung sind.

So bedeutsam die genannten Bestimmungsfaktoren für Krisenwahrnehmung und -definition auch sind, sie sollten nicht den Eindruck erwecken, dass das Monitoring beliebig wäre. Krisenhaften Entwicklungen wohnt eine zwingende Dynamik inne, die den Wahrnehmungsprozess immer aufdringlicher überlagert. Krisen spitzen sich zu und vereindeutigen sich zunehmend, bis sie schließlich im täglichen Handeln nicht mehr übersehen oder übergangen werden können (vgl. *Luhmann 1973*). Die Wahrnehmungsbereitschaft und die Interpretationssicherheit im System nehmen mit dem Krisendruck zu. Das bedeutet zugleich, dass die oben beschriebenen Prozesse in den Anfangsphasen von Krisen einen deutlich breiteren Spielraum vorfinden als zum Ende hin. Ab einem bestimmten Zeitpunkt erzwingen die Krisensymptome Handeln oder aber das Unternehmen verliert seine Existenz. Im Falle von marktwirtschaftlichen Ordnungen ist es die Insolvenzordnung, die angibt, wie mit Unternehmen, die am Ende dieser Entwicklung angelangt sind, zu verfahren ist.

12.5 Die kritikfähige Organisation

Neben organisatorischen Vorkehrungen und einer Berücksichtigung allfälliger Barrieren individueller und organisatorischer Art gilt es auf eine ganz wichtige weitere Voraussetzung jedes effektiven Kompetenzmonitorings hinzuweisen, nämlich die Schaffung einer *Kultur*, die eine Organisation zur Selbstkritik befähigt. Die Weitergabe von Monitoringinformationen bereitet – wie gezeigt – häufig größere Schwierigkeiten als gemeinhin vermutet wird. Man darf nicht vergessen, dass Monitoringinformationen in der Regel unangenehme Informationen sind, vor allem für die oberen Entscheidungsträger. Neben den strukturellen Hemmnissen sind es – wie oben ausführlich dargelegt – nicht selten auch Fragen der Macht (Wer hat das Recht, unsere Strategie in Frage zu stellen?), die einem regen Monitoring entgegenwirken können.

Deshalb kommt als Gegenmaßnahme der Schaffung einer kritikfähigen Organisation eine zentrale Bedeutung zu, in gewissem Sinne als positiver Gegenentwurf zu den oben gezeigten Barrieren. Einer solchen kritikfähigen Organisation werden folgende Merkmale zugeschrieben (vgl. insbesondere *Nystrom/Starbuck 1984*):

1. *Durchlässige* Kommunikationssysteme,
2. Akzeptanz von *Widerspruch*,
3. *Mut*, eingeschliffene Denkmuster in Frage zu stellen und neue Perspektiven auszuprobieren.

1. *Durchlässige* Kommunikationssysteme

Nachdem das Kompetenzmonitoring aus sachlogischen Gründen als dezentraler Prozess zu konzipieren ist, kommt dem Kommunikationssystem in einem Unternehmen zentrale Bedeutung für seine Funktionstüchtigkeit zu. Da, wie oben gezeigt, organisatorische Strukturen unbeabsichtigt zu großen Hemmfaktoren für den Fluss von dezentral gewonnen Kontrollinformationen werden können, sollte für das Kompetenzmonitoring nach Wegen gesucht werden, die nicht an den strengen »Dienstweg« gebunden sind. Man kann hier an spezielle Meldewege denken, die es erlauben, aufgenommene Informationen direkt zu kommunizieren. Solche direkten und spontanen Kommunikationswege einzurichten, ist durch die Digitalisierung der Unternehmenskommunikation wesentlich einfacher geworden. Anlaufstellen im Intranet sind schnell durch E-Mail anzusteuern (vgl. *Stair/Reynolds 2011*). Im Unterschied zur hierarchischen Kommunikation sind hier der Gebrauch wesentlich einfacher und die Schwellenängste wesentlich geringer (vgl. *Dewett/Jones 2001*). Unternehmensportale werden ohnehin immer wichtiger als Medium der internen Kommunikation. Man kann deshalb das Kompetenzmonitoring auch als Teil des Wissensmanagements organisieren. In vielen Organisationen wird heute von solchen dezentralen Informationssystemen Gebrauch gemacht (▶ **Box 12-4**).

> **Box 12-4**
> **Elektronische Systeme der Fehlermeldung in der Medizin**
>
> Angetrieben von dem Wunsch, die Sicherheit der Patienten kontinuierlich zu verbessern, bedient sich die Medizin einer Erfindung aus der Luftfahrt: computergestützte Systeme zur Erfassung kritischer Ereignisse und Fehler, auch Critical Incident Reporting System oder abgekürzt CIRS genannt. Wie US-amerikanische Kampfpiloten im Zweiten Weltkrieg berichten heutzutage Akteure im Gesundheitswesen von kritischen Situationen, um über eine systematische Analyse der Berichte Wissen über Ursachen zu gewinnen und kollektiv aus Fehlern zu lernen. Auf diese Weise können Präventionsmaßnahmen entwickelt und in der klinischen Praxis eingeführt werden.
>
> Ärztinnen und Pfleger füllen hierfür standardisierte Formulare mit Mindestanforderungen an den Inhalt des Berichts freiwillig und anonym aus. Anschließend werden die Beiträge kommentiert und mit Blick auf potentielle Vermeidungsstrategien analysiert.
>
> Zu unterscheiden gilt es zwischen internem und externem CIRS. Interne CIRS werden institutionsintern in einem Krankenhau oder einer Klinikabteilung genutzt und haben einen eingeschränkten Nutzerkreis. Externe CIRS sind hingegen institutionenübergreifend angelegt und richten sich an alle potenziell Interessierten.
> *Quelle: Vgl. zu einer genaueren Darstellung Mahajan (2010).*

Je besser solche Informationssysteme funktionieren, umso mehr wird auf der anderen Seite wegen der drohenden Informationsüberladung ein gutes Selektions- und Informationsverarbeitungssystem benötigt. Hier ist die genuine Funktion der oben schon besprochenen Stabsstelle zu sehen, d.h. die Aufbereitung und Begutachtung der Informationen, die von den verschiedenen Seiten zusammengetragen wurden. Allerdings kann man eine zentrale Stelle, die Bewertung der eingehenden Informationen nicht alleine überlassen, sondern einen Großteil der Bewertungsarbeit wird man auch dezentral ansiedeln. Die Bewertung der Monitoringinformationen ist – wie erwähnt – ein offener Prozess, lassen doch die registrierten Signale zumeist breiten Raum für unterschiedliche Interpretationen und bedürfen sachspezifischer Informationen für die Einschätzung ihrer Relevanz. Nicht selten wird der Einschätzungsprozess auch dialogische Formen annehmen, weil zur Abwägung des Sachverhalts verschiedene Funktionsperspektiven erforderlich sind.

Unabhängig aber von der Frage wie eine solche Zentralstelle zu organisieren ist, setzt ein effektives Kompetenzmonitoring – wie ausführlich dargelegt – die Kenntnis und ein weithin geteiltes Verständnis der der Basis-Kompetenzen voraus. Zur *Unterstützung* der dezentralen Kontrollaktivitäten gilt es also, die Kompetenzen möglichst genau und umfassend zu kommunizieren. An verschiedener Stelle war schon darauf hingewiesen worden, dass die Grundvoraussetzung eines erfolgreichen Kompetenzmonitorings die Schaffung eines gemeinsamen Kompetenz-Sprachsystems ist.

Indes – darauf sei auch noch einmal ausdrücklich hingewiesen – jede Art strukturierter Informationssysteme kann das Kompetenzmonitoring lediglich unterstützen; je formalisierter derartige Systeme sind, desto größer ist die Gefahr, dass sie als Beobachtungsfilter wirken und bestimmte Umweltausschnitte in den Vordergrund rücken. Der grundsätzlich ungerichtete, nicht-selektive Charakter des Monitorings muss gewährleistet bleiben, soll es seine Kompensationsfunktion effektiv erfüllen.

2. Akzeptanz von Widerspruch

Aus vielen Forschungsstudien geht hervor, dass in Organisationen zu wenig zugehört wird. Das gilt insbesondere für das obere Management. Das gilt umso mehr, je unangenehmer die Botschaft ist. Botschaften, die einen Widerspruch zu den vorherrschenden Überzeugungen bilden, finden besonders schwer Gehör. Nicht selten umgibt sich das obere Management mit Jasagern, die solche widerspruchsträchtigen Kontrollinformationen gar nicht durchlässt (vgl. *Nystrom/Starbuck 1984*). Es entsteht eine Art feedbackfreie Zone – zum Nachteil des Systems. Es gibt aber eine Reihe von Gegenmaßnahmen, die genau dieser Tendenz vorbeugen.

Neben allgemeinen Appellen, Widersprüche auszuhalten, statt sie zum Schweigen zu bringen, kann sich eine Organisation auch selbst zwingen, unangenehme Botschaften anzuhören. Zu solchen Einrichtungen gehört etwa die »dialektische Planung«; hier wird ein Planentwurf (oder ggf. eine Problemdefinition) grundsätzlich als These begriffen, zu der immer eine Gegenthese zu bilden ist (entgegengesetzte Problemdefinition). Hier wird also das Kompetenzmonitoring gezwungen, zu der Signalinterpretation jeweils eine gegenläufige Interpretation zu formulieren. Auf diese Weise wird das Spektrum der Perspektiven erweitert und unangenehmen Wahrheiten wird ein legitimes Forum geschaffen (vgl. *Schwenk/Valacich 1994*).

Eine krassere Form eines solchen legitimierten Widerspruchs ist das Hofnarrentum (▶ **Box 12-5**). Hier wird im übertragenen Sinne einer Person »Narrenfreiheit« gewährt, sie wird legitimiert, gegenüber dem oberen Management alles das auszusprechen, was die anderen Organisationsmitglieder nicht auszusprechen wagen. Bisweilen werden zur Wahrnehmung dieser prekären Rolle spezialisierte Beratungsagenturen eingeladen, die zugleich den Blick von »außen« repräsentieren. Eine etwas abgemilderte, aber ebenfalls sehr wirkungsvolle Einrichtung zum ungeschönten Vortrag von »Wahrheiten« ist der sog. *Teufels Advokat* bzw. *advocatus diaboli* (vgl. *Schwenk 1990, Bouwmeester/van Werven 2011*). Die Idee einen Teufels Advokaten einzusetzen zur Sichtbarmachung von Widersprüchen, stammt von der römisch katholischen Kirche. War früher zu entscheiden, ob jemand heiliggesprochen werden soll, so wurde ein »Teufels Advokat« bestellt, der die Gegengründe darzulegen hatte.

Box 12-5
Der Hofnarr

»Das Rechtsprivileg des offenen Wortes und der Redefreiheit, auf dem die ganze historische Bedeutung des Hofnarrentums beruht, ist auch ursprünglich ein religiöses Tabu, denn aus dem Wahnwitzigen spricht Gott. Wo selbst mächtige Höflinge schweigen müssen, darf der Narr seine Meinung sagen, und bisweilen hört der Monarch allein auf ihn. Erst später wird dieses Privileg säkularisiert; es ist der schlichte Lohn dafür, dass der Narr den Fürsten ergötzt und aufmuntert: Man soll dem Ochsen, wenn er drischt, nicht das Maul verbinden. Auch erfüllt der Narr parlamentarische und publizistische Funktionen zu Zeiten, in denen das Volk schweigen muss und Medien unbekannt sind.

Hier eben setzt die politische Strategie der Hofnarren des »höheren Dienstes« an, wenn ich sie einmal so nennen darf. Es ist immer noch ein verbreiteter Irrtum, dass alle Hofnarren Krüppel, missgestaltete Zwerge, Geistesschwache oder gar Geisteskranke gewesen seien. Die großen geschichtlichen Figuren dieser Zunft waren das keineswegs. Es befinden sich unter ihnen eminent kluge Männer, die sich bewusst unter der Narrenkappe tarnen und verstecken, weil sie sonst ihre Botschaft nicht verkünden, ihren Einfluss nicht gezielt ausüben könnten. Der bewusste Anschein der Torheit bringt sie ans Ziel.

Es ehrt manchen Fürsten, dass er solche Gaukelei wohl durchschaut, aber großzügig mitspielt. Dazu gehören die Könige der Lyder, Meder und Perser, später auch der römische Kaiser Augustus, der seinem intelligenten Hofnarren Cäcilius Galba jegliche Freiheit gewährt.

Auf perfekten Rechtsschutz ist freilich unter absoluten Herrschern kein Verlass. Als der Narr des weisen Königs Salomon die Weiberwirtschaft am Hofe rügt, soll er aufgehängt werden und erbittet die letzte Gunst, sich den Baum, an dem er baumeln soll, selbst aussuchen zu dürfen. Er lässt sich von seinen Henkern kreuz und quer durchs Land führen - natürlich ohne einen Baum zu finden, der ihm passt. Nach vielen Wochen erfolgloser Suche verliert die Eskorte die Geduld und bringt ihn erneut vor den König, der sich über den klugen Einfall salomonisch amüsiert und dem Narren das Leben schenkt.

Da enthüllt sich die närrische Grundsituation. Ein Hofnarr lebt gefährlich. Er weiß nie genau, wie weit er gehen darf, denn große Herren sind unberechenbar. Wenn er plötzlich am Rand seiner Existenz steht, muss er eine derartige Kapriole schlagen, dass alle frühere Narretei noch übertrumpft wird. Dabei riskiert er, dass der Fürst sich noch ärger erzürnt und ihn noch schlimmer behandelt. Demgegenüber steht die Chance, dass der Fürst seinen Humor wiederfindet und den Narren nicht nur begnadigt, sondern vielleicht noch auszeichnet. Zu solchem Spiel gehören Nerven.«

Quelle: Amelunxen (1991), S. 7f.

3. Mut, eingeschliffene Denkmuster in Frage zu stellen und neue Perspektive auszuprobieren

Ein effektives Kompetenzmonitoring setzt voraus, dass die Organisationsmitglieder bereit sind, zu sprechen und die beobachteten Signale nicht schweigend hinnehmen (vgl. Greenberg/Edwards 2009). Wie oben dargelegt, repräsentieren Kontrollinformationen meist kritische Einschätzungen des Status quo – zumindest potenziell. Viele Studien belegen, dass Organisationsmitglieder es in vielen Fällen (meist ca. 75%) vorziehen, zu schweigen und die kritischen Beobachtungen für sich zu behalten (vgl. zusammenfassend *Morrison/Milliken 2000)*. Als die zwei Hauptgründe für Schweigen erwiesen sich (1) die Befürchtung aus der Weitergabe kritischer Informationen Nachteile davonzutragen, und (2) die Auffassung, dass eine Weitergabe der Signale ohnehin nichts ändern würde, da die relevanten Entscheidungsträger sie nicht beachteten. In besonders prekären Situationen gerät das Hinweisen auf Probleme im Kompetenzgefüge in die Nähe von »Whistle Blowing« (*Miceli/Near/Dworkin 2013*) oder Mitarbeiter befürchten dies zumindest. Whistle Blowing ist umstritten, von vielen wird es in die Nähe von Denunziation oder Verrat platziert.

Die Tendenz zu schweigen, hängt auch in einem nicht unerheblichen Maße von der hierarchischen Ebene ab, der die einzelne Person zugehört. In unteren hierarchischen Ebenen ist die Auffassung, auf kritische Veränderungen aufmerksam zu machen, würde nicht lohnen, deutlich weiter verbreitet. Notwendig ist deshalb eine Kultur, die zum Sprechen ermutigt und einer Schweigespirale entgegenwirkt. Eine nicht unerhebliche Rolle spielt dabei die Bereitschaft, das Unkonventionelle zu denken und neue Perspektiven zuzulassen. Der oft bemühte Querdenker findet hier seine Rolle. Vorrangig ist aber zunächst einmal die Bereitschaft, Zivilcourage zu zeigen und auf Entwicklungen hinzuweisen, die vielleicht nicht besonders willkommen sind.

Diskussionsfragen

1. Inwiefern setzt das Kompetenzmonitoring voraus, dass die Ressourceneinsätze nicht irreversibel sind?
2. In welchem Umfang kann das Kompetenzmonitoring generell geregelt werden?
3. Soll das Kompetenzmonitoring von einer zentralen Stabsstelle übernommen werden?
4. Was spricht für eine dezentrale Lösung im Kompetenzmonitoring?
5. Welche Informationsquellen eignen sich für das Kompetenzmonitoring?
6. Inwiefern gehört »Wunschdenken« zu den unsichtbaren Barrieren im Kompetenzmonitoring?
7. Welche Bedeutung hat die Abteilungsbildung in einem Unternehmen auf die Funktionsfähigkeit des Kompetenzmonitorings?
8. »*Das Kompetenzmonitoring wird von politischen Prozessen überlagert*«. Nehmen Sie zu dieser Äußerung Stellung.
9. Inwieweit trägt die Organisationskultur zur Funktionsfähigkeit des Kompetenzmonitorings bei?
10. Welche Merkmale kennzeichnen eine »kritikfähige Organisation« und wie fördern diese das Kompetenzmonitoring?

Literaturverzeichnis Kapitel 12

Amelunxen, C. (1991). Zur Rechtsgeschichte der Hofnarren: erweiterte Fassung eines Vortrags gehalten vor der Juristischen Gesellschaft zu Berlin am 24. April 1991 (No. 124). Berlin/New York

Bouwmeester, O./van Werven, R. (2011). Consultants as legitimizers: Exploring their rhetoric, in: Journal of Organizational Change Management, 24: 427–441.

Carmeli, A./Schaubroeck, J. (2008). Organisational crisis-preparedness: The importance of learning from failures, in: Long Range Planning, 41: 177–196.

Cohen, M.D./March, J.G./Olsen, J.P. (1972). A garbage can model of organizational choice, in: Administrative Science Quarterly, 17: 1–25.

Crandall, W./Parnell, J.A./Spillan, J.E. (2010). Crisis management in the new strategy landscape, Los Angeles/Calif.

Cyert, R.M./March, J.G. (1963). A behavioral theory of the firm, Englewood Cliffs/N.J.

Dewett, T./Jones, G.R. (2001). The role of information technology in the organization: A review, model, and assessment, in: Journal of Management, 27: 313–346.

Grant, M./Hazel, J. (1997). Lexikon der antiken Mythen und Gestalten, München.

Gutenberg, E. (1983). Grundlagen der Betriebswirtschaftslehre, Band 1, 24. Aufl., Berlin et al.

Greenberg, J./Edwards, M.S. (2009). Voice and silence in organizations, Bingley.

Janis, I. (1972). Groupthink, 2. Aufl., Boston/Mass.

Lawrence, P.R./Lorsch, J.W. (1967). Organization and environment: Managing differentiation and integration, Boston/Mass.

Luhmann, N. (1973). Zweckbegriff und Systemrationalität: Über die Funktion von Zwecken in sozialen Systemen, Frankfurt a. M.

Mahajan, R.P. (2010). Critical incident reporting and learning, in: British Journal of Anaesthesia 105, 1: 69–75.

Miceli, M.P./Near, J.P./Dworkin, T.M. (2013). Whistle-blowing in organizations, New York.

Morgan, G. (1997). Images of organization, 2. Aufl., Thousand Oaks/Calif.

Morrison, E.W./Milliken, F.J. (2000). Organizational silence: A barrier to change and development in a pluralistic world, in: Academy of Management Review 25: 706–725.

Neuberger, O. (1995). Mikropolitik, Stuttgart.

Nystrom, P.C./Starbuck, W.H. (1984). To avoid organizational crises, unlearn, in: Organizational Dynamics, 12 (4): 53–65.

Pearson, C.M./Clair, J.A. (1998). Reframing crisis management, in: Academy of Management Review, 23: 59–76.

Pettigrew, A.M. (1973). The politics of organizational decision-making, London.

Pettigrew, A.M. (1977). Strategy formulation as a political process, in: International Studies of Management & Organization, 7(2): 78–87.

Roux-Dufort, C. (2009). The devil lies in details! How crises build up within organizations, in: Journal of Contingencies and Crisis Management, 17: 4–11.

Schein, E.H. (2010). Organizational culture and leadership, 4. Aufl., San Francisco/Calif.

Schirmer, F. (2013). Das duale Prozessmodell dynamischer Fähigkeiten – (Mikro-)Politische Desiderata und Rekonstruktionsperspektiven, in: Zeitschrift für Personalforschung, 27(1): 5–25.

Schirmer, F./Knödler, D./Tasto, M. (2012). Innovationsfähigkeit durch Reflexivität: Neue Perspektiven auf Praktiken des Change Management. Wiesbaden.

Schreyögg, G./Steinmann, H. (1987). Strategic control: A new perspective, in: Academy of Management Review, 12: 91–103.

Schwenk, C. (1990). Effects of devil's advocacy and dialectical inquiry on decision making: A meta-analysis, in: Organizational Behavior and Human Decision Processes, 47: 161–176.

Schwenk, C./Valacich, J.S. (1994). Effects of devil's advocacy and dialectical inquiry on individuals versus groups, in: Organizational Behavior and Human Decision Processes, 59: 210–222.

Slovic, P./Fischhoff, B./Lichtenstein, S. (1979). Rating the risks, in: Environment, 12(3), 14–20, 36–39.

Smith, D. (2006). Crisis management – Practice in search of a paradigm, in: Smith, D./Elliott D. (Hrsg.). Key readings in crisis management: Systems and structures for prevention and recovery, London: 1–12.

Stair, R./Reynolds, G. (2011). Principles of information systems, Stamford/Conn.

Tourish, D. (2005). Critical upward communication: Ten commandments for improving strategy and decision-making, in: Long Range Planning, 38: 485–503.

Tourish, D./Robson, P. (2006). Sensemaking and the distortion of critical upward communication in organizations, in: Journal of Management Studies, 43: 711–730.

Werner, C./ Langenmayr, A. (2005). Das Unbewusste und die Abwehrmechanismen, Göttingen.

Stichwortverzeichnis

A

Abdulrahan 183
Ablauforganisation 81
Absorptive Capacity 65–67
Abwehrmechanismen 113, 217
ACER 163
Ackermann 128
Adaption 29
Ad-hoc-Problemlösung 49, 51, 167–168, 188–189
Adhokratie 51, 167
Adner 184
Affektive Prozesse 108
Agfa 117, 207
Agilität 166
Aguilar 76, 206
Akgün 55
Akquisition 24, 66, 148
Akkomodation 35
Akkumulation 177
Aktives Warten 204
Allen 148
Allison 88
Allport 147
Ambidextrous Organization 152
Ambrosini 23–24, 158, 208
Amelunxen 226
Amis 153
Amit 15, 37
Anand 84–85, 157, 161
Anpassung 29
Anreizsysteme 21, 40–41, 112, 185
Ansoff 187, 207
Apple 17, 29, 96, 99, 191
Argote 55, 62, 129
Argyris 60–62, 113, 134, 161, 204
Arikan 17
Arnold 114

Arthur 126, 128
Artikulation 177–178
Ashby 38
Assimilation 35
Aufbau- und Ablauforganisation 81
Aufmerksamkeit 195
Auftauen 149
Ausstiegsregel 168
Authentizität 69–72

B

Badaracco 84
Baker 84
Barbalet 68
Bardwaj 182
Barney 15–17, 19–22, 98
Barreto 23
Basisannahmen 79, 204
Basisprozesse 184
Bass 135
Bateson 61
Baum 206
Beavin 135
Beckhard 151
Bednar 113
Beer 153
Belliveau 84
Benchmarking 63
Benner 130
Benz 58
Beobachter erster Ordnung 204
Beobachtung 195, 205
Beobachtungsfelder 206
Beobachtungsfilter 215
Beobachtungsinstanz 199
Bertelsmann Buchclub 124, 127
betriebswirtschaftliche Faktoransatz 22
Bettis 161

Bewertungskosten 18
Beyer 78, 89
Beziehungsnetzwerk 84–85
Bias 113, 127, 148
blinder Fleck 204
BMW 18, 209
Bouncken 23, 38
Boundary Spanner 67
Bourdieu 84
Bourgeois 57, 166, 180
Bouwmeester 225
Bowman 23–24, 158, 208
Boxall 31
Breen 41
Brockner 111
Brown 57, 153
Buckler 181
Budgetierungsprozesse 184
Bunderson 148
Burgelman 129, 134
Burns 86–87
Busch 116

C

Cameron 134
Carmeli 221
Chancen 14–15
Chancenumsetzung 185
Chancenwahrnehmung 184
Chandy 180
Chaos 168
Chrysler 18, 172
Cisco 176
Clair 217
Cockburn 38
Codebruch 153
Cohen 65, 220
Collis 76, 174
Commitment 118, 131, 185
Communities of Practice 60
COMPCO 50
Competence Based View 23
Cook 57
Cool 18, 48, 104
Crandall 217
Crawford 42
Crowding-out 107, 109
Crozier 88, 119
Cummings 149
Cunha 52

Cyert 38, 47, 64, 108, 129, 222
Czarniawska 58

D

D'Áveni 98, 159
Damasio 68
Daniel 156
Danneels 23–24, 157, 160–161, 163, 179–180
David 48, 123, 125, 129
Day 37
Defensivroutinen 164
Dekker 85
Dess 182
Deutero-Learning 61
Dewett 223
Di Stefano 23, 158
Dierickx 18, 48, 102
Disposition 34
dispositiver Faktor 23
distinctive competencies 29
Diversifikation 98, 104
Dosi 37–38, 47–48, 51
Double-loop-Learning 61, 161, 204
Dougherty 50, 109
Drnevich 165–166
Dual-Prozess-Modell 190, 195, 204
Durchführungskontrolle 200
Duschek 84
Dutton 113
Dworkin 227
Dyer 84
Dynamic Capability View 23
Dynamic Communities 167
Dynamische Kompetenzen 23–24, 132, 177, 184, 187–188
dynamische Märkte 168
dynamische Umwelt 23–24, 108, 113, 156, 189
Dynamischer Ressourcenansatz 23
Dynamisierungsgrad 164

3M 83, 153

E

Eberl 34, 53, 85
Echtzeitinformationen 167
Eden 55

Edmondson 57, 68–69
Edwards 226
Effektivität 28
Effizienz 108
Eintrittsbarrieren 95
Eisenhardt 24, 51, 57, 153, 156–157, 164–171, 190
Elbers 35
Elementarfaktoren 23
Elster 68
Emotion 30, 78, 80, 111
emotionale Intelligenz 32
Emotionalität 67
Empathie 31, 69
Entrepreneur 187
Entrepreneurship 182
Entscheidungen 30
Entscheidungsprozesse 182
enttäuschungsresistente Programmierung 167
Erfahrung 19
Erfahrungslernen 62
Erfolg 46
Erfolgserosion 21
Erpenbeck 31
Erzählungen 57
Eskalierendes Commitment 110–112
Evolution 98
Evolutionstheorie, 128
Evolutorische Prozesse 178
Experiment 35, 107, 182
Expertenwissen 119
explizites Wissen 56, 178
Exploitation 107, 178–179, 188, 196
exploitatives Lernen 61
Exploration 107–108, 178–179, 188, 196
exploratives Lernen 62
EXXON 162

F

Führungskräfte 29, 32, 150, 195
Fachlich-methodische Kompetenz 31
Faktormärkte 16, 22, 39
Fantasie 30
Feedback 48, 107, 110, 178, 208
Fehleinschätzung 111
Fehlerentdeckung 61

Fehlertoleranz 180
Feldman 65, 114, 143–144, 146
Finanzielle Ressourcen 39
Fineman 67
Finkelstein 111–112
Fiol 195
Flexibilisierung 24, 156, 185, 190
Flexibilität 108, 159, 166, 168
Ford 18, 172
formale Strukturen 40, 76, 81–83
Foss 23
Frühwarnforschung 206
Fragilität 166
Freeman 47
Frei 34
Freiling 15, 19, 23, 95
Friedberg 88, 119
Friesen 152–153
Fujimoto 176
Fukuyama 84
Fungibilität 160
funktionales Äquivalent 20

G

Güttel 17, 23, 194
Galunic 167
Gavetti 109, 117–118, 126, 148
Geiger 56, 58
General Electric 201
General Motors 171
Generalistentum 108
George 66
Geroski 109
Gersick 152
Geschichten 57, 78
Geschwindigkeit 24, 171
Ghemawat 131
Gherardi 47, 57
Gigerenzer 169–170
Gioia 77, 195
GM 172
Goddard 107
Goleman 32
Google 40–41, 96, 153, 181
Goshal 84–85
Governance 185
Größe 151
Grant 37–38, 219
Greenberg 226
Greiner 119

Greve 63
Grochla 198
Gruppendenken (Groupthink) 113, 222
Gutenberg 22, 214

H

Habits 64
Halbwertzeit 156
Hall 39
Hamel 41, 94, 96–97
Hammer 206
Handlungsfähigkeit 31
Handlungsgebundenheit 46
Handlungskompetenz 34
Handlungsoptionen 160
Hannan 47
Hasselberg 200
Hatch 53
Hauschildt 67
Hazel 219
Healey 187
Hedberg 61, 83
Heene 96
Heiner 113
Helfat 24, 37, 47, 140–141, 157–158, 184
Henderson 38
Hesterly 17
Heterogenität 95
Heuristiken 56, 169, 218
Heyse 31
Hiebeler 64
Hierarchie 82, 219
Historizität 21
Hitt 161
Hobday 38
hoch dynamische Märkte 164
Hochschild 69
Hodgkinson 187
Hodkingson 113
Hofer 36
Hoffnung 69
Hofnarr 225
Homöostaseprinzip 152
Homans 85
Hoskisson 15
Huber 63
Humankapital 29
Humanressourcen 20, 40

Humor 69, 180
Huy 68
Hyperkompetitive Märkte 156
Hyperwettbewerb 95

I

IBM 17, 124, 162, 176, 212–213
Identifikation 108
Identität 28, 116, 168, 203
idiosynkratische Kompetenzen 159
Ikarus-Paradox 109
Imitierbarkeit 19–21, 101
Immelt 201
implizites Wissen 178
Improvisation 49, 52, 145, 167
Increasing retruns 130
industrieökonomischer Ansatz Siehe 14
Informationen 184
Informationsaufnahme 205
Informationsbewertung 205
Informationserzeugung 205
Informationsroutinen 174
Informationssuche 195
Informationsverarbeitung 205
Informationsverarbeitungskapazität 112
informelle Strukturen 40
Inkompetenz 107, 109
Inkpen 63
Innovation 24, 63, 182
Innovationsdruck 41
Innovationsroutinen 174, 176–177, 188, 190, 198
intangible Ressourcen 19, 23, 39
Integrierte Dynamisierung 158, 183
integrierter Dynamisierungsansatzes 188
integriertes Lernen 161
Intel 129, 132–133, 153
Intelligenz 19
Interdependenz 30
Interessen 86–87
interkulturelle Kompetenz 32
interne Revision 203
interorganisationalen Lernen 63
Intuition 169
Investitionsentscheidungen 111
Isaacson 30

J

Jackson 113, 135
Jacobs 176
Janis 113, 222
Jo 19
Jones 223

K

köhäsive Gruppen 113
Küpper 86
Kahneman 111, 113
Kale 161
Kanning 32
Karstadt, 124
Katz 31, 126, 148
Kauffman 126
Kaufmann 40
Kausale Ambiguität 21
Kennedy 176
Kernkompetenzanalyse 103
Kernkompetenzen 123
Kieser 124
Kirzner 182–183, 192
Kisfalvi 89, 112, 119
Klein 23, 36
Kliesch-Eberl 190
Knappheit 20
Knight 183, 192
Knowing 56, 58
Koch 127
Kodak 124
Kodifizierung 177
Koester 32
Kognitionspsychologie 35
kognitive Landkarten 112
kognitiven Ansatz 55
Kogut 50, 56, 109
Kollaboration 184
kollektives Lernen 177
Kompetenzarchitektur 216
Kompetenzarten 30–33
Kompetenzbasierter Ansatz 23
Kompetenzbegriff 46
Kompetenz-Dilemma 132
Kompetenzdimensionen 208
Kompetenzebenen 28
Kompetenzfalle 107, 152, 156, 167, 199
Kompetenzmonitoring 194, 204–205
Kompetenzmuster 205, 207

Kompetenzorganisation 167
Kompetenzpfad 156, 204
Kompetenzprofil 32
Kompetenzsteuerung 194
Kompetenztransfer 18
komplementäre Ressourcen 161
komplementäre Technologien 185
Komplementaritätseffekt 129
Komplexität 21, 38–39, 46, 113, 199
Komplexitätstheorie 126
Konegen-Grenier 33
Konflikte 180
Konfrontationstreffen 150
Konsens 103
Konvergenzphasen 151
Konzeptionell-Analytische
 Kompetenz 32
Kooperation 80, 83, 85, 149
Kooperationsfähigkeit 161
Koordinationseffekt 128
Koordinationsproblem 50
Koordinationsprozesse 19, 40
Kor 184
Kreativität 20, 29–30, 160, 179, 182
Kriauciunas 165–166
Krise 206, 222
kritische Signale 113
Krystek 206
Kulatilaka 109
Kybernetik 38, 197

L

Landkarten, kognitive 148
Langenmayr 218
Langer 195
Langlois 182
Larry Page 40
law of requisite variety 38, 50
Lawrence 220
Leana 85
Learning by doing 35, 62, 140
Leavitt 85
Lebenszyklus 101, 132, 141
Lee 19
Legitimität 89, 221
Lei 161
Leibenstein 130
Leica 39–40, 43
Leidenschaft 29
Leonard-Barton 107, 123, 129

Lernbarrieren 143, 164
Lernebenen 60–62
Lerneffekte 129
Lernen 35
Lernfähigkeit 161, 174
Lernformen 62–64, 188
Lernmechanismen 177
Lernplateau 130
Lernprozesse 77, 108, 161
Lernzyklus 142
Levinthal 48, 65, 107, 180, 195
Levitt 35, 62, 123
Lewin 66, 149
Lieblingsprojekte 111
Liebowitz 126
Liedtka 84
Lipman 85
Lippman 17, 38, 49
Litterer 114
Local-search Syndrom 108
Lockett 15
Lock-in 130
Lorsch 220
Loyalität 117, 185, 187
Luhmann 55, 63, 81, 198–199, 203–205, 222
Lumpkin 182
Lustig 32
Lyotard 57

M

Müller-Stewens 206
Macht 86–88, 119, 220, 223
Machtquellen 119
Machtstrukturen 118
Mahajan 224
Mahoney 15
Managementaufgaben 30
Managementkompetenz 29–30
Managementlehre 28
Managementsysteme 21
Managerial Kompetenz 28
Manipulation 119
March 35, 38, 47, 51, 61–62, 64, 107–109, 123, 129, 141–142, 153, 180, 222
Marengo 38, 47, 51
Margolis 126
Marino 77, 102

Markides 109, 118
Marks and Spencer 111
Marktposition 159
Marktpositionierung 15
Martin 24, 51, 156–157, 164–167, 170–171, 190, 195
Martin Winterkorn 195
Maturana 198
Maurer 198
Mayer 176
Menschenbild 80
Merck 207
Mesko 184
Metakompetenzen 23, 158, 174, 177, 190
Methodenkenntnisse 31
Methodenkompetenz 34
Miceli 227
Mikropolitik 86–89
Mikroprozesse 54–59, 185, 187
Miller 20, 36, 48, 109–110, 152–153, 179
Milliken 227
Mindfulness 195–196
Miner 52
Minimalregeln 53, 188
Minimalstrukturen 168
Mintzberg 51
Misangyi 16
Misfit-Kosten 129
Misserfolg 111–112, 180
Misstrauen 80, 222
moderat dynamische Märkte 165
Modifikation 175
Moldaschl 42, 46
Mooread 116
Moorman 52
Morgan 88, 220
Morrison 227
Motivationspsychologie 28
Muster 34, 46, 51, 113

N

nachhaltige Wettbewerbsunterschiede 16
nachhaltige Wettbewerbsvorteile 13, 15, 21
Nahapiet 84–85
Narrationen 58
NASA 115–116

Near 227
Neisser 35–36
Nelson 48, 64, 110
Neo-evolutionstheoretische Ökonomie 47
Netzwerke 19–20
Netzwerk-Externalitäten 126
Netzwerkkompetenz 96
Netzwerkmodelle 83
Neuberger 86, 89, 221
Newbert 15, 17
Nicht-Lernen 212
Nicolini 47
NIH-Syndrom 148
Nonaka 63
Normen 79, 148
North 128
Noss 152
Nystrom 223, 225

O

O'Reilly 152
O'Connor 195
O2 153
Oetker 98
Olsen 47, 141–142, 153
Open Innovation 185
Operative Routinen 175
Optimismus 69–70
Optimisten 69
Organisationale Ressourcen 40
Organisationales Lernen 160
Organisationsentwicklung 135
Organisationsgestaltung 82
Organisationskultur 70, 148
Organisatorische Ressourcen 41
Organisatorische Revolution 151
organisatorisches Lernen 54
Organisatorischer Wandel 149, 152
Organizational Mindfulness 195
Orlikowski 51, 77
Ortmann 86, 125
ostensive Dimension 65
ostensive Ebene 143
Owen-Smith 63

P

Pandian 15
Paradoxie 30, 104, 109, 135

Parsons 198
Partizipation 149
Pavlou 171
Pearson 217
Penrose 22, 30
Pentland 36, 48, 65, 143–144, 146
performative Dimension 65
performativen Aspekt 144
Persistenz 107, 110, 123, 190, 195–196, 201, 209
personengebundene Ressourcen 19
personenunabhängige Ressourcen 19
Pessimisten 69
Peteraf 15, 17, 20, 22, 37, 47, 95, 140–141, 158, 184
Peters 83
Peterson 69
Pettigrew 86–87, 89, 119, 220–221
Pettigrew 1973 88
Pfadabhängigkeit 105, 124, 132, 217
Pfadbrechung 134
Pfaddiagnose 134
Pfade 159–160, 164
Pfadmonitoring 135
Physische Ressourcen 39–40
Piaget 35
Piderit 147
Piller 66
Pisano 159
Polanyi 56–57
Polaroid 117–118, 126, 148
Politische Prozesse 86, 89
Porac 131
Portale 223
Porter 14
Positionen 159
Positioning 95
Powell 63
Prämissenkontrolle 200
Practice 57
Prahalad 94, 97, 117
Praktiken 65–66, 108
Preble 206
Prioritätenregeln 168
Problemdefinitionen 217
Problemlösung 34, 39, 51
Problemlösungsarchitektur, 131
Problemlösungsmuster 47, 66, 109, 112, 167, 175, 198, 200
Problemlösungsprozess 50
Problemlösungsverhalten 38, 47, 53

Problemstrukturen 49
Probst 117
Produktinnovationen 159
Projekte 41, 107, 112
Prosch 57
psychologische Sunk-costs 111
Purcell 31

Q

Qualifikation 34, 40
quantum view 152
Querdenker 136
Quinn 79, 83, 134, 139
QWERTY 125–127, 134

R

Radikalansatz der Dynamisierung 190
Radikale Dynamisierung 164
Raisch 117
Rasche 22, 37
Rationalmodell des Managements 23
Raubitschek 24
Reagans 148
Reaktionsfähigkeit 166
Rechtfertigungsprozesse 112
Reed 55
Reflexion 180, 199, 201, 203, 211–213
Reframing 135
Regelkreises 61
Reichwald 66
Reliabilität 51, 176
Remington 125
Repenning 107
Replikation 179
Reproduktion 89, 119, 179
Reputation 17–18, 112
Rerup 195
Ressourcen 15–16, 18, 20–21 30, 159–160, 180, 185, 190
Ressourcenallokation 30, 86
Ressourcenausstattung 17, 23
Ressourcenbasierter Ansatz 13, 15, 17, 21, 188
Ressourcenbewertung 17
Ressourcenheterogenität 16
Ressourcenimmobilität 17–18
Ressourcenkategorie 19, 41
Ressourcenkombination 22–23

Ressourcenkonfiguration 158, 161
Ressourcennutzung 22
Ressourcenpool 41
Ressourcenposition 159
Ressourcenrekonfiguration 24, 156, 160–161, 164
Ressourcentransfer 17–18
Ressourcentypen 39, 41
Retention 178–179
Reynolds 223
Risiken 14–15
Risikokompensation 195, 199
Riten 78
Robert 112
Roberto 207
Roberts 195
Robson 217
Rohlfs 130
Rollei 124
Romanelli 151, 153
Routine 47, 64, 147–148, 176–177, 179, 189
Roux-Dufort 217
ROX 162
Rumelt 16–17, 38, 49
Ryall 101
Ryanair 104
Ryle 195

S

Salomo 67
Sanchez 37
Sanktion 111
Sawy 171
Scanning 179
Scarborough 208
Schön 60, 62, 204
Schaubroeck 221
Schein 77–79, 134, 221
Schemata 35
Schematheorie 35
Schendel 36
Schirmer 118, 194, 212, 220
Schlecker 124
Schmalensee 15–16
Schmidt 66–67
Schoemaker 15, 37
Schreyögg 56, 66–67, 127, 152, 168, 190, 199–200, 215
Schumpeter 183, 192

schwache Signale 206, 216
Schwenk 110, 225
second-ordner-competencies 174
Selbstabstimmung 83
Selbstachtung 112
Selbstbeobachtung 203
Selbstbeschreibung 203
Selbsterneuerung 159
Selbstorganisation 167
Selbstorganisationsprozess 34
selbstreferentielle Systeme 198
selbstverstärkende Effekte 125
Selbstverstärkungsprozesse 113
Selektion 178–179
selektive Wahrnehmung 112
Selektivität 198, 204
Seligman 69
Seltenheit 19–20
Selvini-Palazzoli 135
Selznick 29
sensemaking 55, 148
Sergey Brin 40
Shamsie 20
Shapiro 126
Shuen 159
Signale 180
– schwache 207
– uneindeutige 207
Simon 38, 51
simple Regeln 168–169
Sims 195
Singh 84
Single-loop-Learning 61, 139
Sinnmodell 77
Slack Resources 180
Slovic 218
Smith 63, 222
Smith Corona 164
Snijder 176
Somers 208
Sony 98
soziale Kompetenzen 32
Soziale Komplexität 21
Sozialisation 77, 113
Sozialkapital 84
Sozial-Kommunikative
    Kompetenz 31–32
Spezialistentum 108
Spezialkompetenz 96
Spiele 88
Spontankoordination 83

Stäudel 169
Stabsstelle 215
Stair 223
Standardisierung 51
Standards 79
Starbuck 223, 225
Staw 69, 110, 112, 149
Steinmann 32, 199–200, 215
Stelle 87
Sternberg 35
Sternmann 107
Stimmigkeitsfalle 152
Strategie 14
Strategieprozessforschung 182
strategische Überwachung 199–200
Strategische Kontrolle 199–200, 205
strategische Ressourcen 19, 23
strategischer
    Handlungsspielraum 109
Stress 206
Structure-Conduct-Performance-
    Modell 14
Struktur 35
strukturelle Trägheit 164
Strukturierungsvermögen 32
Styles 107
Substituierbarkeit 21
Subsysteme 199
Suchkosten 18
Suchroutinen 174
Sull 168, 204
Sutcliffe 55, 195
SWOT-Analyse 15
Sydow 127–128, 134, 168
Symbole 78
Systemtheorie 135, 196–197
System-Umwelt-Verhältnis 197

T

tacit knowing 64
tangible Ressourcen 19, 23, 39
Technologien 24, 40–41
Teece 24, 37, 125, 157–159, 161, 171,
    183–187, 190–191
Tellis 180
Teresko 19
thick descriptions 58
Thompson 146
Thyssen-Krupp AG 132
Time compression economies 48

Top-Management 29–30, 40, 118
Tourish 217, 219
Toyota 18, 176
Trägheit 124
Trade-off 62, 108–109
Traditionelle Kontrolle 200
Trajektorien 124
Transferkosten 18
transformative Anpassung 160
Trennungsansatz 42
Trice 78
Tripsas 109, 117–118, 126, 148
Tsoukas 56
Turner 42
Tushman 130, 151–153
Tversky 111, 113

U

Umwelt 206
Umweltanalyse 15
Umweltdynamik 165
Umweltkomplexität 197
Ungewissheitsquelle 119
Ungson 55
Unsicherheit 88
Unsicherheitszonen 89, 119
unternehmensexterne Ressourcen 161
Unternehmenskultur 76–78, 81, 116, 118
Unternehmensumwelt 215
unternehmerische Orientierung 182, 184, 187
Unvollständiger Lernzyklus 143
Uslander 85

V

Valacich 225
van Burren 85
van Werven 225
Variabilität 166
Variation 178
Veränderungsfähigkeit 161
Verdrängungseffekt 217
Verfestigungsprozesse 177
Verhaltensmuster 49
Verhaltensnormen 112
verkörperlichtes Wissen 57

Verknüpfungsmuster 42, 47, 109, 123, 131, 168, 199, 205
Verknüpfungsprozess 41
Verlässlichkeit 47
Verlernen 161
Vertrauen 69, 80, 85, 221
Vision 29
Vogel 23, 194
Volkswagen 195
Von Hippel 67
Vorstellungskraft 29
VRIO-Kriterien 19
VW 18

W

Wachstumsbremse 30
Wahrheit 79
Wahrnehmung 17
Wahrnehmungsaktivitäten 35
Wahrnehmungszirkel 35
Walsh 55, 112
Wang 157
Watermann 83
Watson 147
Watzlawick 135
Weber 88
Webster 174
Weick 32, 55, 69, 112, 139, 148, 167, 195
Weinberg 28
Weinert 30, 49
Weinert 2001 49
Weltbild 221
Wenger 60
Weniger-ist-mehr-Effekt 169
Werner 218
Wernerfelt 15
Wert 19–20
Werte 89
Westley 69
Westphal 113
Wettbewerbsstrategie 211
Wettbewerbsumwelt 14
Wettbewerbsvorteile 14, 17, 95, 102
Whistle Blowing 227
White 28
Whitley 30
Whittington 203
Widerstände 147
Wilensky 79

Wilson 156
Winter 37, 48–49, 51, 64, 157–158, 174, 177–178, 190–191
Winterkorn, M. 195
Wissen 19, 30, 177
Wissensakquisition 67
Wissensartikulation 177
Wissensintegration 67
Wissensgenerierung 63
Wissenskodifikation 177
Wissenskreislauf 178
Wissensmanagement 185
Wissensspeicher 58
Wissenssysteme 55
Wissenszyklus 179
Worley 149

Y

Yelle 130

Z

Zahra 66, 157
Zander 50, 56
Zara 153
Zboralski 60
Zentralisation 215
Zien 181
Zirkularität 20
Zollo 157, 174, 177–178, 190–191

Jörg Sydow/Stephan Duschek

Management interorganisationaler Beziehungen

Netzwerke – Cluster – Allianzen

2011. 296 Seiten,
61 Abb. Kart. € 29,90
ISBN 978-3-17-020959-6

auch als EBOOK

Kohlhammer Edition Management

Beim Management interorganisationaler Beziehungen geht es darum, auf den Aufbau, die Pflege und die Entwicklung von Geschäftsverbindungen zwischen Organisationen in Märkten zu setzen, in eher kooperativer Form Allianzen, Netzwerke oder ganze Organisationscluster zu steuern oder, wie im Konzern, die Möglichkeiten hierarchischer Koordination auszuloten. Zur systematischen Vertiefung dieses komplexen Managementprozesses wird ein Konzept entwickelt, das nicht nur auf die vielen Formen interorganisationaler Beziehungen, sondern vor allem auf die Entwicklung und die Qualität der Interorganisationsbeziehungen sowie auf die Managementpraktiken abstellt, die diese Qualitäten erst schaffen. Dazu wird eine Prozessperspektive eingenommen, die auf praktisches Handeln fokussiert.

Dr. Jörg Sydow ist Professor am Institut für Management der Freien Universität Berlin. **Dr. Stephan Duschek** ist Professor für Organisationstheorie an der Helmut-Schmidt-Universität, Universität der Bundeswehr Hamburg.

Leseproben und weitere Informationen unter www.kohlhammer.de

W. Kohlhammer GmbH · 70549 Stuttgart
vertrieb@kohlhammer.de

Kohlhammer